까말라씰라의 수습차제 연구

—쌈예(bSam yas)의 논쟁 연구—

까말라씰라의 수습차제 연구

2006년 9월 22일 초판 발행

지은이 | 중암 목련
펴낸이 | 김병무
펴낸곳 | 불교시대사

출판등록일 | 1991.3.20 제1-1188호
주소 | 서울시 종로구 관훈동 197-28 백상빌딩 13층 4호
전화 | (02)730-2500
팩스 | (02)723-5961
홈페이지 | www.buddhistbook.co.kr

값 20,000원

ISBN 89-8002-097-X 03220

까말라씰라의 수습차제 연구

—쌈예(bSam yas)의 논쟁 연구—

중암 목련 지음

불교시대사

서문

옴 아 훔!

1200년 전의 그 옛날 성스러운 쌈예사(bSam yas)의 대가람을 건립해서 무명의 어둠을 벗어나 진리의 삶을 열어 가고자, 새롭게 부처님의 말씀을 배워 나가는 설산의 붉은 얼굴의 민족인 티베트인들이 있었다. 이들에게 인도의 고승 까말라씰라(Kamalaśīla, 蓮華戒, 740~795)가 자상히 들려 주었던 대승의 아름답고 심오한 길을 바로 여는 주옥같은 법어들을 모은 것이 그 유명한 곰림(sGom rim)이며, 우리들은 그것을 번역해서 중관수습차제(中觀修習次第)라고 부른다.

이 책은 모두 상중하의 세 편으로 구성되어 있는 단문에 불과하다. 그러나 광대한 대승의 심요(心要)를 빠짐없이 가려 모으고, 수행의 차제를 정연하게 안배해서 대승 보살의 수행의 바른 길을 여법하게 밝혀 놓았다. 티베트에서 저술된 모든 수행 지침서들의 의지처가 되는 어머니와도 같은 귀중한 책이다.

또 아사리 까말라씰라는 당시 티베트에 들어와서 선종의 돈수(頓修)의 가르침을 전파했던 중국의 마하연(摩訶衍) 화상과 성불의 견해를 놓고 일대 격론을 벌린 것으로도 유명하다. 이것이 쌈예(bSam yas)의 논쟁이다.

이 논쟁은 교리사적으로 매우 중대한 의미를 지닌 역사적 사건이다. 마치 그 옛날 인도대륙의 지반과 티베트의 지각이 충돌해서 장엄한 히말라야의 눈부신 설령(雪嶺)들을 빚어내었듯이 인도불교와 중국 선종의 역사적인 충돌은 보리심의 완벽한 수습 위에 현밀(顯密)을 겸수하는 또 하나의 전통인 티베트불교라는 찬란한 정신문화를 일궈 내었다.

티베트인들은 아사리 까말라씰라가 몸을 받쳐 수호하였던 인도불교의 전통을 온전히 보존하고자, 그들의 불교교리에다 어떠한 이설과 편견도 한 점 섞지 않은 채 오늘날까지 순수하게 부처님의 말씀을 그대로 지켜오고 있는 것이다.

이 책은 그 동안 막연하게 알고 있었던 티베트불교에 대한 선입관과 그릇된 이해를 불식하고, 교학적인 입장에서 바르게 파악할 수 있도록 인도하는 좋은 안내서가 되리라고 믿는다. 또한 중국 선종과 인도불교와의 논쟁을 교리적으로 심도 있게 다루고 있어 대승의 진실한 의미를 교리적으로 정확하게 이해하는데 큰 도움이 될 것이다. 그러나 또 한편 선불교에 익숙한 일부의 불자들에게는 큰 거부감을 불러일으킬 수도 있겠다. 그렇지만 역사의 사실을 있는 그대로 허심탄회하게 받아들일 줄 아는 것도 진리를 배우는 자들의 의무라고 생각한다.

신라의 김무상(金無相) 스님과 쌈예(bSam yas)의 논쟁에 대한 부분은 일찍이 동서양의 학자들을 중심으로 세계적으로 많이 연구된 부분이나, 우리 불교계에는 제대로 소개되지 못해서 바로 알고 있지 못한 부분이다.

또 마하연 화상의 불사(不思)와 부작의(不作意)의 가르침이 티베트불교계에 일으킨 파문과 그의 선법(禪法)에 대한 티베트 고승들의 비판을 모아서 상세히 밝힌 부분과 까말라씰라의 『수습차제(修習次第)』가 쫑카빠의 『람림첸모(菩提道次第廣論)』에 미친 영향에 대한 연구는 우리 불교계에는 모두 처음 소개되는 것들이다.

이제까지 세계에서 출간된 『수습차제삼편(修習次第三篇)』의 번역본으로는 1985년에 발간된 *BHĀVANĀKRAMAḤ OF ĀCĀRYA KAMALA ŚĪLA*에 실린 힌디어 역본과 1997년에 인도에서 출간된 빠라마난다 샤르마(Parmananda Sharma)에 의한 영역본, 그리고 일본어 번역본이 있다. 또 『수습차제중편(修習次第中篇)』에 대한 14대 달라이 라마의 해설본도 영역되어 출간되었다.

끝으로 한 가지 부연하면, 티베트불교에 대한 학문적인 기반이 전무한 우리 불교계의 실정에서, 티베트 원어에서 최초로 직역된 이 책에 번역의 오류가 없다고는 장담할 수 없으나 적어도 티베트의 인명과 지명 등과 같은 기초적인 것에서는 잘못이 없다고 자신한다. 예를 들면 영문이나 일본어 등에서 번역된 티베트 서적들 가운데서 흔하게 나오는 탑(塔)을 뜻하는 단어인 최뗀(mChod rten)을 '초르땐'이라고 번역하는 등의 기초적인 오류들이 이 책에서는 없다는 것이다.

이 책을 계기로 더 완벽한 연구서와 좋은 번역서가 나오길 바라며, 아울러 독자 여러분들의 따뜻한 조언과 질책이 있기를 바란다.

옴 마니 빠드메 훔!

불기 2550년 3월
네팔의 양라쉬에서
중암 목련 삼가 적음

일러두기

1. 본 번역의 저본은 *BHĀVANĀKRAMAḤ OF ĀCĀRYA KAMALAŚĪLA*임. Restored, translated & edited by Ācārya Gyaltsen Namdol, 1997. Central Institute Of Higher Tibetan Studies, Sarnath, Varanasi, India.
2. 『중관수습차제(中觀修習次第)』는 『수습차제(修習次第)』의 별칭이며, 또 『수차삼편(修次三篇)』은 『수습차제삼편(修習次第三篇)』을, 『수차초편(修次初篇)』은 『수습차제초편(修習次第初篇)』을, 『수차중편(修次中篇)』은 『수습차제중편(修習次第中篇)』을, 『수차하편(修次下篇)』은 『수습차제하편(修習次第下篇)』을 줄인 말임.
3. 『약론석(略論釋)』은 『보리도차제약론석(菩提道次第略論釋』의 약칭임.
4. 『도차광론(道次廣論)』은 『람림첸모(菩提道次第廣論)』의 약칭임.
5. 본서의 티베트어 표기는 일본 동북대학의 티베트어 표기법을 따름.
6. 〔 〕의 표시는 문장의 이해를 돕기 위해서 저자가 추가로 삽입한 것이며, ( )의 표시는 저본에 본래 그렇게 표시되어 있는 것이며, 또 『 』, 「 」의 표시는 서적의 이름을 나타낸다.
7. 외국어 표기법을 엄격히 준수하지 않고 원음을 충실히 따랐으며, 또 사마타(奢摩他)와 같이 굳어진 말은 그대로 사용하였다. 예를 들면 쫑카빠(Tsoṅ kha pa)와 같은 인명 등은 원음대로 표기하는 것이 중요하다고 생각해서 그대로 적었다. 현재 한국에서는 중국식으로 쯔옹카파로, 영어식으로 총카파로 각각 표기하는 실정이다.
8. 티베트 서책들의 표시는 대체적으로 먼저 원음을 적고 ( ) 안에 한자로 책 이름을 표시해서 원어에 친숙할 수 있도록 시도해 보았다.

글 신는 순서

제3부 수습차제(修習次第)의 원문 번역

부록

제1부

•

쌈예사(bSam yas)의 논쟁이 빚어낸 수습차제의 역사적 배경

제1장 티베트불교의 건립과 신라 김무상(金無相) 스님

1. 티베트불교의 건립에 대한 김무상 스님의 예언

1) 티베트 사신들과의 만남과 예언

우리의 위대한 선현이자 신라의 왕자인 김무상(金無相) 스님이 중국 땅에서 타민족들에게 베푼 덕화를 1240년이 지난 오늘에 티베트불교의 건립과 관련해서 다시금 되돌아보고, 그 뛰어난 행적을 후손들에게 들려주게 되어서 기쁜 마음을 금할 길이 없다.

본론에 들어가기에 앞서, 신라 김무상 스님의 행적을 『불교인명사전(佛教人名事典)』과 『브리태니커백과사전』을 통해서 간추리면 다음과 같다.

김무상 화상(金無相 和尙, 680~756)

신라의 고승이자, 한국의 승려들 중에서 최초로 중국에서 선법(禪法)을 배워서 중국인들을 교화한 고승으로, 성은 김씨며 호는 송계(松溪)이며, 신라의 성덕왕(聖德王, 제33대왕, 702~737 재위) 때 막내 여동생의 출가에 감화를 받아 군남사(郡南寺)에서 출가한 뒤, 서기 728년 당나라로 건너가 현종(玄宗)을 배알하고 선정사(禪定寺)에서 수도를 하였다.

그 뒤 사천성(四川省)의 자중(資中)〔현재의 성도(成都)〕으로 가서 지선(智詵) 선사로부터 선을 배운 뒤, 그의 제자인 처적(處寂, 648~732) 스님을 만나 그로부터 무상(無相)이라는 법명을 받고 마납구조의(磨納九條衣)를 물려받았다.

그 뒤 정중사(淨衆寺)와 대자사(大慈寺) 등을 짓고 정중사(淨衆寺)에 머물렀다. 그곳에서 20년간 두타행(頭陀行)을 행하면서 독자적인 인성염불(引聲念佛)과 무억(無憶)・무념(無念)・막망(莫忘)의 삼구설법(三句說法)으로 대중을 교화함으로 해서, 그의 문파를 정중종(淨衆宗)이라 불렀다.

그가 열반한 뒤 익주자사(益州刺史) 한굉(韓浤)이 비문을 짓고 해동대사탑(東海大師塔)이라고 명명하였다.

또한 최근의 학설에 의하면, 티베트의 고서인 『바섀(sBa bshed, 桑耶寺志)』[1])에 따르면, 쌈예사(bSam yas)의 논쟁이 있기 이전에 이미 익주 김화상(益州 金和尙)의 정중선법(淨衆禪法)이 티베트에 소개된 사실이 밝혀졌다.(야마구치(山口瑞鳳)의 『티베트불교와 신라의 김화상』 등을 참고)

제자로는 보당무주(保唐無住), 마조도일(馬祖道一), 정중신회(淨衆神會), 왕두타(王頭陀) 등의 뛰어난 인물들이 있으며, 참고 자료로는 『역대법보기(曆代法寶記)』, 『송고승전(宋高僧傳)』 19 「무상전(無相傳)」, 『원각경대소초(圓覺經大疏抄)』 3권 하, 『북산록(北山錄)』 6, 『전당문 780・四證堂碑銘)』 등이 있다.

티베트 고대사의 중요한 사건들을 자세히 연구해서 그 전모를 밝힌 일본 오따니(大谷) 대학의 티베트 불교학자 캉까르 출팀깰쌍(白館戒雲)〔티베트인〕은 그의 역작인 티베트어판 『땐빠응아다르기최중(古代티베트佛教史)』에서 무상(無相) 스님에 대해서 다음과 같이 말하고 있다.[2])

---

1) 『바섀(sBa bshed, 桑耶寺志)』: 티쏭데짼(Khri sroṅ lde btsan, 742~797) 왕 당시의 불교교단에 관한 역사서로, 쌈예사의 건립과 티베트 승단의 결성, 불경의 번역사업 등을 위주로 당시의 국내외 사건들을 기록하고 있다. 저자는 조정의 대신인 바쌜낭(sBa gsal snaṅ)이며, 그는 인도의 고승 싼따락시따(寂護)를 초청해서 쌈예사를 건립하는 등 티베트에 불교를 확립하는 데 절대적인 공헌을 함.

일본에 불법이 처음으로 전파될 때, 꼬리야(Korea)의 화상들이 돕고 뒷받침하였음은 두말할 필요가 없으며, 뿐만 아니라 우리들 티베트 땅에 불법이 흥성할 수 있도록 묘책을 내려준, 꼬리야의 왕자인 낌화상(新羅の金和尙)의 그 은혜를 티베트인들은 결코 잊지 못한다. 이것에 관하여 대학자 야마쿠찌(Z.Yamaguchi)는 그 증거[3]을 제시하고 있다. 그와 같은 역사적 정황이 『바섀(sBa bshed, 桑耶寺志)』에 자세히 기록되어 있다.

여기서 말하는 증거란 다름 아닌 티쏭데짼(755~797 재위) 왕의 재위 시에 바쎌낭(sBa gsal snaṅ)이 편찬한 티베트 최초의 역사서에 해당하는 『바섀』의 기록을 말한다. 또 다른 역사서로는 후대 까귀빠의 고승인 빠오쭉락텡와(dPaḥ bo gTsug lag phreṅ ba, 1504~1566)[4]가 『바섀』와 『바섀샵딱마(sBa bshed shab btags ma)』[5] 등의 내용을 그대로 인용해서 저술한 『최중캐빠가뙨(智者喜宴)』[6] 등을 들 수 있다.

---

2) 『땐빠응아다르기최중(古代티베트佛教史)』, p. 172. 캉까르 출팀깰쌍(白館戒雲), Published the Western Tibetan Cultural Association, 1985, New Delhi, India.

3) Z.Yamaguchi, *Chibeto bukkyo to shiragi no kin wajo*(티베트불교와 한국의 金和尙), Shiragi bukkyo kenkyu, 1973.

4) 빠오쭉락텡와: 까귀빠의 저명한 고승으로, 저술로는 『입행론광주(入行論廣注)』『의학사속주(醫學四續注)』『최중캐빠가뙨(智者喜宴)』 등이 있다.

5) 『바섀샵딱마』: 『바섀』의 내용과 불가에 구전되는 역사들을 요약해서 기술하는 동시에, 티쏭데짼 왕의 사후에서 인도의 고승 아띠쌰(Atīśa, 982~1054)가 티베트에서 전법할 때까지의 약 250년간의 불교사를 간략히 다루고 있음.

6) 『최중캐빠가뙨』: 원명은 "*Chos ḥbyuṅ mkhas paḥi dgaḥ ston*"이며, 1545년에 저술을 시작해서 1564에 끝낸 티베트의 역사서. 불교의 시원에서부터 인도와 티베트의 왕조사와 티베트불교 각 종파의 역사를 상세히 기술하여 놓음.

『최중캐빠가뙨』에 기록되어 있는 낌화썅(Kim haḥ śaṅ, 金和尙)의 관련 부분과 그의 예언을 발췌하면 다음과 같다.[7]

『바섀』에 의하면, 그 뒤 왕자(티쏭데짼)가 네 살이 되어 옴부챌(Ḥom bu tshal) 왕궁[8]에서 기거할 때, 당나라의 〔현종(玄宗, 712 ~756 재위)〕 황제가 티베트 국왕에게 큰 예물을 보내면서, 사신인 바데우(ḥBaḥ deḥu) 편에 왕자의 놀이 친구로서 갸툭가르캔(漢族戱童)[9]을 함께 딸려 보냈다.

이때 부왕인 티데쭉땐(Khri lde gtsug brtan, 704~755 재위) 왕[10]이 불법을 봉행하길 결심한 뒤, 〔불법을 구하기 위하여〕 예물과 함께 바데우를 인도에 사신으로 파견하였다.

사신들이 길을 떠나 동팝(Doṅ phabs, 地名)이라 부르는 험로에 당도했다. 일주일간 밤낮으로 쏟아져 내리는 눈보라를 만나 식량이 바닥나게 되자, 그때 하늘을 날아가던 다섯 마리의 산비둘기를 발견하고, 네 대의 화살을 쏘아서 동시에 네 마리를 잡게 되었다.

그것은 큰 죄악이라고 수군거리는 소리를, 닥마르(地名)[11]의 〔옴부챌

---

7) 『최중캐빠가뙨(智者喜宴)』 상권, pp. 299~303. 빠오쭉락텡와, Vajra Vidya Library, 2003, Varanasi, India.

8) 옴부챌의 왕궁: 옴부라강(Ḥom bu gla sgaṅ)이라고도 하며 왕의 겨울 궁전을 말함. 왕궁의 소재지인 닥마르(Brag bmar, 붉은 바위산) 지방에 옴부 나무가 많음으로 해서 왕궁의 이름도 옴부챌이라 부르며, 이 나무는 약용으로 쓰는 붉은 버드나무를 말함.

9) 갸툭가르캔: 티데쭉땐 왕의 어린왕자를 위해 당나라 현종 황제가 축하사절을 보내면서, 왕자의 놀이친구로 딸려 보낸 중국인 동자. 뒷날 장문(藏文)에 정통해서 의학서적인 쏘마라짜(索瑪惹札)를 티베트어로 번역함.

10) 티데쭉땐(680?~755): 티베트의 제37대 왕으로 710년에 당나라의 금성공주와 혼인함. 733년 당나라와 국경선을 결정하는 비석을 티링(Khri liṅ, 赤嶺)에 세우고, 중국의 불경과 의학 서적들을 번역하는 등 문화발전에 힘씀.

의〕 연못에서 물놀이를 하고 있던 왕자가 듣게 되었다.

그때 놀이 친구인 〔큥뽀쩨쩨(Khyuṅ po tse tse)〕[12], 큥뽀둠축(Khyuṅ po dum tshugs), 쪽라묀람배(Cog la smon lam ḥbad), 갸툭가르캔(漢族戲童) 등의 다섯 명이 놀던 연못의 진흙 바닥에서 지렁이들이 발밑에서 나오자, 왕자가 말하길, "사신인 바데우가 비둘기를 죽인 것이 큰 죄가 되는 것이라면, 이 지렁이들을 모두 죽인다면 그것은 죄가 큰 것인가? 아닌 것인가?" 하고 물었다.

큥뽀둠축이 말하되, "이와 같이 죄 없는 것을 죽이면 그 죄가 큰 것으로 나중에 해침이 돌아오지만, 물고기는 죽이면 가축이 번식한다."라고 하였다. 또 갸툭가르캔이 말하되, "중국의 『후르(Hur)』[13]라는 불경에는 이 같은 것을 죽이면 잘못된 것으로 그 죄가 크다."라고 하였다. 또 말하길, "『후르』라는 불경에서는 십선법(十善法)도 있다."라고 하자, 왕자가 항상 그 말을 함으로써 대신들이 그것을 알고, "왕자에게 불법을 좋아하는가?"라고 질문하자 매우 좋아한다고 대답하였다.

또한 〔754년에〕[14] 부왕이 어린 왕자를 위해서, 왕명이 담긴 어함과 함께 쌍씨(Saṅ śi)[15]와 네 명의 사신들을 중국에 불경을 구해 오도록

---

11) 닥마르: 당시 왕궁의 소재지며, 현재 서장자치구 다낭현(札囊縣)의 쌈예지구(桑耶地區).

12) 큥뽀쩨쩨: 『최중캐빠가뙨』에는 빠져 있으나 『바섀샵딱마』에는 기록되어 있음. 『바섀샵딱마』, p. 5, Sherig Parkhang, 1999, Delhi, India.

13) 『후르(Hur)』가 정확히 어떠한 경전을 말하는지 현재로서는 알 수 없음.

14) 이것은 『뵈끼최씨쑹델꼬르쌔빠(論西藏政教合一制度)에 의한 것임. 『뵈끼최씨쑹델꼬르쌔빠』, p. 20, 둥까르 로쌍틴래(Duṅ dkar blo bzaṅ ḥphrin las), 민족출판사, 1983, 북경, China.

15) 쌍씨: 『장한대사전(藏漢大辭典)』에 의하면, 티데쭉땐 왕 때 중국에서 온 사신의 아들이다. 왕명으로 사신이 되어서 중국으로 불경을 구하러 감. 중국 황제를 알현한 뒤 불경을 얻어 오대산을 참배하고 귀국하는 길에 성도(成都)의 정중사(淨衆寺)에서 신라의 김무상 화상을 만나서 티베트 불교

특파하면서, "왕명대로 임무를 완수하면 상을 내릴 것이며, 만약 그렇지 못하면 죽음을 내릴 것이다."라고 말한 뒤 파견하였다. 그 뒤 사신들이 께우레(Ke ḥu le, 地名)의 험로에 당도하였다.

그때 중국 황제의 대신인 붐쌍왕뽀(Bum bzaṅ dbaṅ po)[16]에게 한 뛰어난 점성가가 있어서 말하되, "지금부터 석 달 후면 서쪽의 티베트에서 한 보살이 사신으로 올 것이다. 그의 얼굴과 몸의 생김새는 이와 같다."라고 말한 뒤 그것을 그림으로 그려 두었다.

붐쌍왕뽀가 이 소식을 황제에게 아뢰자, 황제가 말하되, "사신을 그곳〔영빈관〕에서 머물게 하지 말고 잘 접대해서 곧장 짐에게로 보내도록 하라."고 어명을 내렸다.

사신들이 때 맞춰서 도착하자 중국 화상이 영접한 뒤, 어명대로 호송해서 중국 황제를 알현하게 되자, 티베트 국왕의 서신을 담은 어함을 황제에게 올렸다.

〔현종〕 황제가 말하되, "그대는 중국인 데우(De ḥu)[17]의 자식인 한아(漢兒)이므로 여기서 나의 내신이 되는 것이 어떻겠는가?" 하고 물었다. 이에 쌍씨가 생각하길, '만일 내가 여기에 있게 되면 금생은 행복할 것이지만, 티베트에 불법의 터전을 마련하기 위해서는 먼저 불경들을 왕의 손에 꼭 받친 다음에 방법을 찾아야 한다.'라고 생각을 정한 뒤, 황제에게 아뢰되, "저를 이곳에 머물도록 윤허하여 주신 것은 참으로 은혜가 막중한 것이오나, 저의 국왕의 어명이 지엄한 탓에 만일 저로 인해서 부친이 죽음을 입게 되면 저는 크게 상심할 것입니다. 다시 본국에 돌아가서 부친과 상의한 뒤 순리대로 신하가 되겠습니다."라고 주청하였다.

의 건립방법에 대한 지침을 받고 귀국함. 『장한대사전(藏漢大辭典)』 하편, p.2913, 북경민족출판사, 1996.5, 북경, China.

16) 붐쌍왕뽀: 티베트와의 외교에 관한 사무를 담당한 대신으로 여겨짐.

17) 데우: 중국어 대부(大夫)의 티베트어 표기인 것으로 생각됨.

황제가 말하되, "나의 마음에 와 닿는 그대보다 더 가상한 자는 보지 못했다. 그대는 상(償)으로 무엇을 원하는가?"라고 물었다.

사신들이 대답하되, "만일 상을 내리시려거든 불경 천 권을 내려 주십시오."라고 청하였다. 이에 황제가 말하되, "께우레(Ke ḥu le, 地名)의 산짐승이 득실거리는 험로에 이를지라도 해침을 당하지 않도록 불공을 크게 올리도록 하라."고 또한 말하였다.

또 대신 붐쌍왕뽀의 점성가가 말하되, "그대는 보살의 화신으로 이 세상에 왔다. 신통력을 소유한 한 화상도 또한 그대에게 예배할 것이다. 그대의 언행과 연계해서 보건대, 부처님의 말씀에 후오백세에 붉은 얼굴의 나라(赭面國)[18]에 불법의 초석을 놓는 선지식이 온다고 예언하였는바, 그가 바로 그대인 것으로 의심할 바가 없다. 나 역시 후원을 아끼지 않겠다."라고 한 뒤, 감지에 금물로 쓴 경전 천 권을 주었으며, 또 별도의 크고 좋은 많은 상들을 주었다.

그 후 다시 다섯 명의 사신들이 티베트로 돌아가는 길에 한 거대한 암석이 떨어져서 통행을 가로막았다. 만일 그리로 올라가다가는 누가 보아도 떨어져 죽을 것이 분명한 그처럼 거대한 그것을, 그때 엑추(Aeg chu)[19]라는 고을에 호랑이의 목에다 능히 밧줄을 매는 신통력을 소유한 끼야 화썅(Ki ya hwa śaṅ)에게 그의 스승이 그 암석을 치우라고 명을 내렸다.

그가 3일간 선정 속에 들어가서 거대한 반석을 신통력으로 쪼개서 없

18) 붉은 얼굴의 나라: 『빼마까탕(蓮花遺敎)』에서도, 티쏭데짼 왕이 티베트를 가리켜서 스스로 붉은 얼굴의 나라라고 하고 있으며, 『무구천녀예언경(無垢天女豫言經)』에서도 자면국(赭面國)에 불법이 융성한다고 나오며, 『당서(唐書)』에서도 자도면(赭涂面)이란 단어가 나옴. 이렇게 티베트 민족의 얼굴이 붉은 구릿빛인 원인은 산소가 희박한 고산에 사는 탓에 혈액 속에 헤모글로빈의 농도가 높아서 얼굴이 붉게 된 것으로 의학적으로 설명함.

19) 엑추(Aeg chu): 『바새(桑耶寺志)』에는 또한 엑쭈(Aeg cu)로도 기록되어 있음.

앤 뒤에, 그 자리에다 불당을 하나 세웠다. 그러자 고을 사람들도 예전처럼 밭에 나아가서 농사를 지을 수 있게 되었으며, 또 신불(神佛)의 탱화를 모신 뒤에 엑추로 돌아옴으로써 티베트 사신들도 그에게서 수행의 가르침을 받게 되었다.

또한 차후의 일을 묻기를, "나의 부친과 상봉할 수 있겠는가? 내가 티베트에 불법을 심을 수 있겠는가? 티베트에 불경이 널리 독송되면 티베트의 흉신들에 의해서 목숨을 바꾸는 일이 생기지는 않겠는가? 국왕 부자는 강녕한지?" 등을 질문하였다.

화상이 그것을 신통력으로 살펴보고서 대답하되, "국왕은 이미 승하하였고, 왕자가 어려서 흑도를 좋아하는 대신들이 불교를 금지하는 팀부충(Khrims bu chuṅ, 排佛法)을 제정해서 불법을 파괴하였고, 닥마르딘쌍(Brag dmar mgrin bzaṅ, 절 이름)[20]의 불상을 송두리째 무너뜨렸다. 만약 불법을 일으키고자 하면 그대가 왕의 내신이 되었다가, 후일 왕이 성년이 되어서 그의 입에서 외도의 법을 거론하는 때가 오면, 그때 이것을 아뢰도록 하라. 그러면 왕이 믿음을 일으키게 된다. 그 뒤 이것을 아뢰면 믿음이 더욱 커지게 되고, 그 뒤 이것을 아뢰면 왕이 불법을 신행하게 된다."라고 가르쳐 주면서 경전 세 권[21]을 기탁하였다.

티베트는 불법의 인연이 있어서 뒷날 불교가 크게 융성한다. 그 선지식은 인도 싸호르(Zahor) 국[22]의 왕자이자 비구인 쌴따락시따(Śānta rakṣita, 寂護 또는 靜命, ?~787)[23]라고 부르는 그가 티베트를 교화

---

20) 닥마르딘쌍: 티데쭉땐 왕이 생전에 세운 다섯 개의 사찰 가운데 하나.

21) 세 권의 경전: 『십선경(十善經)』『금강경(金剛經)』『도간경(稻稈經)』을 말함.

22) 싸호르 국: 쌴따락시따와 아띠쌰(Atiśa, 982~1054)의 탄생지며, 현재 인도의 뱅갈 지역과 방글라데시에 걸쳐 있던 고대왕국을 말함.

23) 쌴따락시따: 옛 인도의 싸호르 국의 왕자로 나란다에서 아사리 즈냐나가르바(Jñānagarbha, 智藏, 8세기)를 은사로 출가함. 중관자속파(中觀自續派)의 동방삼사(東方三師)의 한 사람이며, 저서로는 『중관장엄론(中觀

하는 인연자이다."라고 예언한 뒤 두 달간 유숙케 하고, 그 뒤 이틀 간 길을 배웅한 뒤 각자 서로의 발아래 절을 한 뒤 작별하였다.

그 뒤 쌍씨가 닥마르딘쌍을 무너뜨렸다는 말에 상심을 한 채, 다섯 명의 사신들이 중국의 리데우쌘(五臺山)의 산정에 있는 비인간의 무리들이 모여서 단지 칠 일 만에 세웠다는 문수보살의 성전을 본보기로 삼고자 참배하러 갔을 때, 한 사람은 산에 올라갈 줄을 몰랐고, 한 사람은 산정에는 올라갔으나 아무것도 보지를 못하였고, 한 사람은 전각은 보았으나 문을 찾지 못하였고, 한 사람은 문을 찾았으나 마치 담장과 같은 것이 앞을 가로막아서 안으로 들어가지를 못하였다.

오직 쌍씨만이 안에 들어가서 문수보살을 비롯한 모든 보살들께 예배와 공양을 올렸으며, 또한 모든 아라한 성자들께도 예배와 공양을 올렸다. 모든 보살과 아라한들과 함께 이야기를 나누었으며, 그들의 자태를 표본으로 삼기 위해서 마음에 잘 새긴 다음 밖으로 나왔다.

그러자 산짐승들 모두가 나와서 절을 하며 산 아래까지 마중한 뒤, "티베트에서 오셨습니까?"라고 인사를 하였다. 그 산이 바로 다섯 봉우리로 유명한 오대산이다.

문수보살의 화신으로 알려진 왕자가 성년이 되기 전에, 부왕인 티데쭉땐 왕이 승하하자, 그의 능묘를 무라리(Mu ra ri, 왕의 능묘를 모신 곳)에 세우니, 관음보살의 화신으로 알려진 쏭짼감뽀 왕(Sroṅ btsan sgam po, 629~650 재위)의 능묘의 왼편에 있으며, 능의 이름을 하리쭉남(lHa ri gtsug nam)이라고 하였다. 또 곧바로 왕자가 즉위해서 전

莊嚴論)』과 『진실요의(眞實要義)』 등이 있음.

티쏭데짼 왕의 초청으로 티베트에 와서 쌈예사(桑耶寺)를 설계 건립하고, 최초로 티베트인 7인을 출가시켜서 자체 승단을 확립하고, 계율과 중관 등의 불법을 전승하고 삼장을 번역하는 등 티베트불교를 확립함. 법왕 티쏭데짼과 빠드마삼바바(蓮花生)와 더불어 사군삼존(師君三尊)으로 추앙됨. 그의 입멸연대는 『땐빠응아다르기쵞중』의 설임.

티베트를 다스리게 되었다.

그렇지만 흑도를 따르는 〔뵌교(Bon)의〕 대신들이 모여서, 불법을 금지하는 팀부충을 제정해서, 석가모니의 불상[24]을 땅에다 끌어내리고, 나중에는 망율(Maṅ yul, 서부 티베트의 네팔 접경) 지방으로 끌고 갔으며, 그때 상서롭지 못한 일들이 갖가지 발생하였다.

또 『최중캐빠가뙨』의 다른 지면에는 다음과 같이 기록되어 있다.[25]

그때 〔뵌교(Bon)의 대신인 샹마샹(Shaṅ ma shaṅ) 등이 별도로 팀부충을 만들어서 불교를 파괴하는〕 시기에, 쌍씨가 중국에 가서 사신의 임무를 완수하고, 다시 본국으로 돌아와서 새 국왕을 배알하고 중국 황제의 회신과 예물을 올렸다.

왕이 쌍씨에게 대신의 지위를 내리고, 또한 한아현자(漢兒賢者)라는 칭호를 하사하였다. 그러나 왕의 나이가 어리므로 중국에서 가져온 불경들은 침푸(mChim phu, 地名)의 동굴에다 숨겨 놓았다.

또한 왕이 샹슝(Shaṅ shuṅ, 祥雄) 지방[26]에 있는 보화들을 가져다

---

24) 이 불상은 네팔의 티쭌공주(Phri btsun, 7세기경)가 모셔온 석가부동불을 말함.

25) 『최중캐빠가뙨』 상권, pp. 307~310.

26) 샹슝: 고대 샹슝 왕국의 수도이자, 뵌교의 발상지로, 9세기에는 구게(Guge) 왕국이 세워짐. 현재 서장자치구 아리지구(阿里地區)의 예달현(札達縣)에 해당함. 『당회요(唐會要)』 권99, 대양동국(大羊同國)에 의하면, "동쪽으로는 토번(吐藩)을 접경하고, 서쪽으로는 소양동(小羊同)을 접하고, 북쪽으로는 곧바로 우전(于闐)에 닿으며, 동서가 천리에 이르며, 뛰어난 군사가 팔구만(八九万)이며, 머리는 땋고 털가죽 옷을 입는다. …… 정관(貞觀) 말년에 〔서기 644년〕 〔쏭짼감뽀 왕의〕 토번에 의하여 멸망하였으며, 백성들은 사방으로 흩어졌다."라고 기록하고 있다. 『西藏地方是中國不可分割的一部分(史料選輯)』, pp. 8~9, 서장인민출판사, 1986.8, 서장, China.

부고에 넣고자, 칙사들을 수차 파견하였으나 한 명도 돌아오지 않아, 한 아현자인 쌍씨를 보내면, 보화를 거두어서 돌아오리라고 말한 뒤에 사신으로 파견하였다.

그 후 왕이 성년이 되자 선왕의 문서들을 읽고서 대신들과 의론하되, "선왕의 문서에 있는 백성을 평안케 하는 방침들을, 『나이레우체(rNa ḥi leḥu tshe)』(불경의 한 품을 의미함)[27]와 연계해 보면 나의 선왕은 신통을 얻은 것과 같다."라고 말하였다.

대신들이 아뢰되, "선왕의 『레우체(leḥu tshe)』라는 그와 같은 것이 있었습니까?" 하고 물었다.

왕이 갸쌍메고(rGya bzaṅ me mgo)[28]에게 말하되, "나의 선왕 생존 시에 중국의 불경인 『레우께쩨(Leḥu ke tse ce)』[29]라고 하는 것이 있었다고 알려졌는바 그것이 사실인가?"라고 하문하였다.

갸쌍메고가 아뢰되, "그와 같은 『레우쩨』가 있었으며 그것을 읽었습니다."라고 대답하였다.

왕이 말하되, "그 경전은 대단히 좋았다. 나의 선왕께서는 생전에 좋은 법을 몸소 닦으셨다. 이제 세상에 어떤 좋은 법들이 있는지를 찾아보도록 하라."고 명을 내렸다.

이때 쌍씨가 문득 생각하되, '신통력을 소유한 화상이 어느 날 왕이 외도의 법을 이야기 하면 그때 불법을 상주하라고 하였는바, 그것이 바로 지금인 것 같다.'라고 판단한 뒤, 왕에게 아뢰되, "만약에 상서로운 중국

---

27) 『바섀샵딱마』에서는, "갸이레우(rGyaḥi leḥu)"라고 해서 중국 불경을 의미함. 『바섀샵딱마』, p. 10.

28) 이 갸쌍메고와 마하연 화상의 제자로 티송데짼 왕의 질책에 항거해서 자살한 중국의 메고(Me mgo) 화상과는 다른 인물임.

29) 『레우께쩨』와 『나이레우체』와 『레우쩨』는 동일한 것으로, 여기에 대한 내용은 다음의 자료를 참조할 것. R.A.Stein, *recherches sur l'épopée et le barde au Tibet*, Paris, 1959, p. 435; *LPT*, p. 382.

의 불경들을 얻는다면, 그러한 『레우쩨』들은 경의 축에도 들지 못합니다."라고 아뢰었다.

왕이 말하되, "그렇게 좋은 중국의 불경들이 그대에게 있는가?"라고 하문하였다.

그러자, "저희들이 중국에서 모셔 왔었습니다."라고 사실대로 아뢴 다음, 왕과 신료들이 모르게 비밀리에 침푸의 동굴에다 숨긴 것을 꺼내 와서, 낌화썅(Kim hwa śaṅ)의 예언대로 받쳤다.

왕이 먼저 『십선경(十善經)』을 읽고서, 신심을 얻은 뒤 행위가 청정해야 함을 깨달았다. 다음에 『금강경(金剛經)』을 읽고서, 견해가 청정해야 함을 깨닫고 신심이 더욱 커졌다. 그 다음에 『도간경(稻稈經)』을 읽고서, 견행(見行)이 함께 해야 하는 것임을 깨닫고 불법에 확신을 얻게 되었다.

또 한편에서는, "먼저 『십선경』과 『오온경(五蘊經)』을 올리는 것이 가장 좋은 것이다. 그런 다음 『도간경』을 올려서 일체법이 인연으로 생겨나는 것임을 믿게 하는 것"이라고 말하였다.

왕이 말하되, "나의 생존시에 이와 같이 좋은 법을 얻었으므로, 천지의 모든 선신들에게 감사제를 드리겠다. 바쎌낭(sBa gsal snaṅ)도 역시 나에게 불법을 신행하지 않는 것은 옳지 않다고 하였는바 그것이 사실이었다. 이렇게 불법을 수중에 얻은 것보다 더 기쁜 일이 어디에 있겠는가! 그래서 바쎌낭에게는 은제의 융둥[30]에다 많은 황금을 얹어서 하사하고, 쌍씨에게는 타멘(Phra men)[31]의 융둥(卍字)에다 많지 않은 양의 황금을 하사하였다. 그리고 그대가 중국에서 모셔온 불경들과 망율(Maṅ yul, 서부 티베트)에서 모셔온 경전들 전부를 갸메고(rGya me

30) 은제의 융둥: 만자(卍字)의 문양이 새겨진 은으로 만든 일종의 접시.

31) 타멘: 금과 은을 혼합해서 만든 금속으로 여러 가지 용도로 사용됨. 중국 황제가 보낸 예물들 중에는 타멘으로 만든 왕관도 들어 있음.

mgo)와 인도의 아난다(Ānanta)[32]와 중국어에 능통한 자들이 모두 번역토록 하라."고 명을 내렸다.

이 세 사람이 해뽀리(Has po ri)산[33]의 자큥(Bya khuṅ)에서 불경들을 번역하는 자리에, 〔뵌교의 대신인〕 담따라루공(Dam ta ra klu goṅ)과 샹마샹(Shaṅ ma shaṅ) 등이 나타나서, "이 못된 것들! 너희 세 놈이 여기서 무엇을 하는가? 샹마샹의 팀부충(排佛法)에 망자를 위해 추선(追善) 불사를 행하면 단신으로 영원히 귀양을 보내고, 인도와 네팔의 신불을 섬기지 못하게 한 것을 듣지도 못하였는가? 일거리가 많구나! 그 상서롭지 못한 것이 경문과 같은 것이라면, 왕의 귀에 아뢰지 말고 땅에다 파묻어 없애도록 하라. 뒤에 팀부충을 적용해서 처벌 받고 싶은가?"라고 꾸짖었다.

나중에 처벌을 논하는 회의장에서 엄중하게 질책함으로써 쌍씨가 왕에게 간청하길, "바쎌낭이 다시 돌아올 때까지 당분간 번역을 중지하는 것이 좋겠다."고 하였다.

또 불법을 신봉하는 대신들이 왕에게 쌍씨를 뙤(sTod, 서부 티베트 전역을 말함) 지방[34]에 나가 있는 바쎌낭의 보필로 보내도록 주청하였다.

---

32) 인도의 아난다: 카시미르 출신으로 라싸에 거주하면서 체를 팔았다고 말함. 『갤랍쎌왜멜롱(王朝明鑑)』, p. 203, 싸꺄 쐬남갤챈, 민족출판사, 1996, 북경, China.

33) 해뽀리산: 쌈예사 부근에 있는 티베트의 사대성산(四大聖山) 가운데 하나이며, 구루 빠드마쌈바바(蓮花生)가 이 산정에서 티베트의 흉신들을 항복받고 불법을 수호토록 서원을 받아낸 신앙의 성지임. 『쌈예사간지(桑耶寺簡志)』에 따르면, 산정에는 아사리 쌴따락시따의 사리탑과 당시의 저명한 두 역경승인 까와 뻴쩩과 쪽로 루이갤챈의 사리탑이 있다고 함. 『쌈예사간지』, pp. 229~230, 응아왕갤뽀 외, 민족출판사, 2003.5, 북경, China.

34) 뙤: 뙤응아리꼬르쑴(sTod mṅaḥ ri skor gsum, 阿里三部)의 약칭으로, 티베트 땅을 상중하의 세 지구로 나눌 때 인도와 네팔, 위구루와 접경을 이루는 상부지역을 말함. 이 뙤응아리(sTod mṅaḥ ri)는 다시 세 지구로 나누며, 뿌렝(sPu hreṅ), 망윹(Maṅ yul), 쌍까르(bZaṅ dkar)의 남부

왕이 말하길, "쌍씨와 같은 한아현자가 전도가 양양한대, 불법을 얻는 일로 뙤 지방에 보냈다가 죽기라도 한다면 큰 손실이다. 만약 뙤에서 다시 돌아오지 못하면 또한 자식도 없게 되서 절손하게 된다."라고 하였다.

쌍씨가 아뢰되, "국왕과 보띠싸타와 바쎌낭과 저는 서원이 하나인 바이며, 저 또한 불법을 구하는 데 일조를 하고자 하니 절손하지 않을 것입니다. 제가 뙤에 가면 또한 인도에서 계율을 청정히 지키다가 열반한 비구가 있으면, 그 즉시 저의 자식으로 태어나도록 기도하겠습니다."라고 하였다.

이상과 같이 티베트의 고문서인 『바섀』의 내용을 그대로 인용해서 『최중캐빼가뙨』에서는 낌화썅(Kim hwa śaṅ)으로 불리는 김무상(金無相) 스님에 대하여 기록하고 있다.

2) 바섀의 기록과 송고승전에 실린 무상 스님의 전기

『땐빠응아다르기최중(古代티베트佛敎史)』에서는 대신인 쌍씨가 불법을 구하기 위해 중국에 사신으로 다녀온 뒤, 새 국왕을 알현하고 불경을 받치고 번역하기까지의 역사적 상황을 비교 분석해서, 티베트의 사신들에게 예언을 말해준 그 낌화썅(Kim hwa śaṅ)이, 바로 신라의 왕자이자 성도(成都) 정중사(淨衆寺)의 김무상(金無相) 화상임을 다음과 같이 증명하고 있다.35)

응아리(南部阿里)와 샹슝(Shaṅ shuṅ), 티떼(Khri te)의 중부응아리(中部阿里)와 침(ḥMa) 또는 리(Li), 두샤(Bru śa), 밸띠(sBal ti)의 북부응아리(北部阿里)로 구분한다.

35) 『땐빠응아다르기최중』, pp. 176~180.

위에서 밝힌『바새』의 중요한 점 몇 가지를 부연 설명하면, 쌍씨가 이끄는 사절단을 결성해서 중국에 파견한 것은, 티데쭉땐 왕의 생전이며, 이 왕이 운명한 해[36]는 서기 754년의 전반기인 것이 틀림없다. 또한 사신들이 귀국한 해는 왕이 운명하고 없는 때인 754년 뒤인 것이 분명하다. 만약 그들이 사신의 임무를 수행하기 위해서 5년의 예정으로 파견한 것일 때는, 752년에 티베트를 출발해서 756년에 돌아온 것이 된다. 이것은 단지 구전이 아닌 분명한 역사적 사실로, 아래의 중국의 사료에 의해서 증명된다.

또 쌍씨에게 미래를 예언을 해준 낌화썅(Kim hwa śaṅ)이라 부르는 이는, 곧 선사 김화상무상(金和尙無相, 680~756)이라고 부르는 신라국의 왕자로 널리 알려진 바로 그 인물이라고 단정할 수 있다.

그 사실 또한 선종의 사료인『원각경대소초(圓覺經大疏鈔)』3권에서, 낌화썅(Kim hwa śaṅ)의 법명을 성도정중사무상(成都淨衆寺無相)이라 부른다고 분명히 밝힌 것에 의거해서, 이 낌화썅은 곧 무상(無相)의 별명인 것임을 알 수 있다.

또『송고승전(宋高僧傳)』제19「성도정중사무상전(成都淨衆寺無相傳)」에는 그가 신라국의 셋째 왕자임과 생몰연대와 언제 어디서 구법하였는지 등을 자세히 기록하고 있다.

> 무상은 본래 신라국 사람이니, 그 나라 임금의 셋째 아들이다. 본국의 정삭(正朔) 년월(684년, 예종원년)에 태어났다. 군남사에서 머리를 깎고 계를 받았으며, 개원 16년 동쪽 바다를 건너서 중국에 이르렀다. 중국 서울에 도착하니 현종 황제가 불러 보고서 선종사에 있게 하

36) 티데쭉땐 왕이 운명한 해를 755년으로 말하는 또 다른 설은 유립천(劉立千)의『서장왕신기역주(西藏王臣記譯註)』와 왕삼(王森)의『서장불교발전사략(西藏佛教發展史略)』등이 있음.『장족역사인물연대수책(藏族歷史人物年代手冊)』, p. 354. 쏘남갸초 외, 민족출판사, 1996, 북경, China.

> 였다. 후에 촉의 자중(資中)에 들어가서 지선 선사를 뵈었다. (중략) 지덕 원년 5월(午月) 19일 병 없이 입적하였으니, 77세였다.

중국 사료의 요점은 무상 선사(無相禪師)가 신라국의 셋째 왕자임과 생몰연대가 680~756년인 것으로 확실하게 밝힌 것에 의해서, 그가 티베트 사신들과 만난 시기는 그의 말년에 해당한다.

또 『바새』에서 낌화쌍이 신통력을 지녔다고 밝혔듯이, 『송고승전』에서도 그와 같이 말하고 있다.

> 임종 때에 어떤 사람이 묻기를 "누가 주지를 계승합니까?" 하니, 붓을 찾아서 백여 자를 썼는데 모두가 은밀하여 알 수 없었다. 운을 맞추어보니 8~90년 뒤의 일을 적었는데 조금도 차질이 없었다.

『바새』에서 그가 호랑이의 목에다 능히 밧줄을 맨다고 말한 바와 같이 『송고승전』에서도, "또한 밤이면 침상 아래에 있는 호랑이 수염을 만졌다(往往夜間坐床下虎鬚毛)."고 적혀 있다.

『바새』에서 붐쌍왕뽀(Bum bzaṅ dbaṅ po)의 점성가의 말과 같이, 『송고승전』에서도 역시 그렇게 밝히고 있다.

> 뒤에 자중에 들어가서 지선(智詵) 선사를 뵈었다. 처적(處寂)이라는 스님이 있었는데 신이한 사람이었다. …… 일이 있으면 반드시 미리 알아서 조금도 차질이 없었다. 무상 대사가 그곳에 이르기 전에 처적 선사가 말하기를 "외국에서 온 스님을 내일이면 보게 될 것이니, 너희들은 쓸고 닦아서 깨끗이 한 뒤 기다리도록 하라." 하루가 지나 과연 도착하였다. 처적이 호를 내려 '무상(無相)'이라고 하였다.

위에 기술된 사실에 대하여 대학자 야마구치(Z. Yamaguchi)는, "티베트의 사신들과 낌화쌍이 서로 만났을 때, 단지 만난 것에 불과하며 예언 등은 전혀 없었던 것이다. 뒷날 낌화쌍의 전기를 알고 났을 때 예언 등을 첨가한 것이 분명하다."고 설명하고 있지만, 훗날 첨가하였다는 그 주장 또한 전거가 분명하지 않다.

이상과 같이 아짜랴 캉까르 출팀깰쌍(白館戒雲)은 그의 『땐빠응아다르기최중』에서, 티베트의 사신들에게 티베트에 불교를 건립하는 묘책을 알려준 낌화쌍이 바로 김무상(金無相) 스님임을 밝히고 있다.

결론을 내리기에 앞서, 『최중캐빼가뙨』에는 앞에서 인용한 것과 내용은 같으나 시기가 다른 동일한 기록이 하나 더 기재되어 있으며, 그것은 다음과 같다.[37]

그 뒤 랑도낭와(Laṅ gro snaṅ ba)와 바쌜낭 두 사람이 친교사 보디싸따(Śāntarakṣita, 寂護)를 네팔까지 보호해서 모셔갔다.

그리고 다시 왕궁으로 돌아오자 왕이 중국의 사신으로 임명하고서, 왕의 뜻과 같이 임무를 완수하면 다량의 은을 상으로 내릴 것을 약속하였다. 또한 왕이 불법을 행할 수 있도록 모든 샹뢴(Shaṅ blon, 戚臣)들에게 편법으로 명을 내릴 것을 군신이 상의하였다.

사절단의 우두머리인 캉뾘(Khaṅ dpon, 正使)에 땐짱섀르(sBran gtsaṅ gsher), 옥뾘(Ḥog dpon, 副使)에 쌍씨, 최끼쩬빠(Chos ki spyan pa, 求法官)에 바쌜낭을 임명한 뒤, 사절단 30여 명이 티베트를 출발하였다.

그 때 중국 대신인 붐쌍왕뽀에게 한 뛰어난 점성가가 있어서 날마다 역술을 행하였는바, 그가 붐쌍왕뽀에게 말하길, "서쪽에서 사신이 오늘

37) 『최중캐빼가뙨』 상권, pp. 317~319.

내일 중에 길을 떠나서, 6개월 6일 뒤면 당신에게 오게 됩니다. 사신들 중에는 보살의 화신이 두 사람이 있으며, 그 얼굴과 모습이 이와 같습니다."라고 한 뒤에 두 장의 초상화를 그려놓았다.

붐쌍왕뽀가 황제에게 사신을 보내서 이 사실을 아뢰자, 황제가 명하길, "두 사람의 보살이 도착하면 예절을 갖춰서 맞이하도록 하며, 그곳에 유숙케 하지 말고 즉시 호송토록 하라."고 하였다.

예정한 달에 맞춰 사신들이 붐쌍왕뽀에게 도착하였는데, 최끼짼빠와 옥뺀 두 사람이 초상화와 일치하자, 휘장이 펄럭이는 다르캉(樓閣)으로 모신 다음 극진하게 영접한 뒤 수레에 모셨다. 다른 사신들은 말을 타고 껙씨(Keg śi, 長安)[38]로 떠났을 때, 보살의 화신인 두 사람이 왔다고 벌써 알려진 까닭에 그 이름을 또한 다르캉! 다르캉! 하고 불렀다. 길마다 중국 화상들과 백성들이 구름처럼 모여들어서 두 사람의 사신인 다르캉들에게 크게 공양을 올렸다. 그 뒤 껙씨에 이르자, 중국 황제도 모든 궁궐의 담장과 하늘에 깃발을 꼽고 매달아서 휘날리게 하고, 향을 피우고 풍악을 울려 사신들을 환영하고 공양하며 기쁘게 하였다.

"〔점성가가 말하되〕 바쌜낭 그대는 보살이 분명하다. 전에 내가 그려놓았던 초상화가 바로 이것이다. 또 신통력을 소유한 한 화상도 또한 말하길, 그대는 마명(馬鳴)보살의 화신이라고 하였다.

나의 마음에 드는 그대보다 가상한 자는 일찍이 보질 못하였다. 상으로 무엇을 원하든지 다 내리겠다."고 황제가 말하였다.

바쌜낭이 아뢰되, "황제의 용안을 뵙게 되서 감개무량하온 대, 기쁜 성지까지 내려 주시니 이보다도 더 큰 상이 어디 있겠습니까? 다른 것은 일체 바라지 않으며 다만 수행의 가르침을 전해 주는 화상을 만날 수 있

---

38) 껙씨(京師): 께씨(ke śi) 또는 껭씨(Keṅ śi)의 오기이며, 껭씨(Keṅ śi)는 수도를 뜻하는 경사(京師)의 티베트식 표기로, 당나라의 수도인 장안(長安)을 뜻함. 『돈황본토번역사문서(敦煌本吐藩歷史文書)』(增訂本), p. 194. 왕갤, 쐬남 역해, 민족출판사, 1992, 북경, China.

도록 해 주십시오."라고 주청하였다.

황제가 윤허하고서 〔그 화상에게 내릴〕 작은 예물과 함께 어마에 태워서 엑추에 가게 한 뒤, 어명을 받고 기다리는 그 화상에게서 수행의 가르침과 교계를 받도록 하였다. 바쎌낭이 출발하기에 앞서서, 황제가 그에게 참새 무늬가 그려진 한지(漢紙) 무게 백 냥짜리 한 묶음과 능라(綾羅) 오백 필, 타멘으로 만든 새, 타멘으로 만든 무게 백 냥의 대분(大盆) 하나, 길이가 다섯 자인 진주 구슬 열 벌, 오색의 금단(錦緞) 한 필을 특별히 상으로 주었다.

또 티베트 왕의 어신의 내용을 군신이 상의한 뒤, 티베트 국왕의 예물로는 능라 만 필과 타멘으로 만든 보관, 다섯 자 크기의 접시를, 다른 사신들에게도 크고 작은 많은 상을 내렸다. 이에 황제의 회신을 가지고 티베트로 돌아갔다.

티베트에서는 국왕이 샹뢴(戚臣)들과 불법을 봉행하는 숙의를 결정하였을 때, 바쎌낭이 적시에 도착해서 예물들을 받치고 절을 올린 뒤에, 사신의 임무를 완수하였음을 보고하였다.

참고로 부연하면, 『바섀샵딱마』에도 이와 동일한 내용들이 기록되어 있는데, 엑추의 니마화썅(Ñi ma haḥ śaṅ)과 낌화썅(Kim haḥ śaṅ)으로 나와 있다. 또한 『부뙨최중(부뙨佛敎史)』과 『뎁테르응왼뽀(靑史)』 등에서는 낌화썅(Kim haḥ śaṅ)의 이름은 나오지 않고, 그냥 신통력을 소유한 중국 화상이 티베트 사신들을 만난 것으로 기록되어 있다.

다시 위의 기록에 대한 진위에 대해서 『땐빠응아다르기최중(古代티베트佛敎史)』에서는 다음과 같이 논술하고 있다.[39]

앞에서 말한 바와 같이 『최중캐빠가뙨(智者喜宴)』에서 인용하고 있는

39) 『땐빠응아다르기최중』, p. 179.

『바새』에서 말하는 내용은 하나이나 시기가 다른 두 가지 중에서 후자, 즉 바쌜낭이 사신의 우두머리가 되서 중국에 간 것에 대한 이 기록은 역사적인 사실이 아니다.

왜냐하면 나중의 주장을 따른다면, 티쏭데짼 왕이 불법에 귀의한 뒤인 761년 후에 바쌜낭 등이 중국에 간 것이 분명하게 된다. 756년에는 낌화쌍(Kim hwa śaṅ)의 열반 후라 그가 가르침을 줄 방법이 없다. 그러므로 『최중캐빠가뙨』에서 그와 같이 말하는 것은 16세기에 그와 같은 논설이 있었음이 틀림없다.

이상과 같은 역사적 기록들 가운데서 문제의 핵심은, 과연 역사의 기록대로 티베트 사신인 쌍씨가 실제로 엑추의 낌화쌍으로부터 예언을 받았는가 하는 점이다.

이 점에 대해서 앞에서 밝힌 바대로, 일본의 역사학자 야마구치는 "티베트의 사신들과 낌화쌍이 서로 만났을 때, 단지 만난 것에 불과하며 예언 등은 전혀 없었다. 뒷날 낌화쌍의 전기를 알고 나서 예언 등을 첨가한 것이 분명하다."라고 주장하고 있다.

그러나 여기에 대해서 아짜랴 캉까르 출팀깰쌍(白館戒雲)은 반박하길, "홋날 가첨하였다는 그 주장 또한 전거가 분명하지 않은 것"이라고 분명하게 주장하고 있으며, 이 또한 일리가 있는 것임을 뒤에 기술하게 되는 바쌜낭의 행적을 통해서 알 수 있다.

일단 여기서 독자의 이해를 돕기 위해서 쌍씨 등의 티베트 사신들이 엑추의 낌화쌍을 만나는 것에서부터 마하연 화상이 티베트에 들어와서 쌈예사의 논쟁이 발생하기까지의 역사를 간추려 정리하면 다음과 같다.

752년 쌍씨 등의 티베트 사신들이 중국으로 출발함.
(『땐빠응아다르기최중』의 설)

754년 쌍씨 등의 티베트 사신들이 중국으로 출발함.
(『뵈끼최씨쑹델꼬르쌔빠(論西藏政敎合一制度)』의 설)
755년 티데쭉땐 왕의 사망.
(『서장역사연표(西藏歷史年表)』의 설)
티쏭데짼 왕이 즉위함.
팀부충이 시행됨.
756년 쌍씨 등이 귀국길에 낌화썅을 만남.
(『땐빠응아다르기최중』의 설)
낌화썅이 열반함.
(『송고승전(宋高僧傳)』 제19의 설)
761년 팀부충을 파기하고, 불교시행법을 선포함.
763년 티베트 군대가 당(唐)의 수도 장안을 점령함.
(『서장역사연표』의 설)
764~768년 친교사 보디싸따(Śāntarakṣita, 寂護)를 초청함.
(『땐빠응아다르기최중』의 설)
771년 친교사 보디싸따(Śāntarakṣita, 寂護)를 재차 초청함.
(『땐빠응아다르기최중』의 설)
(『서장역사연표』에 의하면 775년)
771~775년 뵌교(Bon)와 공개적인 논쟁을 벌임.
(『뵈끼최씨쑹델꼬르쌔빠(論西藏政敎合一制度)』에 의하면 759년)
775년 쌈예사의 기공식을 가짐.
(『땐빠응아다르기최중』의 설)
779년 예시 칠인(豫試七人)이 출가함.
(『땐빠응아다르기최중』의 설)
787년 쌈예사가 완공됨.
(『땐빠응아다르기최중』의 설)

친교사 보디싸따가 열반함.
(『땐빠응아다르기최중』의 설)
돈황(敦煌, 또는 沙洲)이 티베트에 귀속됨.
마하연 화상이 돈황의 귀속 후 티베트에 들어감.
(『땐빠응아다르기최중』의 설)

791년 마하연 화상의 후원자인 왕비 도싸장춥이 출가함.
(『땐빠응아다르기최중』의 설)

792년 돈문(頓門)과 점문(漸門)의 대립이 발생함.
(『땐빠응아다르기최중』의 설)

794년 쌈예사의 논쟁이 발생함.
(『땐빠응아다르기최중』의 설)

795년 아사리 까말라씰라(Kamalaśīla, 蓮華戒, 740~795년)의 열반.
(Donald S. Lopez, Jr., *A Study of Svātantrika*의 설)

841년 랑다르마(gLaṅ dar ma, 836~841 재위)의 파불(破佛).
(『중외역사연표(中外歷史年表)』의 설)

3) 신라 김무상 스님의 예언 실현

먼저 여기서 『최중캐빠가뙨(智者喜宴)』에 기록된 바쌜낭의 행적을 근거로 해서 다음과 같은 결론을 내릴 수 있다. 즉 쌍씨 등의 티베트 사신들이 중국에서 불경을 구해 돌아온 해는 티쏭데짼 왕이 즉위한 지 2, 3년 후인 756~757년 사이이다. 또 친교사 보디싸따를 초청하게 되는 바쌜낭의 어린 두 남매가 갑자기 죽은 것도 이 무렵인 것이 분명하다.

왜냐하면 팀부충이 발령되고 나서, 사태가 어느 정도 진행된 상황 아래서 어린 남매가 죽었다고 기술되어 있기 때문이다. 그러므로 바쌜낭이 망율(네팔 접경)의 지방관으로 나갈 때, 그는 이미 낌화썅의 예언을 알고 있었음이 분명하다.

아무튼 바쎌낭은 어린 남매의 죽음을 계기로 전생과 내생이 있음을 확실하게 믿게 되고, 불법을 반드시 티베트에 심어야겠다고 결심한 뒤, 자청해서 유배지나 다름없는 망율의 지방관으로 나간 것이다. 또 임지에 도착하자마자 팀부충을 무시한 채, 곧바로 인도와 네팔을 방문해서 성지를 참배하고 돌아오는 길에 네팔서 친교사 보디싸따를 만난다. 그를 망율의 관사로 모시고 와서 발심의식을 갖고, 티베트 왕의 선지식이 되어 줄 것을 청해 허락을 받게 되는 것이다.

그 뒤 국왕을 만나 불법을 봉행해야 한다고 주청한 뒤, 친교사 보디싸따를 만난 이야기를 전하게 된다. 이에 국왕이 불교를 믿는 대신들과 상의를 하게 되고, 마침내 불법을 결행하길 결심한 다음 최대의 방해자인 뵌교의 대신이자, 팀부충을 만든 장본인인 샹마샹을 제거하고, 정식으로 불법을 건립하기 위해서 친교사 보디싸따를 초청하게 되는 것이다.

쌍씨로부터 낌화썅이 예언한 친교사 보띠싸따를 바쎌낭이 찾아가서 만나게 되는 경위와 또 티베트에 초청하기까지의 일련의 과정들을 『최중캐빼가뙨』의 기록을 통해서 알아보면 다음과 같다.40)

망자의 추선불사 등을 금지하는 팀부충이 발령된 상황 아래서 공교롭게도 바쎌낭의 어린 두 남매가 갑자기 동시에 죽게 되었다.

그때 웃어른들 모두가 불법이 진실하다고 말함으로써 직접 화상에게 여쭤 보아야겠다고 생각한 뒤, 라모체(Ra mo che, 小昭寺)에 있는 신통력을 지닌 중국 노승을 초청해서 질문하자, 전생과 내생이 있는 것이 사실이라고 말하였다. 그래서 대문 밖에서는 뵌교의 의식을 행하고, 집안에서는 슬피 울면서 천 명의 신들과 사람에게 신찬을 올리고 명복을

40) 『최중캐빼가뙨』 상권, pp. 305~307.

빌었다.

또 라모체에서 신통력을 지닌 그 노화상을 초청해서, 두 자식의 사십구재를 청하자, 노화상이 말하되, "자식이 천상에 태어나기를 바라느냐? 아니면 인간으로 태어나는 것이 좋겠는가?"라고 묻자, 바쎌낭은 천상에 태어나면 좋겠다고 하였고, 아내는 다시 자기의 아들로 태어나면 좋겠다고 하였다.

이에 노화상이 사내아이의 시신에 천도식을 행하고 화장하자 유골이 사리로 변함으로 해서, 이 아이가 천상에 태어난다고 예언하였다. 또 죽은 딸애의 입에다가 붉은 주사를 칠한 진주를 왼쪽 어금니에 물리고, 믿음의 표시로 예식을 행한 뒤, 항아리에 넣어서 부인의 침상 아래 보이지 않게 넣어 두었다. 그런 다음 내년에 당신의 아들로 태어난다고 예언하였다.

해가 바뀌자 정말로 바쎌낭의 부인이 사내아이를 낳았는바, 입 안의 왼쪽에 붉은 진주알을 물고 나왔다. 그래서 침상 아래 놓아 둔 항아리을 꺼내서 보니, 항아리의 입구가 스스로 열린 상태였다.

낳은 지 1년이 되자 가르쳐 주지 않아도 부모의 형제들을 알아보고, 예전과 같이 그 이름을 부르는 일이 일어남으로써 후생이 있다는 것을 확신하게 되었다.

그 뒤 바쎌낭은 노화상에게서 가르침을 받아서 비밀리에 수행하였다. 그 뒤 불경들을 구하기 위해서 인도와 네팔을 왕래해야겠다고 왕에게 아뢰었다. 왕의 생각에 바쎌낭이 불법을 숭상하니 반드시 인도와 네팔에 가야 한다고 판단한 뒤, 망율의 지방관으로 보낸다고 말하고 나서 임명하였다.

바쎌낭이 망율에 도착한 뒤, 곧바로 샹마샹의 툼부충을 무시하고 인도로 가서, 마하보디(Mahābodhi, 大覺寺)의 대탑과 나란다(Nālandā, 施無厭) 승원을 참배하고 공양을 올리자, 한겨울(藏曆 11月) 중에도 비가

내렸고 보리수나무 잎에서는 우유가 흘러나왔다.41)

네팔에서 연회(宴會)인 쌀와와쎄(Sarba wa se)를 행하고, 사원에서 공양을 올릴 때, 하늘에서 "상서롭다!"라는 소리가 울리고 눈부신 광명이 방사하였다. 또 네팔의 국왕을 알현하고 도움을 청해서, 덕망을 갖춘 대아사리 쌴따락시따(Śāntarakṣita, 寂護)이자 티베트에서는 친교사 보디싸따로 더 잘 알려진 그를 모시고, 망율의 관사로 돌아 와서 두 개의 절을 세웠다.

당시 친교사 보디싸따는 네팔에서 왕의 후원을 받으면서, 인도와 네팔의 모든 지자들에게 불법을 가르치고 있었다. 바쎌낭이 집에서 음식과 공양을 올리고 법을 청한 뒤, 티베트 왕의 선지식이 되어 줄 것을 청하고, 또 자신에게도 보리심을 일으켜 주기를 간청하였다.

친교사 보디싸따가 말하되, "보리심을 발하길 원하면 공양을 올리도록 하라."고 하자, 금·은 등의 보석과 쏘링(Zo riṅ)42), 비단, 대창(大氅, 남성용 외투), 구리 다관(茶罐), 말, 의복 등의 공양거리들을 모두 찾아서 받쳤다. 다시 더 올리도록 하라고 말하자, 찾아도 더 올릴 것이 없어 허리띠와 털조끼마저 올리자 비로소 발심을 증명하였다.

그런 다음 그가 말하길,43) "내가 티베트 교화의 인연을 갖고 왔으나 국왕과 그대 두 사람이 탄생하지 않음으로써 티베트의 왕이 아홉 번 바

41) 인도와 티베트의 풍습에서 종교예식을 행한 뒤 비가 내리는 것을 길상한 것으로 받아들이며, 또 신성한 신상들에서 우유가 흘러나오는 이적은 현대에도 자주 목격되는 현상임.

42) 쏘링: 일종의 장식물로 여겨지나 확실한 것은 알 수 없음.

43) 이것은 티베트의 전승에 의한 것으로서, 따라나타(Tāranathā, 1575~1634)의 『갸가르최중(印度佛敎史)』에 의하면, 친교사 보디싸따(Śāntarakṣita, 寂護, ?~787)는 인도의 빨라 왕조(Pāla, 685~1166)의 고빨라(Gopāla, 685~720) 왕에서 다르마빨라(Dharmapāla, 790~853) 왕 때까지 생존하였다고 기록하고 있으므로 약 105세에 이른다. 『갸가르최중』, p. 217, 따라나타, Sherig Parkhang, 2001, Delhi, India.

꿔는 기간을 인도와 싸호르와 네팔 땅을 오가며 지냈다. 이제 국왕과 그대 두 사람이 장성하였고 시절 인연이 도래하였으므로 북쪽 설원의 로히따(Lohita, 짱뽀 강)[44] 강변의 해뽀리 산 아래에 있는 닥마르 땅에 쌈예사를 건립하고 왕의 선지식이 되어 지이다!"라고 기원하였다.

또 말하길, "그대가 금생에서만 나를 알고 발심한 것이 아니다. 아득한 세월 전에 발심을 한 진리의 아들인 것이니, 법명 또한 예시왕뽀(Ye śes dbaṅ po)로 명한다."고 한 뒤 손으로 정수리를 만지면서 가지(加持)하였다.

그리고 모든 간청들을 수락하자 그때 허공에서 "상서롭다!"라는 소리와 함께 광명이 세 차례 발산하였다. 또 공양한 모든 물건들을 다시 돌려준 뒤 네팔로 돌아갔다.

바쌜낭이 국왕을 뵙기 위해서 한 날 온다는 전령을 보내서 보고한 뒤 허락을 얻어서, 룽춥(rLuṅ tshubs)의 왕궁에서 왕을 뵙고 예를 올렸다.

왕이 말하길, "그대가 불법을 전적으로 닦고 있다고 알려져서, 뵌교의 대신들이 그대를 유배 보낼 거라고 두려워하지 않는가?" 하고 묻자, 바쌜낭이 말하되, "망율에 가 있는 것은 마치 유배당한 것과 같다."라고 답하였다.

왕이 식사를 하기 위해서 한가한 장소로 자리를 옮기자, 그때 왕에게 불법을 행하는 것이 합당함과, 친교사 보디싸따가 신통 등의 많은 위덕을 가지고 있는바 그를 선지식으로 모실 것을 주청하고, 또 친교사 보디싸따가 한 말들을 자세히 보고하였다.

왕이 말하되, "지금 뵌교의 대신들이 그대를 죽이기 위해서 몰려오고 있는 중이다. 내가 대신 샹녜쌍(Shaṅ ñe bzaṅ)에게 가만히 명을 내려서 그들을 대전에 즉각 들라고 통지하였으니, 그대는 잠시 망율로 돌아

44) 로히따: 인도의 벵골만으로 흘러드는 브라흐마뿌뜨라 강의 상류인 티베트의 짱포(gTsaṅ po) 강을 말함.

가서 숨어 지내도록 하라."고 하자, 바쌜낭이 망율로 다시 돌아가서 불법을 닦았다.

또한 참고로 부기하면, 티쏭데짼 왕이 쌍씨 등을 중국에 사신으로 파견해서 낌화썅을 만나고, 바쌜낭이 네팔을 방문해서 친교사 보디싸따를 만나는 일련의 과정들을 『뎁테르응왼뽀(青史)』에서는 다음과 같이 기록하고 있다.[45]

티쏭데짼 왕이 괴걘(ḥGos rgan)과 바쌍씨(dBaḥ saṅ śi)와 바쌜낭 등으로 불법을 숭상하는 동료로 삼았다. 또한 바쌍씨와 바쌜낭이 중국 황제의 어전에 나아가, 황제에게 청원해서 수행의 가르침을 전수하는 한 화상과 만난 뒤, 그로부터 수행의 가르침을 잘 전해 받았다. 그 화상에게 큰 신통력이 있어서 말하길, "붉은 얼굴의 나라(赭面國)에 불법을 심은 보살이 출현한다고 예언한 바, 바로 그대다. 인도의 친교사인 보디싸따라고 부르는 이가 티베트를 교화하는 인연자이다. 그가 아니면 어떤 누구도 도움이 되지 못한다."라고 하였다.

또 붐쌍왕뽀에게 있는 한 화상도 역시, "바쌍씨와 바쌜낭은 둘 다 보살의 화신이다."라고 말하였다. 이 둘이 중국에서 불경 천권 정도를 수집해서 돌아왔으나, 샹마샹의 처벌이 두려워서 숨겨 놓았다.

뒤에 바쌜낭을 망율의 지방관으로 임명하자, 그곳에 두 개의 절을 세웠으며 생활도구들도 역시 뒷받침하였다. 또 네팔에 가서 친교사 보디싸따를 만나자, 우리들이 티베트에 불법을 심어야 하는 까닭을 자세히 말씀하였다.

---

45) 『뎁테르응왼뽀(青史)』 상권, pp. 66~67, 괴로짜와 쉰누뻴, Vajra Vidya Library, 2003, Varanasi, India.

위와 같은 기록들을 통해서 바쎌낭이 친교사 보디싸따를 만나게 되고, 그를 티베트에 초청하게 되는 경위를 자세히 알 수 있으며, 다시 이것을 기초로 해서 다음과 같은 결론을 내릴 수 있다. 즉 『바새』 또는 『최중캐빠가뙨』 등에서 말하는 낌화쌍 또는 끼야화쌍(Ki ya hwa śaṅ)이 바로 성도 정중사의 김무상 화상이라는 학설은 역사적 근거가 있는 주장이라고 할 수 있다.

당시 성도(成都)가 중국과 티베트를 연결하는 중요한 관문이었던 점을 감안한다면, 티베트 사신들이 낌화쌍을 만나고, 그에게서 티베트불교에 대한 예언을 받은 것은 자연스러운 일로서, 후대에 가필한 것이 아닌 것으로 여겨진다. 또한 예언이 가필된 것이라 가정할 때, 그 가필의 이유 역시 석연치 않다.

왜냐하면, 위의 바쎌낭의 행적에서 알 수 있듯이, 그는 분명히 예언에 대한 일종의 확신을 가지고 있었던 것으로 추측된다. 만일 그에게 그러한 특별한 내적 동기나 목적이 없었다면, 자청해서 유배지나 다름없는 변경인 망율의 지방관으로 나가지 않았을 것이며, 또 아무런 정보도 없이 생명의 위험이 따르는 팀부충을 어겨 가면서까지 일부로 석가의 성도지인 보드가야의 대탑과 나란다를 참배하러 가지는 않았을 것이다.

그는 사전에 미리 충분히 검토를 한 끝에, 낌화쌍의 예언대로 친교사 보디싸따를 만나기 위해서 인도로 간 것으로 보이며, 마침내 네팔에서 친교사 보디싸따를 만나 망율의 관사로 모시고 와서 발심의식(發心儀式)을 갖고, 동시에 친교사 보디싸따로부터 미리 티베트에 들어오겠다는 수락을 받아낸 것임을 알 수 있다.

이미 티데쭉땐 왕의 초청으로 많은 수의 중국 화상들이 티베트에 들어와 불교를 전파하고 있는 상황 아래서, 구태여 언어와 풍습 기후 등의 수많은 어려움들을 무릅쓰고 굳이 인도에서 불교를 도입하고자 했던 것은, 단순히 교리적인 문제나 정치적인 입장 때문만이 아닌 것임을 알 수 있다. 그들은 분명히 낌화썅의 예언에 대하여 일종의 확신을 가지고서 그것을 추진했던 것으로 여겨진다.

이것을 간접적으로 증명하는 것이, 티쏭데짼 왕이 숙원사업이던 근본도량인 쌈예사를 완공하고 난 뒤, 친교사 보디싸따와 아사리 빠드마쌈바바에게 티베트에 영원히 머물러 주기를 청원하는 시문에도 잘 나타나 있다.

시문에서 말하길, "열일곱에 불법을 봉행하길 결심하고, 친교사 보디싸따를 모시라는 점성가의 예언에 따라서……"[46]라고 하는 이 구절에서 알 수 있듯이 왕도 역시 낌화썅의 예언에 대해서 티베트 점성가들의 판단을 일찍이 구했던 것임을 알 수 있다.

한 가지 더 참고로 부기하면, 최근 중국에서 발간된 『둥까르칙죄첸모(東噶藏學大事典)』에서도 낌화썅의 예언에 대하여 다음과 같이 기술하고 있다.[47]

> 신통을 소유한 낌화썅이 『십선경』『금강경』『도간경』 등을 기탁한 뒤, 티쏭데짼 왕이 성년이 되는 것에 맞추어서 차례를 어기지 말고 받치도록 하라는 등의 많은 가르침을 주었다.

이와 같이 티베트의 고문서인 『바새』의 지면 위에 마치 한두 점의 빗방울처럼 박혀 있는 낌화썅 또는 끼야화썅이란 단어가 실마리가 되어서, 천년도 넘는 그 옛날 불교를 새롭게 시작하는 티베트 민족에게 법

---

46) 『빠마까탕(蓮花遺敎)』 제66장, p. 395, 떼르첸 우갠링빠의 발굴, 사천민족출판사, 1993.10, 성도, China.

47) 『둥까르칙죄첸모』, p. 396, 둥까르 로쌍틴래, 중국장학출판사, 2002, 북경, China.

등을 밝혀준 신라의 김무상(金無相) 스님의 뛰어난 혜안을, 현재의 후손들이 다시 발견할 수 있게 된 것은 참으로 감개무량하다.

또한 이러한 사실들을 규명해 준 『땐빠응아다르기최중』의 저자인 아짜랴 캉까르 출팀깰쌍(白館戒雲)〔티베트인〕에게 깊은 감사의 마음을 전한다.

2. 법왕 티쏭데짼의 숭불 서원

1) 토속 종교인 뵌교(Bon)의 박해

33대 쏭짼감뽀(Sroṅ btsan sgam po, 629~650 재위) 왕[48]이 즉위하자, 그는 티베트 고원에 난립한 많은 부족국가들을 통합해서 강력한 통일왕조를 구축하는 동시에, 안으로는 정치와 외교, 경제와 문화 등의 전 방면에 걸쳐서 일대의 혁신을 꾀하게 된다.

특히 대신인 투미 쌈뽀타(Thu mi sam bho ṭa)[49] 등의 열여섯 명

---

48) 쏭짼감뽀: 티베트의 세 법왕 가운데 한 사람이며, 라싸의 포탈라 왕궁을 건립하고 티베트 문자를 제정해서 최초로 역경을 시작함. 육대법령(六大法令) 등을 제정하고 전국토를 오대지구(五大地區)로 구획하는 등 정치와 군사제도를 확립해서 통일왕조의 기틀을 마련함. 또 중국과 네팔의 공주를 맞이해서 정치・경제・사회・문화의 전 방면에 걸쳐서 새로운 문물을 받아들여 문화의 혁신을 꾀함.

49) 투미 쌈뽀타: 퇸미 쌈보따(Thon mi sam bho ṭa)라고도 하며, 쏭짼감뽀왕 때의 대신으로 왕명으로 인도에 유학함. 특히 대학자 리진(Li byin)과 하릭쎙게(lHa rig seṅ ge) 등을 사사해서 오명(五明)과 불교를 배움. 또한 티베트 최초의 역경사로 『보운경』 등을 번역하였음. 투미는 그의 가문의 성(姓)이며, 쌈뽀타는 인도인이 그를 부르는 존칭이며, 티베트의 역대 칠현신(七賢臣)으로 추앙받음.
특별히 범어를 간소화해서 만든 티베트 문자는 네 개의 모음과 삼십 개의

을 인도에 파견해서 불경과 어학 등을 배워 오게 한 뒤, 티베트 문자를 새롭게 창제해서 최초로『보운경(寶雲經)』등을 번역하고 전파하는 등 티베트 사회를 비로소 문명사회로 나아가게 만든다.

특별히 네팔의 티쭌공주(Thri btsun)[50]와 중국의 문성공주(文成公主)[51] 두 사람을 왕비로 맞이하면서, 당시까지 티베트 문화의 토대가 되어온 토속 종교인 뵌교에서 새로운 불교문화를 받아들이면서, 전 방면에 걸쳐서 나라의 개혁을 단행하게 된다.

그러한 혁신의 일환으로 인도의 아사리 꾸싸라(Kusara), 네팔의 아사리 쓰리만주(Śrī man dzu), 중국의 화상 마하데와체(大天壽) 등을 초청해서 불경을 번역해 내는 한편, 라싸툴낭(大昭寺)[52]과 라모체(小昭寺)[53] 등을 건립해서 불법의 초석을 놓았다.

자음에 "자형(字形)은 굽따 문자를 본떠 만들었다."고 티베트의 마지막 역경사인 갠뒤최펠(dGe ḥdun chos ḥphel)은 말하고 있다.『뎁테르까르뽀(白史)』, p. 77. 갠뒤최펠, 북경 민족출판사, 2000.10, 북경, China.

50) 티쭌 공주(7세기경): 현재 네팔의 박따뿌르(Bhaktapur)에 존재했던 고대왕국의 암쓔와르마(光胄)왕의 딸로 뿌리쿠티(Pu li khu thi)라고 부름. 639년 쏭짼감뽀 왕과 혼인하여 티베트에 들어옴. 현재 라싸의 대소사(大昭寺)를 창건하고, 라모체(小昭寺)에 모셔진 8세 신량의 석가부동불은 공주가 모셔온 것으로, 당시 네팔의 불교와 선진문화를 반입해서 티베트의 문화발전에 지대한 공헌을 함.

51) 문성공주(文成公主, ?~680): 당나라 태종의 딸로 641년 쏭짼감뽀 왕과 혼인하여 티베트에 들어옴. 라모체를 건립하고 중국서 모셔온 12세 신상의 석가모니불을 봉헌하였으나 후일 라싸툴낭에 모셔짐. 티베트에 의학(醫學), 산학(算學), 불경(佛經) 등의 많은 전적들을 들여와서 티베트의 경제·문화를 크게 발전시킴.

52) 라싸툴낭: 정식 이름은 하댄쭉락캉(lHa ldan gtsug lag khaṅ)이며, 조캉 사원으로 부르는 이 절은 641년에 네팔의 티쭌왕비의 제안으로 건립됨. 현재 누각이 사좌(四座)에 본전(本殿)이 67칸에 이르고, 문성공주가 모셔온 12세 신상의 석가모니불이 주불로 모셔져 있는 티베트 제일의 불교성지임.

53) 라모체: 641년 중국의 문성공주가 중국식으로 건립한 사원으로 정전에는

한편 신민(臣民)이 지켜야 할 법으로 삼보(三寶)를 경신할 것 등을 골자로 하는 세속십육법(世俗十六法)[54] 등을 제정해서 사회의 도덕규범을 정하기도 하였다.

그 뒤 제37대 티데쭉땐(704~754 재위) 왕 때는 당나라의 금성공주(金城公主, 695~739)[55]를 왕비로 맞이한 것을 계기로 불교신앙은 다시 활기를 띠게 된다. 이때 라싸의 대소사 등에는 중국의 승려들이 상주하는 동시에 중국에서 수입한 『금광명경(金光明經)』과 의학서적 등이 번역되는 등 불교문화가 민중사회 속으로 급속히 전파되고, 또한 망자를 천도하는 사십구재가 민간사회의 풍속으로 자리를 잡게 된다.

당시 불교의 발전 상황을 『뎁테르응왼뽀(靑史)』에서는 다음과 같이 기록하고 있다.[56]

> 그 후 티데쭉땐 왕의 한 신하가 침푸의 동굴에서 쏭짼감뽀 왕의 예언이 적힌 사각형 동패(銅牌) 하나를 발견해서 왕에게 받쳤다. 거기에, "나의 자손 가운데 데(lDe)자 이름을 가진 자가 나와서 그가 불교를 융성케 한다."라고 적혀 있었다. 그 데(lDe)자가 바로 나라고 생각한 왕이, 닥마르딘쌍(Brag dmar mgrin bzaṅ) 등의 몇 개의 절을 또한 세웠다.

네팔의 티쭌공주가 모셔온 석가모니의 8세 신상의 석가부동불이 안치됨.

54) 세속십육법: 재가의 도덕규범을 정한 것으로, 1.敬信三寶, 2.求修佛法, 3.報父母恩, 4.尊重德人, 5.恭敬尊老, 6.施惠鄉里, 7.直言謙遜, 8.信義親友, 9.追蹤賢善 遠慮高瞻, 10.節約飮食 財貨安分, 11.追認舊恩, 12.適時償還 天秤不欺, 13.不妒他人, 14.不昕邪說 執持主觀, 15.言重寡默, 16.堪當大任 度量寬大.

55) 금성공주: 당나라 중종(中宗) 황제의 아우인 옹왕수례(雍王守禮)의 딸로, 710년 티데쭉땐 왕과 혼인하여 티베트에 옴. 모시(毛詩), 문선(文選), 『금광명경』 등의 전적과 기예 등의 문물을 들여와서 티베트의 문화·경제 발전과 정치적 안정에 크게 기여함.

56) 『뎁테르응왼뽀』 상권, p. 66.

또 리율(Li yul, 于闐, 龜玆 등의 지역)에서 반데(沙門)들과 중국에서 많은 화상들을 초청해서 불법을 숭상하였으나, 티베트인 출가자는 나오지 않았다.

또한 『최중캐빠가뙨』에서도 다음과 같이 기록하고 있다.57)

이전에는 나라의 대신이 사망해도 제물을 올리는 예법이 없었으므로 금성공주(金城公主)가 말하길, 나의 중국에는 불법이 성행해서 망자(亡子)를 위한 칠일제(七日祭, 四十九齊를 말함)가 있으나, 티베트에는 불법이 성행하지 못해서 그렇지 못하니 대신들이 가엽다고 한 뒤, 사람이 운명하면 바로 신찬을 올려서 뵈체(Bod tshe)라고 부르는 천도재의 풍습을 티베트에 처음으로 전파하였다.

그럼에도 불구하고 불교는 토속 종교인 뵌교의 반대에 부딪쳐서, 역대의 왕들도 불교를 전국적으로 확산시키지 못한 채 왕실을 중심으로 한 제한적인 신봉에 그치고 만다.

더욱이 티데쭉땐 왕이 승하하고, 열세 살의 어린 나이로 티쏭데짼 왕이 즉위하게 되자, 조정의 권력자인 샹마샹을 중심으로 한 뵌교의 대신들이 팀부충을 제정해서, 불교에 대한 전면적인 파괴행위를 시작함으로써 불교는 더욱 위축되게 된다.

이 같은 불교의 탄압 과정을 『최중캐빠가뙨』에서는, 『바섀』를 인용해서 다음과 같이 기록하고 있다.58)

또한 부왕이 63세 되던 해에 야독다챌(Ya ḥbrog sbras tshal, 地名)

57) 『최중캐빠가뙨』 상권, pp. 296~297.

58) 위의 책, pp. 303~304.

에 행차하였다가 운명하였다.[59] 왕자가 정권을 물려받았으나 나이가 어리므로 해서, 권신인 마샹돔빠께(Ma shaṅ grom pa skyes)가 말하길, "선왕께서 단명한 것은 불법을 행한 과보인 것으로 상서롭지 못하다. 내생이 있다는 것도 거짓말이니, 오로지 현생의 재앙을 물리치고 복을 구하는 뵌교를 행해야 한다. 이제부터는 누구든지 불법을 행하는 자는 단신으로 멀리 유배를 보낸다."라고 말한 뒤, 임의로 팀부충을 제정했다. 그리고 불법을 숭상하는 두 대신인 망(Maṅ)과 벨(ḥBal)[60]에게 죄를 씌워서 벽지로 추방하였다.

또 라싸의 라모체에 모셔진 금동석가부동불(金銅釋迦不動佛)[61]이 인도의 신이므로 다시 인도로 돌려보내야 한다고 말함으로써, 처음에는 말꾼 하나가 달려들어 불상을 옮기려 하였으나 움직이지 않자, 나중에 삼백명이 달려들어 들 것에 실어서 문밖으로 끄집어 낸 뒤, 천 명의 사람이 곧장 카르닥동(mKhar brag gdoṅ, 地名)까지 운반해 갔으며, 거기서 불상이 더 이상 움직이지 않자, 그곳에 모래구덩이를 파서 매장한 다음 바제콜(rBa rje khol)이란 자에게 맡겼다.

또 사원을 관리하며 사는 중국의 노화상을 본국으로 추방하자, 화상이 국경에 당도해서 말하길, "어제 길을 떠나면서 신발 한 짝을 남겨 놓고 왔음으로, 티베트에는 불법이 다시 불꽃처럼 일어난다."라고 하였다.

---

59) 왕의 사망 원인에 대하여 낙마해서 사망한 것으로 전하나, 대신 랑메씩(Laṅ mes gzigs)과 밸동찹(ḥBal ldoṅ tshb)이 시해한 것으로 기록되어 있다고 함. 『뵈끼최씨쑹델꼬르쌔빠(論西藏政教合一制度)』, p.20.

60) 망과 밸: 『뵈끼최씨쑹델꼬르쌔빠』에 의하면, 각각 랑메씩과 밸동찹 두 대신을 말하며, 라싸의 포탈라 궁 앞에 있는 비문에 의하면, 티데쭉땐 왕을 시해한 혐의와 또 티쏭데짼을 살해하려고 한 혐의로 사형된 것이라 기록하고 있음. 『뵈끼최씨쑹델꼬르쌔빠』, p.22.

61) 네팔의 티쭌 공주가 모셔온 불상으로, 이 불상의 유래에 대하여 『둥까르칙죄첸모』에서는, "석가모니불의 8세의 신체의 크기로서 인도에서 주조되어 후에 네팔로 건너 왔다."라고 하였다.

역시 『바섀』에서도 다음과 같이 말하고 있다.[62]

앞의 나머지 부분에, 카르닥(mKhar brag)의 절은 뿌리 채 무너뜨리고, 딘쌍(mGrin bzaṅ)의 불전은 파괴한 다음 종은 침푸의 산에 버렸다. 나중에 쌈예사의 편정전(遍淨殿)에 안치한 것이 바로 이것이다. 또 라싸의 절들은 푸줏간으로 만들어서 짐승을 잡은 뒤, 소상마다 가죽을 씌우고, 손에는 내장과 고깃덩어리를 걸어 놓았다.

또 이후로는 망자를 위한 추선불사를 올리지 못하도록 금지하였으며, 만약 불법을 행하는 자가 있으면 단신으로 영원히 유배를 보낸다는 팀부충을 만들었을 때, 샹티톡라바르(Shaṅ khri thog la ḥbar)는 땅에 쓰러져서 우-우-우- 세 번 소리를 지르다 죽었고, 또 쪽로께쌍걜공(Cog ro skyes bzaṅ rgyal ḥgoṅ)은 혀와 턱이 굳고 손발이 오므라져 죽었다.

그러자 대소의 사람들과 모든 점성가들이 이구동성으로 말하길, "인도의 신을 땅속에 파묻어서 신이 분노한 것이다. 불상의 원조는 인도에서 온 것이므로 인도와 접경인 망율로 옮겨야 한다는 점괘가 나왔다."고 하자, 불상을 모래구덩이에서 파내서 나귀 두 마리에 실어 망율로 옮겨 갈 때, 그 지역에 커다란 재앙이 발생하였다.

이와 같이 불교는 쏭짼감뽀 왕의 재세 시에 정식으로 전래된 뒤, 티데쭉땐 왕에 이르기까지의 약 100년 동안 뵌교의 반대에 부딪쳐서 크게 발전하지 못한 채 티쏭데짼 왕의 시대에 이르게 된다.

2) 친교사 보디싸따(Śāntarakṣita, 寂護)의 초청

티쏭데짼 왕이 장성하여 스무 살이 되자 숭불의 서원[63]을 세운 뒤,

---

62) 위의 책, p.304.

그 해 761년에 대신 샹녜쌍 등의 불법을 신봉하는 모든 대신들을 소집한 뒤, 불법을 전격 봉행할 것을 상의하게 된다. 그리고 뵌교의 방해로 역대의 선왕들이 이루지 못한 불교의 전파를 과감하게 시행해 나가게 된다.

이와 같은 사정을 『갤랍쌜왜멜롱(王朝明鑑)』에서는 다음과 같이 기록하고 있다.64)

> 왕이 불법을 좋아할지라도 대신 샹마샹 퇸빠께(Shaṅ ma shaṅ Khron pa skyes)와 딱라루공(sTag ra klu goṅ) 등의 권세가 드높아서 다른 이들이 감히 반대하지 못하였다. 그 뒤 왕이 성년이 되자 왕과 대신들이 불법을 행하기로 의견을 모은 뒤, 여러 가지 술책을 써서 기만한 뒤, 샹마샹을 뙤룽당푸르(sTod luṅ daṅ phu ru, 地名)에 만든 묘실 속에 산 채로 매장하였고, 딱라루공은 북쪽의 변지로 유배를 보냈다. 그 뒤 모든 대신들에게 불법을 봉행하는 어명을 내리고, 제일 먼저 망율로 추방당해 모래구덩이에 파묻혀 있던, 석가부동불을 수레로 모셔 와서 성대하게 영접한 뒤 다시 라모체(小昭寺)에 안치하였다.

마침내 〔764~768년65)〕 바쌜낭 등을 네팔에 파견해서, 친교사 보디싸따66)를 초빙해서 최초로 티베트에 모셔오게 된다.

---

63) 『빼마까탕』에서는 발심한 해를 열일곱 살로 말하고 있으므로 758년에 해당함. 『빼마까탕』 제66장, p. 395.

64) 『갤랍쌜왜멜롱』, p. 203.

65) 이것은 『땐빠응아다르기최중』, p. 32의 설에 의한 것임.

66) 이것은 『땐빠응아다르기최중』의 설로, 『중관장엄론(中觀莊嚴論)』의 영역본인 James Blumentha의 *The Ornament of the Middle Way*, p.25에서는, Frauwallner 등의 설을 따라서 생몰연대를 725~788 C.E.으로 정하고 있으나, 탄생연대의 추정은 잘못된 것으로 판단된다. 왜냐하면

그와 같은 상황을 『부뙨최중(부뙨佛教史)』에서는 다음과 같이 기록하고 있다.[67]

그 뒤 바쎌낭을 아짜랴 보디싸따를 초청하기 위해서 파견하였고, 다시 대신인 랑도나라(Laṅ gro sna ra), 녜르딱짼똥씩(gÑer stag btsan stoṅ gzigs), 당갸라렉씩(sBraṅ rgya ra leg gzigs) 등의 세 명을 영접 사절로 파견하였다.

이러한 많은 역경들을 극복하고 친교사 보디싸따를 비록 모셔오게 되지만, 그러나 불법을 싫어하는 티베트의 흉신들의 작해와 방해로 나라에 질병과 기근이 들고 재앙이 발생하자, 뵌교의 대신들과 백성들이 다시 들고 일어나 반대하는 바람에 결국 친교사 보디싸따는 네팔로 돌아가게 된다. 그래서 불교를 전파하려던 첫 계획은 수포로 돌아가게 된다. 그때의 사정을 『최중캐빠가뙨(智者喜宴)』에서는 다음과 같이 전하고 있다.[68]

그 뒤 옴부챌 왕궁에서 〔카시미르 출신의〕 아난다(Ānanta)[69]가 통역을 해서, 십선(十善)과 십팔계(十八界)와 십이인연(十二因緣) 등을 설법

따라나타의 『갸가르최중(印度佛教史)』에서, 친교사 보디싸따는 인도의 빨라 왕조의 고빨라 왕에서 다르마빨라 왕 때까지 생존하였다고 하므로 약 105세에 이르며, 또 『최중캐빠가뙨(智者喜宴)』에서도 바쎌낭〔예시왕뽀〕의 죽음에 대해서 티쏭데짼이 친교사 보디싸따의 수명에 비교하면 너무나 짧다고 하였으므로, 100세에 이르는 장수한 것으로 여겨지기 때문이다.

67) 『부뙨최중』, p.185, 부뙨 린체둡, 중국장학출판사, 1988, 청해, China.

68) 『최중캐빠가뙨』 상권, pp. 316~317.

69) 아난다(Ānanta): 카시미르인 께쌍(sKyes bzaṅs)의 아들로 라싸툴낭과 라모체 사이에서 장사를 하였다고 함. 『갤랍쌜왜멜롱』, p. 203.

하면서 두 달 또는 넉 달이 되어 가자, 흑법을 좋아하는 티베트의 흉신들이 전부 분노해서 팡탕(ḥPhaṅ thaṅ)왕궁[70]은 홍수로 쓸어버리고, 라싸의 마르뽀(dMar po) 산[71]에는 벼락을 때리고, 사람과 가축에게 괴질을 일으키고 기근을 들게 하자, 전 백성들이 등을 돌린 뒤에 왕이 불법을 행한 탓이니, 인도의 아사리를 돌려보내야 한다며 불법을 행하지 못하게 막았다.

친교사 보디싸따가 북이 걸린 누각의 장막 안에서 선정에 들어 있을 때, 왕이 한 되의 금가루를 가지고 바쌜낭과 쌍씨, 샹녜쌍, 쎙고, 녜르딱짼 등 다섯 명의 대신들을 거느리고 찾아왔다. 그리고는 선정을 방해하지 않도록 조용히 절을 올리고 주위를 일곱 번 돈 다음, 친교사 앞에 황금을 놓고 물러갔다.

이와 같이 세 번을 하고 나서 말하길, "내가 복덕이 엷고 백성들이 흑도를 숭상하는 시절에 태어나서 그것을 물리치기가 힘이 듭니다. 만약 좋은 계책이 없으면 불법을 일으키지 못한다고 생각합니다. 불원간 다시 모실 것이니 친교사께서는 잠시 네팔에 가계시도록 하십시오."라고 청하였다.

친교사가 네팔 왕과 그 시종들에게 주고자 양 손바닥으로 가득한 양만큼을 가진 뒤에, 나머지는 왕에게 돌려주면서 말하길, "선대의 왕들의 생전에 악룡과 흉신들을 불법을 수호하도록 항복시키지 못한 탓에, 국토가 불법을 싫어하는 대력귀(大力鬼)들의 수중에 떨어진 것이다. 그래서 불법을 행하려 할 때면 불길한 현상들이 발생해서 불법을 심지 못하고, 왕들의 수명이 짧은 것도 다 이 때문이다. 나 역시 불법을 행하기 위해서 악룡과 흉신들을 호법의 서약 속에 가두는 방법을 찾는 중이다.

오디야나(Oḍḍiyāna, 飛行國)[72]의 왕자이며 대비구 빠드마쌈바바(Pa

---

70) 팡탕의 왕궁: 티데쭉땐 왕 때 건설한 왕궁.

71) 마르뽀 산(瑪波日山): 현재 라싸의 포탈라 왕궁이 있는 산 이름.

ḍmasambhava, 蓮花生)[73]로 불리는 이가 있다. 세상에서 이 진언사보다 더 위대한 힘을 가진 사람은 없으므로 내가 그를 초청토록 하겠다. 티베트 땅에는 불법이 후오백세에 일어나는 관계로 외도의 저항은 없을 것이나, 만약 불교와 이교도 간에 논쟁이 발생하게 되면, 신통력을 다투는 것이라면 아사리 빠드마쌈바바가 대적할 것이며, 또한 대론이라면 내가 감당할 것이다. 아사리 빠드마쌈바바가 만약 흉신들을 조복해서 호법의 서약을 받아내면 왕의 뜻도 자연히 성취될 것이며, 불법 또한 그 후에 전파할 수 있게 된다."라고 하였다.

아사리 빠드마쌈바바를 초청하게 된 사연을, 또 같은 책의 다른 곳에서는 다음과 같이 기록하고 있다.[74]

---

72) 오디야나(Oḍḍiyāna, 飛行國): 티베트어로 오갠, 우갠 등으로 기록하며, 한문으로는 오장나국(五仗那國) 등으로 번역하는 고대왕국으로서, 그 위치에 대하여 여러 가지 설이 있어 일정하지 않으나, 빠드마쌈바바(蓮花生)의 자설인 『일곱 편의 기원문』에서 금강좌(金剛座)의 서쪽 씬두(힌두)의 바닷가라고 하고 있음으로, 지금의 인도의 서해안과 파키스탄의 카라치에서 쓰와트계곡에 이르는 지역으로 추측됨.
또 갠뒨최펠(dGe ḥdun chos ḥphel)의 『갸가르람익(印度聖地案內)』에 따르면, "삐쓰쌰와르(Pis ŝa var)에서 말라간(Ma la gān)으로 가서, 거기서 걸어서 쓰와따(Swata)라고 부르는 지방에 도착하면, 거기가 우갠(Au rgyan)의 중심지이다."라고 하였다. 『갸가르기람익(印度聖地案內), 格敦群培著作 第三冊』, p. 339, 갠뒨최펠(dGe ḥdun chos ḥphel), 서장장문고서출판사, 1990.4. 서장, China.

73) 빠드마쌈바바(蓮花生): 티베트에서 구루린뽀체(Guru rinpoche)로 더 알려진, 닝마빠(rÑiṅ ma pa)의 개조이자 사군삼존(師君三尊)의 한 분으로 추앙받는 티베트의 수호신임. 그는 연꽃 속에 스스로 화생한 자이며, 우갠(Urgyan)의 왕인 인드라부띠(Indrabhūti) 왕의 양자로 성장한 뒤 출가하여 밀교의 성취자가 됨. 그는 아미타불의 화신으로 알려졌으며, 티베트를 교화를 끝낸 뒤 육신 그대로 그의 정토인 응아얍(남서부 주에 딸린 섬으로 나찰들의 거주지)에 있는 그의 연화정토로 돌아갔으며, 미래세가 다할 때까지 중생계를 구제할 것을 서원한 화신불로, 석가의 밀교를 전파하기 위해서 지상에 출현하였다고 알려짐.

오디야나의 아사리 빠드마쌈바바를 초청하게 된 인연을 친교사 보디싸따의 전기와 여타의 역사서들은 다음과 같이 기록하고 있다.

친교사 보디싸따가 말하되, "아득한 옛적에 네팔 땅에서 닭을 치는 어머니의 아들 사형제가 자룽카쑈르대탑(Byar ruṅ kha śor, 현재 네팔 카투만두의 Bouddhanath의 황금대탑)[75]을 건립한 뒤, 변방의 설원 땅(티베트)을 교화하기 위해서 각자 국왕과 율사와 진언사와 대신으로 태어나는 서원을 차례로 세웠는바, 현재의 국왕과 나와 아사리 빠드마쌈바바와 바쌜낭이다. 그러니 숙세의 원력에 의해서 그를 초청토록 하라."고 하였다.

이와 같은 과정을 거쳐서 마침내 아사리 빠드마쌈바바가 티베트에 들어오게 되고, 그들은 과거세의 서원의 힘으로서 티베트에 불교를 본격적으로 건립하고 전파해서, 후일 그들만의 독특하고 찬란한 밀교문화를 설산 속에 꽃피우게 된다.

3. 쌴따락시따와 빠드마쌈바바에 의한 티베트불교의 확립

1) 쌈예사를 건립하여 불보(佛寶)를 확립함

이에 마음이 고무된 티쏭데짼 왕이 대신 바쌜낭과 쎙고 하룽씩을 우

---

74) 『최중캐빼가뙨』, p.319.

75) 자룽카쑈르대탑: 『자룽카쑈르탑의 연기(緣起)』에 의하면, 쌈예사의 낙성식에서 구루 빠드마쌈바바가 "오늘 이 불사가 있게 된 것이 과거에 자룽카쑈르대탑을 건립하고 닭치는 어머니의 아들 사형제가 각각 서운을 세운 인연의 결과"라고 말함. 쌈예사의 대일여래불상 뒷면에 비장된 것을 복장대사(伏藏大師) 하왕 갸초로되(lHa dbaṅ rgya mtsho blo gros)가 발견.

두머리로 하고, 나남 도제뒤좀(rNa nam rDo rje bdud ḥdzom) 등 다섯 명을 보좌관으로 하는 초청 사절단을 친교사 보디싸따와 아사리 빠드마쌈바바를 초청하기 위해 〔771년에〕[76] 네팔로 파견하였다.

그때 네팔의 양라쉬(Yaṅ le śod)의 동굴[77]에 머물고 있던 아사리 빠드마쌈바바는 티베트에 교화의 시기가 왔음을 안 뒤, 미리 네팔을 출발해서 서부 티베트의 국경인 망윩의 궁탕(Guṅ thaṅ)[78] 지방에서 초빙 사절단과 만나게 되고, 한편 친교사 보디싸따는 네팔의 석공들을 데리고 먼저 왕궁에 도착하게 된다.

또한 아사리 빠드마쌈바바는 티베트의 사절단과 헤어진 뒤, 티베트의 서북 지역을 시작으로 해서 각처를 신통력으로 다니면서, 모든 흉신들을 제복한 뒤 팡탕의 왕궁에서 국왕을 만나게 된다.

아사리 빠드마쌈바바가 티베트의 사악한 비인간의 무리들을 항복받는 과정이 『빼마까탕(蓮花遺敎)』 제60장에 상세히 기술되어 있으며, 『뎁테르응왼뽀(靑史)』에서는 다음과 같이 요약해서 기술하고 있다.[79]

> 먼저 땐마쭉니(bsTan ma bcu gñis, 十二守護女神)[80]들이 아사리을 해치려다 도리어 굴복당한 채, 관정을 받고 나서 불법을 지키는 수호여

76) 이것은 『땐빠응라다르기최중』의 설이며, 『뵈끼로귀된첸레우믹』에 의하면 775년임. 『뵈끼로귀된첸레우믹』, p. 10.

77) 양레쐬의 동굴: 네팔의 카트만두 부근에 있으며, 보통 "양라쉬"라고 부른다. 마라띠까(Māratika) 동굴에서 불사의 금강신(金剛身)을 성취한 뒤, 아사리 빠드마쌈바바는 여기서 3년간 머물면서 마하무드라(大印)를 성취한 뒤, 티베트로 들어가서 밀교를 전파하게 된다.

78) 망윩의 궁탕: 서부 티베트의 네팔 땅과 경계를 이루는 국경지방으로 티베트의 위대한 요기인 밀라래빠(Milaráspa, 1040~1123)의 탄생지이기도 함.

79) 『뎁테르응왼뽀』 상권, p. 69.

80) 땐마쭉니(bsTan ma bcu gñis, 十二守護女神): 오육데모산(吾尤哲茂山)의 여신들.

신이 되었다. 그 다음 북쪽으로 가서 탕하(Thaṅ lha, 唐拉山神) 등을 항복시키고 호법의 서약을 받아냈다. 그 후 쌈예에 도착해서 국왕의 확실한 믿음을 돋우고자 한 동자의 몸에 사천왕들을 강신시켰다. 그러자 사천왕들이 말하길, 마르뽀 산에는 탕하가 벼락을 때렸고, �부(Śam bu, 先保山神)는 팡탕의 왕궁을 홍수로 쓸어버렸고, 〔흉년과 질병을 퍼뜨린 것은 땐마쭉니〕 등임을 자세히 말하였다.

또한 『부뙨최중』에서도 다음과 같이 기록하고 있다.[81)]

아사리 빠드마쌈바바는 흉신들의 무리들을 차례로 항복시키고 호법의 서약을 받아내면서, 해뽀리 산에 도착해 국왕과 상면하였다. 그 뒤 다시 맬되푸르(Mal droḥi phur, 地名)로 날아가서 티베트의 모든 비인간의 무리들을 제복해서 불법수호의 서약을 받아내었다.

이와 같이 아사리 빠드마쌈바바가 불법을 방해하는 흉신들을 전부 항복시켜서 불법수호의 서약을 받아낸 뒤, 마침내 근본 도량인 쌈예사를 건립하기 위해서 지세를 관찰하고 설계에 들어간다.
이러한 사정을 『최중캐빼가뙨』에서는 다음과 같이 전하고 있다.[82)]

그 뒤 가람을 앉힐 땅의 지형을 관찰하기 위해서 친교사와 국왕과 바쌜낭과 녜르동씩 등의 네 사람이 해뽀리 산의 정상에 올라가 멀리 조망한 다음, 저쪽의 백토 위에 회색 잡초가 나 있는 곳에다 가람을 세우면 되겠다고 결정하였다.

친교사가 지세를 관찰한 뒤 말하길, "동쪽의 산은 왕이 어좌에 앉아 있

81) 『부뙨최중』, p. 186.
82) 『최중캐빼가뙨』, pp. 334~335.

는 것과 같고, 해뽀리 산은 왕비가 흰 비단옷을 입은 것과 같고, 저 흑산(黑山)은 쇠로 만든 금강궐(金剛橛)을 꼽아 놓은 것과 같으며, 메야르산(Me yar)은 나귀가 물을 마시는 것과 같아서 상서롭다. 땅은 청동화분 속에 홍화를 가득 채워 놓은 것과 같아서 가람을 세운다면 길상하다." 라고 예언하였다.

가람을 건립할 자리를 확정하고 나자, 가람의 도면을 만든 다음 풀단을 묶어서 허수아비처럼 만들어, 주변을 빙 둘러쳐서 결계(結界)를 한 다음, 굴토를 하고 건축에 들어갔다.

또 가람을 건립해 가는 과정을 『부뙨최중』에서는 다음과 같이 기술하고 있다.[83]

그 뒤 아사리 빠드마쌈바바를 쌈예로 초빙해서 파토의식(破土儀式)을 행하고, 친교사 보디싸따는 지세를 관찰한 뒤 인도의 오딴따뿌리(Otantapuri, 能飛城)[84]승원을 모형으로 삼아서 수미산(sumeru, 須彌山)[85]

---

83) 『부뙨최중』, p. 186.

84) 오딴따뿌리: 『장한대사전(藏漢大辭典)』에 의하면, "〔쌴따락시따〕의 제자인 하리바드라(Haribhadra, 獅子賢, 8세기 후반)의 후원자인 〔빨라(Pāla, 685~1166) 왕조의〕 다르마빨라(Dharmapāla, 790~853) 왕의 한 시대 전에 건립되었다."라고 하였으며, 갠뒤쵀펠(dGe ḥdun chos ḥphel, 1903~1951)의 『갸가르람익(印度聖地案內)』에 따르면, "빠뜨나(patna)에서 라즈기리(Rajgiri) 사이에 있는 비하라쌰립(biharsharif)이라 불리는 곳에 도착해서, 북쪽을 보면 평평한 바위산이 있으며 그곳이 오딴따뿌리사의 터이며, 또 이 산이 나로빠(Nāropa)의 은둔처였던 푸라하리(Phu la ha ri)가 틀림없다."라고 하였다. 『갸가르람익』, 格敦群培著作 第三冊, p. 320.

85) 수미산: 묘고산(妙高山)이라 번역하며, 불가에서 우주의 중심을 이루는 산으로 동쪽 면은 은이며, 남쪽 면은 유리, 서쪽 면은 붉은 수정, 북쪽 면은 황금으로 이루어졌으며, 사면은 바다로 쌓여 있고, 산 높이가 팔만 유순이

과 사대주(四大洲)[86]와 팔소주(八小州)[87]와 일월(日月)과, 또 주변을 철위산(鐵圍山)[88]이 에워싼 모양의 설계도를 만들어서 정묘년(丁卯年, 763년)[89]에 초석을 놓았다.

먼저 아랴빠로링(聖大悲觀音殿)을 건립하고, 신상과 불상의 모양은 티베트 사람을 모형으로 해서 주조하였다. 또 제일 왕비인 체뽕싸 마르갤메똑돌마(Tshe spoṅ bzaḥ dMar rgyal me tog sgrol ma)는 캄쑴쌍캉(三界渡殿)을 세우고, 둘째 왕비인 포용싸 갤모쮠(Pho yoṅ bzaḥ rGyal mo btsun)은 우첼쎄르캉(菩提金殿)을 세우고, 셋째 왕비인 도싸장춥맨(ḥBro bzaḥ Byaṅ chub sman)은 게개제마(善積殿)를 세웠다.

기묘년(己卯年, 775년)[90]에 완성해서 친교사 보디싸따와 아사리 빠드마쌈바바가 개안식(開眼式)을 행하였다.

또한 이 개안식에 대한 광경을 기록하고 있는 『빼마까탕(蓮花遺敎)』에 의하면, 쌈예사의 완공 연대는 기묘년이 아닌 3년 뒤의 무오년(戊午年)에 해당하는 778년이며, 친교사 보디싸따와 아사리 빠드마쌈바바가 세 차례의 개안식을 가진 뒤, 다시 다음해인 기미년(己未年, 779

라고 함.

86) 사대주: 수미산의 사면의 바다 중에 있는 대륙으로서, 동쪽은 동승신주(東勝身洲)며, 남쪽은 남섬부주(南贍部洲)며, 서쪽은 우화주(牛貨洲)며, 북쪽은 구로주(俱盧洲)임.

87) 팔소주: 각 사대주마다 딸린 두 개의 섬을 말하며, 우리가 사는 남섬부주에는 불주(拂州)와 별불주(別拂州)가 딸려 있음.

88) 철위산: 수미산을 에워 쌓고 있는 사면의 바다를 둘러쌓고 있는 산.

89) 5대 달라이 라마의 저술인 『찌끼갤뢰루양(西藏王臣記, 杜鵑歌音)』에 따르면, 762년 임인년(壬寅年)에 초석을 놓았다고 하는 등의 여러 가지 학설이 있음.

90) 기묘년은 775년에 해당하며 12년간 공사 끝에 완성함. 『뒤좀최중(杜鈞教史)』과 『빼마까탕』 등에는 5년이 걸렸다고 하는 등 여러 가지 설이 있음.

년)에 마지막 개안의식을 가짐으로써 마무리 하게 된다.91) 쌈예사 개안식의 광경을 『빠마까탕』에서는 다음과 같이 전하고 있다.92)

> 그 뒤 〔779년〕 기미년 겨울 첫 달(藏曆 十月)의 보름날, 규숙월식(奎宿月食)이 든 날에 금강계불(金剛界佛)의 수법을 7일 동안 행한 뒤, 국왕에게 관정을 베풀고 아사리 빠드마쌈바바가 꽃을 뿌려 개안식을 행하였다.
>
> 삼층의 대전에서 꽃을 뿌려 개안을 할 때, 대전에 모셔 놓은 신불의 존상들이 전부 밖으로 나왔다. 모든 존상들이 각자의 지물(持物)과 법구(法具)를 지닌 채 실제로 나타나서, 삼층에 모셔진 대탑을 세 바퀴 돌고 나서 각자의 자리로 되돌아갔다. 그때 왕이 생각하기를 '안에 사람들이 들어 있었는가?' 하고 의아스럽게 여겼다.
>
> 또 문을 수호하는 분노신(忿怒神)들의 머리 위에 꽃을 뿌려 개안을 하자, 분노신들의 몸에서 화염이 방출해 타오르는 것을 모든 사람들이 볼 수 있었다. 이때 국왕이 생각하길 '대전에서 불이 났는가?' 하고 걱정하였다.
>
> 또 왕비들이 건립한 세 절에 꽃을 뿌려서 개안할 때, 기이하고 상서로운 징조들이 나타났다. 세 절이 모두 광명 속에 휩싸이고, 연꽃이 피어나는 등을 모든 사람들이 보았다.

이와 같이 오늘날의 총림과 같은 기능을 가진 근본도량인 쌈예사가 12년간의 역사 끝에 완공되자, 전계(傳戒)를 필두로 강경(講經)과 수선(修禪), 역경사업 등의 일체의 불사를 수행해 내게 됨으로써 마침내

---

91) 『땐빠응아다르기최중』에 의하면, 쌈예사(bSam yas)가 완전하게 마무리 된 것은 서기 787년으로 말하고 있다.

92) 『빠마까탕』, pp. 386~387.

티베트불교는 웅대한 발전의 첫 장을 열게 된 것이다.

2) 토속 종교인 뵌교를 축출해 국토를 정화함

티베트의 토착종교인 뵌교(Bon)는 일반적으로 뵌교의 개조로 알려진 쌘랍 미오체(gŚen rab Mi bo che)가 탄생하는 1세기 이전부터 티베트 서부의 샹슝을 중심으로 발달하였던 무속신앙의 한 형태였다.

그 후 쌘랍 미오체가 개혁을 단행하여 동물희생제를 금지하는 등 하나의 종교 형태를 갖추게 된다. 이 종파를 융둥뵌(gYuṅ druṅ bon, 卍笨)이라고도 하고, 뵌까르뽀(Bon dkar po, 白笨)라고도 부른다. 이와는 달리 인도의 자재천파(自在天派)의 학설을 받아들여서, 동물의 희생제와 순장제(殉葬祭)를 행하는 일파를 캬르뵌(ḥKhyar bon, 黑笨)이라고 부르며, 또 후세에 불경을 모방해서 그들의 경전을 만들어 신앙하는 일파를 규르뵌(bsGyur bon, 改革笨)이라고 해서 크게 세 파로 나누어졌다.

이와 같이 뵌교는 티베트 왕조를 개창한 첫 왕인 냐티쨴뽀(gÑaḥ khri btsan po, B.C.117~?)가 당시의 열두 부족장들과 뵌교의 옹립으로 개국한 이래, 제33대 쏭쨴감뽀 왕이 출현해서 불교를 받아들일 때까지의 약 700년 동안 국가의 종교가 되어 왔던 것이다.

특히 『뚱까르칙죄첸모』에 의하면,[93] 초대 국왕인 냐티쨴뽀 왕에서부터 27대 티톡제톡쨴(Khri thog rje thog btsan) 왕에 이르는 약 500년이 넘는 기간 동안 뵌교에서 전권을 행사하였다고 말하고 있다.

『샹뵈끼로귀띠쎄외(古代象雄与吐藩史)』에서도,[94] 첫 왕인 냐티쨴뽀

---

93) 『둥까르칙죄첸모』, p. 1426.

94) 『샹뵈끼로귀띠쎄외』, pp. 209~220. 남캐노르부, 북경: 중국장학출판사, 1996.5, 북경, China.

에서 32대 남리쏭짼(gNam ri sroṅ btsan, 562~629) 왕에 이르는 기간에 국왕의 꾸쎈(sKu gśen, 座前笨教師)[95]과 그들이 임명한 쌔카르(gSas mkhar)가 언제나 왕궁에 상주하면서 국정에 참여하였다고 기술하고 있다.

이들 꾸쎈과 쌔카르로 불리는 뵌교의 사제들이 항상 국왕의 곁에 머물면서 뵌교의 경전을 독송하고, 왕의 수복강녕을 기원하는 등의 국사에 간여함으로써 뵌교는 쏭짼감뽀 왕이 불교를 받아들이기까지 확고부동한 위치를 차지하고 있었던 것이다.

티쏭데짼 왕의 시대에 접어들면서, 외래종교인 불교의 전파를 강력하게 추진하게 되자 자연히 두 세력 간에 피할 수 없는 마찰과 충돌이 일어나게 된 것이다.

여기서 한 가지 주목할 사실은, 티쏭데짼 왕의 당초 의도는 뵌교 자체를 없애고자 한 것이라 아니라 불교를 동시에 믿게 해서 동물희생제와 같은 잔인한 행위들을 없애고자 하였던 것이다.

쌈예사의 대론장에 모인 신민들에게 왕이 말하길,[96] "내가 〔뵌교의〕 흑법을 고집하는 응아리(서부 티베트) 지방의 백성들을 위해서, 인도에서 친교사 보디싸따를 모셔 온 뒤, 적은 수의 백성이나마 불법을 믿게 하였고 또 신심이 있는 몇몇은 출가를 하기도 하였다."라고 한 그의 연설에서도 알 수 있듯이, 그의 본래의 의도는 뵌교의 나쁜 풍습을 없애는 한편, 동시에 불교를 전파하려고 했던 것이다.

그러한 그의 의도를 보여 주는 것으로, 쌈예사의 역경원에서 불경을 번역해 낼 때, 뵌교의 전적들도 티베트어로 번역해 낼 목적으로 샹슝 지방에서 뵌교의 사제 여섯 명을 초청해서 함께 머물게 한 것에서도 알 수 있다.

---

95) 꾸뵌: 꾸쎈(sKu gśen)이라고 하며 왕사와 같은 역할을 함.

96) 『최중캐빠가뙨』 상권, pp. 385~386.

그러나 오히려 이것이 도화선이 되어 서로 충돌이 크게 발생하자, 중재를 시도한 왕이 말하길,97) "뵌교와 불교는 원수가 만난 듯이, 서로가 서로를 인정하지 않는다. 티베트에는 불교는 미약하고, 뵌교의 세력이 강성해서 역경사가 쫓겨나는 불행을 당했다. 뵌교와 불교를 함께 융성케 하고자 하니 가지 말고 머무옵소서."라고 한 답변을 통해서도 그의 본의를 확인할 수 있다.

신흥세력인 불교의 전파와 더불어 기존세력인 뵌교 사이에는 서로의 존립을 위해서 새로운 질서의 개편이 요구되었다. 이러한 상황에서 뵌교에서는 팀부충을 만들어 불교를 멸살하고 존립 자체를 허용하지 않으려고 시도하였으나, 결국은 뵌교 축출과 신앙을 금지하는 법령의 선포로 몰락을 자초하게 된 것이다.

이렇게 불교와 뵌교 사이에 극한 분쟁이 발생하고, 또 그것이 해결되는 일련의 과정들을 『최중캐빠가뙨』과 『빠마까탕』에서는 각각 다음과 같이 기술하고 있다. 먼저 『최중캐빠가뙨』의 기술은 다음과 같다.98)

> 『쌈예까르착첸모』99)로 널리 알려진 『바섀』에 의하면, 그 뒤 불법을 건립하는 청사가 닥마르 초모구르(Brag dmar mtsho mo mgur, 地名)에 세워지고 바쩰낭이 수장으로 임명되었다.
>
> 그때 〔왕비인 쪽로싸(Cog ro ḥzaḥ)와 대신 딱다루공(sTag sgra klu goṅ) 등이 주동이 된〕 뵌교의 대신들과 신자들이 불복해서 불법을 버리고, 뵌교를 행하자고 격렬하게 저항하고 나섰다.

---

97) 『빠마까탕』, pp. 473~474.

98) 『최중캐빠가뙨』 상권, pp. 332~333.

99) 통상 『쌈예까르착첸모(桑耶寺詳志, bSam yas dkar chag chen mo)』는 쿠뙨 쬔뒤융둥(1011~1075)의 저술을 말하고, 바쩰낭의 기록인 『바섀』는 『쌈예까르착(桑耶寺志, bSam yas dkar chag)』이라고 함으로써, 여기서의 『바섀』는 쿠뙨(Khu ston)의 저술을 말함.

이에 친교사 보디싸따가 말하되, "한 나라에 종교가 둘이나 있는 것은 매우 안 좋다. 우리들이 서로 논쟁을 해서 만약 그대들이 승리하면, 나는 떠날 것이니 뵌교를 현양토록 하고, 만약 내가 이긴다면 뵌교를 버리고 불법을 행하자. 뒷날에는 논쟁하여도 그것을 중재할 사람이 없다."라고 선언하였다.

그래서 신해년(辛亥年, 771년)[100]에 왕이 쑤르퓌꺙부첼(Zur phud rkyaṅ bu tshal)의 궁전[101]에 거주할 때, 불교 측의 대표로는 대신인 샹냐쌍과 녜르딱 짼쏭씩, 쎙고 하룽씩, 냥쑈마 등의 네 명을 친교사 보디싸따의 보좌 겸 논쟁자로 선정하였고, 뵌교 측에서는 응암 따라루공(Ṅam Ta ra klu goṅ)과 대역술가 쿵뽀둠축(Khuṅ po dum tshugs), 쿵뽀 쩨와체미(Khuṅ po rTse ba che mi), 쪽(Cog) 등의 네 명을 논쟁자로 선출하였다.

논쟁의 결과 뵌교는 연원이 신성하지 못한데다 논리가 부족하고, 불교는 연원이 신성하고 정리가 광대하고 심원한데다가 대론에 뛰어나고 날카로운 탓에 뵌교가 이길 수 없었다.

또 팬율(ḥPhan yul, 地名)의 지뵌뽀(Byi bon po)가 변해서 된 씬쿡빠(gśin khugs pa)[102]들 전부가 손모귀(損耗鬼, bSe rag)[103]임이 밝혀져서,[104] 이후부터는 뵌교를 행하지 말도록 왕이 판결을 내렸다.

---

100) 아짜랴 캉까르출팀(白館戒雲)은 전후의 상황을 고려해서 771년으로 정하고 있다. 『땐빠응아다르기최중』, p. 34.

101) 쑤르퓌꺙부첼의 궁전은 여름철에 임시로 세워지는 궁전을 말함. 유목민족의 전통과 습관에 따라 날씨가 좋은 여름철에는 평원에 천막으로 거대한 임시 왕궁을 만들고 거처함.

102) 씬쿡빠: 일종의 귀신을 의미하는 것으로 보이나 정확한 뜻은 미상임.

103) 손모귀: 전설 중에 음식물과 재물의 정기를 빨아먹는 귀신의 일종. 『장한대사전』 하편, p. 3049. 민족출판사, 1996,5. 북경, China.

104) 이 구절의 원문은, "ḥPhan yul gyi byi bon pos btgyur baḥi gśin

망자를 위하여 가축과 동물을 죽이는 것과 고기를 올리는 것을 못하게 하였으며, 왕의 수복강녕과 액막이를 하기 위해서 흉신들에게 철마다 행하는 제사는 체미(Tshe mi)[105]와 샹슝을 제외한 여타의 지방에서는 못하게 하였다. 모든 뵌교의 전적들을 강물에 떠내려 보냈고, 나머지들은 뒷날 땅에다 묻고 흑탑(黑塔)을 세워서 눌러 놓았다.

또한 『빠마까탕(蓮花遺敎)』에 의하면, 티쏭데짼 왕이 인도와 네팔, 중국 등지에서 초청한 31명의 고승들과 샹슝에서 초청한 6명의 뵌교의 사제들을 쌈예사의 아랴빠로이링(聖觀音院)에 함께 머물게 하면서, 뵌교의 전적들도 티베트어로 번역하도록 하게 하자 양측간에 피할 수 없는 마찰이 발생하게 되고, 이것이 도화선이 되어서 마침내 왕이 뵌교를 축출하지 않을 수 없는 상황이 연출되게 된다.

이때의 상황을 『빠마까탕』 제82장 「인도에서 백팔 명의 고승을 초빙해서 뵌교를 멸함」에서는 다음과 같이 전하고 있다.[106]

그때 왕의 수복강녕을 비는 기도를 올릴 때, 뵌교 측에서 사슴의 큰 머리뿔이 필요하다고 해서 사슴을 산 채로 끌고 와서 잡은 뒤 축수를 행하고, 공물이 필요하다고 해서 야크소와 양들을 죽여서 제물로 받쳤다.

---

khugs pa thams cad kyaṅ bse rags su gyur pas phyin chad bon bgyid du mi dnaṅ bar chad"임. 참고로 최근 발간된 『티벳의 문화』에는 이 구절에 대한 번역으로 추정되는 문장으로, "매우 초기의 연대기에 따르면 뵌교 사제가 펜월(라사의 북서쪽)에서 죽은 자를 위한 의례를 거행하는 동안 스스로 악마가 되어 버린 사건이 일어났다. 그들의 기술적인 실패는 그들이 주술을 행하지 못하도록 하는 금지규정을 초래했다."라고 기록되어 있다. 『티벳의 문화』, p. 289. R.A. 슈타인 지음, 안성두 옮김, 도서출판 무우수(無憂樹), 2005, 서울, Korea.

105) 체미: 뵌교의 일파인 체미뵌(Tshe mi Bon)의 근거지임.

106) 『빠마까탕』, pp. 473~475.

이와 같은 등등의 잔악한 뵌교의 풍습을 지켜 본 외국의 고승들이 경악을 금치 못했다. 이 사정을 티베트 역경사(譯經師)들을 통해서 국왕에게 진정하였다.

불도와 어긋나는 뵌교의 제례는
보통의 죄악과는 차원을 넘어선 것이니,
이와 같은 악행을 방치한다면
우리들은 고향으로 돌아가고자 한다.
하나의 종교에 교조가 둘이 있지 않고
하나의 종단에 두 가지 법도를 행하지 않으며,
하나의 왕도에 두 왕이 존립하지 않듯이
악자와는 영원히 벗하지 않는다.

이 이야기를 전해 듣고 국왕이 답하였다.

뵌교와 불교는 원수가 만난 듯이
서로가 서로를 인정하지 않는다.
티베트에서는 불교는 미약하고
뵌교의 세력이 강성해서
역경사가 쫓겨나는 불행을 당했다.
두 종교를 함께 홍성케 하고자 하니
대사들은 가지 말고 머무시옵소서.

그러나 외국의 고승들은 아무도 응답하지 않았으며, 불법을 강설하여 주길 청하여도 누구도 법을 설하지 않았다.

그때 마침 걜왜로되(rGyal ba blo gros)의 모친과 대신 따라루공(Ta

ra klu goṅ)이 타계하여 천도식을 갖게 되었다.

뵌교와 불교에서 동시에 천도식을 행할 때,
국왕이 불법에 믿음을 뵌교에 의회(疑懷)를,
된카르(Don mkhar)에서 서로 자파의 주력을 다툴 때,
국왕이 불법에 믿음을 뵌교에 의회를,
빠드마쌈바바와 뵌 사제 탕낙(Thaṅ nag)이
서로 자파의 진실성을 논쟁할 때,
국왕이 불법에 믿음을 뵌교에 의회를,
보디싸따와 뵌 사제 쌰리우첸(Śa riḥi dbu chen)이
서로 자파의 진실성을 논쟁할 때,
국왕이 불법에 믿음을 뵌교에 의회를,
비말라미뜨라와 뵌 사제 리씨딱링(Li śi tag riṅ)이
서로 자파의 진실성을 논쟁할 때
국왕이 불법에 믿음을 뵌교에 의회를,
뵌교의 구승(九乘)[107]과 불교의 구승(九乘)[108]에 대하여
역경사들과 뵌교의 사제들이 논쟁할 때
국왕이 불법에 믿음을, 뵌교에 의회를 품었다.

---

107) 뵌교의 구승: ① 차쎈(phywa gśen, 점술예언), ② 낭쎈(snaṅ gśen, 기복연수), ③ 툴쎈(ḥphrul gśen, 소재축사), ④ 씨쎈(srid gśen)의 신승(身乘), ⑤ 게넨(dge bsñen), ⑥ 아까르(a dkar), ⑦ 당쏭(draṅ sroṅ), ⑧ 에쎈(ye gśen)의 과승(果乘), ⑨ 캐바르첸뽀텍빠(khyad par chen poḥi theg pa, 最勝乘)의 구승을 말함. 『둥까르칙죄첸모』, p.1053.

108) 불교의 구승: 티베트의 닝마빠(rÑiṅ ma pa)에서 설하는 교설로 일체의 불교를 아홉 단계로 구분함. ① 성문(聲聞), ② 독각(獨覺), ③ 보살(菩薩), ④ 사부(事部), ⑤ 행부(行部), ⑥ 유가(瑜伽), ⑦ 대유가(大瑜伽), ⑧ 수류유가(隨類瑜伽), ⑨ 최극유가(最極瑜伽)의 구승을 말함. 『장한대사전』 상편, p. 1183.

이에 국왕이 영토 안의 모든 뵌교의 사제들을 소집해서, 캄쑴나가르(kham gsum na gar, 地名)에 불러 모은 뒤, 뵌뽀(Bon po, 뵌교도)의 편발에 파조(Pha jo, 아버지)라는 이름을 붙이고, 머리에는 여우털 모자를 손에는 반월형 작은 북을 들리고, 의복은 청색 옷을, 음식은 조식(粗食)을 주고, 뵌교의 악습과 작얼 전체를 멸하여 없애 버렸다.

세간의 액난을 소멸하는 뵌교의 작법은 남겨 두고, 제사에는 산 사슴 대신에 나무 사슴으로 받치게 하고, 야크소와 양 등을 잡는 대신 그림으로 대신토록 하고, 신을 부르고 복을 부르는 작법에 관한 삼부(三部)를 제외한 나머지들 전부를 파괴하여 버렸다.

쎈뵌(gŚen bon, 뵌교의 일파)들에게는 나귀들을 주었고, 융둥뵌(gYuṅ druṅ bon, 뵌교의 일파)들에게는 소들을 타고 가게 하였다. 그 속민들은 짱뙤(gTsaṅ stod, 지명)의 제마융둥(Bye ma gYuṅ druṅ, 지명)으로 데려간 뒤에, 초인(草人)과 목인(木人)과 녹색구안(綠色九眼)의 땅으로, 우는 소와 암양의 목으로 알려진 땅으로, 원숭이 가죽의 옷을 입는 쏙뽀(Sog po, 서부 티베트 변경)의 땅으로 추방하였다.

또 『현대서장불교(現代西藏佛教)』에서는 뵌교를 정리하는 과정을 다음과 같이 설명하고 있다.109)

티쏭데짼 왕이 모든 뵌교의 사제들을 소집해서 그들에게, 첫째는 신앙을 바꾸어서 불교의 승려가 되거나, 둘째는 뵌교의 사제직을 버리고 평민이 되거나, 셋째는 변방으로 이주할 것 등을 제시한 뒤, 각자의 진로를 결정하도록 했다. 그리고 서기 791년에 불교를 티베트의 국교로 선포하였다.

109) 『현대서장불교』, p. 168, 정금덕(鄭金德), 불광출판사, 1995.7, 대북, Taiwan.

이렇게 해서 마침내 티쏭데짼 왕은 쏭짼감뽀 왕 이래 약 150년간 이어져 온 뵌교와의 오랜 마찰을 종식시키고, 불교를 국교로 선포하는 동시에 불교라는 새로운 정신문화를 통해서 밝은 역사의 지평을 열어 가게 된 것이다.

또『뵈끼최씨쑹델꼬르쌔빠(論西藏政教合一制度)』에서는, 이러한 뵌교와의 갈등을 세 차례의 분쟁으로 나누어서 논하고 있으며, 그것을 요약 정리하면 다음과 같다.110)

첫 번째 분쟁은『예시초갤남타르(예시초갤傳記)』에 기록된 바와 같이, 쏭짼감뽀 왕이 철마다 막대한 양의 동물들을 죽이는 잔인한 희생제를 행하는 뵌교를 억압함으로써 발생하였다.

두 번째 분쟁은 티쏭데짼 왕이 어려서 즉위하자 뵌교의 대신인 샹마샹 등이 임의로 팀부충(排佛法)을 만들어서, 외국의 승려들을 추방하고 사원을 파괴하고, 천도재 등을 금지하는 등 불교를 탄압함으로써 발생하였다.

세 번째 분쟁은 친교사 보디싸따 등이 입장(入藏)해서 쌈예사를 건립하고 불교를 수립해 나가는 도중에, 왕비인 쪽로싸와 대신 딱다루공 등이 주동이 되어 불법이 뵌교에 비해서 나을 것이 없다고 거세게 반대하고 나옴으로써 야기되었다고 하였다.

3) 예시칠인(豫試七人)을 출가시켜 승보(僧寶)를 확립함

국내적으로는 뵌교와의 분쟁을 종식시키고, 정세도 안정된 상태에서 숙원사업이던 쌈예사가 완공되고 낙성식이 끝나자, 친교사 보디싸따와 아사리 빠드마쌈바바가 다시 인도로 돌아가기를 왕에게 피력하였다.

---

110)『뵈끼최씨쑹델꼬르쌔빠』, pp. 21~29. 둥까르 로쌍틴래, 1983, 민족출판사, 북경, China.

이에 티쏭데짼 왕이 눈물을 흘리면서, 영원토록 티베트에 머물며 어둠의 땅에 불길을 밝혀 주길 청하는 시문을 다음과 같이 지어 올린다.111)

일월과 같이 한 쌍이신 두 존자는 살피옵소서.
열세 살의 어린 나이에 부왕을 사별한
붉은 얼굴의 나라의 왕은 교만하지 않으며,
열다섯에 국정과 대군을 통솔하고
대소사를 대신들에게 맡기고,
열일곱에 숭불의 서원을 일으켜서
보디싸따(寂護)를 모시라는 점성가의 말에 따라
복분이 엷지 않은 탓에 친교사가 왕림하였으며,
지신제(地神祭)를 지냈으나 흉신들이 방해하자
빠드마쌈바바(蓮花生)를 모시라는 권유에 의해서
연분이 적지 않은 탓에 아사리께서 친림하셨다.
쌈예사는 천신들의 작품인 듯
나는 그 큰 은덕을 영원히 잊지 못하네.
나 티쏭데짼이 이 세상에 존재할 때까지
두 존자께서는 떠나지 마시고 머무옵소서.
불신(佛身)의 상징인 가람은 건립하였으나
불어(佛語)의 상징인 교법은 수립하지 못하였으니
현밀(顯密)의 교법을 널리 설하여 주소서.
무명의 어둠을 씻고 티베트의 새 길을 여는
현밀의 법등을 크게 밝혀 주소서.

마침내 두 존자께서 국왕의 간청을 받아들이자, 곧바로 불교의 근본

111) 『빠마까탕』 제66장, p. 395.

인 승가를 건립하고 항구토록 불법을 보존할 수 있도록 티베트인을 출가시켜 주길 두 대사에게 건의하게 된다. 이에 양가의 자제 중에서 신심이 견고한 자들을 선발하여 티베트 최초로 수계식을 갖게 된다.

기미년(己未年, 779년)[112] 봄에 랑도 낭셰르(Laṅ gro snaṅ bsher)와 녜르딱 쨴쏭씩(gÑer stag btsan gśoṅ gzigs), 쎙고 하룽씩(Seṅ mgo lha luṅ gzigs), 침메하(mChims me lha) 등을 파견하여 〔마가다 비끄라마씰라(Vikramaśīla, 戒香寺)[113]의〕 설일체유부(說一切有部)의 비구 12명을 초빙해서, 출가의 자격을 심사해서 통과한 예시칠인(豫試七人)[114]을 출가시켜 최초로 티베트 승가가 탄생한다.

티베트 최초의 출가자가 탄생하는 광경을 『부뙨최중』에서는 다음과 같이 전하고 있다.[115]

> 친교사 보디싸따가 전계사가 되어서 최초로 자티씩(Bya khri gzigs)을 출가 시키자 나중에 오신통을 얻기에 이르렀다. 그 다음 바쎌낭과 바티셰르 쌍씨따(ḥBaḥ khri bsher Saṅ śi ta), 빠고르 바이로짜나락시따(Pa gor Vairocanarakṣita), 응앤람 갤와촉양(Ṅan lam rGyal ba mchog dbyaṅ), 퀸뤼 왕뽀쑹와(ḥKhon kluḥi dBaṅ po sruṅ ba), 마아짜랴 린첸촉(rMa Ācārya Rin chen mchog), 짱렉둡(gTsaṅ leg

112) 『땐빠응아다르기최중』, p. 39.

113) 비끄라마씰라: 『정법염처경(正法念處經)』의 발문에서, 역경사 빠찹 출팀 갤챈(Pa tshab. Tshul khrim rgal mtshan, 12세기)은 말하길, 빨라 왕조의 2대왕인 데와빨라 왕(Debapāla, 730~777)에 의해서 마가다의 갠지스 강변에 세워졌다고 하였다. 이 승원은 나란다 승원 등과 함께 후기 밀교의 중심지로 번영하다가, 1203년 Baktyar Ghiliji가 이끄는 이슬람 군대에 의해서 완전히 파괴당함.

114) 예시칠인에 대해서는 여러 가지 설이 있어서 일정하지 않음.

115) 『부뙨최중』, p. 186.

grub) 등의 일곱 명이 출가하니 법명이 예시왕뽀(Ye śi dbaṅ po)와 뺄양(dPal dbyaṅ) 등이며, 이들을 예시칠인이라 부른다. 또 법명의 마지막 자(字)를 보면 친교사 보디싸따의 법명이 싼따락시따이므로 그의 수계제자들임을 알 수 있다.

그 계맥(戒脈)도 또한 사리불(舍利弗, Sāriputta) 존자에서 라훌라(羅睺羅, Rahula), 아사리 용수(龍樹, Nāgārjuna), 청변(淸辨, Bhāva viveka), 성호(聖護, Śrigupta), 지장(智藏, Jñānagarbha), 친교사 보디싸따로 이어지는 계맥이며, 그 전승도가 또한 쌈예사의 벽화에 그려져 있다.

또한 이 예시칠인에 이어서 많은 수의 남녀 출가자가 탄생하는 광경을, 『최중캐빠가뙨』에서는 『바새』를 인용해서 다음과 같이 기록하고 있다.[116)]

그때 국왕이 말하길, "불교를 확립시키고자 하면 출가자가 반드시 필요하므로, 국정에 참여하지 않는 왕비와 대신의 자제로서 신심을 지닌 자들은 모두 출가토록 하라."고 명을 내리자, 대신들이 아뢰길, "출가하면 생계는 어떻게 합니까?"라고 하였다. 국왕이 답하되, "내가 그것을 감당한다."라고 하였다. 또 대신들이 아뢰길, "군역과 세금을 내지 않으면 처벌이 따른다."라고 하자, 왕이 답하길, "내가 지출하고 안락을 베풀어서 공양처가 되게 한다."라고 하였다. 또 아뢰길, "삼장을 능히 배울 수 없다."라고 하자, 왕이 답하길, "선을 행하고 경을 읽고 사색토록 하라."고 하였다.

그 뒤 양의 해 〔791년〕[117)] 겨울의 중간 달(藏曆 11월 초순)에 쌈예

116) 『최중캐빠가뙨』, pp. 362~363.

117) 캉까르출팀깰쌍(白館戒雲)은 이 양의 해는 낙성식 12주년을 축하하는 791

사의 낙성을 경축하는 기념식이 있은 뒤, 석가신변절(釋迦神變節)[118]의 법요식을 성대하게 거행할 때, 왕비 쩬티갤모쩬(gTsen khri rgyal mo btsan)[119]과 쑤쩬모갤(Sru btsan mo rgyal) 등의 백 명이 바라뜨나(rBa ratna)를 친교사로 해서 출가하였다.

그때 삼백 명이 수계를 마친 다음, 쌈예사의 삼층 대전의 추녀 끝과 네 대탑의 사이를 쇠줄로 연결해서, 오색의 깃발을 달아 하늘에 펄렁이게 하였다. 대지는 수많은 준마들로 덮었고, 모든 금잔과 은배에는 향기로운 미음과 쌀과 보리로 빚은 곡주들로 가득히 채워졌다.

그 뒤 칙령을 선포하여 불교 시행법을 제정하여, 백성이 죄를 지으면 남자는 눈알을 파내고, 여자는 코를 베고, 흉악범은 죽이는 등의 혹형을 금지시켰다. 모든 신민들은 국왕의 명에 순종해서 군신과 백성들 모두가 출가한 자들을 존귀한 응공처(應供處)로 받들어 예배, 공양토록 하는 등의 불교의 시행령을 제정, 공포하였다. 이를 준수토록 하기 위해서 국왕과 왕자와 권신들뿐만 아니라 대신 이하의 신료들 전체가 숭불서약[120]을 하였고, 그 서약의 내용을 적은 비문을 〔쌈예사의 정문에〕 세웠다.

년으로, 친교사 보디싸따가 열반하고 난 뒤 바라뜨나(rBa ratna)를 전계사로 수계를 한 것이라 하고 있다. 『땐빠응아다르기최중』, p. 53.

118) 석가신변절: 티베트어로는 초툴뒤첸(Cho ḥphrul dus chen)이라 부르며, 석가불의 재세시에 음력 정월 초하루에서 보름 때까지 육사외도와 신통을 다투어서 그들을 제복한 것을 기념하는 불교의 사대 명절 가운데 하나임. 『비나야경(毘奈耶經)』에 근거하면, 성도한 지 7년째 되는 해에 마가다의 빔비사라 왕 등이 주선하여 바이쌸리에서 발생하였다고 전하고 있다.

119) 쩬티갤모쩬: 출가 법명을 도싸장춥(ḥBro bzaḥ byaṅ chub)이라 하며, 뒷날 마하연 화상의 선종을 적극 후원해서 쌈예의 논쟁을 야기함.

120) 숭불서약: 티쏭데짼 왕의 생전에 군신 모두가 선왕들을 본받아서, 삼보의 공덕을 찬양하고, 불법에 귀의하며, 가람과 승가를 보호할 것을 맹서한 서약문으로, 왕의 생전에 두 차례에 걸쳐서 행하고 그것을 비석에 기록해서 쌈예사의 정문 좌우에 세움.

또한 이렇게 출가한 자들의 생계와 사원의 유지를 위해서 예시왕뽀(Ye śe dbaṅ po, 바쎌낭의 출가 법명)가 진언한 대로, 출가자 한 사람당 여섯 가구씩을 배당해서 생계를 유지토록 하였고, 사원마다 이백 가구씩을 배정해서 삼보를 영구히 보존해 나갈 수 있도록 조치하였다.

티쏭데짼 왕이 정한 불교 시행법의 내용들을 『빼마까탕(蓮花遺教)』를 통해서 간추리면 다음과 같다.[121]

> 선업을 쌓는 근본은 불법을 믿는 데 있으므로, 현밀의 사찰들을 건립토록 하며, 남녀노소를 막론하고 글과 산수를 배우도록 하며, 불경을 서사하고 독송하고 또 강설토록 하며, 출산과 사망 시에는 불공과 천도식을 지내도록 하며, 출가자는 지계와 강경을 엄수하고 유가사는 스승의 서언을 견지하고, 뵌교와 외도 등을 믿지 못하게 하였다.

이후 티베트의 출가자는 랑다르마(gLaṅ dar ma, 제42대, 836~841 재위) 왕의 파불(破佛)사태가 있기까지 지속적으로 배출되어 그 수효가 상당수에 달하게 된다. 이러한 사정을 『쎄자꾼캽(知識總彙)』에서는 다음과 같이 서술하였다.[122]

> 예시칠인에게서 가르침을 받은 까와 뺄쩩(sKa ba. dPal brtsegs) 등의 역경사(譯經師)가 백 명, 또 이들로부터 가르침을 받은 쪽로 루이걜챈(Cog ro. kLuḥi rgyal mtshan) 등의 제자들이 천 명, 보살의 화신들인 역경사와 청정한 출가자들이 무수히 출현하였다.

이렇게 시작한 티베트의 출가자들은 후전기의 불교에 들어와서도 계

121) 『빼마까탕』, pp. 397~399.

122) 『쎄자꾼캽』, p. 221. 꽁뚤 왼땐갸초, 북경: 민족출판사, 2002.3. China.

속 증가하여 수효가 엄청난 수에 달하게 된다.

참고로 중공의 침입으로 티베트가 멸망하기 전까지의 티베트 승려의 전체수가 약 50만 명을 상회하는 것으로 집계되고 있다. 또한 남인도의 쎄라(Sera) 승원에서 발행한 『이십종승가(二十種僧伽) 등의 대의』의 영문 머리글에서는,[123] 중공군에 의해서 1969년까지 6,000개의 승원이 파괴되었고, 당시 티베트에는 40만 명에 가까운 출가승들이 수행하고 있었다고 기록하였다.

4) 삼장을 번역하여 법보(法寶)를 확립함

티쏭데짼 왕이 친교사 보디싸따와 아사리 빠드마쌈바바에게 티베트에 영원히 머물러 주기를 청하는 시문에서,

불신의 상징인 가람은 건립하였으나
불어의 상징인 교법은 수립하지 못하였으니
현밀의 교법을 널리 설하여 주소서.
무명의 어둠을 씻고 티베트의 새 길을 여는
현밀 법등을 크게 밝혀 주소서.

라고 말한 데서 알 수 있듯이, 티쏭데짼 왕은 전력을 다해서 티베트에 삼보(三寶)를 확립하고자 노력한다. 모든 신민들이 불법을 배우도록 명시하는 불교의 시행법을 제정하여 기반을 다지는 동시에, 남캐닝뽀(Nam mkhaḥi sñiṅ po)와 바이로짜나(Vairocana) 등의 다섯 명을 인도에 보내서 불법을 배워 오도록 한다.

---

123) 『이십종승가 등의 대의』, 제쭌 최끼갤챈, Sera Je Library, 1998, Mysore, India.

또한 인도와 네팔·중국·코탄(于闐) 등의 각국 고승대덕들을 초빙해서 현밀을 포함하는 삼장(三藏) 전체를 번역해 내는 작업을 착수하고, 전국에 걸쳐서 108개의 사원을 건립하여 불법을 티베트 전역으로 확산시켜 나간다.

이 같이 역경사업이 시작된 해와 티베트인 역경사가 탄생하는 경위에 대해서 『땐빠응아다르기최중』에서는 다음과 같이 설명하고 있다.[124]

> 범어의 학습과 불경의 번역사업 또한 예시칠인의 출가와 같은 해인 기미년(779년) 그 해에 개시하였음은 앞에서 자세히 증명한 바와 같다. 즉 『최중캐빼가뙨』에 기재된 『바새체와(sBa bshed che ba, 桑耶寺詳誌)』에 따르면, 기미년 맹춘(藏曆 정월의 8일)에 설일체유부(說一切有部)의 비구 12명을 초빙하고, 대신의 자제들에게 아사리가 범어를 직접 가르침으로써 침아누(mChims anu)의 아들인 쌰꺄브라와(Ŝākyabra bha), 빠고르헨되(Pa gor hen ḥdod)의 아들인 바이로짜나(Vairoca na), 바티새르(rBa khri bsher)의 아들인 티씩(Khri gzigs 또는 Saṅ śi), 샹냐쌍(Shaṅ ña bzaṅ)의 아들인 하부하짼(lHa bu lha btsan), 쒸(Śud)의 아들인 콩렙(Khoṅ leb)들이 범어를 배웠다고 한 바와 같다.

티쏭데짼 왕은 광대한 역경사업을 감당해 낼 인재들을 전국에서 선발하게 된다. 선발된 인재들 중에는 왕이 직접 찾아가서 데려온, 그 시대 대표적인 역경사의 하나이며, 나중에 22개 언어에 통달하는 빠고르헨되의 일곱 살 난 아들 바이로짜나도 끼어 있었다. 그는 친교사 보디싸따와 아사리 빠드마쌈바바 밑에서 7년간에 걸쳐 불교를 공부하면서, 3년만에 범어에 통달하게 된다.

이렇게 해서 탄생한 티베트의 역경사들은 인도를 비롯한 각국에서

---

124) 『땐빠응아다르기최중』, p. 46.

초빙되어 온 외국의 고승들과 함께 방대한 역경사업을 시작한다. 이 역경사업은 티쏭데짼 왕 사후에도 계속되어, 쌔나렉징(Sad na legs ḫjiṅ, 804~817 재위) 왕의 시대를 거쳐 티랠빠짼(Khri ral pa can, 817~836 재위) 왕 때에 이르러서 일단락을 맺게 된다.

이렇게 역경이 진행되는 과정들을 『빼마까탕(蓮花遺敎)』 제84장, 「쌈예사(bSam yas)의 역경원서 경을 번역함」의 내용을 간추려서 설명하면 다음과 같다.[125]

티쏭데짼 왕이 쌈예사의 삼층의 중전(中殿)에서 아사리 빠드마쌈바바, 친교사 보디싸따와 아사리 비말라미뜨라(Vimalamitra, 無垢友) 등의 여타의 아사리들과 바이로짜나 등을 위시한 티베트의 역경사들을 빠짐없이 초청하여 성대하게 공양을 올린 뒤, 삼장을 번역하여 주길 간청하는 시문을 지어 올린다.

아, 길상하여라! 오디야나(Oḍḍiyāna, 飛行國)의 아사리 빠드마쌈바바와 싸호르의 친교사 보디싸따와 카시미르의 아사리 비말라미뜨라와 존귀한 응공처(應供處)인 백팔 명의 대아사리들과 대역경사들이여, 나 티쏭데짼은 불법을 수호하는 법왕으로서 성스러운 인도 땅에 있는 거룩한 부처님의 교법인 현밀의 모든 경론들과 우빠데쌰(upadeśa, 教誡)들을 하나도 빠짐없이 티베트어로 옮겨 주길 일심으로 청합니다.

이렇게 해서 시작하게 된 역경사업은 친교사 보디싸따와 빠드마쌈바바와 비말라미뜨라와 지나미뜨라(Jinamitra, 勝友) 등의 아사리들이 선도해서, 현밀의 삼장을 비롯하여 뵌교의 전적과 의약(醫藥)과 역산(曆算) 등의 방대한 경적들을 번역해 내기에 이른다.

또 인도의 다나씰라(Dānaśīla, 施戒)와 지나미뜨라 등의 열 명의 아

---

125) 『빼마까탕』 제84장, 「역경원서 경을 번역함」, pp. 488~498.

사리들이 강설을 맡고, 티베트의 반데(沙門)인 예시데(Ye śe sde, 智軍) 등 열 명의 역경사가 번역을 맡아서, 법륜삼전(法輪三轉)[126]의 불경들을 번역해 내었다고 기록하고 있다.

이러한 역경작업 끝에 최초로 탄생한 경전이 바로 『반야십만송(般若十萬頌)』이다. 그것이 번역되는 과정을 『최중캐빠가뙨(智者喜宴)』에서는 다음과 같이 기술하고 있다.[127]

중국 화상 마꼴레(Makole)를 초빙해서 번역을 시도하여 최초로 바라뜨나(rBa ratna)가 『반야십만송』을 번역하였을 때, 티베트 땅에 『반야경(般若經)』들이 융성하게 되며, 그것의 공덕과 가지로서 삼계에서 대승을 오로지 행함이 있게 된다는 몽중의 예언이 또한 있었다.

〔네팔의〕 바댄캔뽀 만쥬(Manju)가 『반야십만송』을 티쏭데짼 왕을 비롯한 신민들에게 강설하자, 왕이 기쁨을 감추지 못해 그의 손을 머리에 얹고서 또한 큰 상을 내렸다.

이렇게 방대한 역경사업을 통해서 역출된 경전의 목록들을 『빼마까탕』 제70장, 「다섯 명의 고승대덕이 경을 번역함」을 통해서 대강 간추리면 다음과 같다.[128]

아사리 빠드마쌈바바는 역경사인 쪽로 루이걜챈, 바이로짜나 등과 함께 『반야심경(般若心經)』『무량수불경(無量壽佛經)』『보현행원경(普賢行

126) 법륜삼전: 세존께서 처음 설하신 사제법륜(四諦法輪)과 중간에 설하신 무상법륜(無相法輪)과 마지막의 분별법륜(分別法輪)의 세 가르침을 말함.

127) 『최중캐빠가뙨』, p. 363.

128) 『빼마까탕』 제70장, 「다섯 명의 고승대덕이 경을 번역함」, pp. 410~413.

願經)』 등을 비롯한 138종류의 현교의 경전들과, 또 금강계불(金剛界佛)을 위주로 하는 150종류의 여래집(如來集)과 121종의 외밀(外密)과 환술팔부(幻術八部) 등 밀종의 경전들을 번역하였다.

친교사 보디싸따는 역경사인 예시데, 까와 뺄쩩(sKa ba dPal brtsegs)과 함께 『근본율(根本律)』『미륵경(彌勒經)』『능가경(楞伽經)』『화엄경(華嚴經)』『열반경(涅槃經)』 등의 요의경들과 밀종의 사부속(四部續)들을 전부 번역하였으나, 300권의 대속(大續)은 번역하지 못하였다.

또한 이렇게 역출된 방대한 경전들의 목록을 집성한 『팡탕까르착(旁塘目錄)』과 『침푸까르착(秦浦目錄)』이 티쏭데짼 왕의 재위 시에 제작되고, 그 뒤 쌔나렉징 왕 때인 814년에는 번역 용어를 규정한 『제닥똑빠(飜譯名義大集)』가 만들어진다. 제41대 티랠빠짼 왕 때도 역경사업은 계속돼서, 그때까지의 역경목록을 모두 집성한 『댄까르마(lDan dkar ma, 丹噶目錄)』을 편찬하게 된다. 현재 유일하게 남아 있는 이 『댄까르마』에 대해서 『한장번역이론여실천(漢藏飜譯理論与實踐)』에서는 다음과 같이 설명하고 있다.[129]

이 『댄까르마』는 일본인 학자 요시무라 슈키(芳村修基)의 고증에 의하면, 824년에 제작된 것이며, 위의 세 장경목록은 각기 다른 시기에 완성된 것이다. 현재 『팡탕까르착』과 『침푸까르착』은 유실되어 존재하지 않는다. 『댄까르마』에 기록된 경전 목록은 738종(한문에서 번역된 것이 33종)에 이르며, 티쏭데짼 왕 이후에 번역된 경전들을 모은 것이다. 서목(書目)을 편성한 뒤 삼대목록에 기록된 경전을 다시 번역하지 않도록 규정하고 있다.

129) 『한장번역이론여실천』, p. 12, 主編 凌立, 사천민족출판사, 1998, 성도, China.

또한 티랠빠짼 왕 때의 역경사업의 특징은, 새로운 경전들을 번역함과 동시에 구역경전들에 대한 교정과 번역조례를 제정한 것이라 할 수 있다. 즉 '까째남빠쑴(譯例三條)'130)을 제정해서 그때까지의 번역된 경전을 정비하고, 번역을 사사로이 하지 못하도록 금지시킨다.

이러한 티랠빠짼 왕의 역경사업에 대하여 『쎄자꾼캽(知識總彙)』에서는 다음과 같이 전하고 있다.131)

인도에서 루렌드라보디(Lurendrabodhi), 씨렌드라보디(Śīrendra bodhi), 다나씰라(Dānaśīla) 등의 많은 고승들을 초빙해서 티베트 친교사인 라뜨나락시따(Ratnarakṣita), 다르마씰라(Dharmaśīla), 역경사인 즈냐나쎄나(Jñānasena) 등과 함께 선왕들의 시대에 아사리들과 역경사가 번역을 할 때, 티베트 말에 생소한 것으로 명명한 것들 가운데서 경전과 석의(釋義)에 맞지 않는 것들과 난해한 것들을 토속어로 바꾸어서, 대소승의 경론들과 일치하게 개정하라고 명령하였다.

그래서 팬율의 까와나모체(Ka ba na mo che)에서 『반야십만송』을 개역해서 16품으로 나누었다. 이렇게 해서 선왕들의 시대에 번역된 경전들의 대부분을 개정문자(改正文字)132)로 개수해서 완결하였다. 그리고

130) 까째남빠쑴: 티랠빠짼 왕이 역경에 관한 세 가지 왕명을 담은 것으로, 첫째, 티베트에서는 설일체유부 이외의 다른 승단은 건립하지 못하며, 그들의 율부(律部)도 번역하지 못한다. 둘째, 무상유가(無相瑜伽)의 모속(母續)에 속하는 경전들은 번역하지 못한다. 셋째, 도량제도(度量制度)는 인도의 마가다 국의 도량을 표준으로 한다고 하였다.

131) 『쎄자꾼캽』, p. 220.

132) 개정문자: 쏭짼감뽀 왕 시대에 만들어진 티베트어 중에서 읽고 쓰기에 불편한 자형들을 제거해서 편리하게 만든 것임. 티쏭데짼 왕과 티랠빠짼 왕의 시대에 까와 뺄쩩 등이 두 차례에 걸쳐서 시행하였고, 후대 구게(Guge) 왕국의 출가 국왕인 예시외(Ye śe ḥod)의 시대에 세 번째 수정을 거쳐서 지금에 이른다.

밀종의 경궤들은 언사가 험준해서 법기가 못되는 하근의 범부들이 행할 경계가 아니므로 본래 그대로 나누었다.

그러므로 이 설산의 티베트에서 불경의 번역에 공적이 지대하고 중생들에게 막대한 은덕을 베푼 이는 세 법왕으로 알려진 조손삼대(祖孫三代)[133]며, 그 가운데서도 쏭짼감뽀 왕과 티쏭데짼 왕 이 두 법왕이 으뜸이며, 또한 친교사 보디싸따와 아사리 빠드마쌈바바와 역경사인 투미쌈뽀타, 바이로짜나, 까와 빨쩩, 쪽로 루이갤챈, 예시데 등의 은혜와 신력인 것이다.

당시 역경사업에 종사한 대소의 번역인은 대략 천여 명에 달하고 있으며, 이 가운데 중요한 역경사로 『최중캐빠가뙨』에서는 약 51명의 이름을 거론하고 있다. 또 이 중에서 대표적인 역경사로 구대역사(九大譯師)[134]를 꼽고 있다.

당시 티베트에 들어온 수많은 외국인 고승 가운데 대표적인 인물로는 인도의 친교사 보디싸따와 아사리 빠드마쌈바바, 비말라미뜨라, 쌴띠가르바(Śantigarbha, 寂藏), 까말라씰라와 중국의 마꼴레와 마하연 화상 등을 들 수 있다.

전체적으로는 티베트불교의 최초의 역경사인 투미 쌈뽀타(Thu mi Sam bho ṭa, 619~?)에서 마지막 역경사인 겐뒨최펠(dGe ḥdun chos ḥphel, 1903~1951)[135]에 이르기까지 약 칠백 명이 넘는 역경

---

133) 조손삼대: 쏭짼감뽀, 티쏭데짼, 티랠빠짼의 세 법왕을 말함.

134) 구대역사: 티쏭데짼 왕의 시대에 활약한 대표적인 역경사로서, 바이로짜나, 카체 아난다(Kha che Ānanda), 댄마쩨망(lDan ma rtse maṅ)의 삼로(三老)와 냑 즈냐나꾸마라(gÑags ñānakumara), 퀸루왕뽀(ḥKhon klu dBaṅ po), 마 린첸촉(rMa Rin chen mchog)의 삼중(三中)과 까와 빨쩩, 쪽로 루이갤챈, 예시데의 삼소(三少)를 말함.

135) 겐뒨최펠(dGe ḥdun chos ḥphel, 1903~1951): 티베트의 마지막 역

사가 출현하였다고 『둥까르칙죄첸모(東噶藏學大事典)』에서는 적고 있다.

한 가지 덧붙이면, 신라의 원측법사(圓測法師, Wen tsheg, 613~696)의 저술인 『해심밀경소(解深密經疏)』도 티랠빠짼 왕의 생전에 괴로짜와 최둡(ḥGos lo tsā ba Chos ḥgrub, 法成)[136]이 번역하여 티베트 장경에 실려 있다.

당시 경전의 번역사업이 얼마나 성대하게 이루어졌는가를, 약 200년이 지난 1047년에 쌈예사를 참배한 아띠쌰(Atīśa)의 말을 통해서도 확인할 수 있다. 『뎁테르응왼뽀(青史)』에 다음과 같이 기록되어 있다.[137]

> 그 뒤 쌈예사에 도착해서 뻬까르링(藏經殿)에 머물면서, 두 사람의 역경사와 함께 『반야이만송광명(般若二万頌光明)』과 아사리 세친보살(Vasubandhu, 世親)의 『섭대승론주(攝大乘論注)』 등의 많은 전적들을 번역하였다. 인도에도 없는 경전들이 많이 있는 것을 보고 아띠쌰 존자가 말하길, "지난날 티베트에서 불법이 흥기한 것과 같은 것은 인도 땅에서도 어려운 것이다. 그리고 이와 같은 경전들 역시 아사리 빠드마쌈바바가 인간계가 아닌 비인(非人)의 세계에서 가져온 것들이다."라고 말한 바와 같은 것이다.

티베트불교의 역경사업은 밀교의 신역경전 번역과 더불어 시작하는

경사로서, 범어를 배워서 티베트 장경들을 다시 인도말로 번역해 내기 위해서 인도에 가서 범어와 영어를 학습함. 저술로는 『뎁테르까르뽀(白史)』 외에도 많은 번역서들이 있으며, 『뎁테르응왼뽀(青史)』의 로에리치(Roerich) 영역본인 *Bule Ananls*의 번역을 도움.

136) 괴로짜와 최둡: 특히 한문에 정통해서, 『대보적경(大寶積經)』 피갑장엄회(被甲莊嚴會)와 『현우경(賢愚經)』 등을 한문경전에서 티베트어로 번역하고, 티베트 장경에서 한문으로 많은 경전을 번역해냄. 『장한대사전』 상편, p. 503.

137) 『뎁테르응왼뽀』 상권, p. 315.

후반기의 불교에서도 계속되어 그 양도 엄청나게 증가하고, 판각해서 모신 판본도 역시 많은 수에 달하게 된다. 그 중 유명한 판본으로는 1732년에 최초로 판각된 『나르탕판(sNarthaṅ, 那唐版大藏經)』, 1733~17 34년에 판각된 『데게판(sDe dge, 德格版大藏經)』, 1773년에 판각된 『쪼네판(Cone, 卓尼版大藏經)』, 『라싸판(lHasa, 拉薩版大藏經)』, 『리탕판(Li thaṅ, 理塘版大藏經)』, 명나라(1368~1644)에서 제작된 『영락판대장경(永樂版大藏經)』, 청나라(1644~1911)의 강희제(康熙帝, 1661~1722 재위) 때 만들어진 일명 『북경판대장경(北京版大藏經)』으로 널리 알려진 『강희판대장경(康熙版大藏經)』, 『건륭판대장경(乾隆版大藏經)』 등이 있다. 이것들은 현재 귀중한 불교 유산으로 남아있다.

이 중에서 1410년에 제작된 최초의 티베트 대장경인 『영락판대장경』은 목판이 아닌 동활자로 주조된 것이다. 명(明)의 영락제(永樂帝, 14 02~1424 재위)는 이 인쇄본을 당시 티베트 각 종파의 고승들인 겔룩빠의 쫑카빠(Tsoṅ kha pa, 1357~1419), 까르마까귀의 데신섹빠(De bshin gśegs pa, 1384~1415), 싸꺄빠의 로되갤챈(Blo gros rgal mtshan, 1366~1420) 등에게 증정하였다. 이것을 계기로 티베트의 인쇄기술에 일대 혁신을 가져오는 한편, 티베트 전역에서 대장경을 판각하는 풍조가 유행하게 되서, 오늘날과 같이 풍부한 불교문화 유산을 남기게 된 것이다.

티베트 대장경에 대한 이해를 위해, 먼저 그 내용을 개략적으로 소개하면 다음과 같다.[138]

장문(藏文) 『대장경』 가운데 『깐규르(甘珠爾)』는 불어부(佛語部)의 뜻

---

138) 쌍월간(雙月刊) 『중국서장(中國西藏)』(藏文『大藏經』知識, 多爾吉/文), p.58, 中國西藏雜誌社, 2003. 3월호, 북경, China.

으로서 정장(正藏)을 가리키며, 이것은 석가모니 부처님 자신의 어록의 역문이다.

라싸판(拉薩版) 『깐규르』의 내용을 예로 들면, 율부(律部), 반야(般若), 화엄(華嚴), 보적(寶積), 경부(經部), 속부(續部)와 총목록 등을 포괄하는 일곱 부분으로 구분되어 있다.

『땐규르(丹珠爾)』의 뜻은 논소부(論疏部)로 부장(副藏)을 가리켜며, 이것은 석가모니불의 제자들과 후세의 고승들이 석가의 교의에 대하여 저술한 논술(論述)과 주소(注疏)의 역문이다.

데게판(德格版) 『땐규르』를 예로 들면, 그 내용에 있어 예찬부(禮讚部), 속부(續部), 반야, 중관, 경소(經疏), 유식(唯識), 구사(俱舍), 율부(律部), 본생(本生), 서한(書翰), 인명(因明), 성명(聲明), 의방명(醫方明), 공교명(工巧明), 수신부(修身部), 잡부(雜夫), 아띠쌰소부집(阿底峽小部集)과 총목록 등의 열여덟 부분으로 나누어져 있다.

『깐규르』(데게판을 예로)의 내용을 〔함(函)으로〕 분류하면, A. 불학(佛學) 부분이 102함(函), B. 목록이 1함(函)이다.

『땐규르』의 내용을 〔함으로〕 분류하면, A. 불학 부분이 198함, B. 어법(語法) 부분이 5함, C. 의학 부분이 5함, D. 공예 부분이 1함, E. 잡류가 3함(이 중에서 a.불학+어법, b.불학+어법+천문역산(天文曆算), c.불학어법(佛學語法)+의학), F.목록이 1함이다.

이것을 총계하면, 『땐규르』는 모두 213함(函)이며, 이 중에서 불학 부분이 198함으로 전체의 93.43%를 차지하고, 어법·의학·천문역산 등이 13함으로 6.1%를, 목록이 1함으로 0.47%를 차지한다.

또한 한문대장경과 비교하여 보면 다음과 같다.[139]

---

139) 위의 책, p. 59.

티베트대장경은 한문대장경에 비해서, 역어(譯語)가 통일되어 있고, 원문에 충실한 특점이 있다.(그 첫 번째 원인은 티베트어는 범어에 근거해서 만들어진 점과, 두 번째 원인은 번역시에 허다한 인도의 학자들이 참여한 점이다. 데게판의 목록을 근거로 하면, 역경사업에 참여한 인도 학자가 107명에 달한다.) 또 현존하는 티베트대장경에 집록된 전적의 수효가 한문대장경에 비해서 1/3 이상 많으며, 이 가운데 인도학자와 대사들의 저작들의 역본도 한문대장경에 비하여 1배나 많다. 단지 이것은 한문대장경과 서로 비교한 것이며, 역대의 티베트 학자들의 저작은 티베트대장경에 수록되어 있지 않은 것이다.

또 한편 『한장번역이론여실천』에 따르면,[140] 중국에서 1990년 11월 20일에 인쇄된 서장대장경 중 『깐규르(經典部)』만도 225함권질(函卷帙)에 대략 6,200만 자수에 달한다고 말하고 있다.

끝으로 현대에 들어와서는 인도에 망명한 티베트인 학자들에 의해서, 현존하는 각종의 티베트 대장경을 비교해서 현시대에 맞게 제작한 새로운 대장경 목록인 『까르착릭빠락뎁(dkar chag rig paḥi lag deb)』이 "티베트학 중앙연구소(Central Institute Of Higher Tibetan Studies)"에 의해서 2004년에 출간되었다고 한다.

5) 현밀(顯密)을 겸수하는 수행의 길을 확립함

티쏭데짼 왕이 친교사 보디싸따와 아사리 빠드마쌈바바에게 올리는 시문에서 왕의 불교사상을 알 수 있듯이, 티베트불교는 처음부터 친교사 보디싸따가 전승하는 중관사상의 바탕 위에 아사리 빠드마쌈바바가 전수하는 밀교를 겸수하는 방향으로 출발한다.

140) 『한장번역이론여실천』, p. 10.

친교사 보디싸따는 유가행중관학파(瑜伽行中觀學派)의 창시자로서 중관의 전적들을 번역하고 강설함으로써 티베트불교는 처음부터 인도불교의 중관사상이 그대로 이식된다.

더구나 중국의 마하연 화상과 아사리 까말라씰라와의 대론이 종결된 뒤 티쏭데짼 왕이, "이후부터는 중국 화상의 제자들은 물론이거니와 모든 티베트 승려들은 종견(宗見)은 용수의 중관견(中觀見)을 따르고, 법행(法行)은 육바라밀을 닦고, 십법행(十法行)을 실천하며, 수습은 삼혜를 통한 수심(修心)과, 방편과 지혜를 겸수하며, 사마타(止)와 위빠사나(觀)를 병수토록 하라. 또 이후로 우리들 티베트의 군신과 백성들도 역시 불법을 닦는 것을 이와 같이 하도록 하라."는 내용의 왕명을 선포함으로써 티베트에서는 유식학파를 비롯한 불교의 다른 학파들이 원천적으로 받아들여질 수 없었다.

그뿐만 아니라 티랠빠짼 왕은 '까짜남빠쑴(譯例三條)'을 제정해서, 설일체유부를 제외한 여타의 부파들은 티베트 실정에 맞지 않는다는 이유를 들어서, 다른 부파의 설립은 물론 그 율장의 번역도 금지함으로써 학파 간의 자연스러운 교류와 논쟁을 통해서 불교가 정착되는 풍토가 처음부터 조성되지 못하였다.

한편 아사리 빠드마쌈바바는 밀교의 가르침을 위주로 현밀을 겸수하는 티베트불교의 수행체계를 확립시켜 나간다. 그러나 밀교는 세간의 도덕성을 무시하는 파격적인 교설 때문에 역경의 시초부터 조심스럽게 선별해서 번역하는 동시에, 또 그 가르침의 전수도 선택된 소수의 사람들을 대상으로 비밀리에 행하여졌다.

아사리 빠드마쌈바바와 아사리 비말라미뜨라와 아사리 다르마끼르띠 등을 통해서 전승된 둡빠까개(sGrub pa bkaḥ bryad, 八大法行)[141]

---

141) 둡빠까개: 닝마빠의 생기차제(生起次第)에 근본으로서 묘길상신(妙吉祥身), 연화어(蓮花語), 진실의(眞實意), 감로공덕(甘露功德), 섭사업(攝事

와 족첸(rdZogs chen, 大圓滿)[142] 등의 가르침은 나중에 닝마빠(rÑiṅa ma pa)의 핵심 수행법으로 정착하게 된다.

당시 밀교가 전파되는 상황을 『쎄자꾼캽(知識總彙)』에서는 다음과 같이 간추려 기술하고 있다.[143]

> 밀속(密續)의 번역과 강설은 매우 비밀리에 드러나지 않게 행해졌다. 밀종의 가람이 열두 곳에 세워졌으며, 예르빠(Yer pa, 寺名)와 추오리(Chu bo ri, 寺名) 두 곳에서 성취자가 백여덟 명이 나왔고, 또 침푸(mChim phu)에서도 스물다섯 명의 성취자 등이 나왔다고 알려졌다. 특별히 대아사리 빠드마쌈바바는 군신이십오인(君臣二十五人)[144] 등의 수많은 선근자들을 금강승으로 인도해서, 대실지(大悉地)에 도달한 자들이 무수하게 나왔다.

이처럼 티베트불교는 처음부터 친교사 보디싸따와 아사리 빠드마쌈바바라는 두 위대한 인물에 의해서, 현교의 중관견과 밀교의 수법을 겸수하는 방향으로 출발하게 되었다. 그 결과 다른 나라들과는 달리 종파불교의 색채를 띠지 않은 채, 인도의 중관불교의 흐름을 그대로 받아들여

業)의 출세간의 오법(五法)과 소견비인(召遣非人), 맹주저리(猛呪詛詈), 공찬선신(供讚善神)의 세속의 삼법행(三法行)을 말함. 『장한대사전』 상편, p. 617.

142) 족첸: 닝마빠의 핵심 수행법으로 원만차제(圓滿次第)에 해당하며, 마음의 체성이 공함이 법신이며, 자성의 광명이 보신이며, 대비의 보조가 화신이며, 이 삼신의 일체공덕을 자재하게 성취하는 것이 곧 일체법의 진실한 이취(理趣)인 것이므로 대원만이라 칭함. 『장한대사전』 하편, p. 2360.

143) 『쎄자꾼캽』, p. 219.

144) 군신이십오인: 아사리 빠드마쌈바바에 의해서 밀법을 전해받고 수행을 성취한 25명의 성취자들을 뜻하는 용어로서, 여기에는 티쏭데짼 왕과 역경사 바이로짜나 등이 포함되어 있음.

서 교리적으로 전혀 오염되지 않은 순수한 인도불교를 전승하게 된다.

이러한 전전기의 티베트불교의 특징을 『투깬둡타(宗教源流史)』에서는 다음과 같이 규정하였다.145)

> 친교사 보디싸따는 불법의 계율을 엄수하고, 중관에 이르는 교의를 맡아서 강설하고 청문하는 학풍을 널리 전파하였고, 아사리 빠드마쌈바바 등은 소수의 법기들에게 밀교의 가르침을 전수함으로써 또한 소수의 성취자들도 출현하게 되었다.

그리고 또 다음과 같이 말하였다.146)

> 전전기의 티베트불교의 사조는 티쏭데짼 왕이 "견행(見行)은 친교사 보디싸따의 가르침을 따르도록 하라."고 처음부터 왕명을 내렸다. 그 뒤에 중국 화상과의 논쟁이 끝난 다음에도 역시, "이후부터는 종견(宗見)은 아사리 용수보살의 가르침을 따라야 하며, 만일 중국 화상의 선종을 추종하면 처벌이 따른다."라고 왕명을 선포함으로써, 전전기의 티베트불교에서는 유식종을 견지하는 소수의 고승들도 초청되어 왔지만, 그 주류는 친교사 보디싸따와 아사리 까말라씰라의 법통인 까닭에 중관자속파(中觀自續派)의 사상이 크게 선양되었다.

---

145) 『투깬둡타』, p. 50. 투우깬 로쌍최끼니마, 1984.4, 감숙 민족출판사, 난주, China.

146) 위의 책, p. 51.

제2장 중국 선종과 인도불교와의 만남

1. 중국 선종의 유입과 파문

1) 마하연 화상과 중국 승려들의 역경활동

중국의 마하연(摩訶衍) 화상이 티베트에 들어온 해가 정확히 언제인가를 티베트의 문헌들을 통해서는 알 수 없다. 그러나 아짜랴 캉까르출팀깰쌍(白館戒雲)은 돈황(敦煌)에서 출토된 마하연 화상의 『돈오정리결서(頓悟正理決敍)』를 분석하여 그가 티베트에 들어온 연대를 다음과 같이 추정하였다.[147]

> 돈황에서 발굴된 마하연 화상의 어록인 『돈오정리결서』에는 쌰쓔(沙州陷, 敦煌)[148]가 티베트에 귀속된 후에 마하연 화상 자신이 티베트에 갔다고 밝히고 있다. 그러므로 돈황, 즉 쌰쓔가 티베트에 귀속된 해는 781년과 787년이라는 두 가지 설 가운데서 후자인 것이 분명하다.
>
> 또 『돈오정리결서』에는 원숭이 해(申年)에 선문(禪門)에 반대하는 자들이 나왔다고 적고 있으므로, 화상이 티베트에 들어간 것은 781년 이후가 명백하다. 그러므로 그 원숭이 해도 792년인 것임은 두말할 필요가 없다.

아무튼 티쏭데짼 왕이 생전에 현밀과 대소승의 방대한 삼장들을 번역

---

147) 『땐빠응아다르기최중』, pp. 52~53.

148) 쌰쓔: 618년 당(唐 : 618~907)은 돈황을 점령하고 사주(沙州)로 고쳐 불렀으며 781년까지 통치함.

해 내고자, 인도와 카시미르, 네팔, 코탄(于闐), 중국 등의 각처에서 고승들을 대거 초청할 때, 마하연 화상도 다른 중국의 고승들과 함께 역경을 목적으로 티베트에 들어왔음을 알 수 있다. 즉 마하연 화상이 초청된 목적이 역경에 있었음을 『빼마까탕』에서는 다음과 같이 밝히고 있다.149)

> 이 때 티쏭데짼 왕이 황금을 아끼지 않고, 인도의 붓다구햐(Budhaguhya)와 씽갈라(Siṅgala)의 아르야데와(Āryadeva)와 마루쩨(Mārurtse)의 까말라씰라(Kamalaśīla)와 중국의 바쌍티세르쌈씨(Bhasaṅ-khrigshersaṁśi)와 귀족 출신의 마하라자(Mahārāja) 화상과 중국의 데와(Deba) 화상과 마하야나(Mahāyāna) 화상과 하라낙뽀(Haranagpo) 화상과 마하쑤뜨라(Mahāsūtra) 화상과 아랴빠로이링(Āryapaloḥigliṅ, 聖觀音院)에 머물게 하면서, 뵌교(Bon)의 경전들을 번역토록 하였다.

이렇게 역경을 위해서 초청된 중국의 화상들의 주된 임무는 이전에 번역된 구역경전들을 새로이 번역해서 확정하고, 인도에서 유실되어서 없거나 구하지 못한 경전들을 중국의 경전에서 번역해 내는 일과 의학서적과 천문역산서(天文曆算書)를 번역하는 것이었다.

이러한 중국 화상들의 역경활동을 『까탕데응아(五部遺教)』에는 다음과 같이 기록하고 있다.150)

> 중국에서 대학자 마하야나 화상을 초빙해서, 중국의 의학과 역서(曆書) 등을 티베트 역경사인 나남쌀라쮠(sNa nam sa la btsun)이 함께

149) 『빼마까탕』 제82장, p. 472.

150) 『까탕데응아』, p. 120. 구루 오갠링빠 발굴, 북경: 민족출판사, 1997. 북경, China.

번역하였다.

또『빼마까탕』제84장,「쌈예사의 역경원에서 경을 번역함」에서도 다음과 같이 적고 있다.151)

> 중국의 마하쑤뜨라(Mahāsūtra) 화상과 중국학자 쌈씨(Saṁśi) 등과 마앤 린첸촉(rMa ban Rin chen mchog) 등의 다섯 명의 티베트 역경사들이『제불보살명칭경(諸佛菩薩名稱經)』『율차별론일권(律差別論一卷)』『화엄경(華嚴經)』『금강명경(金剛明經)』『복마경(伏魔經)』『복마주(伏魔呪)』『도모(度母)』등의 많은 구역의 한역경전들을 새로이 번역하였다.

또『빼마까탕(蓮花遺敎)』제85장,「경론을 다시 번역하고 정비함」에서도 다음과 같이 적고 있다.152)

> 쌈예사의 미륵전(彌勒殿)에서는 경전을 강설청문하고, 동문(東門)의 문수전(文殊殿)에서는 의술과 역산(曆算)의 전적들을 번역하였다. 즉 중국의 하라낙뽀 화상, 마하야나 화상, 마하쑤뜨라 화상, 마하라자 화상, 마하데와(Mahādeba) 화상과 역경사인 비제짼빠씰라(Bi rje btsan pa śila) 등의 티베트 학자 네 명이 점성에 관한 서책들을 번역하였다. 이것들은 당나라의 금성 공주에 의해서 이전에 번역된 것들이다.

또『최중캐빼가뙨(智者喜宴)』에서도 중국 화상들의 활동에 대해서도,153)

---

151)『빼마까탕』, p. 494.

152) 위의 책, p. 499.

153)『최중캐빼가뙨』, p. 363.

"중국 화상 마꼴레(Makole)를 초빙해서 함께 불경의 번역작업을 했다. 최초로 바라뜨나(rBa ratna)가 『반야십만송(般若十萬頌)』을 번역하였다."라고 기록하고 있다. 뿐만 아니라 중국의 자료인 돈황에서 발굴된 마하연 화상의 저술인 『돈오정리결서』에서도,154) "마하연 화상 자신을 책임자로 하는 세 사람의 중국 화상이 쌈예(淨域)에 머물면서 경론들을 번역하였다."라고 기술하고 있다.

이와 같은 사료들을 종합하면, 마하연 화상을 비롯한 일곱 명 정도의 중국 승려들이 역경에 직접 참여했음을 추정할 수 있으며, 그 외에도 많은 수의 중국 선사들이 티베트에서 전교활동을 하고 있었음을 알 수 있다.

2) 마하연 화상의 중국 선종의 보급과 파문

중국의 화상들은 인도 등지에서 온 외국의 고승들과는 달리 상대적으로 역경의 일감이 적었던 까닭에, 일찌감치 그들의 임무를 끝내고 주로 수선(修禪)과 포교를 하면서 지냈던 것으로 여겨진다. 즉 『부뙨최중(부뙨佛敎史)』에 전하는 당시의 중국 화상들의 활동을 통해서 그와 같이 추측할 수 있다.155)

> 진언사 다르마끼르띠(Dharmakīrti, 法稱)를 초빙해서 항마전(降魔殿)에서 『금강법계(金剛法界)』 등의 만다라(曼荼羅)의 관정식을 베풀었고, 카시미르의 대학자 지나미뜨라(Jinamitra, 勝友)와 다나씰라(Dānśīla, 施戒) 등은 범행전(梵行殿)에서 계율을 전수하고, 중국의 화상들은 선정전(禪定殿)에서 선정을 닦고, 범천전(梵天殿)에서는 범어를 가르쳤다.

154) 『땐빠응아다르기최중』, p. 48.

155) 『부뙨최중』, p. 187.

그러나 현존하는 티베트 사료에서는 마하연 화상에 대한 자세한 언급을 찾아볼 수 없으며, 단지 『최중빡쌈죈쌍(松巴佛教史)』 등에서[156) "중국에서 선법을 널리 현양한 화상 띠찌다씨(Ṭi ci dā śa)를 따르는……" 이라고 적고 있을 뿐이다.

그러나 대만서 최근에 발간된 『현대서장불교(現代西藏佛教)』에는 다음과 같이 마하연 화상에 대하여 자세히 기술하고 있다.[157)

> 티쏭데짼 왕 때의 중국 화상으로서 대승(大乘) 화상 또는 마하야나(摩訶衍那) 화상이라고 부른다. 그는 돈황(敦煌) 출신의 한승(漢僧)으로서, 어린시절 당나라의 수도인 장안(長安)에서 불법을 수학하였다.
>
> 선종사가(禪宗史家)인 규봉종밀(圭峰宗密, 780~841)의 기록에 의하면, 대승 화상은 하택신회(荷澤神會, 670~762)의 제자이며, 787년 무렵에 티베트의 라싸에 들어갔다. 그는 티베트에 머물면서 '돈파(頓派)' 선종(禪宗)을 전파함으로써 심대한 파장을 일으켰다. 이 '돈파' 선종의 돈오성불(頓悟成佛)의 교설은 커다란 매력을 지녀서 티베트인들로부터 크게 환영을 받았다.
>
> 그러나 선종이 티베트 풍토에 서서히 정착되어 갈 때, 〔인도불교와의 충돌을〕 도저히 비켜갈 수 없는 상황 아래서, 한 판의 논란을 야기하면서 도합 3년(792~794)에 걸쳐서 '돈점(頓漸)의 논쟁'을 불러일으켰다.

이러한 기록들을 종합해서 당시의 상황을 고찰해 보면, 역경과는 직접 관련이 없이 티베트에 들어온 중국 승려들은 대부분 성도(成都) 지방에서 온 선종 계통의 선사들로 추측되며, 그들은 지선(智詵, 609~

156) 『최중빡쌈죈쌍』, p. 340, 쑴빠 예시뺄조르, 감숙 민족출판사, 1992, 난주, China.

157) 『현대서장불교』, p. 169.

702)[158]과 처적(處寂, 665~732)[159] 그리고 정중사의 무상(無相, 680~756) 화상으로 이어지는 정중종(淨衆宗)과 보당종(保唐宗)과 연관되어 있는 것으로 추측된다.

『까탕데응아(五部遺教)』「돈문직입장(頓門直入章)」에 나오는 마하연 화상을 비롯한 31명의 중국 선사들의 선지(禪旨) 또한 무상(無相) 선사나 무주(無住, 714~774) 선사[160]의 선풍(禪風)과도 유사한 것임을 볼 수 있다.

즉 정중사의 무상 선사가 독자적인 인성염불(引聲念佛)과 무억(無憶)・무념(無念)・막망(莫忘)의 삼구설법(三句說法)을 선양한 것과 유사하게, 마하연 화상도 역시 불사(不思)・부작의(不作意)・부작행(不作行) 등을 종지로 가르침을 전파한 것에서 이를 알 수 있다.

이러한 중국 선종의 가르침은 공성(空性)과 무아(無我)에 대한 선결택(先抉擇)을 중시하는 인도불교의 견행(見行)과는 자연히 어긋나는 것이어서, 결국에는 돈오(頓悟)를 주장하는 중국의 선종과 점수(漸修)를 따르는 인도불교를 지지하는 양파로 갈라지게 되었고, 나중에는 서로가 물러설 수 없는 극한 상황으로 치닫게 된 것이다.

이러한 심각한 갈등과 분쟁은 갓 출발한 티베트 승단과 국가에 중대한 현안으로 떠오르게 되고, 결국에는 그것을 해결하는 최후의 방법으

158) 지선: 어려서 출가하여 현장 법사에게서 경론을 배우고 오조홍인(五祖弘忍) 대사의 제자가 됨. 지선과 처적, 신라의 무상으로 이어지는 계파를 정중종이라 하며, 저서에는 『허융관(虛融觀)』 3권, 『연기(緣起)』 1권, 『반야심경소(般若心經疏)』 1권이 있음.

159) 처적: 10살 때 지선 선사에게 출가하여 그의 법을 이음.

160) 무주: 보당종(保唐宗)의 개조로서 건원 2년(759) 무상 선사를 만나 그의 법통을 이음. 돈교를 주장했으며 후에 보당사에서 교화했으므로 보당무주라고 함. 『역대법보기(歷代法寶記)』에서는 무상과 무주의 사제관계를 강조하는바, 무주는 무상의 '무억(無憶)・무념(無念)・막망(莫忘)'의 3구에, 신회의 삼학을 기초로 해서 보당종을 열었다.

로서 왕이 쌈예사(bSam yas)의 논전을 주선한 뒤, 양측이 대론해서 공개적으로 승패를 가리도록 한 것이라 볼 수 있다.

이와 같이 돈점(頓漸)의 양파가 심각하게 대립하게 되는 당시의 상황을 『땐빠응아다르기최중(古代티베트佛敎史)』에서는 다음과 같이 기술하고 있다.[161)]

친교사 보디싸따(Śāntarakṣita, 寂護)가 〔787년에〕 열반하고 난 뒤, 인도불교가 조금 침체되어 가는 상황 아래서, 왕비인 도싸장춥(ḥBro bzaḥ byaṅ chub)이 791년 친교사 뻴양(dPal dbyaṅ)으로부터 출가한 뒤, 왕비의 후원 아래 중국의 선종은 한층 번성하기에 이른다.

이로 인해서 인도불교를 지지하는 측에서 792년에 선종의 금지를 왕에게 제안하게 되고, 왕은 그와 같이 금지명령을 내리게 된다. 이에 중국의 선종을 따르는 자들 가운에서 자살하는 등의 방법으로 거세게 저항하고 나서자, 왕은 793년 말경에는 다시 선종을 허락하는 윤허를 내리게 된다.

그 뒤 왕이 이 분규를 어떻게 처리하면 좋은지에 대해서, 쌈예사의 친교사의 직책을 맡고 있던 뻴양과 상의하였으나, 그는 인도와 중국의 불법에 대해서 중립적인 태도를 취했다. 뚜렷한 해결방안이 없음을 알자, 호닥(lHo brag)의 동굴에서 수행하고 있던 전임 친교사인 예시왕뽀(Ye śe dbaṅ po)를 다시 부르게 된다.

마침내 예시왕뽀가 제안하는 대로 아사리 까말라씰라(Kamalaśīla, 蓮華戒)를 초청해서, 794년 그 두 사람이 티베트 역경사의 중계로 쌈예사에서 양측이 논쟁을 하게 된 것이다.

여기서 또 한 가지 덧붙이면, 쌈예사의 공식적인 논쟁이 있기 이전에

---

161) 『땐빠응아다르기최중』, p.55.

이미 인도불교와 중국 선종 간에 한 차례의 토론이 있었던 것으로 보인다. 이와 같은 상황을 전하는 기록이 『까탕데응아(五部遺敎)』「돈문직입장(頓門直入章)」에 나와 있다.[162]

여기에는 티쏭데짼 왕과 뻴양과 까와뻴쩩 등의 티베트인 다섯 명과 인도의 아사리 다르목따라(dharmottāra) 등의 세 사람과 중국의 마하연 화상을 비롯한 서른한 명의 선사들이 함께 모여서 각자의 주장을 개진하는 상황이 기술되어 있다. 여기에 대한 연구로는 일본의 서적들을 참고하기 바란다.

그리고 한 가지 더 부연할 것은, 중국의 마하연 화상이 주장하는 무념(無念)과 부작의(不作意)의 가르침은 뒷날 까귀빠의 성립과 더불어서 티베트불교계에 또 한 차례의 교리적인 파문을 불러온다는 점이다.

즉 까귀의 마하무드라(大印)의 가르침에서 설하는 부작의가 마하연 화상의 부작의와 같다고 하는 주장으로서, 이것은 순전히 같은 문자가 빚어내는 단순한 오해와 억측 내지는 종파 간의 알력으로 인해서 한층 복잡하게 발전하게 된다. 이에 대해서는 뒤에서 따로 밝히기로 한다.

2. 중국 선종과 인도불교와의 충돌과 대립

네팔에서 불법을 펴고 있던 아사리 까말라씰라는 티쏭데짼 왕으로부터 초청을 받게 된다. 그를 초청하게 된 당시 티베트의 내부 사정을 『최중캐빠가뙨(智者喜宴)』에서는 다음과 같이 전하고 있다.[163]

그 뒤 릭진(持明者, Rig ḥdzin)[164] 빠드마쌈바바(蓮花生)는 나찰들을

---

162) 『까탕데응아』「돈문직입장(頓門直入章)」, pp. 459~467.

163) 『최중캐빠가뙨』 상권, pp. 379~380.

교화하기 위해서 서남방의 응아얍(拂州)[165]으로 떠났으며,[166] 그 뒤 친교사 보디싸따(Śāntarakṣita, 寂護)가 말하길, "티베트를 수호하는 땐마쭉니(十二守護女神)들이 대아사리 빠드마쌈바바에게 호법을 서약했으므로 티베트에는 이교가 발생하지는 않을 것이다. 그러나 몇 년이 지나서 중관의 견해에 반대하는 논쟁이 발생할 것이다. 그때는 나의 제자인 까말라씰라를 초청해서 논쟁토록 하라. 그러면 법답게 종식된다."라고 말한 뒤, 무상한 고해의 세상으로부터 떠날 것을 예고하였다. 〔친교사가 열반에 들자〕 사리탑을 〔해뽀리 산에〕 세우고 국왕이 공양을 올렸다.

또한 교단의 수장으로 새로이 예시왕뽀를 임명하였고, 출가자 한 사람마다 여섯 가구씩을 배당해서 생계를 뒷받침하게 하고, 사원마다 많은 가구를 할당해서 〔삼보를 유지할 수 있도록〕 조치하였다.

그 뒤 예시왕뽀가 수행을 위해 카르추(mKhar chu)의 동굴[167]로 떠

---

164) 릭진: 밀교의 성취자를 부르는 밀종의 용어로 여기에는 이숙지명(異熟持明), 수명자재지명(壽命自在持明), 대인지명(大印持明), 임운지명(任運持明)의 네 종류가 있음.

165) 응아얍: 남섬부주에 딸린 두 섬 가운데 서쪽의 섬으로 나찰들이 거주하는 땅임. 섬의 중앙에 있는 적동산(赤銅山)의 산정에 아사리 빠드마쌈바바의 연화정토가 있음.

166) 아사리 빠드마쌈바바가 티베트를 떠난 해는 정확히 알 수 없으나, 『빼마까탕(蓮花遺敎)』 제107장, 「나찰국으로 떠남」에 의하면, 무띡짼뽀(Mutig btsan po, 798~804 재위) 왕의 재위 기간에 티베트를 떠난 것이 된다. 여기에는 여러 가지 설이 있으며, 이러한 설들을 종합해서 『뒤좀최중(杜鈞敎史)』에서는, "그 또한 티쏭데짼 왕이 21세가 되는 해에 티베트에 와서, 왕이 59세에 운명하고 난 뒤에 16년 6개월을 더 머문 것이 분명하다. 이것은 자파〔닝마빠〕의 고승들의 구두전승과도 또한 일치하며, 『바섀(桑耶寺志)』 등에서 짧은 기간 밖에 머물지 않았다고 말하는 것은, 악신(惡臣)들의 눈앞에 분신을 현시해서, 동밥(Do bab)의 험로의 건너편 인도와 티베트의 국경의 산 위에서, 호송군들이 보는 앞에서 하늘로 날아 올라가, 구름 사이에서 법의를 날리고 석장을 흔들면서 인도로 간 바로 그것이다."라고 하였다. 『뒤좀최중』, p. 133, 뒤좀 예시도제, 사천민족출판사, 1996.11, 성도, China.

나고, 뺄양(dPal dbyaṅ)이 종단의 수장을 맡고 있을 때 마하연 화상의 제자가 급속하게 늘어 갔다.

"선업(善業)은 선취(善趣)에 태어나고 악업(惡業)은 악도(惡道)에 태어나서 윤회한다. 그러므로 몸과 말로 짓는 선악과 일체의 작의(作意)를 버린 뒤, 몰록 무념(無念)에 들어가야 한다."고 설하였다. 그러자 친교사 보디싸따의 가르침을 따르는 소수를 제외하고 나머지 대부분은 마하연 화상의 가르침을 따르게 되었다. 그래서 뙨민(sTon min, 非法)과 쩨민(brTse min, 非愛)의 둘로 갈라져서 다투게 되었다.

또한 친교사 보디싸따가 열반한 뒤에 발생한 뙨민과 쩨민의 분쟁에 대하여, 역시 『최중캐빠가뙨』에서는 『바섀(sBa bshed)』를 인용해서 다음과 같이 적고 있다.168)

그때 중국의 마하연 화상이 닥마르(Brag dmar, 地名)에 주석하면서, "몸과 말의 법행(法行)이 필요치 않다. 신구의 선업에 의해서는 성불하지 못한다. 불사(不思)와 부작의(不作意)를 닦음으로써 성불한다."라고 설하며 가르침을 펴자, 티베트의 모든 승려들이 순식간에 그의 가르침을 따라서 배우게 되었다.

그래서 쌈예사의 불전에는 공양이 끊어지고, 경전의 학습과 신구의의 선행을 닦는 일이 단절되었다. 단지 바라뜨나(rBa ratna)와 바이로짜나(Vairocana) 등의 소수만이 친교사 보디싸따의 가르침을 따랐다.

이와 같이 견행(見行)이 일치하지 않아서 서로가 논쟁하고 반목하자 국왕이, "이 중국 도사의 법은 법이 아니다. 그렇지 않은가?"라고 반문함

---

167) 카르추의 동굴: 닝마빠의 다섯 수행 처소 가운데 하나로, 여래의 의공덕(意功德)을 상징하는 수행의 명소임.

168) 『최중캐빠가뙨』 상권, pp. 382~385.

으로써 뙨민〔돈문(頓門)〕[169]으로 알려지게 되었다.

또 한 무리가 국왕에게 말하길, "선인(仙人)이란 인욕(忍辱)을 말하는 것이므로, 설령 몸을 태워서라도 또한 공양하며, 유정(有情)을 자애하는 마음으로서 자량(資糧)을 쌓는 것이 중요하다."라고 하였다.

국왕이 답하길, "몸에 불을 지르는 그러한 자애도 또한 법이 아니다. 그렇지 않은가?"라고 함으로써 쩨민〔점문(漸門)〕으로 알려지게 되었다. 대저 법이란, 견행(見行)이 갖추어진 것을 말함이니, 쩨민과 같다."라고 하였다.

이에 뙨민의 무리가 크게 낙심해서, 마하연 화상의 제자인 냥쌰미(Ñaṅ śa mi)는 자신의 몸을 끊어서 죽고, 냑제마라(sÑags bye ma la)와 응옥 린뽀체(rṄogs rin po che)는 자신의 성기를 돌로 쳐서 죽고, 중국 화상 마고(Ma mgo)는 자기의 머리에 불을 질러서 죽었다.

또 나머지 무리들은 비수를 하나씩 품고서, 쩨민들 전부를 죽이고 우리들도 모두 궁전 앞에서 죽겠다고 하였다. 이에 국왕은 뙨민과 쩨민의 둘 사이에서 어찌할 바를 몰라, "여기의 모든 승려들이 견해가 일치하지 않아서, 서로들 다투고 있으니 어떻게 해야 할지 알 수 없다. 어떻게 하면 좋은가?" 하고 예시왕뽀에게 전갈을 내려서 속히 입궁하라고 몇 차례 사자를 파견하였다.

그러나 끝내 입궁하지 않자 내신인 뇐캄빠(gNon kham pa)를 보내면서 말하길, "그대가 만약 예시왕뽀를 데려오면 큰 동과(銅鍋, 차 끓이는 주전자 일종)를 상으로 내릴 것이며, 만약 그렇지 못하면 처형한다." 라고 한 뒤, 서신이 담긴 어함을 들려서 파견하였다.

뇐캄빠가 카르추의 동굴에서, 왕의 어함을 들고 가서 만나 주기를 청한 뒤, "제가 직접 이렇게 찾아왔으니 만약 가 주신다면, 왕의 마음이 크

---

169) 『부뙨최중』에서 뙨민은 돈문(頓門)의 뜻이라 하고, 쩨민은 점문(漸門)의 뜻이라 함.

게 고무돼서 제게 또한 상을 내릴 것이며, 만약 가시지 않는다면 제게 죽음을 내릴 것입니다. 그러니 차라리 이 벼랑에서 떨어져 죽겠습니다." 라고 말한 뒤 갈 것을 청하였다.

예시왕뽀가 말하되, "나의 수행을 방해하는 큰 마(魔)가 왔음이라. 그렇지만 그대의 목숨을 위해서 내가 가겠으니 말을 준비토록 하라."고 하자, 뇐캄빠가 크게 기뻐해서 왕궁으로 돌아갔다. 그 즉시 왕이 큰 동과와 많은 상들을 내렸다.

왕이 어마 16필을 보내서 예시왕뽀가 왕궁에 도착한 뒤 왕을 대면하게 되자, 왕이 말하길, "반데(승려)들이 이와 같이 다투고 있다는 상황을 자세히 설명한 뒤, 어떻게 하면은 좋은가?"라고 물었다.

예시왕뽀가 아뢰되, "저를 소환하지 않고 제가 여기에 있지 않아서 수행에 장애가 생기지 않았다면, 국왕의 천수와 저의 수명이 또한 길 뿐더러 불법 또한 미륵불이 출현할 때까지 머무를 것입니다. 그러나 티베트는 그러한 복이 없습니다."라고 말하였다.

그런 다음 친교사 보디싸따가 열반에 들기 전에 이와 같이 유언을 남겼다고 아뢰었다.

"대저 불법이 일어나는 곳에는 어디든지 외도의 저항과 반대가 따르는 것이나, 티베트에는 불법이 후오백세에 일어나는 까닭에 이교의 저항은 생기지 않을 것이다. 그렇지만 불교도 간에 성불의 견해가 다름으로 해서 장차 쟁론이 발생하게 될 것이다. 그때는 까말라씰라(Kamalaśīla, 蓮華戒)라는 나의 제자가 네팔에 있으니 그를 초청해서 그와 대론토록 주선한 뒤 국왕이 그것을 판정하게 하라. 그러면 쟁론이 법답게 종식될 것이라고 하였습니다." 그러니 그와 같이 하도록 아뢰었다.

국왕이 뙨민과의 논쟁을 위해서 아사리 까말라씰라를 초빙하는 사신들을 파견하자, 이 소식을 전해들은 뙨민의 삼백여 명의 사도들은 쌈예사의 쌈땐링(禪定殿)[170]의 절문을 폐쇄하고, 넉 달간에 걸쳐서 『반야십만송

(般若十萬頌)』을 가지고서 대론을 연마하였다.

〔마하연 화상은〕 법의 수행이 필요 없이 단지 누워 있는 것으로도 족하다는 뜻의 『쌈땐낼촉기콜로(禪明睡轉法輪)』, 그 시비를 끊는 『쌈땐기뢴당양뢴(釋禪明睡轉法輪辯)』 두 권, 또 그것을 정리로서 논증하는 『따왜걉쌰(lTa baḥi rgyab śa)』와 교설로서 논증하는 『도데개쭈쿵(mDo sde brgyad cu kuṅs, 八十經文典據)』[171] 등을 저술하였다. 또한 『해심밀경(解深密經)』은 〔자신의 견행(見行)과 어긋나는 것임을 알고서〕[172] "이것은 법이 아니다."[173]라고 말한 뒤 거둬 치워 버렸다.

---

170) 쌈땐링(修禪殿): 본당의 서원(西院)에 해당하는 미륵전에 딸린 두 암자 중의 하나로 승려들의 선실임.

171) 『도데개쭈쿵』: 자세한 것은 알 수 없으나, 대략 80여 종에 이르는 경전들의 경문들을 인용해서 저술된 것으로 여겨짐. 또 『보리도차제약론석(菩提道次第略論釋)』에서는 총 18종에 이르는 경전의 경문을 인용하여 저술되었다고 함.

172) 『부뙨최중』, p. 188.

173) 『보리도차제대론』에 따르면, 마하연 화상이 말하는 『해심밀경』에 관한 이 대목은 다음과 같다. "보살이 몸과 마음의 경안(輕安)을 얻은 다음 거기에 머물면서, 마음의 산란을 제멸한 뒤 그와 같이 잘 사유한 그 법들 안에서, 삼마지의 행하는 바의 경계인 〔그 법들의〕 영상(影像)들을 여실히 분별하고 승해(勝解)하는 것이다. 그와 같이 삼마지의 경계인 그 영상들의 실의(實義, 所知義)를 사택(思擇)하고, 최극사택(最極思擇)하고, 주편심사(周偏尋思)하고, 주편사찰(周偏伺察)하고, 감내(堪耐)하고, 애락(愛樂)하고, 분변(分辨)하고, 관조(觀照)하고, 식별(識別)하는 그 일체가 위빠사나(觀)인 것이다. 그와 같으면 보살이 위빠사나에 효달함이다."라고 말한 바와 같이, 이 경에서 위빠사나(毘鉢舍那)는 여실히 관찰하는 반야임을 쟁론의 여지가 없이 명백하게 밝히고 있음을 보고서, 마하연 화상이 비방하되, '이것이 경(經)인가? 알지 못하겠다.'라고 말한 뒤 거둬 치워 버렸다."고 알려졌다. 『람림첸모(菩提道次第大論. 典據探)』, p. 173, 백관계운(白館戒雲), 일장불교문화총서(日藏佛教文化叢書) Ⅵ, 서장불교문화협회(西藏佛教文化協會), 2001.3, Japan.

역시 『최중캐빼가뙨(智者喜宴)』의 다른 지면에서는 다음과 같이 이때의 사정을 기록하고 있다.[174)]

> 친교사 보디싸따(Śāntarakṣita, 寂護)가 유언 시에, 내가 열반에 들고 난 뒤에 한 중국의 화상이 출현해서, 그가 방편과 지혜의 닦음을 훼손하는 오직 마음 하나 깨닫는 것으로써 성불한다는, 까르뽀칙툽(dKar po chig thub, 大印)[175)]의 가르침을 전파할 것이다. 경에서 말하는 오탁(五濁)[176)] 가운데서 견탁(見濁)[177)]이라 하는 것은, 공성만을 편애하도록 말하는 것이며, 티베트뿐만 아니라 오탁악세의 중생들 모두가 좋아하는 법이다. 만일 그의 가르침이 흥성하게 되면 불교 전체에 해악을 끼치게 된다. 그때 까말라씰라를 초청토록 하라.

이상과 같은 사료들을 통해 당시 티베트에서 발생하였던 중국 선종을 따르는 뙨민(頓門)과 인도불교를 따르는 쩬민(漸門)[178)]의 분쟁 원인과 과정을 자세히 파악할 수 있다.

---

174) 『최중캐빼가뙨』 상권, p. 393.

175) 까르뽀칙툽: 중국 선종의 돈오법(頓悟法)의 티베트 식의 이름이며, 까귀빠의 마하무드라(大印)를 지칭하는 용어이기도 함.

176) 오탁: 수명탁(壽命濁), 번뇌탁(煩惱濁), 중생탁(衆生濁), 겁탁(劫濁), 견탁(見濁)의 다섯 가지를 말함.

177) 견탁: 정견(正見)을 버리고 상견(常見), 단견(斷見) 등에 집착하는 악견을 말함.

178) 이하에서는 쩨민(非愛, 漸門)을 쩬민(漸門)으로 통일해서 서술하고자 한다. 원서에서도 이 둘을 혼용해서 사용하고 있어 혼란을 피하기 위해서임.

3. 중국 선종과 인도불교와의 역사적인 대논쟁

이와 같이 중국 선종을 지지하는 뙨민(頓門)과 인도불교를 따르는 쩬민(漸門)의 극한 대립상황은 결국 해결의 실마리를 찾지 못한 채, 쌈예사(bSam yas)의 논쟁이라는 역사적인 대사건으로 비약하게 된다.

근 3년에 걸쳐 양측에서 벌였던 격렬한 논쟁이 결국은 쌈예사의 법전(法戰)이라는 양자의 대론(對論)을 통해서 종식되는 상황이, 티베트의 유명한 역사서들인 『바섀샵딱마(sBa bshed shab btags ma)』 『부뙨최중(부뙨佛敎史)』 『최중메똑닝뽀(花精佛敎史)』 『최중캐빠가뙨(智者喜宴)』 등에 기록되어 있다. 또 싸꺄 빤디따(Sa skya Paṇḍita)에 의하면, 고서인 『갤섀(rGyal bshed)』 『빠섀(dPaḥ bshed)』 『방섀(ḥBaṅs bshed)』 등에도 동일한 내용들이 기록되어 있다고 하였다.

이 사건을 최초로 기록한 역사서인 『바섀(sBa bshed, 桑耶寺誌)』의 내용을 그대로 인용하고 있는 『최중캐빠가뙨』의 기록을 통해서 쌈예사 논쟁의 전모를 밝히고자 한다.179)

〔네팔에서〕 아사리 까말라씰라가 도착할 때까지 〔전임 친교사인〕 예시왕뽀가 마하연 화상의 견해와 친교사 보디싸따의 견해인 쩬민(漸門)의 견해가 어떠한 것인가를 소상하게 아뢰자, 왕의 마음이 또한 활연히 열림으로 해서 크게 기뻐하여 머리 숙여 말하되, "예시왕뽀는 나의 아사리다."라고 거듭 칭찬하면서 그의 발에다 절을 하였다.

그 뒤에 아사리 까말라씰라가 룽춥(rLuṅ chub, 地名)을 출발했음을 알리는 전령이 도착하자, 국왕과 대신들이 아사리를 맞이하기 위해서 찹카르(Chab khar) 지역으로 출행하자, 마하연 화상도 제자들과 함께 또한 찹카르로 나아갔다. 〔거기서 두 사람이 개울을 사이에 두고서 멀리서

---

179) 『최중캐빠가뙨』 상권, pp. 385~390.

상면하였다.〕

이때 아사리 까말라씰라가 다채(sGra tshad, 聲明과 因明)로써 화상을 시험해 보아야겠다고 말한 뒤,[180] "삼계에 어째서 윤회하는가?"라는 표시로 지팡이[181]를 머리 위로 세 번 돌려 보이자, 마하연 화상이 건너편 물가에서 이 뜻을 이해한 뒤, 이집(二執)[182]에 의한 것임을 알리는 표시로 손으로 다감[183]을 두 번 흔들어 대었다. 그리고 말하길, "무서운 자가 하나 왔다."라고 하였다.

드디어 아사리 까말라씰라가 도착하자, 〔794년[184]에 쌈예사의 북원(北院)에 해당하는〕 장춥링(菩提院)에서 〔최후의 대론장이 마련되고〕 중앙의 사자좌에 국왕이 앉은 뒤, 오른쪽의 사자좌에 마하연 화상이 오르자, 그의 뒤를 따라서 비구니가 된 왕비 도싸장춥과 쑤양닥(Sru yaṅ dag)과 랑까(Laṅka) 비구 등의 뙨민(頓門)의 많은 제자들이 열을 지어서 길게 앉았다.

또 왼쪽의 사자좌에 아사리 까말라씰라가 자리를 잡자, 쩬민(漸門)의 제자들인 빼양과 바이로짜나와 예시왕뽀 등 많지 않은 수의 비구들이 따라 앉았다.

---

180) 『갤랍쎌왜멜롱(王朝明鑑)』에서는, "아사리 까말라씰라가 화상이 기지를 갖추고 있으면 논쟁해서 제복하겠지만 그렇지 않다면 논쟁하지 않겠다고 생각한 뒤, 화상의 기지를 시험하기 위해서 삼계에 윤회하는 원인이 무엇인가를 묻는 표시로, 머리 위로 지팡이를 세 번 돌려 보였다."라고 말하고 있다. 『갤랍쎌왜멜롱』, pp. 221~222.

181) 지팡이: 원어는 착씽(Phyag śiṅ)이며 글자의 의미는 착(phyag)은 경어이며, 씽(śiṅa)은 나무 막대기를 말하나 정확한 뜻을 알 수 없음.

182) 이집: 두 가지의 허망한 분별을 말함. 즉 물질과 마음이 실재한다는 집착과 또는 법집(法執)과 아집(我執)을 말함.

183) 다감: 목깃이 반월형으로 생긴 겨울철에 추위를 막기 위해서 승려들이 겉에 입는 두꺼운 양털 누비옷.

184) 『땐빠응아다르기최중』, p. 55의 설.

이에 국왕이 두 아사리와 뙨민과 쩬민의 모든 승려들에게 흰 꽃다발을 하나씩 손에다 받치고 나서 말하길, "내가 〔뵌교의〕 흑법을 고집하는 응아리 지방의 백성들을 위해 인도에서 친교사 보디싸따를 모셔 온 뒤 적은 수의 백성이나마 불법을 믿게 하였고, 신심이 있는 몇몇은 출가를 하기도 하였다. 또 사원도 여럿 건립해서 삼보의 터전을 마련한 뒤 모든 백성들로 하여금 불법을 배우도록 하게 해서, 소수의 신심 있는 자들이 출가하는 상황 아래 마하연 화상이 여기에 와서 머물게 되자, 대부분의 반데(승려)들이 중국 화상의 가르침을 따라 배우게 되었다.

그 나머지는 친교사 보디싸따의 제자들인 까닭에, 화상의 법을 따라 배우지 않게 되자 마침내 뙨민과 쩬민의 둘로 갈라지게 되었다. 양측이 견해가 같지 않아서 서로 다투는 것에 대하여 〔친교사 보디싸따의 견행(見行)을 따르라는〕 나의 명령을 달가워하지 않는 화상의 제자들 가운데서, 냥 쌰미는 자신의 살을 끊어서 죽었고, 마고 화상은 자기의 머리에 불을 질러서 죽었고, 응옥 린뽀체와 냑제 마라는 자신의 성기를 돌로 쳐서 죽었다. 나머지 무리들은 비수를 하나씩 품고서 쩬민들 전부를 죽이고, 우리들도 역시 궁전 앞에서 죽겠다고 말함으로써 내가 그와 같이 하지 못하게 하고자 이와 같은 방안을 마련한 것이다.

쩬민의 대표는 친교사 보디싸따이며, 그의 제자가 까말라씰라인바 그가 이제 여기에 왔으므로 마하연 화상과 둘이서 논쟁토록 하라. 논리가 수승한 쪽에게 논리가 부족한 측이 교만을 버리고 법답게 꽃다발을 받치도록 하라."고 명을 내렸다.

중국의 마하연 화상이 말하되, "내가 이곳에 먼저 왔으므로 먼저 묻겠으니 답하길 바란다."라고 하였다. 아사리 까말라씰라가 말하되, "그러면 먼저 그대의 견해를 변론토록 하라."고 대답하였다.

마하연 화상이 말하되, "모든 유정들이 마음의 분별로 야기한 선과 불선에 의해서, 선취와 악취 등의 과보를 받으면서 삼계에 윤회하는 것이다. 어떤 이가 〔일체를〕 전혀 사유하지 않고, 전혀 행하지 않는다면 그는 윤회에서 완전히 해탈하게 된다. 그러므로 〔일체를〕 전혀 사유하지 않는 것이다.

보시 등의 십법행(十法行)[185]을 행하는 것은, 범부로서 선근이 없는 우둔한 자들을 위해서 설해진 것이다. 미리 지혜를 닦아서 근기가 날카로운 자들에게는, 흰 구름이든 검은 구름이든 그 둘 전부가 또한 태양을 가리는 것과 같이, 선악의 두 가지도 역시 장애가 되는 것이다.

그러므로 〔일체를〕 전혀 사유하고 않고, 전혀 분별하고 않고, 전혀 관찰하지 않는 것은 〔제법을〕 가히 보지 않고 곧바로(찍짜르, Cig car)[186] 〔법성에〕 들어감으로써 십지보살과 같다."라고 주장하였다.

아사리 까말라씰라가 반론하되, "그와 같이 〔일체를〕 전혀 사유하지 말라고 하는 그것은, 여실히 분별하는 반야를 버리는 것이다. 제법의 본성인 그 무분별의 법계는 여실히 관찰하는 반야로써 마땅히 깨닫는 것이다. 또 여실지(如實智)의 근본은 여실히 관찰하는 반야인 것이므로, 그것을 버림은 출세간의 지혜 또는 반야도 역시 버리는 것이다. 참으로 여실히 관찰하는 반야가 없이 유가사가 어떠한 방법으로 무분별에 안주할 수 있겠는가?

설령 일체의 법을 억념(憶念, smṛti)[187]함이 없고, 작의(作意, manasikāra)[188]함이 없다 할지라도, 이미 경험한 법들을 가히 억념하지 않고, 작의하지 않음은 불가능한 것이다. 만약 내가 모든 법을 전혀 억념

185) 십법행(十法行): 사경(寫經), 공양(供養), 보시(布施), 문법(聞法), 수지(受持), 독송(讀誦), 강설(講說), 묵송(默誦), 사유(思惟), 수습(修習)의 열 가지를 말함.

186) 곧 바로의 문자적 뜻은 돈초(頓超), 일초직입(一超直入)임.

187) 억념은 기억(記憶)과 상념(想念)을 동시에 뜻함.

188) 작의: 51심소(心所)를 이루는 5변행(五遍行: 受, 想, 思, 觸, 作意)의 하나로, 대상을 정확히 기억해서 통찰하는 마음의 작용을 말함.

하지 않고, 작의하지 않겠다고 생각하면, 그것은 더욱 억념하고, 더욱 작의하는 것이다.

단지 억념과 작의가 없음을 행하는 것으로 〔분별이〕 없다고 하는 것은 이치가 아니다. 억념이 단지 없는 것으로써 무분별을 이루는 것이라면, 기절과 만취와 혼절한 때[189]에도 역시 억념이 없는 것이므로 자연히 해탈하게 되는 것이다. 그러므로 여실히 관찰함이 없이는 무분별에 들어가는 방법이 없다.

설령 억념을 근사하게 차단할지라도 여실한 관찰이 없다면, 제법의 무자성성(無自性性, nisvabhāvatā)에 어떻게 깨달아 들어갈 수 있겠는가? 또한 무자성의 공성을 깨닫지 못한다면, 장애를 제멸하지 못함은 자명한 것이다.

또 공성을 비록 깨닫지 못하여도 단지 무상(無想, asmṛti)[190]에 의해서 해탈하고 열반을 얻는 것이라면, 색계와 무색계의 천신들도 또한 전부가 해탈하고, 열반을 얻게 되는 것이다.

또 억념이 전혀 없는 무지한 마음으로 어떻게 정도(正道)를 닦는 유가사가 될 수 있겠는가? 그것은 마치 깊은 잠 속에 빠진 치심(癡心)과도 같은 것이다. 억념하고 있음에도 또한 억념하지 않는다고 하는 것은 바른 도리가 아니다.

또 억념과 작의를 행함이 없이 어떻게 과거세를 기억하고, 일체지를 얻

---

189) 이것은 마음이 없는 상태인 오위무심(五位無心)의 경우를 비유로 든 것이다. 즉 멸진정무심(滅盡定無心)과 무상천무심(無想天無心)과 무상정무심(無想定無心)과 숙면무심(熟眠無心)과 혼절무심(昏絶無心)의 다섯 가지이다.

190) 이 뜻은 무상(無想)을 닦는 선정을 말하며, 색계의 제사정려(第四靜慮)의 팔천(八天) 가운데 네 번째 하늘인 무상천(無想天)에 태어난 뿌드갈라(人)가 심(心)과 심소(心所)를 멸하는 수행을 말하며, 십사종불상응행(十四種不相應行)의 하나임. 무상천의 천인은 생시와 임종의 때를 제외하고는 심과 심소를 완전히 식멸한 상태에 머무르는 것이다.

을 수 있으며, 번뇌는 또한 어떻게 소멸할 수 있겠는가? 그러므로 〔법의 뜻을〕 여실히 관찰하는 반야로써 전도된 망상을 영원히 여의게 되는 것이며, 그것을 끊고 버림으로써 전도됨이 없는 청정한 지혜의 광명이 법성의 진실을 더욱더 통연하게 깨닫는 것이다.

그와 같은 진실을 분명하게 깨달은 유가사는, 삼세에 걸쳐서 내외의 모든 법들이 공한 것임을 증득해서, 일체의 분별망상들을 제멸하고 모든 악견들을 영원히 여의는 것이다.

그와 같이 그것을 닦게 될 때, 방편과 반야의 둘에 어리석지 않게 되어서, 일체의 장애들을 그대로 멸함과 동시에 원만한 지혜를 구족하여 일체의 불법을 또한 얻게 되는 것이다."라고 주장하였다.

그러자 국왕이 말하되, "여기에 모인 사부대중들도 또한 논쟁에 참여토록 하라."고 선언하였다.

이에 〔교단의 수장인〕 뺄양[191]이 말하되, "그대 중국 화상의 주장처럼, 만약 단번에 깨달아 들어가고 점차로 들어가는 감이 있다고 한다면, 그것은 육바라밀과 위배되는 가르침을 세우는 것이다. 집착함이 없는 까닭에 보시라고 부르는 것이니, 재물을 보시를 하고도 일체의 집착이 없으면 그것이 바로 보시이며, 〔몸과 말과 뜻의〕 삼문(三門)의 탐욕과 성냄을 버리면 그것이 지계이며, 성내는 마음이 없다면 그것이 뛰어난 인욕이며, 게으름의 버림을 정진이라 이름하고, 마음에 산란이 없다면 그것이 선정이며, 제법의 자상(自相)과 공상(共相)을 아는 것이 반야이다.

대도사께서 열반에 든 뒤 오랫동안 견해에 일치하지 아니함이 없었다. 그 뒤 중관삼파(中觀三派)[192]가 〔주장이〕 일치하지 않아서 서로 논쟁하

---

191) 뺄양: 뺄양은 중국에 파견된 티베트 사신으로 귀로에 성도의 정중사(淨衆寺)에서 신라의 김무상(金無相) 스님으로부터 티베트불교의 건립에 대한 예언을 받은 쌍씨의 출가 법명임.

192) 중관삼파(中觀三派): 경부행중관파(經部行中觀派), 유가행중관파(瑜伽行中觀派), 귀류중관파(歸謬中觀派)의 셋을 말함.

였으며, 또한 현재 뙨민과 쩬민의 둘이 견해가 일치하지 못해서, 뙨민은 단박에 깨달아 들어간다고 주장하고 있다. 그러나 이것은 진실을 깨닫지 못하고 추구하지 않음으로써 그와 같이 된 것이다. 비록 들어가는 문은 다를지라도 성불을 말함은 같고, 불과(佛果)를 논함에서는 동일한 것이다."라고 하였다.

또 〔전임 친교사인〕 예시왕뽀가 말하되, "돈문(頓門)과 점문(漸門)의 둘을 검증할 필요가 있다. 점차로 닦아서 들어간다면 이의가 없어서 나의 뜻과 같다. 그러나 만약 단박에 깨쳐 들어간다면 그대가 다시 더 무엇을 하겠는가? 처음부터 부처가 된다는 것이 어찌 잘못이 아니겠는가? 그러므로 산을 오르는 것도 또한 반드시 한 걸음씩 올라가야 하며, 단 한 걸음에 산정에 도달하지 못하는 것처럼, 보살의 초지(初地)[193]를 얻는 것조차 지극히 어려운 것인데, 하물며 일체지를 얻는 것은 더 말할 필요가 있겠는가? 〔일체를〕 전혀 행함이 없이 성불한다는 것은 그대에게 경전의 인증이 필요한 것이다.

뙨민과 쩬민의 견해가 같지 않음으로써, 내가 쩬민의 도리로서 일체의 경론을 학습하였는바, 먼저 문사수(聞思修)의 세 지혜에 의지해서, 법의 뜻을 전도됨이 없이 바르게 이해한 뒤, 십법행(十法行)을 배우고 닦아서 초지에 들어가는 〔가행도의〕 인위(忍位)[194]를 또한 얻는 것이다. 그 다음 〔초지의〕 무과실의 정성(正性)에 들어가며, 그 다음 청정한 반야의 지

193) 초지: 『수습차제상편』에 의하면, "세제일법의 최후 찰나에서, 일체법의 무자성을 현증하는, 일체의 희론(戱論)을 처음으로 여읜 출세간의 밝은 지혜가 발생하는 그때, 보살은 과실이 없는 정성(正性)에 증입해서 바야흐로 견도를 생기해서 초지에 들어가는 것이다."라고 하였다.

194) 인위: 『수습차제상편』에 의하면, "상품의 지광(智光)이 발생해서 가히 외경을 보지 않는 지광이 발생하는 그때, 단지 의식(意識, vijñāna) 안에 머무르는 까닭에 순결택분(順決擇分)의 인위이다. 이것을 또한 입진실일분삼마지(入眞實一分三摩地)라고 부르는 것이니, 외계의 상(相)을 가히 보지 않고 머물기 때문이다."라고 하였다.

혜로써 나머지 구지(九地)들을 차례로 수습하고, 십바라밀(十波羅蜜)을 수학하고, 의식의 흐름을 정화하고, 복혜의 두 자량을 온전히 구족한 뒤 비로소 성불하는 것이다.

그런데 그대들처럼 두 자량도 쌓지 않고, 의식의 흐름도 정화하지 않고, 세간사도 또한 알지 못한다면, 어떻게 일체지를 성취하고, 일체의 소지계(所知界)〔현상계〕를 알 수 있겠는가?

여래의 자타의 의리를 원만히 갖추는 그 인(因)이 무엇으로부터 얻어지는 것인가 하면, 바로 복혜의 두 자량에 의해서 성취되는 것이다. 단지 공성 하나만은 자리(自利)에도 도움이 되지 못하는 것이니, 어떻게 이타(利他)의 의리를 완수할 수 있겠는가?

나아가 신명을 유지하는 데에 필요한 의식주 등도 힘써 일함으로써 얻게 되며, 또 그것으로 생활하게 되는 것이니 음식을 취하지 않고 일주일이 지나면 허기져서 죽는다. 그러므로 해탈을 얻기 위해서는 십법행(十法行)을 행해야 되는 것임은 두말할 필요가 없다.

그와 같이 경론의 전거도 없으며 방편과 반야가 함께 하지 않는 법은, 곧 부처를 훼손하고 기만하는 것이다. 보살이란 중생의 이익을 위해 발심한 뒤 이타행을 근수해서 복덕의 자량을 쌓고, 일체의 지식을 배워 통달하고, 삼혜(三慧)로써 마음을 닦아 지혜의 자량을 쌓는다. 〔소지와 번뇌의〕 두 장애를 정화하고, 마음의 모든 번뇌들을 소멸해서 큰 신력을 갖추어 성불한 다음, 모든 중생들을 부처의 지위에 인도하는 여래의 사업을 윤회계가 다할 때까지 행하는 것이라고 허다한 경전에서 설시하였다.

〔일체를〕 전혀 사유하지 않는 것은 마치 계란과 같다.[195] 아무런 사색도 하지 않고 막무가내로 닦아 간다면, 어떻게 불법을 깨달을 수 있겠는가? 아무 것도 행하지 않고 그냥 누워 지내면서 음식도 먹지 않고 배고

195) 계란에 비유한 것은 무지 내지는 어리석음을 뜻한다. 『아비달마구사론(阿毘達磨俱舍論)』에서도, 난생(卵生)은 항상 무지하다고 설하였다.

파 죽는다면 또 어떻게 부처가 되겠는가?

그러므로 먼저 일체의 경전을 읽어서 그 뜻을 통달하고, 고요한 처소에서 사마타(止)와 위빠사나(觀)를 수습함으로써 깨달음의 체험이 마음에 생겨나는 것이다.

그와 같은 깨달음의 의리 위에서 자량을 쌓고, 그 마음 또한 단지 환영과 속제(俗諦)에 지나지 않으며, 승의(勝義)에 있어서 그것이 무생임을 깨달아서, 일체법이 파초의 속과 같이 텅 빈 것임을 여실하게 증득하게 되면, 삼세도 또한 가히 보지 못한다. 인(人)과 법(法)에 자아가 없음을 알아서, 마음의 침몰과 도거(掉擧)를 여의고, 〔지관(止觀)〕 쌍운(雙運)의 도에 스스로 들어가는 것이니, 수행이란 그와 같은 것이다."라고 하였다.

이에 뙨민이 변론의 의지를 상실한 채 꽃다발을 던지고 패배를 인정하였다. 그때 화상의 시자인 쪼마마(Co rma rma)는 분을 못 이겨서 자기의 성기를 짓이겨서 자살하였다.

이에 국왕이 선언하되, "단박에 깨쳐 들어간다고 주장하는 중국 화상의 선법은 십법행(十法行)을 훼멸하는 법이므로 행하지 말라. 마음이 우매해서 자타로 하여금 수심(修心)의 문을 막고 중단시킨다면, 마음은 몽매해지고 법은 쇠락하게 되니, 그와 같은 법은 화상 그대만이 닦도록 하라.

그 밖의 화상의 제자들과 티베트 승려들은 이제부터는 종견(宗見)은 나가르주나(龍樹)의 법을 따르고, 도행은 육바라밀과 십법행을 실천하며, 수행은 삼혜를 통해서 마음을 닦고, 방편과 반야를 겸수해서 사마타와 위빠사나를 닦도록 하라.

이후부터는 우리들 티베트의 군신과 백성들도 역시 불법을 닦는 것을 이와 같이 행하도록 하라. 대저 티베트는 땅이 외지고 궁벽하며, 사람의 심성은 우둔하고 성정이 거칠어서, 이와 같은 법을 이해하기가 힘들고 어렵다. 그래서 왕이 인도의 저명한 대학자들을 초빙해 후원하고, 뛰어난 역경사가 번역해서 확정한 불법을 닦도록 하라. 국왕이 후원하지 않고 역경사가 확정하지 않은 불법은 닦지 말라."고 엄중히 명을 내렸다.

그리고 왕명을 자세히 기록한 교서를 세 부 작성해서 옻칠한 상자에 넣고 열쇠를 채워서 어고에 넣은 뒤, 뇌진담갸낙뽀(gNod sbyin dam rgya nag po, 일종의 수호신)에게 지키도록 위탁하였고, 또 그 내용을 초록한 것을 대신들에게 주어서 널리 읽도록 하였다. 그 뒤 마하연 화상은 불전을 하나 세우고 다시 중국으로 돌아갔다.

선대의 국왕 오대(五代)에 걸쳐서 확립하지 못한 불법을 티쏭데짼 왕과 친교사 보디싸따와 예시왕뽀와 쌍씨따(Saṅ śi ta) 등 네 사람이 삼보의 공양처를 확립하고 불법을 전 티베트에 널리 전파하였다.

이때 국왕이 그의 뜻 〔논쟁의 평화적 종식〕을 성취한 뒤, 모든 백성들을 불교에 귀의시키고 불법을 행하지 않음이 없도록 하기 위해서, 중앙과 지방의 전역에 승려 교사들을 파견하였다. 또한 모든 대신의 자제들과 왕비들도 역시 까왈리(Ka wa li, 書夾)[196]를 하나씩 들고서 불법을 배우도록 명을 내렸다.

4. 쌈예사의 논쟁이 갖는 역사적 의의

토속 종교인 뵌교의 저항과 흉신들의 방해를 물리치고, 근본도량인 쌈예사를 건립하여 처음으로 티베트 자체 승단을 결성한 뒤, 인도 등의 각지에서 수많은 고승대덕들을 초빙하여 삼장을 번역하고, 각처에 사찰을 건립하는 등 거국적인 불사를 진행하는 와중에서, 갓 출범한 승단이 뙨민과 쩬민으로 갈라져 다투는 심각한 내분이 발생하자, 불사는 일시적으로 중단되는 등 나라는 어려운 국면을 맞이하게 된다.

196) 까왈리: 세로는 짧고 가로는 길게 만든 두 장의 나무판으로 된 티베트 식의 경전 덮개.

이 난국을 타개하기 위한 방책으로, 국왕이 쌈예사에 역사적인 대론장을 마련한 뒤, 양파의 주장을 공개적인 논쟁을 통해서 서로의 옳고 그름을 가려서, 순리적으로 분쟁을 해결하고자 하였던 것으로 볼 수 있다.

이와 같은 사례는 이미 뵌교와의 분쟁에서도 볼 수 있으며, 또한 인도에서는 일상적인 수단으로서 불교와 이교도 간에 공개적인 논쟁이 숱하게 있어 왔다. 또 불교 학파들 간에도 빈번하게 서로 논쟁을 해온 사실을 우리는 인도불교사를 통해서 잘 알 수 있다.

아띠쌰(Atīśa, 982~1054) 존자의 경우도 티베트에 들어오기 전에, 부처님의 성도지인 대보리사(大菩提寺)에서 외도들과 세 차례에 걸쳐 공개적인 논쟁을 가졌다고 그의 전기를 통해서 알 수 있듯이, 이 쌈예의 논쟁이 마치 마하연 화상을 패퇴시키기 위한 수단으로 조작되었다는 항간의 설은 정당하지 못하다. 더구나 마하연 화상이 승리하였다는 주장은 정도를 벗어난 것이라 할 수 있다. 뵌교의 사료인 『뵌기땐중(笨教歷史)』에서,[197] "인도인 친교사 보디싸따는 티베트인 친자매 사이에서 태어난 자식이며, 뒷날 인도에 유학해서 대학자가 되었다."라고 고의로 매도해서 기술하고 있는 것과 다를 바 없다.

만약 이 쌈예의 논쟁에서 인도불교가 승리하지 못하였다면, 오늘날과 같은 티베트불교는 정립되지 못하였을 것이다. 현밀과 대소승을 망라하는 일체의 불교를, 삼사도(三士道)의 차제에 의거해서 모순 없이 이해하고, 수행할 수 있도록 체계화한 티베트불교는 탄생할 수 없었으며, 또한 밀교라는 금강승(金剛乘)의 즉신성불(卽身成佛)의 교의도 바르게 전해지기 어려웠을 것이다.

이 역사적인 논쟁이 인도불교 측의 승리로 끝남으로써 티베트불교는

---

197) 『뵌기땐중』: 원명은 『뵌기땐중렉쌔깰와쌍뽀딘갠(Bon gyi bstan ḥbyuṅ leg bśad skal ba bzaṅ poḥi mgrin rgyan)』, 서장 인민출판사, 1988, 서장, China.

원래의 흐름대로 되돌아갈 수 있게 된 것이다. 그 결과 이슬람의 침입으로 인도불교의 명맥이 끊어지는 마지막 순간까지 나란다의 최후의 승원장인 쌰꺄쓰리바드라(Śākyaśribhadra, 1127~1225)[198]를 초빙해서 그의 교법을 수용하고, 계맥〔중율(中律)〕[199]을 전승하게 되는 것이다. 뿐만 아니라 공식적으로 인도불교가 멸망한 뒤에도 교류가 계속적으로 이루어져서, 겔룩빠를 창시하는 쫑카빠(Tsoṅ kha pa)도 그의 전기에 따르면, 동료들과 함께 구법을 위해서 인도를 방문하려는 계획을 세웠음을 볼 수 있다. 그 뒤에도 『갸가르최중(印度佛敎史)』를 저술한 조낭빠(Jo naṅ pa)의 고승인 따라나타(Tāranātha, 1575~1634)의 시대까지도 교류가 이어지게 된다.

이처럼 티베트불교가 장구한 세월의 흐름 속에서도 인도불교의 전통을 고스란히 유지하고 그것을 발전시키면서 오늘날까지 남아 있게 된 것은, 오로지 아사리 까말라씰라의 위법망구의 은혜에 기인한다고 할 수 있다. 이러한 그의 업적을 대학자 쌈동 린뽀체(Zam gdoṅ rin po che)는 다음과 같이 평가하였다.[200]

---

198) 쌰꺄쓰리바드라: 인도 카시미르 출신의 나란다 마지막 승원장이며, 이슬람의 침공을 피해서 인도 북부의 베듀랴(Baiḏūrya) 지방으로 피신하고 있을 때, 1204년 토푸로짜와(Khro phu lo tsā ba, 1173~1225)가 티베트로 초청하여 10년 동안 머물면서, 계율의 전수와 중관과 유식의 가르침을 전승한 뒤, 1214년 고향인 카시미르로 돌아가서 불사를 복원함. 특히 1207년 호카(lHo kha) 지방의 탕뽀체(Thaṅ po che) 승원에 머물 때, 그 해가 석가세존이 입멸한 지 1750년 두 달 반이 된다고 말함으로써 나란다에 전승되는 불멸연대를 확정함.

199) 계맥(戒脈): 나란다의 승원장인 쌰꺄쓰리바드라에서 싸꺄빤디따(Sa skya. Paṇḍita)로 전승되는 계맥으로서, 현재 티베트에 전승되는 3대 계맥 중의 하나인 중율(中律)을 말한다.

200) *BHĀVANĀKRAMAḤ OF ĀCĀRYA KAMALAŚĪLA*, 제1판 간행사. p. ii.

대아사리 까말라씰라는 티베트에 여래의 가르침을 널리 전파하고 바로 잡은 공적에 있어서, 스승인 친교사 보디싸따(Śāntarakṣita, 寂護)와 대아사리 빠드마쌈바바(Paḍmasambhawa, 蓮花生)와 그 업적이 동등하다. 그러므로 티베트 민족은 누구나 다 그 은혜를 영원히 잊지 못한다.

티베트에 삼승과 밀교의 사부속(四部續)을 포함하는 현밀의 경궤가 총망라되고, 사견과 이설의 더러움이 없이 인도에서부터 구전 상승되어 오는 모든 수행의 구결들을 겸비한 채 모범적으로 융성하고 발전하게 된 것은, 오로지 친교사와 아사리의 지비(智悲)와 방편의 묘책의 은혜에 기인하는 것이다. 그래서 티베트의 불법이 여타의 나라들과 같이 편향되거나, 또한 섞임이 없는 것은 의심할 바가 없다.

제3장 마하연 화상의 선종에 대한 후세의 비판

1. 마하연 화상의 돈수법에 대한 비판의 배경

1200년 전 불교가 비로소 뿌리를 내려가는 설원의 땅 티베트에서 인도의 중관불교와 중국의 선불교가 성불의 견해를 놓고 일대 격돌을 벌인 것은 교리사적으로 깊은 의미가 내재된 중대한 사건이다.

그러나 이 역사적인 쌈예의 논쟁을 보는 시각에도 큰 차이가 있다. 한편에서는 단순히 이 사건을 정치적 입장에서 이해하려 드는 것으로, 현대 일부의 일본인 학자들과 서양 학자들의 주장이 여기에 속하며, 또 한편은 정치적인 면을 배제하고 순수하게 교리적인 입장에서 이 논쟁의 진실을 파악하려 드는 것으로 티베트불교계의 입장이다. 먼저 쌈예의 논쟁을 교리적인 입장에서 파악하는 티베트불교계의 견해들을 소개하고, 뒤에서 따로 외국학자들의 견해를 종합해서 밝히고자 한다.

쌈예의 논쟁이 발생하였던 당시에는 소수의 승려들을 제외하고는 승려들의 교학적인 수준이 논쟁의 진의를 바르게 평가할 수 있는 경지에 도달해 있었다고는 볼 수 없다. 티베트 승단이 조직되고 역경을 시작한 기간도 짧거니와 또 당시에 번역된 중관에 대한 전적들도 완비되지 못한 상태였다. 이러한 상황에서 그것을 연찬할 수 있는 환경이 조성되기에는 너무나도 시기상조였던 것이다.

당시 번역된 중관의 전적들로는 용수의 『중론(中論)』과 그 주석서들인 『붓다빨리따(Buddhapālita)』, 『반야등론(般若燈論)』과 『반야등론석(般若燈論釋)』, 『보만론(寶鬘論)』, 『회쟁론(廻諍論)』과 『회쟁론석(廻諍論釋)』, 『연기장(緣起藏)』과 『연기장석(緣起藏釋)』, 또 샨따락시따(Śānta rakṣita, 寂護)의 『중관장엄론(中觀莊嚴論)』과 『중관장엄론석(中觀莊嚴

論釋)』, 『육십정리론(六十正理論)』과 『육십정리론석(六十正理論釋)』, 『이제론(二諦論)』과 『이제론석(二諦論釋)』, 『변중변론(辨中邊論)』과 『변중변론석(辨中邊論釋)』 등이 있다. 또 중관에 대한 티쏭데짼 왕의 『우매쎄르부(中觀小鑒三十頌)』, 『둡타돌와(教派解說)』를 비롯한 티베트인에 의한 몇 가지 저술들도 나온다.

또 까괸(bKaḥ mgon)의 저술인 『우매땐칙끼고된(中觀辨證選輯新探)』에 따르면[201] "아사리 바이로짜나가 『육십정리론간설(六十正理論簡說)』을 저술하고, 친교사 까와뺄쩩이 『견차제론(見次第論)』을, 아사리 쪽로루이갤챈이 『요의중관(了義中觀)』을, 친교사 예시데는 『종견차별(宗見差別)』 등을 저술하였다."라고 전하고 있다.

위와 같은 자료들을 통해서 알 수 있듯이, 비록 당시 중관에 대한 티베트인의 이해를 담은 저술들이 몇 가지 나오긴 하지만, 일반적인 티베트 승려들의 불교 수준이란 교리에 대한 전반적인 학습의 단계에 지나지 않았다. 특히 불교의 사대학파(四大學派)[202]에 대한 교리적 입장을 정확히 이해하기는 매우 힘든 상황임을 알 수 있다.

티베트에서 오늘날과 같이 전반적으로 불교교학에 대한 이해가 완숙한 경지에 이른 시기는 후전기(後傳期)의 불교[203]가 시작되고 나서도 한참 뒤이다. 대역경사 로댄쎄랍(bLo ldan śe rab, 1059~1109)이 인도에서 17년간 유학하고 돌아와서 반야(般若)・중관(中觀)・인명(因明)・구사론(俱舍論) 등 현교의 전적들을 망라해서 강설하고, 또 대역

---

201) 『우매땐칙끼고된』, p. 21. 까괸, 민족출판사, 1998.4, 북경, China.

202) 사대학파: 소승의 유부(有部)와 경부(經部), 대승의 유식파(唯識派)와 중관학파(中觀學派)를 말함.

203) 후전기의 불교: 여러 가지 설이 있으나, 까담빠의 개조인 돔뙨 갤왜중내(1004~1064)에 의하면 978년 루메 출팀쎄랍 등의 열 사람이 라첸 공빠랍쎌(892~975 또는 952~1035)로부터 구족계를 받은 해로부터 후전기의 불교의 시작으로 산정함.

경사 빠찹 니마닥(Pa tshab Ñi ma grags, 1055~?)이 인도에서 23년간 수학한 뒤 아사리 짠드라끼르띠(Candrakīrti, 月稱)의 『입중론(入中論)』 등의 전적들을 번역하고 강설함으로써 불교교학이 체계적으로 정립된다.

그 후 싸꺄 빤디따(Sa skya Paṇḍita, 1182~1251)가 이슬람의 공격을 피해 티베트에 온 나란다의 마지막 승원장인 쌰꺄쓰리바드라를 사사해서 티베트인 최초로 빤디따(Paṇḍita, 學者)의 명칭을 얻음으로 해서, 티베트불교는 명실상부하게 교학과 수행 양면에서 정상에 진입하게 된다.

그 뒤를 이어 부뙨빠(Bu ston pa)의 부뙨 린첸둡(Bu ston rin chen grub, 1290~1364)과 까르마까귀(Karma bkaḥ brgyud)의 랑중도제(Raṅ byuṅ rdo rje, 1284~1339), 조낭빠(Jo naṅ pa)의 돌뽀와 쎄랍갤챈(Dol po ba. Śe rab rgyal tshan, 1292~1361), 닝마빠(rÑiṅ ma pa)의 롱첸 랍잠(Kloṅ chen rab ḥbyams, 1308~1363), 싸꺄빠(Sa skya pa)의 약툭 쌍개뻴(gYag phrug saṅs rgyas dpal, 1350~1414)과 렝다와(Re mdaḥ ba, 1349~1412), 겔룩빠(dGe lugs pa)의 쫑카빠(Tsoṅ kha pa, 1357~1419), 보동빠(Bo doṅ pa)의 촉래남갤(Phogs las rnam rgyal, 1375~1451) 등의 무수한 고승들이 출현해서, 크고 작은 여러 학파들이 형성되는 13세기에서 15세기에 이르는 기간에 티베트불교의 최고 황금기를 구가하게 되는 것이다.

이 시기에 티쏭데짼 왕 시절에 있었던 쌈예의 논쟁에 대해서 다시금 되돌아보고, 마하연 화상이 주장했던 중국 선종의 돈수법(頓修法)에 대하여 순수 교학적 입장에서 세밀히 분석검토해서 비판을 가하게 된다.

대표적 인사로는 싸꺄빠의 싸꺄 빤디따(Sa skya Paṇḍita)와 쌰꺄 촉댄(Śākya mchog ldan, 1428~1507), 겔룩빠의 쫑카빠와 뻰첸 린뻰체(Pan chen rin po che)의 초대 화신인 캐둡제(mKhas grub rje, 1385~1438), 까귀빠의 따시남갤(bKra śis rnam rgyal)과 까르마빠 미꾀도제(Karmapa Mi bskyod rdo rje) 등을 들 수 있다.

2. 마하연 화상의 부작의가 몰고 온 파문

쌈예의 논쟁에서 중국의 마하연 화상이 패퇴함으로써 그가 주장했던 선종의 돈수법은 표면적으로는 완전히 자취를 감추었다. 그러나 그의 수선법은 일부의 수행자들에 의해서 애용되는 동시에 『쌈땐믹된(bSam gtan mig sgron, 修禪眼燈)』[204]과 같은 책이 저술되어서 그의 사상을 전승하기에 이른다.

이렇듯 꺼지지 않고 재속의 불씨처럼 묻혀 있던 마하연 화상의 부작의(不作意)가 까귀빠의 출현과 더불어 후전기의 티베트불교계에 예기치 못했던 큰 파문을 불러일으킨다.

『최중캐빠가뙨(智者喜宴)』에는 다음과 같이 기록하고 있다.[205]

> 일부의 『바섀(sBa bshed)』[206]에는, 이미 꽃다발을 던져서 패배를 승인한 상황에서도 또 한 종파에 중국 비구가 출현해서 말하길, "문자는 알

---

204) 『쌈땐믹된』: 저자는 닝마빠의 고승인 눕첸 쌍게예시(gNubs chen Saṅ rgyas ye śes, 832~956)로 되어 있으나, 아짜랴 캉까르 출팀깰상(白館戒雲)에 따르면, 12세기에 저술된 것으로 여겨지는 『뢴뽀까탕(大臣箴言)』에 의거해서 후대에 저술된 작품으로 여겨진다고 하였다. 『땐빠응라다르기최중』, p. 241.

205) 『최중캐빠가뙨』 상권, p. 393.

206) 일부의 『바섀』는 바쎌낭이 저술한 『바섀』 외에 『바섀짱마(rBa bshed gtsaṅ ma)』 등을 비롯해서 여러 가지 종류가 있음.

맹이가 없는 조강과 같아서, 언설의 법으로는 성불하지 못한다. 마음을 깨치면 까르뽀칙툽(dKar po chig thub, 大印)인 것이며, 그것으로 족하다."라고 하면서, "이 까르뽀칙툽의 가르침이 전 티베트에 전파되어 지이다."라고 말하고 있다.

새로운 종파인 까귀빠를 창시하는 대역경사 마르빠(Marpa)가 인도의 마이뜨리빠다(Maitrīpāda)로부터 전수하는 마하무드라(大印)의 부작의(不作意)의 교계와 과거 마하연 화상이 주장했던 부작의(不作意)의 가르침은 같은 것이라는 주장이 싸꺄 빤디따에 의해 제기되었다. 그리고 이 부작의 논쟁은 까르뽀칙툽으로 비화되어, 순식간에 전 티베트불교계에 커다란 소용돌이를 불러일으키게 된다.

잠간 티베트의 후전기의 불교가 태동하는 과정을 간단히 살펴보면 다음과 같다.

티쏭데짼 왕의 사후 40년이 지나 랑다르마(gLaṅ dar ma, 836~842 재위) 왕이 출현하여, 비로소 뿌리를 내려가는 불교의 토대를 송두리째 파괴하자,[207] 전전기의 티베트불교는 교학적인 체계를 완전히 갖추기도 전에 한순간에 멸망해 버리고, 약 70년 동안 무불시대의 긴 암흑 속에 빠져 들게 된다. 그 뒤 914년[208]에 티베트의 동율초조(東律初祖)가 되는 라첸 공빠랍쌜(Bla chen dGoṅs pa rab gsal, 892~975)[209]이 랑다르마 왕의 파불(破佛)을 피해 동부 티베트의 청해

---

207) 랑다르마 왕의 본명은 티다르마 우둠짼(Khri dar ma. Au dum btsan)이며, 티데쏭잰(Khri lde sroṅ btsan) 왕의 아들로 동생인 티랠빠짼(Khri ral pa can) 왕을 시해하고 왕위에 오름. 왕의 재위시에 불교를 전면적으로 파괴하던 중에 하룽 뻴기도제(lHa luṅ. dPal gyi rdo rje)에 의해서 살해당함.

208) 이것은 『뎁테르응왼뽀』 등의 설이며, 『장한대사전』에서는 『부뙨불교사』를 인용해서, 라첸 공빠랍쌜이 22살이 되는, 973년에 구족계를 받은 것으로 기록하고 있어서 약 60년의 차이가 남.

(靑海) 쫑카(Tsoṅ kha) 지방에 피신해 있던 짱랍쎌(gTsaṅ rab gsal)과 요게중(gYo dge ḥbyuṅ) 등으로부터 구족계를 받게 된다. 그가 918년[210]에 위짱(dBus gtsaṅ, 중앙 티베트) 출신의 루메 출팀쎄랍(Klu mes Tshul khrim śe rab) 등의 열 명에게 구족계를 전수하는 것을 계기로 중앙 티베트에 후전기의 불교가 본격적으로 태동하게 된다.

한편 서부 티베트에서는 구게(Gu ge) 왕국의 출가왕인 장춥외(Byaṅ chub ḥod, 菩提光)가 인도의 빤디따(Paṇḍita) 다르마빨라(Darmapāla) 등을 초청한 뒤, 그를 전계사로 해서 샹슝와 갤왜쎄랍(Shaṅ shuṅ ba rGal baḥi śe rab)에게 구족계를 전수하고, 또 그 제자인 뺄조르(dPal ḥbyor) 등이 출가함으로써 서율(西律)의 전통이 일어나게 된다.

이렇게 탄생한 새로운 출가자들에 의해서 무너진 승단이 재건되는 동시에, 대역경사 린첸쌍뽀(Rin chen bzaṅ po)와 렉빼쎄랍(Legs pḥai śe rab) 등은 인도에서 새로운 밀교를 들여옴으로써 신역경전에 의거한 새로운 사조의 후전기 불교가 본격적으로 일어나게 된다.

1042년 장춥외의 초청으로 티베트에 들어온 마가다의 비끄라마씰라(Vikramaśila, 戒香寺)의 장로인 아띠쌰(Atīśa, 982~1054) 존자가 13년간 티베트에 머물면서 전교하는 것을 계기로, 후전기의 티베트불교는 삼사도(三士道)의 도차제(道次第) 사상에 의거하는 새로운 불교관이 형성되고, 그 제자인 돔뙨빠(ḥBrom ston pa, 1004~1064)에 의해서 까담빠(bKaḥ gdams pa)가 형성된다.

비슷한 시기에, 마르빠(Marpa, 1012~1097)에 의한 까귀빠와 쾬

---

209) 라첸 공빠랍쎌의 생몰연대는 『최중빡쌈쥔쌍』에 의하며, 『장한대사전』의 생몰연대가 952~1035년이 되는 등의 여러 설이 있어 불분명함.

210) 이 해를 까담빠(bKaḥ gdams pa)의 개조인 돔뙨빠(ḥBrom ston pa, 1004~1064)는 후전기 불교의 출발로 계산하고 있음.

꾄촉갤뽀(ḥKhon dKon cog rgyal po, 1034~1102)의 싸꺄빠, 또 밀라래빠(Milaráspa, 1040~1123)와 동시대의 인물인 인도의 성취자 파담빠 쌍개(Pha dam pa Saṅs rgyas, ?~1117)에 의한 시제빠(Shi byed pa, 熄滅) 등이 형성되면서 후전기의 불교가 꽃피게 된다.

다시 본론으로 돌아와, 여기서 쟁점의 핵심이 되고 있는 까르뽀칙툽(dKar po chig thub, 大印)의 문자적인 뜻을 알아보면 다음과 같다.

까르뽀(dKar po)란 백색을 뜻하며, 칙툽(chig thub)은 만능 또는 전능 등을 뜻한다. 쓰임새는 빠오까르뽀(dPa bo dkar po, 商陸) 또는 빠오칙툽(dPa bo chig thub, 万靈丹) 등의 약명과 관련되어 사용되고 있음을 알 수 있다. 특히 이 까르뽀칙툽에 대해서 『장한대사전』에서는, 원래는 약초인 대엽삼칠(大葉三七)의 이름이며, 그 약효는 몸 안의 벌레를 죽이고, 독소를 수렴하여 위장의 교통(絞痛)을 다스린다고 하였다.

이러한 까르뽀칙툽을 중생의 무명번뇌를 없애는 마하무드라(大印)의 수행법에 비유해서 처음으로 사용한 것은 까귀빠의 선대의 조사들이었다. 특히 까귀에서 전승하는 현밀의 두 가지 마하무드라의 법 가운데서 후자인 밀교의 마하무드라를 까르뽀칙툽이라고 불렀던 것이다.

이 까르뽀칙툽이 세상에 널리 알려지게 된 것은 〔챌빠까귀(Tshal pa bkaḥ brgyud)의 창시자인〕 샹챌빠(Shaṅ tshal pa, 1123~1194)가 그의 저술 속에서 이 까르뽀칙툽을 선양함으로써 비롯된 것이다. 그는 밀라래빠의 제자로 닥뽀까귀(Dwags po bkaḥ brgyud)[211]를 개창하는 감뽀빠(sGam po pa)의 제자인 곰빠 출팀닝뽀(sGom pa Tshul khrim sñiṅ po)에게서 마하무드라를 전해 받았다. "이 까르뽀칙툽은

---

211) 닥뽀까귀: 마르빠와 밀라래빠, 감뽀빠(sGam po pa)로 이어지는 까귀빠를 말한다. 이 닥뽀까귀에서 사대팔소(四大八小)로 불리는 많은 분파가 생겼다. 이 중에서 대표적인 종파로는 까르마까귀와 팍두까귀 등이 있음.

샹첼빠의 이전에는 그와 같은 이름이 크게 알려지지 않았다. 샹첼빠가 까르뽀칙둡을 주된 내용으로 하는 저서를 저술하고 난 이후부터 세상에 크게 알려지게 되었다."[212]라고 『투깬둡타(宗教源流史)』에서 말하는 바와 같다.

그러자 이 부작의(不作意)에 대해서, 싸꺄 빤디따(Sa skya paḍita, 1182~1251)[213]가 그의 유명한 저술 가운데 하나인 『돔쑴랍에(三律儀論)』에서 다음과 같이 직접 비판하고 나섰다.[214]

> 현재의 착갸첸뽀(Phyag rgya chen po, 大印)는 중국 선종의 족첸(rdZogs chen, 돈수법의 티베트식의 이름)의 위에서 내려오고 아래서 올라가는 두 가지를 점수와 돈수로 이름을 바꾼 것을 제외하고서 그 의미에 있어서는 아무런 차별이 없다.

그는 이와 같이 까귀의 마하무드라에만 국한하지 않고, 닝마의 족첸(大圓滿)까지도 논박한 것이다.

그러자 여타의 많은 학자들도 이에 동조하여 함께 비판하고 나섬으로써 삽시간에 각 종파들 간에 커다란 파문을 일으키게 되었다. 뿐만 아

---

212) 『투깬둡타』, p. 143.

213) 싸꺄 빤디따: 원명은 꾼가갤첸으로, 싸꺄빠의 제4대 조사이자 뛰어난 학승으로 티베트불교사에 중요한 위치를 차지하는 인물임. 어려서부터 명성이 인도 등지에 알려져 그와 논쟁을 위해서 찾아온 남인도의 외도 6명을 논파해서 더욱 유명해졌다. 생의 후반에는 원나라의 황제를 교화해서 티베트를 위난에서 구하는 동시에, 후일 티베트의 통치를 위임받아 정교일치의 싸꺄 정권을 수립하는 기초를 놓음. 저술로는 『싸꺄렉쌔(格言寶藏)』 『채마릭떼르(正理論藏)』 『캐죽(智者入門)』 『돔쑴랍에(三律儀論)』 등의 명저가 있음.

214) 『돔쑴랍에』, 『싸뻰 꾼가갤첸기쑹붐(薩班 袞噶堅贊全集)』 第三冊, p. 51. 싸뻰 꾼가갤첸, 서장문고서출판사, 1992.12, 서장, China.

니라 『바새짱마(rBa bshed gtsaṅ ma)』에서도 이 까르뽀칙툽과 중국 마하연 화상의 견해가 같다고 기술함으로써 세간의 오해를 더욱 불러일으키게 된다.215)

이러한 배경에는 부작의에 대한 단순한 오해와 또 일부의 수행자들이 마하연 화상이 주장하는 부작의를 따르는 풍조와, 또 종파 간의 알력 등이 서로 겹쳐서 더욱 뜨거운 쟁점으로 비화되었다고 볼 수 있다. 아무튼 이러한 우여곡절들을 거치면서 티베트불교계에는 까귀빠의 마하무드라의 부작의와 마하연 화상의 부작의가 같다고 매도하는 풍조가 생기게 된 것이다.

현대에 와서도 일본을 비롯한 동서양의 일부 학자들이 까귀의 마하무드라와 닝마의 족첸의 교의에 중국 선종의 부작의의 교설이 도입되었다고 주장하는 학설들을 발표함으로써 그 오해가 완전히 불식되지 않고 있는 실정이다.

그러나 이러한 논설에 대하여 까귀빠의 고승인 따시남갤(bKra śis rnam rgyal)과 까르마 미꾀도제(Karma Mi bskyod rdo rje)는 각자의 저술인 『대인월광석(大印月光釋)』과 『입중론석(入中論釋)』 등에서, 또 닝마의 고승인 쏙독빠 로되갤챈(Sog slog pa Blo gros rgyal mtshan)은 『답밀승적쟁론(答密乘的爭論)』 등을 통해서 자종의 교의가 마하연 화상의 교설과는 근본적으로 다른 것임을 분명히 밝히고 있다.

---

215) 이러한 주장에 대하여 『둥까르칙죄첸모』에서는 "까르뽀칙툽의 견해와 중국의 마하연 화상의 견해가 같다고 한 것은 『바새짱마』의 저자가 『바새』의 끝부분을 보완하는, 무네짼뽀(Mu ne btsan po, 797~798 재위) 왕에서부터 랑다르마 왕에 이르는 약 40년간의 역사를 보충하는 『바새짱마』를 지으면서 의도적으로 첨가한 것이다."라고 기술하였다. 『둥까르칙죄첸모』, p. 1575.

3. 마하연 화상의 돈수법에 대한 비판들

1) 겔룩빠의 쫑카빠 대사의 비판

(1) 쫑카빠 대사의 불교관

〔794년〕 쌈예사에서 인도불교를 대표하는 아사리 까말라씰라와 중국의 선불교를 대표하는 마하연 화상과의 역사적인 대논쟁이 있은 뒤, 쫑카빠(Tsoṅ kha pa) 대사가 세수 46세가 되는 해인 1402년 까담빠의 본사인 라뎅사(Rwa sgreṅ)에서, 그의 불후의 명저인 『람림첸모(菩提道次第廣論)』를 저술하게 되는 그때까지, 600여 년이 넘는 긴 세월이 경과하였음에도 불구하고 여전히 티베트불교계 일각에서는 마하연 화상의 선풍을 따르는 유습이 남아 있었다.

이러한 사정을 『뎁테르응왼뽀(青史)』에서도 전하길,[216] "그 뒤 〔라첸 공빠랍쎌(892~975)〕 대보살께서 단박에 깨쳐 들어감을 표방하는 돈문(頓門)의 유가사들로, 선행의 방편을 전혀 닦지 않는 사견의 무리가 많음으로 인해서, 그들을 조복하기 위해 불전과 불탑 등을 무수히 세우게 되자, 그 지방에 도료(塗料)가 또한 풍성하게 생산되었다. 작업도 또한 본인이 손수 행해서 유위의 선근을 닦는 데도 정근하였다."라고 기록 하였다.

이와 같은 사료들을 통해서 알 수 있듯이, 당시에도 돈문(頓門)을 표방하는 일부 유가사들의 행법은 마치 교행(敎行)에 얽매이지 않고, 기심즉망(起心卽妄)을 들어서 분별을 없애고 두타행(頭陀行)을 닦을 것을 주장했던 중국의 보당종(保唐宗)의 선풍과도 유사한 일면을 보여 주고 있다.

역시 『보리도차제약론석(菩提道次第略論釋)』에서도 그와 같은 유습을

---

216) 『뎁테르응왼뽀』 상권, p. 92.

다음과 같이 지적하고 있다.[217]

> 또 말하길, "진실한 공성견(空性見)을 구할 때는 모름지기 분별혜(分別慧)를 사용해야 하며, 공성견을 실제로 수습할 때는 분별을 요하지 않는다."라고 한다. 또한 싸꺄빠의 아아양강파(峨阿穰姜巴)도 이와 같은 설을 지녀서, "공성을 닦을 때 분별하지 않는 것이 아띠쌰 존자의 견해다."라고 말하고 있다. 그러나 이들 모두는 마하연 화상이 남긴 여독인 것이다.

싸꺄 빤디따가 『삼율의론(三律儀論)』과 『교설명해(教說明解)』 등의 저술을 통해 마하연 화상의 교설을 파척하고 나섰음에도 불구하고, 이러한 유풍은 단절되지 않고 쫑카빠 대사의 시대까지도 여전히 계속되었다. 이 수행법의 해악을 누구보다도 심각하게 인식한 쫑카빠 대사는 『람림첸모(菩提道次第廣論)』 등의 저술을 통해서 마하연 화상의 교설의 오류를 교리와 수행 두 측면에서 적극적으로 파척하고 나섰다.

특히 쫑카빠 대사가 마하연 화상의 교설을 누구보다도 적극적으로 비판하고 나서게 된 근본적인 동기는, 마하연 화상과는 전혀 상반된 견해를 가졌던 그의 불교관에서 비롯된 것으로 볼 수 있다.

잠시 그의 사상을 논하기 전에, 쫑카빠라는 인물의 내면을 이해하는데 있어서 매우 상징적인 의미들을 부여하고 있는, 그의 탄생과 관련된 다음과 같은 몇 가지 예언들을 살펴볼 필요가 있다.

『까담파최(祖師問道錄)』 제26장, 「미래의 예언」에서,[218] "뒷날 꺼진 교법의 불씨를 닥(Grags) 자(字)의 이름을 가진 자가 회생시킨다. 뭇 사람들에게 이익과 안락을 베풀며, 그곳 역시 청정한 성지[219]이다."라

---

217) 『약론석』 下冊, p. 723.

218) 『투깬둡타』, p. 236.

219) 겔룩빠(dGe lugs pa)의 본산인 간댄(dGaḥ rdan) 승원의 이름이 간댄

고 하였으며, 또한 구루 빠드마쌈바바도,[220] "석가불의 예언에 도캄강(mDo khams gaṅ)[221]이란 지역에서, 아띠쌰의 화신으로 로쌍닥(Blo bzaṅ grags)이라고 부르는 인물이 출현하여 티베트에 행복과 안락을 가져온다."라고 예언하였다.

역시 시제빠(Shi byed pa, 熄滅)의 유가 성취녀인 마찍랍된(Ma cig lab sgron, 1102~1201)[222]도 예언하길,[223] "미래세는 현겁의 일곱 번째 부처(獅子吼佛)이며, 현세에는 큰 신력을 지닌 대보살로서 구세의 용맹심을 발한 서원의 힘으로, 탁세의 삿된 행이 넘칠 때 티베트에 출현해서, 정결한 사문의 모습에 닥빠(grags pa)의 이름을 가지고서, 청정한 교리의 사자후를 토해서 실덕과 사행의 말류들을 조복하고, 삼학과 삼장 등의 경궤들의 심원한 이취를 현양하고 진의를 드러내서, 법연 깊은 중생들의 심원을 채워 준다."라고 하였다.

이와 같은 예언들의 상징을 통해서 알 수 있듯이, 티베트 동쪽의 쫑카 지방의 사람을 뜻하는 쫑카빠로서 더 알려진 로쌍닥빠(Blo bzaṅ grags pa, 1357~1419)는 아띠쌰 존자와 불가분의 운명을 갖고 태어나게 되고, 후일 아띠쌰의 사상을 부흥시켜 신 까담빠(bKaḥ gdams gsar ma)를 개창하게 되는바, 그것이 오늘날의 겔룩빠이다.

그는 세 살 때 까르마빠(Karmapa)의 4대 화신인 까르마 롤빼도제(Karma Rol paḥi rdo rje, 1340~1383)로부터 수계를 받고, 제2의

(도솔천)인 까닭에 청정한 성지라고 한 것임.

220) 『연화생행적약설(蓮花生行蹟略說), 최쬐랍쎌된메(讚經如意甘露庫) 제41장』, p.293, 羅藏達杰 편집, 서장인민출판사, 1999.2, 서장, China.

221) 도캄강: 고대에 청해(青海)와 사천(四川) 일대에 걸친 티베트 지역을 6개 지역으로 나눈 행정 구역의 이름.

222) 마찍랍된: 시제빠의 쬐룩(gCod lugs, 斷境法)을 개창함.

223) 『파담빠당마찍랍된(傳記)』, pp. 611~612, 최기쎙게 편집, 청해 민족출판사, 1992, 청해, China.

부처로 추앙받게 된다는 수기를 받으며, 일곱 살 때 사미계를 받고 일생을 구법의 길에 오른다. 열일곱 살에 위짱(중앙 티베트) 지역으로 와서 종파를 초월해서 사십 명이 넘는 많은 고승들을 참방하면서, 현밀의 삼장과 오부대론(五部大論)[224]과 의학, 성명학(聲明學) 등의 내외의 오명(五明)들을 남김없이 수학할 뿐만 아니라 당대의 유수한 종파들인 까귀, 싸꺄, 닝마, 시제빠 등의 수행법과 구결들을 빠짐없이 섭렵한다.

서른아홉이 되는 해에 닝마의 두 선지식인 남카갤챈(Nam nkhaḥ rgyal mtshan)과 최꺕쌍뽀(Cho skyab bzaṅ po)에게서 까담의 교의를 배우는 것을 계기로 해서, 그는 종파적인 견해를 뛰어넘어서 일체의 불교를 하나의 틀로서 포용하는 새로운 시각을 얻는다. 뒷날 이 삼사도(三士道)의 도차제(道次第)에다 중관귀류견(中觀歸謬見)과 밀종(密宗)을 결합해서 겔룩빠를 창시하게 된다.

이러한 그의 사상적 변화에 대해서 『투깬둡타(宗敎源流史)』에서는[225] "낼로로(gÑal lo ro, 寺名)에서 5개월간 머물면서 보리도차제(菩提道次第)의 수습에 정통하게 되고, 또한 돌룽빠(Gro luṅ pa) 대사의 『땐림첸모(敎次第廣論)』를 숙독함으로써 『현관장엄론(現觀莊嚴論)』에서 설하는 교설들 전체가 한 뿌드갈라(pudgala, 人)의 성불하는 차제의 우빠데샤(upadeśa, 敎誡)로 전용하는 도리를 단순한 이해의 차원을 넘어서 확연한 각성이 마음에 생겨났다."라고 기술하고 있다.

이와 같이 쫑카빠 대사는 현밀의 모든 가르침을 빠짐없이 성불에 필요한 우빠데샤로 전용하는 묘리를 체달함으로써 과거 티베트의 어떠한 선지식도 구상하지 못한 완전무결한 수도차제를 구현하게 된다. 그리고 삼승과 현밀의 가르침을 망라하되 서로를 모순 없이 잘 조화시킨 『람

---

224) 오부대론: 반야(般若), 중관(中觀), 석량(釋量), 계율(戒律), 구사(俱舍) 등의 다섯 가지 중요한 전적을 말함.

225) 『투깬둡타』, p. 264.

림첸모(菩提道次第廣論)』 등을 저술해서 여래의 심의를 크게 현양한다.

쫑카빠의 불교사상이 갖는 중요성에 대하여, 『투깬둡타(宗教源流史)』에서는 다음과 같이 기술하고 있다.[226]

> 지존자인 쫑카빠 대사가 세상에 출현하게 된 인연은 오로지 여래의 교법을 현양하기 위한 것이다. 그 또한 일방에 치우치지 않고 비나야(毗奈耶)의 게송에서부터 〔밀교의〕『비밀집회경(秘密集會經)』에 이르기까지의 일체의 경론들을 한 뿌드갈라(pudgala, 人)가 성불하는 데 필요한 요소로서 전용할 줄 아는, 불세존의 가르침을 온전하게 갖춘 수승한 교설이자, 설산의 티베트에서 과거에 출현했던 성취자와 학자들 중에서 그 누구도 천명하지 못하였던 묘법을, 법연이 깊은 선근자들에게 태양처럼 환히 밝혀 주기 위해서 온 것이다.

쫑카빠의 불교사상의 특징을 약설하면, 아띠쌰 존자가 전승하는 삼사도의 차제 위에다, 제자를 가르치는 인도(引導)차제와 문수보살로부터 그 자신이 직접 전해 받은 무아와 공성의 결택법(決擇法)을 배합시켜서, 중관귀류파에서 설하는 완전한 중도의 깨달음을 구현할 수 있도록 안배한 것이다. 그러므로 여기에는 대승의 두 궤도인 광행파(廣行派)와 심견파(深見派)와 아사리 쌴띠데바가 전승하는 가지파(加持派)를 비롯한 인도에서 전승되는 교계들의 심요가 그대로 녹아 있는 것이다.

또 한편 이 중도의 깨달음을 정각으로 규정해서 밀교의 공락무별(空樂無別)의 사상을 해석함으로써, 공성에 대한 올바른 이해가 없이 밀종의 수법만을 닦아서 생기는 사견들을 경계하였다. 또 그의 원융한 불교학을 집성한 것이 『람림첸모』와 『응악림첸모(密宗道次第廣論)』 등이다.

이러한 원융한 불교관을 지닌 쫑카빠 대사에게 있어서는 불경의 단 한

---

226) 위의 책, p. 239.

구절일지라도 지극히 소중한 것이 아닐 수 없으며, 또한 세속의 현분(現分)인 방편의 선행들을 닦는 것은 바로 공성의 철저한 실천이기도 한 것이다. 이러한 까닭에 그의 가르침은 당연히 계행의 준수와 선행의 실천을 강조하게 되고, 또 이것이 바로 성불하는 길 그 자체임을 깊이 체득하게 하는 것이다. 이와 같이 쫑카빠 대사가 특별히 세속의 현분을 중시하게 된 배경에는, 그가 문수보살로부터 직접 전수받은 중관의 교계에 기인하는 것이다. 『투깬듑타(宗教源流史)』에서는 다음과 같이 그것을 설명하고 있다.[227]

> 문수보살께서, "세속현분(世俗現分)과 공성분(空性分)에 대하여 편향과 친소를 가져서는 결코 안 되며, 특별히 세속현분을 중시해야 한다."라고 누누이 말씀하였다.

이런 쫑카빠 대사의 입장에서 볼 때, 방편의 행위를 도외시하는 중국 마하연 화상의 교설은 결코 용납할 수 없는 이설이자, 불법 그 자체를 훼멸하는 사법이 아닐 수 없다. 이에 이와 같은 폐풍을 바로잡고자 『람림첸모(菩提道次第廣論)』 등을 저술하여 마하연 화상의 교설을 적극적으로 파척하고 나섰던 것으로 여겨진다.

쫑카빠 대사가 『람림첸모』 등에서 마하연 화상의 교설을 중점적으로 비판하는 대목들을 정리하면 다음과 같이 나눌 수 있다.

첫째, 단지 마음 하나만을 깨침으로써 성불한다는 주장은 대승의 가르침과 위배되는 것임을 밝혔다.

둘째, 세속의 현분인 선행 등을 배척하는 것은 곧 색신을 성취하는 방편을 차단하고, 인과 자체를 파괴하는 단견(斷見)에 떨어진 것임을 밝혔다.

---

227) 위의 책, p. 268.

셋째, 단순한 불사(不思)와 부작의(不作意)는 여실한 분별지를 막음으로써 무아의 공성을 결택해서 무분별지를 획득하는 길을 차단함과 동시에, 단지 무상(無想)을 닦는 것으로는 불지에 도달할 수 없음을 밝혔다.

(2) 마하연 화상의 교설에 대한 총체적 비판

그러면 대승에서 설하는 진정한 성불과 성불의 길이란 어떠한 것인가? 쫑카빠 대사는 아사리 까말라씰라의 『수습차제(修習次第)』 등을 근거로 해서 이러한 근원적인 물음을 밝히면서, 마하연 화상이 성불의 첩로라고 주장하는 돈수법에 대하여 『람림첸모』에서 다음과 같이 상세히 비판하고 있다.[228)]

그와 같이 성불을 원하는 것만으로는 충분하지 않으며, 성불하는 방편을 닦는 그 역시 잘못됨이 없는 바른 방편으로 닦아야 한다. 잘못된 도는 아무리 애써 닦을지라도 원하는 결과가 또한 나오지 않으니, 마치 우유를 짜고자 하면서 소뿔을 당기는 것과 같다.

또한 잘못됨이 없는 방편을 얻었을지라도 그 전체를 갖추지 못한다면, 비록 힘써 닦을지라도 또한 원하는 결과가 나오지 않으니, 마치 종자와 물과 흙 등의 어느 하나라도 빠지면 싹이 트지 않는 것과 같다.

그러므로 『수차중편(修次中篇)』에서, "잘못된 인(因)은 비록 장시간 절실히 닦을지라도 원하는 결과를 낳지 못하니, 비유하면 소뿔을 당겨서 젖을 짜는 것과 같다. 일체의 인(因)을 닦음이 없이는 원하는 결과가 또한 생기지 않는 것이니, 종자 등의 연(緣)이 하나라도 결여되면, 싹 등의 결과가 발생하지 않는 것과 같다. 그러므로 불과(佛果)를 원하는 자는 잘못됨이 없는 인과 연과 그 일체를 수습해야 하는 것이다."라고 설하였다.

---

228) 『람림첸모』, pp.341~342, 쫑카빠, 청해 민족출판사, 1985, 서녕, China.

그렇다면 잘못됨이 없는 원만한 일체의 인과 연이란 어떠한 것인가? 이것을 『비로자나현증보리경(毘盧遮那現證菩提經)』에서 설하되, "비밀주〔금강수보살〕여! 일체지지(一切智智, sarvajña-jñāna)는 대비의 근본에서 발생하며, 보리심의 인에서 발생하며, 방편에 의해서 구경에 달한다." 라고 하였다.229)

대비는 앞에 말한 바와 같고, 보리심은 세속과 승의230)의 두 가지 보리심이며, 방편은 보시 등의 원만한 구족이며, 이것이 대승(大乘, Mahā yāna)231)이라고 아사리 까말라씰라는 설하였다.

이와 같은 대승의 길을 잘못 이해한 중국 화상 등의 일부는 말하길, "무릇 분별인 이상에는 악한 분별은 말할 것도 없으며, 선한 분별일지라도 역시 윤회에 결박당하는 것이다. 그러므로 그것의 과보는 삼계의 윤회에서 벗어나지 못한다. 비유하면 금줄이든 동아줄이든 둘 다 묶는 것이

---

229) 『약론석(略論釋)』에서 이 뜻을 해석하길, "일체종지(一切種智)란 부처의 의공덕(意功德)으로서, 그 근본은 대비(大悲)이며, 그 인(因)은 보리심이며, 구경의 원만한 불위(佛位)에 도달케 하는 방편이 육바라밀인 것이다. 이 육바라밀이 복혜의 둘을 구족케 하고, 이 복혜의 둘을 구족하는 것이 방편이 되어서, 나중에 구경의 원만한 불위에 도달하게 된다."라고 하였다. 『약론석』 下冊, p. 720, 昂旺朗吉. 복지지성출판사, 민국 八十八年 十月, Taipei, Taiwan.

230) 승의보리심(勝義菩提心): 『약론석(略論釋)』에서, "이것은 가명(假名)에 의거하여 시설한 것으로서 초지(初地) 이상에 속한다. 초지 이상의 보살들이 일심으로 공성을 전주해서, 심신(心身)과 공성(空性)이 마치 일백의 강물이 바다에 들어가 한 맛을 이루듯이, 능견(能見)과 소견(所見)의 상이 하나가 되어서 나누지 못하는, 이와 같은 심상(心相)을 승의보리심이라고 가설한 것이다. 만약 이것을 잘못 이해하면, 공성을 닦는 것을 가지고서 보리심을 수습하는 것으로 오인하게 되는 것이다."라고 하였다. 『약론석』 下冊, p. 719.

231) 대승: 미륵보살이 지은 『현관장엄론(現觀莊嚴論)』에서, "소연(所緣)의 광대함과 지혜의 광대함과 정진의 광대함과 선교방편의 광대함과 진성의 닦음의 광대함과 사업의 광대함의 일곱 가지를 갖춤이 대승이다."라고 설하였다.

며, 흰 구름이든 먹구름이든 둘 다 하늘을 가리고, 흰 개든 검은 개든 둘 다 물면 고통이 생기는 것은 매일반이다.

그러므로 오로지 무분별에 머무르는 것이 성불의 길이며, 보시를 행하고 계율을 지키는 것 등은 요의(了義)를 닦을 수 없는 우둔한 범부들의 이익을 위해서 설해진 것이다. 이미 그 요의를 얻고 나서 이 같은 방편을 닦는 것은, 마치 왕이 백성으로 전락하고, 코끼리를 얻고 나서 그 자취를 찾는 것과 같다."라고 말한다.

중국 화상이 자찬하는 일체를 전혀 분별하지 않는 그 무분별은 80가지의 경전들을 인용하여 저술한 그의 『도데개쭈쿵(八十經文典據, mDo sde brgyad cu kuṅs)』232)에 의해서 성립된 것이다.

이것은 "모든 방편의 행품(行品)들은 진정한 성불의 길이 아니다."라고 해서, 세속제를 크게 훼멸하는 동시에 불법의 정수인 무아의 진실을 여실히 변석하는 반야에 의한 체관을 부정함으로써 승의의 도리마저 멀리 내친 것이다.

설령 그와 같이 뛰어나게 닦아 나갈지라도, 결국 사마타품(奢摩他品)에 귀속되고 마는 〔마음의 머무름만을 닦는〕 쫌족(但住, Tsom ḥjog)233)을 가지고서,234) 최상의 정도로 삼는 사견들 가운데서도 최하의 말류인 이

---

232) 싸꺄 빤디따에 의하면, 마하연 화상의 다섯 가지 저술 가운데 하나이며, 주저인 『선명수전법륜(禪明睡轉法輪, bSam gtan ñal baḥi ḥkhor lo)』을 경문으로 논증하기 위해서, 대략 80가지에 달하는 경전들의 구문을 인거해서 저술된 것으로 여겨지나 확실한 것은 알 수 없다. 대신 『약론석』에서는, "총 18종의 경전을 근거로 해서 이 주장을 제시했다."라고 하고 있다. 『약론석』 下冊, p. 721.

233) 쫌족: 원어는 쎔쫌족(Sems tsom ḥjog)이며, 마음이 소연(所緣)의 대상을 전혀 반연함이 없이 억념(憶念)과 작의(作意)를 차단하고 단지 무념(無念)의 상태에 머무르는 것을 말함. 『고장문사전(古藏文辭典)』, p.692, 쩬하 응아왕출팀, 민족출판사, 1996, 북경, China.

234) 『약론석』에서, "이것은 단지 공성도 아닐 뿐만 아니라 또한 선정도 아닌 일종의 상사정(相似定)이다. 반드시 『해심밀경(解深密經)』에서와 같이,

것을 대보살인 아사리 까말라씰라가 청정한 언교와 정리에 의거해서 잘 파사현정함으로써 제불여래가 기뻐하는 선도(善道)를 크게 현양하였다.

(3) 마하연 화상의 교설을 따르는 풍조의 비판

『람림첸모(菩提道次第廣論)』에서는 마하연 화상의 교설을 따르는 잘못된 풍조에 대하여 다음과 같이 비판하고 있다.[235]

그렇지만 불법이 쇠멸하는 시기가 가까이 다가오고, 정도의 원만한 핵심을 요의의 언교와 청정한 정리로서 확연히 판별해 내는 바른 선지식들도 떠나가고, 비록 〔불법을 배우는〕 유정들은 많아도 복분이 매우 엷고, 불법의 신근(信根)은 조금 있을지라도 지혜의 힘이 하열한 자들이 많아서, 지금도 또한 일부의 무리들은 지계 등의 행품(行品)들을 완전히 무시해서, 수도에 임할 때 그것을 내쳐 버리는 등의 중국 화상의 가풍 그대로 행하고 있다. 또 한 무리는 방편품(方便品)에 대한 훼손을 제외하고서, 견해의 관점은 화상의 그것이 훌륭하다고 말하며, 또 한 무리는 여실히 분석하는 반야를 버리고, 〔일체를〕 전혀 사유하지 않는 중국 화상의 그 수법이 좋다고 말한다.[236]

법을 바르게 사유하는 것으로 소연을 삼아 닦는 것이 곧 정정(正定)이다. 그러므로 마땅히 사마타(止)의 수습 시에는 반드시 먼저 소연을 정해서 의지하는 것임을 알아야 한다."라고 하였다. 『약론석』 下冊, pp. 836~837.

235) 『람림첸모』, pp. 342~343.

236) 이 구절에 대하여서 『보리도차제대론』에서는 롱첸랍잠(Kloṅ chen rab ḥbyams, 1308~1363)을 전거로 들고 있다. 그의 유명한 저술인 『본성장(本性藏, sDe-dGe blocks Ca 4b7~5a3)』에서 말하길, "선악의 흑백의 두 구름에 가림을 당하고, 취사(取捨)와 정근(精勤)에 애집하는 번개에 괴로움을 당하며, 고락과 환영의 폭우에 신음하는 중생들은 가여워라. 구경의 진실의(眞實義)에 있어서는, 금줄과 동아줄이 묶는 데는 같은 것처럼, 법과 비법을 가리는 마음의 얽매임도 한 가지이며. 흑백의 두 구

(4) 마하연 화상의 교설에 대한 교리적 비판

쫑카빠 대사는 『람림첸모』에서 마하연 화상의 교설의 오류에 대하여 일일이 열거해서 다음과 같이 비판하였다.[237]

그러나 이들의 그 도에는 공성을 수습하는 방소(方所)와 대상이 또한 드러나 있지 않다.[238] 설령 그것을 공성을 닦는 법으로 인정한다 할지라도, 공성의 뜻을 전도됨이 없이 투득(透得)해서 잘못됨이 없는 수법을 닦는 깨달음이 있는 자들은 오로지 공성만을 닦을 것이며, 세속의 경계인 행품(行品)들을 닦지 말라고 함과, 혹은 그것의 핵심을 얻고 나면 다방면에 걸쳐 애써 닦을 필요가 없다고 말하는 것은 전혀 모든 경론의 교설과 위배되고 정리를 벗어난 것일 뿐이다.

름 떼가 가리고 덮음이 같은 것처럼, 선악의 둘이 심지를 가리고 덮음도 매한가지라네. 그러므로 진성(眞性)을 깨달은 유가사는, 선악과 인과의 모두에서 벗어남을 귀히 여기네. 천연의 무사지(無思智)가 심저에서 떠오르면, 인과의 어두운 밤은 홀연히 사라지고, 선악의 구름 떼가 다 함께 없어지면, 법계의 하늘에는 제일의(第一義)의 태양이 밝아온다."라고 하였다.
또 『본성장주(本性藏注, sDe-dGe blocks Ca 23b7;)』에서 말하길, "대학자 마하연 화상의 설법은, 그 당시 지력이 낮은 자들에게는 수용되지 못하였을지라도, 그 의미는 여실한 것이다."라고 하였다. 『보리도차제대론』, p. 60.

237) 『람림첸모』, pp. 343~356.

238) 방소: 선정에 들어가서 공성을 닦을 때 마음이 반연하는 대상이 없음을 말한다. 즉 『약론석』에서, "소연을 의지하지도 않으며, 마음을 소연하지도 않으며, 비심(非心)도 또한 소연하지 않으며, 일체를 작의(作意)하지 않고, 몰록 모든 분별과 의려(疑慮)를 차단해서, 내심이 스스로 머무름을 얻게 되면, 공성의 경계가 자생해서 외경(外境)에 마음이 빼기지 않게 되고, 물처럼 맑아지며, 또한 공경(空境)에도 머물지 않는다. 이와 같이 닦는 것이 중국 화상이 자인하는 수선(修禪)의 법이다. 결론지어 말하면, 이것은 단지 공성도 아니며, 역시 정(定)도 아닌 일종의 상사정(相似定)인 것이다."라고 하였다. 『약론석』 下冊, pp. 836~837.

모든 대승의 보살들이 닦아 얻고자 하는 것이 바로 무주처열반(無住處涅槃)이며, 여기서 윤회에 머물지 않게 되는 것은 법성을 투득하는 반야와 제일의에 의거하는 도차제와 〔중관의〕 심견도(深見道)[239]와 지혜의 자량과 반야의 지분들에 의해서 성취되는 것이다. 〔소승의〕 적정의 열반에 머물지 않게 되는 것은 진소유상(盡所有相, ji sñed pa)[240]을 밝게 아는 지혜와 세속제에 의거하는 도차제와 〔유가의〕 광행도(廣行道)[241]와 복덕의 자량과 방편의 지분들에 의해서 성취되기 때문이다.

이 뜻을 『여래비밀경(如來秘密經)』에서 설하되, "지혜의 자량은 일체의 번뇌를 제멸하고, 복덕의 자량은 일체의 유정들을 길러 성숙시킨다. 불세존은 그와 같은 것이니, 대보살들은 복혜의 자량을 마땅히 근수토록 하라."고 하였다.

또한 『허공고경(虛空庫經)』에서 설하되, "반야의 지혜로서 일체의 번뇌를 영원히 버리며, 방편의 지혜로서 일체의 유정을 영원히 버리지 않는다."라고 하였다.

또 『해심밀경(解深密經)』에서 설하되, "중생의 요익을 일향으로 외면함과 모든 심행(心行, samskāra)의 소작(所作, 行爲, abhisamskāra)〔선근을 닦는 의도 등〕을 일향으로 외면함은 무상정등각(無上正等覺)을 얻는 것이라고 나는 말하지 않는다."라고 하였다.

또 『무구칭경(無垢稱經)』에서 설하되, "보살들의 결박이란 무엇이며, 해탈이란 무엇인가? 방편을 여의고 윤회 속에 나아감은 보살의 결박이며, 방편을 섭수해서 윤회 속에 나아감은 보살의 해탈이다. 반야를 여의

---

239) 심견도(深見道): 공성의 정견에 의거해서 지혜의 자량을 쌓고 보리를 성취하는 수행의 길을 말함.

240) 진소유상: 진소유성(盡所有性)으로도 번역되는 색심(色心)을 포함하는 내외의 모든 법들을 말함.

241) 광행도: 세속의 방편분에 의거해서 복덕의 자량을 쌓고 보리를 성취하는 수행의 길을 말함.

고 윤회 속에 나아감은 보살의 결박이며, 반야를 섭수해서 윤회 속에 나아감은 보살의 해탈이다. 방편을 섭수하지 않는 반야는 결박이며, 방편을 섭수하는 반야는 해탈이다. 반야를 섭수하지 않는 방편은 결박이며, 반야를 섭수하는 방편은 해탈이다."라고 널리 설하였다.

그러므로 과위의 불과를 얻고자 하는 이상에는, 수도 시에 반드시 반야와 방편의 둘을 의지해야 하며, 이것을 여의고는 이루지 못하는 것이다.

이 뜻을 또한 『가야경(伽耶經)』에서 설하되, "보살의 길이란 요약하면 둘이니, 그 둘이란 무엇인가? 이와 같으니, 방편과 반야이다."라고 하였다.

또한 「상승초품(祥勝初品)」에서 설하되, "반야바라밀다는 어머니요, 선교방편은 아버지이다."라고 하였다.

이 뜻을 또한 『보적경(寶積經)』 「가섭청문품(迦葉請問品)」에서 설하되, "가섭이여! 예를 들면 이와 같이, 국왕이 신하들을 통솔해서 일체의 사무를 처리하듯이, 보살의 반야도 선교방편을 섭수해서 또한 여래의 일체사업을 봉행하는 것이다."라고 함과 같다.

그러므로 보시 등의 모든 방편품(方便品)들을 갖추는 온갖 종류의 모든 최상이 함께 하는 공성을 닦는 것이며, 공성 하나만으로는 대승의 도에도 또한 들어가지 못하는 것이다.

이 뜻을 『보계경(寶髻經)』에서 설하되, "자애의 갑옷을 입고 대비의 자리에 머물면서, 온갖 종류의 모든 최승이 함께 하는 공성을 수증하는 선정을 닦으라. 여기서 온갖 종류의 모든 최승이 함께 하는 공성이란 무엇인가? 이와 같으니, 보시를 여의지 않음이며, 계율을 여의지 않음이며, 인욕을 여의지 않음이며, 정진을 여의지 않음이며, 선정을 여의지 않음이며, 반야를 여의지 않음이며, 방편을 여의지 않음이다."라고 널리 설한 것과 같다.

이 뜻을 또한 『보성론(寶性論)』에서 설하되, "그것을 그린다는 것은 무엇인가? 보시와 계율과 인욕 등의 온갖 종류들의 모든 최상이 함께 하는 공성의 형상화를 말하는 것이다."라고 하였다.

다시 말해서, 이것은 어떤 이는 머리를 그릴 줄 아나 다른 것은 그릴 줄 모르며, 또 어떤 이는 손은 그릴 줄 아나 다른 것은 그릴 줄 모르는 등의 많은 화가들이 모여서 왕의 초상화를 그릴 때, 만약 한 화가만 빠져도 그 초상화가 완전하게 되지 못함을 비유한 것으로서, 왕의 초상은 공성이며 여러 화가들은 보시 등과 같음을 말한 것이다. 만약 보시 등의 방편들이 갖추어지지 않는다면, 머리가 없거나 또는 손이 없는 초상화와 같게 되는 것이다.

또한 "오로지 공성만을 닦는 것을 집착해서 여타는 닦을 필요가 없다." 라고 말하는 것은 세존께서 이미 몸소 그것을 적론(敵論)으로 삼아서 논파한 바이지만, 만약 그렇다면 그것은, 〔세존이〕 보살의 인행시(因行時)에 무수한 세월에 걸쳐서 보시를 행하고 계율을 지키는 등의 그 모두가, 요의를 이해하지 못한 우치의 소산이라고 말하게 되는 것이다.

『섭연경(攝硏經)』에서 설하되, "미륵보살이여! 모든 보살들이 육바라밀을 청정히 수행하는 것은 정등각을 얻기 위한 것이지만, 어리석은 자들은 이것을 이렇게 말한다. '보살들은 오로지 지혜바라밀만을 수학할 것이며, 무엇하러 여타의 바라밀들을 힘써 배우려 하는가?'라고 말해서, 여타의 바라밀들에 대하여 달가워하지 않는 생각을 낸다.

미륵보살이여! 이것을 어떻게 생각하는가? 내가 옛적에 까씨(Kaśi, Varāṇasi의 옛 이름) 국의 왕이 되었을 때, 비둘기를 구하기 위해서 내 몸의 살점을 떼어서 매에게 보시를 하였는바, 그것이 어리석음인 것인가?

미륵보살이 답하되, 세존이시여! 그건 그렇지 않습니다.

세존께서 말씀하시되, 미륵보살이여! 내가 보살행을 닦고 익혀서 육바라밀을 갖춘 온갖 선근들을 쌓고 심었는바, 그러한 선근들이 나에게 해악을 끼쳤는가?

미륵보살이 답하되, 세존이시여! 그건 그렇지 않습니다.

세존께서 말씀하시되, 미륵보살이여! 그대 또한 60겁의 세월 동안 보시바라밀을 청정하게 닦았으며, 60겁의 세월 동안 지계바라밀을, 60겁의 세월 동안 인욕바라밀을, 60겁의 세월 동안 정진바라밀을, 60겁의 세월 동안 선정바라밀을, 60겁의 세월 동안 지혜바라밀을 청정하게 수행하여 왔음이라. 그러나 어리석은 자들은 이것을 이렇게 말한다. '오직 하나의 도리로서 깨달은 것이니, 이와 같이 공성의 도리에 의한 것이다.'라고 하는 바, 저들의 행업은 전부 청정하지 못한 것이다."라고 하였다.

그러므로 공성의 깨달음이 있으면 방편의 행품(行品)들을 힘들여 닦을 필요가 없다고 말하는 것은, 바로 본사이신 세존의 길상하신 본생사(本生事)들이 다 요의를 깨닫지 못하였을 때의 행위인 것이라고 훼방하는 것이다.

또 만약에 보시 등의 행위들을 다방면으로 닦음이, 공성에 대한 확고한 깨달음이 없다면 행해야 하는 것이며, 만약 확고한 깨달음이 있다면 그것으로 족하다고 생각하는 것 역시 크나큰 사견이다. 만약 그것이 옳은 것이어서, 승의의 진실을 투득하는 무분별지를 얻은 대지보살(大地菩薩)들과 특별히 무분별지에 자재함을 성취한 팔지보살(八地菩薩)에게는 그와 같은 행위가 필요 없다고 한다면, 그것은 참으로 정리가 아니다. 왜냐하면, "십지(十地) 각각의 지위마다 역시, 보시 등이 위주가 되는 그 하나하나를 특별히 닦을지라도, 여타의 행들을 또한 닦지 않는 것이 아닌 것이다."라고 『십지경(十地經)』에서 설함으로써 각각의 지위마다 육바라밀 내지는 십바라밀을 닦는 것임을 분명히 밝히고 있으며, 또 이러한 경의 뜻을 미륵자존과 용수보살과 무착보살들도 역시 그대로 해설함으로써 달리 해석할 여지가 없기 때문이다.

특별히 보살의 팔지(八地)〔不動地, achalā〕[242]에서, 모든 번뇌가 멸진해서 일체의 희론(戱論)이 적멸한 승의의 진실에 안주할 때, 제불여래들이 그들에게 말씀하시되,[243] "단지 이 공성의 깨침만으로는 성불하지 못하는 것이니, 성문과 연각들 역시 이 무분별을 얻기 때문이다. 마땅히 나의 색신과 지혜와 불토 등의 무량한 이것들을 관찰토록 하라. 나의 신력들 등이 그대들에게는 또한 없는 것이니, 그러므로 마땅히 힘써 정진토록 하라. 또한 모든 유정들이 적정함을 얻지 못해서 온갖 번뇌에 핍박당하고 있음을 사유토록 하되, 이 무생법인은 또한 버리지 말라."고 권고해서, 보살행을 반드시 수학해야 하는 것임을 설하였다. 그러므로 미묘한 삼마지에 만족한 생각을 내어서 여타를 방치하는 것은, 곧 지자들의 웃음거리가 되는 것이다.

이 뜻을 또한 『십지경(十地經)』에서, "불자(佛子, Jinaputra)들이여! 보살의 이 팔지의 부동지에 머무르는 보살들로, 숙세의 원력을 일으켜서 그 법문의 흐름에 안주하는 그들에게, 제불세존께서 여래의 지혜를 온전히 수증토록 하였으며, 또한 이와 같이 그들에게 권유하였다. 선남자여! 참으로 아름답고, 아름답도다! 일체의 불법을 수순해서 깨닫고자 하는 이것은, 또한 승의법인(勝義法忍)[244]인 것이다.

그러나 선남자여! 나 부처의 십력(十力)[245]과 사무소외(四無所畏)[246]

---

242) 팔지(八地): 『수차상편』에 의하면, "이 지위에서는 공용(功用)을 씀이 없이 자연히 선품(善品)들을 근수함으로써 원(願)바라밀을 전적으로 닦게 된다. 또 무상(無相)에 매진해서 동요함이 없는 까닭에 부동지(不動地)라고 부른다."라고 하였다.

243) 『약론석』에서, "불과(佛果)는 양변에 머물지 않는 것이다. 그래서 팔지 보살들은 반드시 제불의 권유를 받는다. 만약 권고하지 않는다면, 팔지 보살들은 공성정(空性定)에 안주해서 쉽게 적멸의 가장자리에 떨어지기 때문이다."라고 하였다. 『약론석』 下冊, p. 728.

244) 승의법인(paramārtha-kśānti): 공성을 말함..

245) 십력(daśa-bala): 여래가 소유한 열 가지 힘으로, 지처비처지력(知處非處智力)·지업보지력(知業報智力)·지종종해지력(知種種解智力)·지종종

등의 원만한 불법들이 그대들에게는 아직 없는 것이니, 이 원만한 불법들을 원성하기 위해서 마땅히 정진토록 하라. 그러나 이 법인문(法忍門)은 또한 버리지 않도록 하라. 선남자여! 그대들은 이와 같이 적정해탈 속의 머무름을 성취하였을지라도, 여러 갈래의 범부중생들은 적정하지 못하고, 크게 적정하지 못해서, 온갖 종류의 미혹을 일으키며 온갖 종류의 망상분별에 휘둘려서 괴로움을 당하는 그들을 기억토록 하라. 선남자여! 과거의 숙원과 중생의 이락을 성취함과 불가사의한 지혜의 문을 기억토록 하라. 선남자여! 이것은 제법의 법성이며, 제불여래들이 출현할지라도, 출현하지 않을지라도 또한 한결같아서, 이 〔진여의〕 법계는 항상 머무르는 것이다. 이와 같이 제법은 공성이며, 제법은 불가득(不可得)이다. 이것은 여래들조차도 구별하지 않는 무차별성인 까닭에 모든 성문과 연각들도 또한 이 무분별의 법성을 얻는 것이다. 선남자여! 나 여래의 몸이 무량하고, 지혜가 무량하고, 불토가 무량하고, 수득지(修得智)가 무량하고, 후광이 무량하고, 청정한 음성지(音聲支)[247]가 무량함 등등을 관찰해서, 그대들 역시 그와 같이 닦아서 얻도록 하라."고 설하였다.

『십지경』에서 설하되, "비유하면 큰 배가 바다에 들어가서 순풍을 타고 항해할 때, 하루 동안에 가는 거리를 바다에 들어가기 전에는 비록 전력

계지력(知種種界智力)・지근승열지력(知根勝劣智力)・지편취행지력(知遍趣行智力)・지정려해탈등지등지지력(知靜慮解脫等持等至智力)・지숙주수념지력(知宿住隨念智力)・지생사지력(知生死智力)・지누진지력(知漏盡智力)을 말함.

246) 사무소외(catur-vaiśārda): 정등각무소외(正等覺無所畏)・누영진무소외(漏永盡無所畏)・설장법무소외(說障法無所畏)・설출리도무소외(說出離道無所畏)의 넷.

247) 청정한 음성지(svarānga-viśudhi): 부처님의 성음이 청정하고 미묘함을 뜻하며, 『비밀불가사의경(秘密不可思議經)』에 의하면, "60가지의 특성이 있다고 한다. 예를 들면 사자의 음성과 같고, 천둥소리와 같고, 범천의 음성과 같다."고 함. 『둥까르칙죄첸모』, p. 1538.

을 다해 전진하여도, 설령 백년이 경과할지라도 그것에 미치지 못하는 것과 같이, 팔지에 도달해서는 크게 책려함이 없이도 잠시간에 일체지의 도에 도달하게 된다. 이 팔지를 얻기 전에는 설령 백만 겁에 걸쳐 수행할지라도 가히 그처럼 되지 못한다."라고 하였다.

그러므로 달리 속성도(速成道)[248]가 있다고 주창해서, 보살행을 닦지 않는 것은 자기 자신을 속이는 것일 뿐이다. 설령 보시 등이 필요하지 않다고 주장하지는 않을지라도, 일체를 전혀 사유하지 않는 거기에 보시 등이 저절로 갖추어지는 것이니, 보시를 하는 자와 받는 자와 보시물에 집착하지 않음으로써 무소연(無所緣)의 보시를 원만하게 성취하게 되는 것이다. 그와 같이 나머지 바라밀다들도 역시 구족하게 되는 것이니, 경에서도 또한, "그 하나하나 가운데 여섯 가지를 거둔다."라고 설하였기 때문이다.

만약 이렇게 생각하고 그것으로써 그것이 원성(圓成)되는 것이라면, 외도(外道)의 심일경성(心一境性)의 사마타(止)들도 역시 선정의 상태에서는, 그와 같이 집착이 전혀 없음으로써 모든 바라밀다들이 저절로 구비되는 것이다.

특별히 앞에서 말한 바와 같이, 성문과 연각들 역시 법성을 분별하지 않는 〔삼매에 안주하는〕 그때, 일체의 보살행이 저절로 완비되어서 그들도 또한 대승이 되는 것이다.

또 만약에, "그 하나하나 가운데 육바라밀들이 거두어진다."라고 설한

---

248) 속성도: 『약론석』에서, "경교에 의거하면, 팔지의 보살은 찰나 간에 참죄적복(懺罪積福)을 행함이, 나머지 하지(下地)에서 겁에 걸쳐서 쌓는 복덕보다 뛰어나다고 한다. 이 팔지는 무분별혜(無分別慧)에 자재함을 얻어서, 단지 입정(入定)의 때뿐만 아니라 후득(後得, 出定 뒤)의 상태에서도 일체의 법상(法相)을 실집(實執)함이 없어서, 팔지서부터 성불에 이르는 길이 가장 신속하다. 그들이 집착하는 일법(一法)으로 증득한다는 것은 그 의미가 돈초(頓超)의 신속함이며, 여기에 속하는 것이 아니다."라고 설하였다. 『약론석』 下冊, pp. 728~729.

까닭에 그것만으로 족하다고 할 것 같으면, 곧 "〔소똥으로 만든〕 만다라(曼茶羅, maṇḍala)[249]를 봉헌하는 것 역시 소의 분뇨를 보시하는 것이다."[250]라는 식으로, 육바라밀들이 있게 된다고 말함으로써 오로지 그것만을 닦게 되는 것이다.

그러므로 정견으로 섭수하는 정행(正行)과 방편으로 섭수하는 반야는, 마치 비유하면, 사랑하는 자식을 잃고 슬픔에 쌓인 어머니가 타인과 더불어서 이야기 등을 나눌 때, 설령 어떤 생각을 할지라도 슬픈 마음을 일부러 내지 않아도, 그 모든 생각들이 비통함에 젖어 있지 않음이 없는 것과 같다.

그와 같이 공성을 요해하는 반야의 힘이 강성하게 되면, 보시를 행하고, 예배와 경행을 행하고, 독경과 염송을 행할 때, 그것을 반연하는 생각들이 공성을 요해하는 것이 아닐지라도, 그 반야의 여력 속에서 행하게 되는 것과 어긋나지 않는 것이다.

만약 처음 수선(修禪) 시에 미리 보리심을 강력하게 일으키게 되면, 그 뒤 공성의 삼마지에 안주할 때 그 보리심이 실제로는 없을지라도, 그 여력에 의해서 섭수되는 것과 또한 어긋나는 것이 아니다.

그러므로 그와 같은 것을 무소연의 보시라고 하는 것이며, 버리는 마음(捨心)이 전혀 없이는 베풀지 못하는 것이니, 여타의 바라밀도 또한

249) 소똥으로 만든 만다라: 소를 신성시하는 인도에서는 땅에 떨어지기 전에 받은 소똥과 오줌, 신선한 우유와 버터(酥油), 요구르트(酪)를 합해서 오정물(五淨物)이라고 한다. 이것을 더러움을 안 탄 흙과 향 등과 혼합해서 만다라를 만들어 공양하는 풍습으로 지금도 행해지고 있다.

250) 『약론석』에서 해설하길, "소의 분뇨를 바르는 것은 곧 보시며, 이 소똥을 발라서 베푸는 작업이 지계다. 왜냐하면 향수로 더러움을 씻어서 깨끗이 하기 때문이다. 또 신중하게 땅을 고르고 잡초를 없애는 것은 인욕에 속하며, 일심으로 만다라를 만드는 작업은 정진에 속하며, 일심으로 거기에 전념함은 선공(禪供)에 속하며, 명료하게 만다라를 관상함은 혜도(慧度)에 속한다."라고 하였다. 『약론석』 下冊, p. 730.

그와 같음을 알라. 방편과 반야가 분리되지 않는 도리 또한 그와 같이 알도록 하라.

또한, "복덕의 자량들의 과보로서 생사 중의 몸(身)과 재부(財富)와 장수(長壽) 등을 받는다."라고 설한 경의 말씀을 역시 곡해해서는 안 된다. 선교방편과 반야를 여읜다면 그와 같이 될지언정 그 둘로써 잘 섭수한다면, 그것은 해탈과 일체지를 성취하는 대인(大因)이 되기 때문이다.

『보만론(寶鬘論)』에서, "대왕이여! 간단히 말하면, 부처의 색신은 복덕의 자량에서 생겨난다."라고 설한 바와 같이,[251] 그 전거가 무변하다.

중국 화상은 설하길, "어느 때는 악취(惡趣)의 원인이 되는 중생의 악행과 번뇌들 전부가, 또한 성불의 인(因)으로 능히 바뀐다고 말하고, 어느 때는 선취의 원인이 되는 보시와 계율 등의 선업들 전부가, 또한 윤회의 인일 뿐 보리의 인이 되지 못한다."라고 말하고 있으니, 모름지기 마음의 중심을 잡고서 말해야 한다.[252]

---

251) 『약론석』에서, "그러므로 불과(佛果)를 얻고자 할 때는, 색법(色法)의 두 몸이 서로 상위하는 것이 아니다. 즉 수도 시에 두 아상(我相)의 소연사(所緣事)에 대하여, 한편으로는 그것이 극미(極微)의 화합임을 알아서 실재하는 자성(自性)이 없음을 요지하고, 또 한편으로는 이것으로 인해서 발생하는 공과(功過)와 득실(得失)을 요지해서, 이 양자가 서로 상위하지 않음을 확실히 통달하는 것이다.
다시 말해, 과위(果位) 시에 법신을 얻는 것이 곧 색신을 얻는 것이며, 색신을 얻는 것이 곧 법신을 얻는 것으로서, 이 두 몸이 서로 호용하는 것이다. 즉 무아의 공혜(空慧)는 법신을 얻는 인(因)이 되고, 무아의 공혜의 흐름은 동시에 색신을 얻는 인이 되는 것이다. 또 방편행은 색신을 얻는 인이 되며, 방편행의 흐름은 동시에 법신을 얻는 인이 되는 것이다. 비록 공성의 지혜가 견고함이 법신을 얻는 인인 것이나, 단지 공성의 지혜만을 홑으로 닦고 방편을 알지 못하면, 비단 색신을 얻지 못할 뿐만 아니라 법신도 또한 얻지 못한다."라고 하였다. 『약론석』 下冊, p. 734.

252) 『약론석』에서, "마하연 화상의 『선명수전법륜(禪明睡轉法輪)』 속에 또한 이 뜻이 있으니, '단지 내심이 분별하지 않으면, 비록 신어(身語)의 악행이 있을지라도 능히 성불한다.'는 이것을 싸꺄 빤디따가 역시 파척하되, 우치

또한 경에서 〔『집경론(集經論)』에서〕, "보시 등의 육바라밀을 애집하는 것은 마업(魔業)이다."라고 설함과, 『삼온경(三蘊經)』에서, "소연상(所緣相)에 떨어져 보시를 행하고, 계금취(戒禁取)[253]에 떨어져 율의를 지키는 등의 그 모두를 참회한다."라고 설함과, 『범문경(梵問經)』에서, "있는 바 그 모든 행위는 분별이며, 무분별이 곧 보리다."라고 설한 경의 뜻을 잘못 해석해서는 안 된다.

경의 첫 번째 뜻은, 인아(人我)와 법아(法我)의 둘을 전도되게 집착해서 전적으로 행한 보시 등이 청정하지 못한 까닭에 마업(魔業)[254]이라 한 것이지, 보시 등을 가리켜서 마업이라 한 것이 아니다. 만약 그런 것이 아니라면 육바라밀 전체를 말하는 것이 되어서, 선정과 반야바라밀도 역시 마업이라 하게 되는 것이다.[255]

경의 두 번째 뜻도, 전도된 집착에서 행한 것이 청정하지 못함을 그렇게 말한 것이지,[256] 보시 등을 닦지 말라고 하는 것이 아니다. 만약 그

를 닦는 대인(大印)이라고 하였다."라고 하였다. 『약론석』 下冊, p. 732.

253) 계금취: 자기가 지키는 계율이 최고라고 여기는 그릇된 견해를 말함. 즉 범행의 깨뜨림을 방지하는 계율과, 마땅히 준수해야 하는 복식과 위의와 몸과 말의 법도의 율의와, 그것에 의거해서 있게 되는 자기의 오온(五蘊) 등이 반드시 죄업에서 벗어나며, 번뇌에서 해탈하며, 윤회에서 벗어난다고 미집하는 그릇된 견해를 말한다. 『장한대사전』 下冊, p. 2279.

254) 마업: 『약론석』에서, "이아(二我)를 집착하는 번뇌를 일으켜서 행하는 육바라밀은 마치 음식과 독을 함께 먹는 것과 같아서, 단지 성불을 하지 못하는 것만이 아니라, 도리어 성불을 장애하는 까닭에 마업이라 부른다."라고 하였다. 『약론석』 下冊, p. 732.

255) 이 뜻은 중국 화상도 두 가지 바라밀은 인정하는 까닭에 이와 같이 말한 것임.

256) 『람림타르갠(解脫道莊嚴論)』에서 이 뜻을 밝히되, "보시를 청정하게 만듦이란 무엇인가? 『집학론(集學論)』에서, '공성과 대비의 심수(心髓)를 행함으로써 복덕이 청정하게 된다.'라고 하였다. 그 보시들이 공성에 의하여 섭수되면 윤회에 드는 인(因)이 되지 않고, 대비에 의하여 섭수되면 소승에 떨어지는 인(因)이 되지 않으며, 오로지 무주처열반을 얻는 인

렇지 않다면, “소연상(所緣相)에 떨어져서 보시를 행하고”[257]라는 소연상에 떨어짐을 지적할 필요가 없이, “전체적으로 보시를 행한 것을 참회한다.”라고 하는 것이 합당하나 그와 같이 설하지 않은 까닭이다. 『수차하편(修次下篇)』에서 마하연 화상의 변론에 이렇게 답한 도리는 지극히 중요하다. 이것을 전도되게 이해해서 모든 행품(行品)들이 인아와 법아의 상을 취하는 것으로 이해해서 유상(有相)으로 주장하기 때문이다.[258]

만약 이 물품을 베푼다는 생각의 사심(捨心)과 이 악행을 금한다는 생각의 계심(戒心)과 또 그와 같은 선한 분별들 전부가 삼륜(三輪)[259]을 애집하는 법아의 집착이라고 한다면, 법무아의 정견을 얻은 자들은 그 모든 것 〔방편의 행품(行品)〕들을 마땅히 성냄과 교만 등과 같이 〔독으로〕 여겨서 그 일체를 없애는 것이 도리이며, 그것을 특별히 행하거나 닦아서는 안 되는 것이다.[260]

(因)이 됨으로써 청정한 것이다.”라고 하였다. 『람림타르갠』(藏族十明文化傳世經典叢書: 噶擧系列) 第8券, pp. 151~152. 감뽀빠, 청해 민족출판사, 2001.12, 서녕, China.

257) 『금강경』에 설하길, “수보리여, 참으로 보살은 경계에 머물러서 보시를 해서는 안 된다. 그 무엇에도 머물러서 보시해서는 안 된다. 형상에 머물러서 보시해서는 안 되며, 소리·향기·맛·감촉·마음의 대상에 머물러서 보시해서도 안 된다. 이와 같이 참으로 수보리여, 보살 마하살은 니밋따(겉모양) 산냐(想)에도 역시 머무르지 않는 그러한 보시를 해야 한다.”고 하였기 때문이다. 『금강경 역해』, p. 87, 각묵, 불광출판부, 2001, Seoul. Korea.

258) 『약론석』에서, “만약 이 답이 없었다면, 필시 모든 행품(行品)들을 인아(人我)와 법아(法我)의 이집(二執)으로 인식해서 그것이 유상(有相)이 되고 마는 까닭이다. 이와 같이 되면, 대자대비와 보리심 등의 그 일체가 남김없이 파괴되고 마는 것이다. 또 부처의 경지에서 설하는 무분별은 화상이 말하는 무분별과는 결단코 같지 않으며, 아울러 대자대비와 보리심 등을 또한 닦지 않는 것과는 결단코 같지 않은 것임을 모른다.”라고 하였다. 『약론석』 下冊, p. 733.

259) 삼륜: 보시를 할 때의 시자(施者)·시물(施物)·수자(受者)의 셋을 말함.

또한 만약에, "이것은 이것이다."라고 생각하는 모든 분별들이 삼륜을 분별하는 법아의 집착이라고 한다면, 진실로 선지식의 공덕을 사유하고, 가만(暇滿)[261]과 죽음을 사유하고, 악도의 고통과 귀의의 공덕을 사유하고, 이 업에서 이 결과가 생김을 사유하고, 자비와 보리심을 닦고, 행심(行心)의 학처(學處)[262]들을 학습하는 일체에 대해서, 이것은 이것이며, 이것에서 이것이 비롯되고, 이것에는 이러한 공덕과 과실이 있다고 사유하고 나서야 모름지기 확실한 견해를 얻게 되는 까닭에, 그것에 대하여 그러한 확실한 견해가 커지는 만큼 법아의 견집은 더욱 늘어나게 되고, 법무아에 대한 확실한 견해가 커지는 만큼 방편도에 대한 확실한 견해는 더욱 줄어들게 되는 것이다.[263] 그러므로 결국에는 견(見)과 행(行)의

---

260) 『약론석』에서, "또 이 물품을 베푼다고 생각하는 사심과, 이 악행을 막는다는 계심과, 내지는 모든 선한 분별들이 만약 모두 법아집(法我執)이라면, 곧 법무아(法無我)를 얻은 자들의 유일한 적은 아집(我執)이므로, 탐진(貪瞋) 등을 마땅히 끊어 버림이 도리이듯이, 동시에 계심과 사심 등의 모든 선한 분별들도 역시, 탐진 등과 동일하게 보아서 그것을 함께 끊어야 하는 것이다. 만약 이와 같은즉, 원만한 부처는 없게 되는 것이니, 왜냐하면 원만한 부처는 육바라밀에 의뢰하는 것인데, 이미 육바라밀을 번뇌의 적과 동일하게 보아서 함께 제멸하기 때문이다."라고 하였다. 『약론석』 下冊, p. 733.

261) 가만: 팔유가(八有暇)와 십원만(十圓滿)을 함께 일컫는 용어임. 팔유가란 불법을 배울 수 있는 여가가 있는 것으로 ① 지옥에 태어나지 않음, ② 아귀로 태어나지 않음, ③ 축생으로 태어나지 않음, ④ 변방에 나지 않음, ⑤ 장수천(長壽天)에 나지 않음, ⑥ 사견(邪見)을 지니지 않음, ⑦ 여래가 없는 때에 나지 않음, ⑧ 몸이 불완전하지 않음 등이다. 또 십원만이란 사람의 몸을 받음, 중토(中土)에 태어남, 신체가 온전함, 무간업(無間業)을 짓지 않음, 불법을 신봉하는 등의 자신에 속하는 다섯 가지 조건과 불의 출세를 만남, 불의 설법을 만남, 세상에 불법이 존재함, 불법을 신행함, 선지식이 있는 등의 타인에 속하는 다섯 가지의 불법을 배울 수 있는 조건을 말함.

262) 행심의 학처: 사무량심과 육바라밀 등의 일체의 행품(行品)들을 말함.

263) 『약론석』에서 말하길, "세간에서 스승에 의지하고 내지는 보리행 등의 도

두 가지가 마치 차고 더움처럼 상충하게 되어서, 그 둘에 대하여 견고하고 항구적인 확실한 견해를 일으키는 터전이 영원히 상실되고 마는 것이다.[264)]

과위(果位)의 단계에서 법신을 얻게 하고, 색신을 얻게 하는 두 가지가 상충하지 않는 것처럼 수도의 단계에서도, 역시 이아(二我)의 상(相)을 일으키는 소연사(所緣事)가 티끌만큼도 남아 있지 않는 무희론(無戱論)에 대하여, 또한 확실한 견해를 일으킴과 이것에서 이것이 생겨나고, 이것에는 이러한 과실과 공덕이 또한 존재한다는 확실한 견해를 일으키는, 이 두 가지가 서로 상위하지 않는 것임을 아는 것이 마땅히 필요하다.

인위(因位)의 정견은 진속이제(眞俗二諦)를 결택하는 도리에 달린 것이므로,[265)] 청정한 언교와 정리에 의거해서 생사와 해탈의 일체법의 각각의 본성 또는 당체에는, 자성이 티끌만큼도 성립하지 않는 것임을 결택하는 제일의를 세우는 승의량(勝義量, 勝義智)과, 인과법을 털끝만큼도

품(道品)이 퇴실해서야 어떻게 성불을 할 수 있겠는가?"라고 반문하였다. 『약론석』 下冊, p. 733.

264) 『약론석』에서, "견(見)은 행(行)을 해치고, 행(行)은 견(見)을 해쳐서, 상견(常見)에는 떨어지지 않으나 반드시 단견(斷見)에 떨어지게 되어서, 비단 성불을 못하는 것만이 아니라 반대로 악취에 떨어지는 인(因)이 된다. 그래서 아사리 제바(提婆)보살이 설하되, '상견에 집착하면 축생에 떨어지고, 단견에 집착하면 악취에 떨어진다.'라고 하였다."라고 하였다. 『약론석』 下冊, pp. 733~734.

265) 『능엄경(楞嚴經)』에서도, "너희들이 결단코 보리심을 내어, 여래의 묘한 삼마제(三摩提)에 피권(疲倦)함을 내지 않으려거든, 마땅히 각(覺)을 발하려는 초심(初心)에 두 가지 결정한 뜻을 먼저 밝혀야 하느니라. 무엇을 초심의 두 가지 결정한 뜻이라 하느냐? 아난아, 첫째는 너희들이 성문을 버리고 보살승을 닦아 불(佛)의 지견(知見)에 들려거든, 마땅히 인지(因地)의 발심이 과지(果地)의 각(覺)과 더불어 같은지 다른지를 자세히 살펴야 하느니라. 아난아, 만일 인지에서 생멸심으로써 수행할 인을 삼고, 불승(佛乘)의 불생불멸을 구하려함은 옳지 않다."라고 하였다. 『수능엄경(首楞嚴經)』 卷第四, 耘虛龍夏 譯.

문란함이 없이 낱낱이 요지하는 인과의 세속을 세우는 명언량(名言量, 世俗智)의 둘이 어찌 서로를 해치고 해침을 받겠는가? 오히려 상호간에 반려가 되는 것임을 확실히 알고, 그 다음 진속이제의 진실을 깨달아서 불의(佛意)를 얻는 이름수(名數), 즉 대열에 들어가는 것이다. 이 도리는 위빠사나(觀)를 해설할 때 설명하기로 한다.

경의 세 번째 뜻은, 경에서의 그때란 곧 생멸 등을 관찰하는 때이므로, "그 보시 등이 진실로 무생임을 열어 보인 것을 분별한다."라고 함을, 단지 분별해서 시설하여 보인 것이지, 그것들을 닦지 말고 버리라고 함이 아니다. 그러므로 성불을 하기 전까지는 이러한 행(行)들의 닦음이 필요하지 않은 때가 없으므로 육바라밀 등의 갖가지 행들을 반드시 수학해야 한다. 그 또한 현재 진정으로 근수할 수 있다면 마땅히 닦아야 할 행들을 힘써 닦도록 하며, 당장은 닦을 수 없는 자들은 그것을 발원의 대상으로 삼아서, 장차 그것을 닦을 수 있는 선연으로 복덕을 쌓고, 죄장(罪障)을 정화하고, 끊임없이 발원한다면 오래지 않아서 실천수행할 수 있는 것이다.

그와 같이 행하지도 않고 자기도 알지 못하고, 또 행하지도 않는 방면을 가지고서, 그것을 배울 필요가 없다고 말하는 것은 비단 자신만을 해치는 것이 아니라 타인도 역시 망치며, 나아가 불교를 쇠망케 하는 악연이 되는 것이니 마땅히 행해서는 안 되는 것이다.

『집경론(集經論)』에서 설하되, "무위의 묘법을 또한 즐겨 사유하면서, 유위의 선법을 또한 염오함은 마(魔)의 소행이다. 보리의 도를 또한 잘 알면서, 바라밀다의 도를 또한 온전히 추구하지 않는 것은 마의 소행이다."라고 하였으며, "선교방편을 여읜 보살은 심오한 법성을 근수하려 하지 않는다."라고 설하였다.

또한 『여래비밀경(如來秘密經)』에서 설하되, "선남자여! 예를 들면 이와 같으니, 불은 섶으로 인해서 타오르고, 섶이 없으면 사위는 것이다.

그와 같이 마음은 소연(所緣)으로 인하여 불타오르고, 소연이 없게 되면 마음은 쉬어 멸한다. 방편에 빼어난 보살은 반야바라밀이 청정한 까닭에, 소연을 멸하여 없앰을 또한 잘 알지라도 선근을 반연함은 또한 멸하여 없애지 않는다. 번뇌를 소연함은 또한 일어나지 않게 할지라도, 바라밀다를 반연함은 또한 잘 확립하며, 공성을 소연하되 또한 잘 분별하며, 일체의 중생을 대비로써 반연하되 또한 잘 살핀다."라고 하였다. 이것은 소연이 필요 없는 도리와 소연이 필요한 도리를 각각 설한 것으로 마땅히 잘 분별토록 해야 한다.

이와 같이 번뇌와 상(相)에 묶임은 반드시 풀어야 하고, 학처(學處)의 밧줄은 반드시 단단히 죄어야 하며, 두 가지 죄업[266]은 마땅히 없애야 하고, 여러 선업들은 마땅히 없애지 말아야 하는 것이다. 학처에 의한 묶임과 상(相)에 의한 묶임의 이 둘은 같지 않으며, 금계(禁戒)의 풀림과 아집의 풀림의 이 둘도 역시 같지 않은 것이다.

일체지는 허다한 인연의 화합에서 생겨나는 것이며, 한두 가지의 인연에 의해서 이루어지는 것이 아니다. 그러므로 한 무리 새떼도 돌 하나로서 쫓는 법이라고 자만에 빠져서, 가만(暇滿)[267]의 사람 몸을 얻고 난 뒤 다방면에 걸쳐서 보장(寶藏)을 구하는 것이 마땅함에도, 단지 도의 한 지분(支分)만을 닦고 여타를 수학하지 않는 자는, 두 자량의 문을 막아버리는 나쁜 선지식임을 알도록 하라.

또한 대소승의 차이 역시 수행의 단계에서 무변한 자량을 수학하고 수학하지 않음에 달린 것이며, 이 독각과 소승의 두 가지는 또한 별칭으로서 소분(小分)을 뜻하는 것이니, 이 소분은 〔원만함이 아닌〕 일분(一分)인 까닭이다.

이와 같이 작은 과보에 불과한 음식물 등도 역시 갖가지 인연에 의해

---

266) 두 가지 죄업: 성죄(性罪)와 차죄(遮罪)를 말함.

267) 가만: 주 261) 참조.

서 이루어지는 것이거늘, 하물며 사부(士夫)의 최후의 도업인 부처를 수증함에 있어서, 일분에 만족해하는 것은 도리가 아니다. 왜냐하면 결과란 원인을 따르는 연기의 법칙이기 때문이다.

이 뜻을 열어 주고자 『비화경(悲華經)』에서 설하되, "소분은 소분을 낳고, 일체는 일체를 낳는다."라고 하였다.

『여래출현경(如來出現經)』에서도, "대저 제불여래가 출생하는 그것은, 하나의 인(因)에 의한 것이 아니다. 왜냐하면 불자들이여! 제불여래는 〔십법(十法)[268] 등의〕 잘 집성된 백만의 무량한 정인(正因)에 의해서 원성되는 것이다. 그 십법(十法)이란 무엇인가? 이와 같으니, 무량한 복혜의 자량에 만족하지 않고 닦아 얻은 정인과 ……" 등등을 널리 설하였다.

『무구칭경(無垢稱經)』에서도, "선우들이여! 여래의 색신은 백복(百福)에서 출생하며, 일체의 선법(善法)에서 출생하며, 무량한 선도(善道)에서 출생한다."라는 등등을 널리 설하였다.

용수보살도 〔『보만론(寶鬘論)』에서〕 "부처의 색신의 인(因)은 또한 〔불가사의한〕 세간과 같아서 헤아릴 수 없을진대, 하물며 그 때 법신의 인을 어찌 헤아릴 수 있겠는가?"라고 설하였다.

이와 같이 방편과 반야를 육바라밀다로 거두어서 수학하는 것은, 앞에서 말한 바대로 〔두 대승인〕 밀승(密乘)과 바라밀다승(波羅蜜多乘)의 공통 도인 것이다.

밀종의 허다한 경궤들에서 〔본존의 거처인〕 무량궁(無量宮)과 본존이 소유하는 장엄상들 그 전부가 내심의 공덕[269]임을 해설할 때, 육바라밀

---

268) 십법: 전행(前行)을 수호하는 마음과, 무량한 보리심의 성취, 의요(意樂)와 증상의요(增上意樂)의 성취, 무량한 대자와 대비의 성취, 무량한 보리행과 서원의 성취, 무량한 복덕과 지혜 자량의 성취 등의 열 가지임. 『보리도차제대론』, p. 60,

269) 내심의 공덕: 밀교 만다라의 본존들이 취하는 갖가지 신형(身形)과 수인(手印)과 지물(持物)과 장식물들은 법수(法數)를 상징하는 것임을 말한

과 삼십칠보리분법(三十七菩提分法)과 십육공성(十六空性) 등의 바라밀다의 도를 완전하게 갖추는 것임을 거듭거듭 설시한 까닭이다. 그러므로 중생의 차별로 인해서 소수의 뿌드갈라(pudgala, 人)를 위하여 세간의 안락을 정도로서 설시하는 등의 바라밀다승에서 설하는 소수의 법만을 제외하고 나면, 그 밖의 나머지는 밀종의 도와 전적으로 공통되는 것임을 알도록 하라.

앞서의 말들을 법의 종자로 삼아서 깊이 사유해서, 일분의 도가 아닌 원만한 도에 결정적 이해를 얻지 못한다면, 그것은 곧 모든 대승도의 근본을 얻지 못하는 것이 된다. 그러므로 지혜를 갖춘 자들은 그것에 대하여 견고한 신해를 얻기 위해서, 다방면에 걸쳐서 대승종성(大乘種姓)의 힘을 증장시키도록 노력해야 한다.

이와 같이 쫑카빠 대사는 『람림첸모』의 발심과 보살학처를 논설하는 장(章)에서, 많은 지면을 할애하여 마하연 화상의 교설을 세밀하게 비판할 뿐만 아니라 사마타(止)와 위빠사나(觀)의 장에서는 수행의 분상에서, 불사(不思)와 부작의(不作意)의 교설에 대해서도 강력하게 비판하게 된다. 이 가운데 중요한 그의 비판들을 취록하면 다음과 같다.

먼저 무아의 정견을 얻어서 대경(對境)도 또한 본래 실재하지 않음을 알고 나서, 마음이 전혀 분별하지 않는 무분별에 안주하는 것이 아니라 단지 일체를 전혀 분별하지 않는 그러한 무분별의 수행을 가지고서 성불의 정로(正路)라고 주장하는 이 설을 『람림첸모(菩提道次第廣論)』에서는 다음과 같이 네 단계로 구분해서 파척하고 있다.[270]

다. 예를 들면 짜끄라쌈바라(勝樂金剛)의 열두 개의 팔은 12인연법을 상징하고, 본존의 거소인 무량궁(無量宮)은 복덕자량의 완성을 의미하는 따위이다.

270) 『람림첸모』, pp. 773~779.

〔타종을 파척함의 첫 번째〕 일부는 말하길, "무아를 깨닫는 정견은 비록 얻지 못하였을지라도, 만약 마음이 전혀 분별함이 없도록 거두어 잡는다면 그것이 본성의 의리를 닦는 것이다. 왜냐하면 이 본성의 공한 도리는 '이것이다. 이것이 아니다'라는 모든 인식의 경계를 여읜 것이므로, 그와 같이 마음을 안치하는 것이 본성에 계합하기 때문이며, 또 대경이 전혀 성립하지 않음으로써 마음도 역시 그것을 전혀 취함이 없기 때문이다."라고 주장한다.

이것에 대하여 말하고자 한다. 먼저 그와 같이 닦는 자가 대경들이 전혀 성립하지 않음을 그대로 알고 나서, 그 다음 그것과 계합하게 마음도 역시 전혀 취함이 없이 안주한다는 것인가? 아니면, 그와 같이 알지는 못할지라도 대경의 실질이 전혀 성립하지 않음으로 해서, 마음도 또한 전혀 대경을 취하지 않는 쫌족(但住)을 닦는 것을 가지고 대경의 본성을 닦는 것이라고 하는 것인가?

만약 처음과 같다면, 그가 정견을 얻지 못함과 서로 어긋나는 것이니, 그대가 그 요의의 정견을 주장하였기 때문이다. 우리들에 의할 것 같으면, 그와 같은 그것은 정리에 의한 소파(所破)의 분계를 알지 못하는 것이어서, 비록 무엇을 인정한다고 할지라도 그것은 정리에 어긋나는 것으로 본다.

그 다음 전혀 인식의 소의처(所依處, 根據)를 세우지 않는 것은 바로 감손견(減損見)으로, 그 위에 마음을 안치하는 것 또한 공성을 전도됨이 없이 수습함이 아니니, 이것은 앞에서 이미 누누이 설명한 바이다.

만약 이 법들의 실상을 분석하고 정리로서 심찰하게 되면, 그들의 있고 없음 등이 전혀 그 정리에 의해서 성립되지 않음으로써, 그 법들이 승의의 분상에서 일체의 희론을 여읜 것이라고 사유한 나머지, 그 뿌드갈라(人)가 비록 그와 같이 깨닫지 못할지라도 그와 같이 마음을 안치하는 것이, 그 본성에 계합하는 것이자 공성을 수습하는 것이라고 주장함은 더 큰 모순에 떨어질 뿐이다.

왜냐하면 일체의 근식(根識)들 또한 "이것은 이것이며, 이것은 이것이 아니다."라는 생각을 모두 취하지 않는 까닭에 대경의 본성과 계합함으로써 그 전체가 또한 공성을 닦는 수습이 됨과, 또 앞서 설명한 바와 같이 외도들의 무분별의 사마타(止)들도 전부가 공성의 수습이 되는 등의 모순이 허다히 있는 것이다.

또한 대경의 본성과 마음을 안치하는 법의 그 둘이 상합하는 것을, 다른 뿌드갈라가 아는 것으로 충분하다고 하면, 외도들도 역시 공성을 닦는 것이 됨을 배척하지 못한다.

만약 그와 같지 않고, 여기서는 그 뿌드갈라가 그 둘이 계합함을 알고 나서 그 다음 마음을 안치하는 것이라고 생각하면, 그와 같은 계합의 도리를 그가 안다면 그것은 정견을 얻은 것이므로, 정견을 얻음이 없이, 전혀 대경을 취함 없이 단지 마음을 안치하는 것으로서, 공성의 수습으로 주장하는 것과는 상이하다.

가령 무엇을 분별할지라도 또한 그 분별들 일체가 윤회에 결박되는 것이므로, 쫄족의 무분별을 행하는 것이 해탈의 길이라고 생각한다면, 이것은 이미 앞에서 허다히 파척한 바이며, 만약에 이와 같다고 하면, 중국 화상의 법에 대해서도 또한 조그만 잘못도 지적할 수 없다.

그러므로 『수습차제하편』에서 설하되, "어떤 자는 〔중국의 마하연 화상은〕 말하길, '마음의 분별로 야기한 선(善)과 불선(不善)의 업력에 의해서, 모든 유정들이 인천 등의 업과를 받으면서 윤회에 생사하는 것이다. 만약 어떤 이들이 〔일체를〕 전혀 사유하지 않고, 〔일체를〕 전혀 행하지 않는다면, 그들은 윤회에서 해탈하게 된다. 그러므로 〔일체를〕 전혀 사유하지 말며, 보시 등의 선행도 행하지 말라. 보시 등의 행위는 단지 우둔한 자들을 위해서 설해진 것일 뿐이다.'라고 한다. 정녕 이렇게 생각하고 그렇게 말하는 것은 대승 전체를 말살하는 것이다. 대승은 모든 승(乘)의

근본이므로 만약 그것을 버린다면 일체의 승(乘)들을 버리는 것이다.[271]

이와 같이 '〔일체를〕 전혀 사유하지 말라.'고 하는 것은 여실한 관찰의 본성인 반야의 〔관혜(觀慧)〕를 버리는 것이다. 여실지(如實智)의 근본은 여실한 관찰〔사유〕이므로, 그것을 버린다면 뿌리를 자르는 것이 되어서, 출세간의 반야도 역시 버리게 된다.

'보시 등의 선행도 역시 행하지 말라.'고 하는 것 역시 보시 등의 방편을 아예 저버리는 것이다. 요약하면 이와 같은 것이니, 방편과 반야가 바로 대승인 것이다.

이 뜻을 또한 『가야경(伽耶經)』(sDe, bka-mdo-ma-288)에서 설하되, '보살의 길이란 요약하면 둘인 것이니, 그 둘이란 무엇인가? 이와 같으니, 방편과 반야인 것이다.'라고 하였다. 『여래비밀경(如來秘密經)』에서도 설하되, '이 방편과 반야의 둘이 일체의 보살도를 총괄한다.'라고 하였다. 그러므로 대승을 버리는 것은 바로 큰 업장을 짓는 것이다. 이러한 까닭에 대승을 버리며, 듣고 배움이 천박하며, 자기의 견해만을 제일로 삼으며, 선지식을 받들어 모시지 않으며, 여래의 교의를 옳게 체달하지 못하고, 자신을 망치고 남도 망치는 청정한 교리와 위배되는 사설들을, 스스로를 자중자애(自重自愛)하는 지자들은 독이 든 음식과도 같이 여겨서 멀리 던져 버리도록 하라."는 중국 화상의 주장을 기재한 뒤, 만약 그와 같이 주창하면 대승 전체를 훼멸하게 되는 논리들을 자세히 해설한 바, 그 적론(敵論)을 확실히 알도록 하라.

만약 우리는 보시 등의 행위를 닦기에 중국 화상과는 다르다고 생각한다면, 이것은 단지 보시 등의 행위를 통해서 차별이 있는 것이므로, 우리

---

271) 『대반야경(大般若經)』에서 설하되, "모든 보살들은 성문도(聲聞道)의 전체와 연각도(緣覺道)의 전체와 여래도(如來道)의 전체, 즉 일체도(一切道)를 마땅히 생기토록 하며, 또 일체도를 마땅히 알도록 하라. 또한 일체도를 원만히 갖추도록 하며, 또한 일체도의 소작사(所作事)를 마땅히 행하도록 하라."고 하였다

와 중국 화상이 요의의 견해 수습은 같다고 말하는 것이 된다. 만약 그렇지 않다면, 전혀 분별하지 않는 무분별정(無分別定)에 대해서도 구별을 하는 것이 옳다.

또한 분별들 일체가 윤회에 결박당하는 것이기에, 그대는 윤회로부터 해탈을 구하지 않는다는 것인가? 만약 그것을 구한다면 보시를 행하고 계율을 수지하는 등도 또한 분별로서 행하게 되는 것이니, 그것을 닦음에 무슨 이익이 있겠는가? 이미 앞에서 허다히 설명한 바이다.

그러므로 모든 분별들이 윤회에 결박되는 것으로 말할 것 같으면, 중국 화상의 논설이 뛰어난 것이며, 그대와 같다면 모순의 배리만이 가중되는 것이다.

또 그를 추종하는 일부는 이렇게 생각하니, "이아(二我)의 상(相)을 취하는 그 대경을 허다히 관찰하고 나서, 그 다음 그 능취(能取)의 마음을 끊는 것은 마치 개가 돌의 뒤를 쫓는 것과 같이 희론을 바깥에서 끊는 것이며, 처음부터 그 마음이 분산하지 못하게 장악하는 것은, 투석하는 손을 무는 것과 같이 그것을 닦음으로써 〔이아의〕 상을 취하는 그 대경들로 마음이 유실하지 않는 것은, 모든 희론을 안에서 끊는 것이다. 그러므로 정견을 결택하는 언교와 정리를 학습하는 것은 단지 언설 속에 표류할 뿐이다."라고 말한다.

이것은 곧 여래의 일체경과 〔남섬부주의〕 육장엄(六莊嚴)[272] 등의 현성들의 모든 논전들을 유기하는 최하의 사견인 것이니, 그것들에 의해서 이 정리와 언교의 의취를 오로지 결택하기 때문이다.

또 이아의 상을 취하는 마음이 그와 같이 인식하는 그것이 여하한 것인가를 잘 관찰한 뒤, 청정한 교리에 의해서 그가 미집하는 것처럼 〔이아의

---

272) 육장엄: 고인도의 여섯 명의 대아사리를 칭송하는 말로, 중관학의 용수와 성천보살, 대법학(對法學)의 무착(無着)과 세친(世親)보살, 인명학(因明學)의 진나(陳那)와 법칭(法稱) 논사를 말함.

상이〕 있지 않음을 결단하는 방법을 통해서, 착란의 거짓됨을 영원히 무너뜨려야 하는 것이다.

그와 같은 확지를 전혀 얻음이 없이 단지 마음을 잡는 것은 그때 비록 이아의 대경으로 마음이 분산함이 없다고 인정할지라도, 단지 그 정도로서 무아의 뜻을 깨닫게 되는 것이 아니다. 만약 그렇지 않다면, 깊은 숙면과 혼절 등의 경우에도 역시 마음의 유실이 없음으로써, 그들도 또한 무아를 통달하게 되는 큰 모순이 발생하기 때문이다. 예를 들면 어두운 밤 낯선 동굴에 나찰이 있는지 없는지를 의심해서 공포가 생길 때, 등불을 밝혀 나찰이 있고 없음을 분명히 조사해서 공포의 근본을 제거하지 않고, 단지 나찰을 망상하는 그 분별이 일어나지 못하게 마음을 잡도리하라고 함과 같은 것이다.

『수차하편』에서 설하되, "전투 시에 두 눈을 부릅뜨고 적군이 어디에 있는지를 잘 살펴서, 그곳을 향해 칼을 휘두르는 씩씩한 용사처럼 하지 않고, 적군의 위세를 보고서 두 눈을 감고 죽기를 기다리는 겁쟁이와 같다고 설한 것이다. 이 뜻을 『만수실리유희경(曼殊室利遊戱經)』에서 설하되, '동녀여! 어떻게 보살들이 〔번뇌의 적들과의〕 싸움에서 승리하는가? 답하여 아뢰되, 문수보살이여! 여실히 관찰해서 일체의 법을 가히 보지 않는 그것입니다.'라고 하였다. 그러므로 유가사는 지혜의 눈을 부릅뜨고, 반야의 혜검으로 번뇌의 적들을 베어 버린 뒤, 두려움 없이 당당히 머물되 겁먹은 사람처럼 눈을 감지 않는다."라고 설하였다.

그러한 까닭에 밧줄을 뱀으로 착각해서 공포가 일어나면, 그 똬리가 밧줄일 뿐 뱀이 아니라고 결단하는 확지를 일으켜서, 그 착각과 두려움의 고통을 제거하게 되듯이, 이아를 실유로 미집해서 착란하고, 그 착란이 야기하는 윤회의 고통도 역시, 아집의 대경이 실재하지 않음을 결단하는 언교와 정리로서 확지를 일으킨 뒤, 이 아집이 착란의 산물임을 요해하는 것이다. 그 다음 진실한 의리를 수습해서 〔착란을〕 제멸하면 착란에서 비롯된 윤회의 모든 고통들도 자연히 소멸하게 되는 것이다.

중관의 논전들에서 대경을 관찰해서 〔착란을〕 파괴하는 이유도 이와 같다. 그래서 아사리 아르야데와(Āryadeva, 聖天)도, "대경에 자아가 없음을 보면, 윤회의 종자를 파괴하게 된다."라고 설하였다.

『입중론(入中論)』에서도, "사물이 실재하면 분별이 발생하는 것이니, 사물이 그처럼 있지 않음을 관찰하게 되면"이라고 한 바, 변집(邊執)의 분별에 의해서 사물을 실유로 미집하게 되면 분별들이 발생하므로, 대경이 실재하지 않음을 온갖 방법으로 관찰토록 하라고 설하였다. 또 설하되, "자아가 이것의 대경임을 깨달은 뒤, 유가사가 자아를 파괴하게 된다."라고 하였다.

아사리 릭빼왕축(Rig paḥi dbaṅ phyug, 正理自在)도 설하길, "이 대경을 파괴함이 없이는, 그것을 가히 소멸하지 못한다. 공덕과 과실에 연계하는 탐착과 분노 등을 멸하는 것은, 그들의 대경을 보지 못함으로 인함이며, 외부의 도리에 의한 것이 아니다."라고 하였다.

또 같은 논에서 설하길,[273] 〔타종을 파척함의 두 번째〕 일부는 말하길, "무아의 공성의 정견을 얻음이 없이, 단지 무분별에 안주하는 것은 공성을 수습하는 도리가 아님을 우리들도 역시 인정하는 바이므로 앞의 주장은 정리가 아니다. 그렇지만 무아의 요의의 견해를 얻고 난 이상에는, 그 뿌드갈라가 무분별에 안주하는 그 전부가 공성의 수습이다."라고 주장한다.

그러나 이것은 정리가 아니다. 그가 요의의 견해를 얻음으로써 수습하는 무분별 전체가 요의의 견해로서 결택한 의리를 수습하는 것이라고 한다면, 그러한 뿌드갈라가 보리심을 수습하는 그것이 요의의 견해의 수습이 되지 못하는 이유가 무엇인지를 말해야 하는 것이다.

만약 그 보리심의 수습이 요의의 견해를 얻은 뿌드갈라의 수습이어서,

---

273) 『람림첸모』, p. 781.

그 견해를 그때 억념하고 그 위에 마음을 안치해서 수습하는 것이 아니라고 생각할 것 같으면, 그 뿌드갈라가 요의의 견해를 얻었을지라도 수습 시에는, 그 견해를 억념하고 그 견해 위에 안주하는 수습이라면 공성의 수습이 될지라도, 단순히 그가 모든 무분별에 안주하는 전부가 어찌 정견을 수습하는 것이 되겠는가?

그러므로 비록 정견을 얻었을지라도, 수습 시에는 앞의 정견에 의해서 결택한 그 의리를 억념하고 나서 공성을 수습해야 하는 것이다. 단지 전혀 분별하지 않는 쫌족(但住)만을 닦는 것은 공성의 수습이 아니다.[274]

또 같은 논에서 설하길,[275] 〔타종을 파척함의 세 번째〕 일부는 말하길, "요의의 견해를 얻음이 없는 무분별에 안주하는 것이 공성의 수습이라는 처음의 주장도 인정하지 않으며, 그 견해를 얻고 나서 무분별에 안주하는 그 전부가 또한 공성의 수습이라고도 인정하지 않는다.

그렇지만 매번 무분별을 수습하는 그때, 미리 한 차례씩 여실히 분별하는 반야에 의한 관찰을 행한다면, 그 다음에는 무분별에 안주하는 그 전부가 공성의 의리를 수습하는 것이 된다."라고 말한다.

그러나 이 역시 정리가 아니다. 만약 그와 같다고 하면, 수면에 들기 전에 한 차례 정견에 의한 관찰을 행하고 나면, 그 뒤의 깊은 수면의 무분별도 역시 공성의 수습이라는 큰 모순이 생긴다. 정견에 의한 관찰을 사전에 행함에 있어서 이 둘은 동일하고, 자종의 수습시 에 정견 상에 안주하는 수행을 요하지 않는 것으로 드러났기 때문이다.

---

274) 이 구절에 대하여, "뽀또와(Po to ba, 1027~1105)의 『베우붐응왼뽀(小冊青書)』에서 설하되, '문사(聞思)의 수습 시에는 〔공성을〕 정리로서 결택하나, 〔공성의〕 수습 시에는 오로지 무분별만을 닦는다고 한다. 이와 같은 것은 진실한 대치(對治)가 아니니, 공성과 무관한 별도의 수습인 까닭이다.'라고 하였다."라고 『약론석』에서는 해설하고 있다. 『약론석』 下冊, p. 1328.

275) 『람림첸모』, pp. 781~782.

그러한 까닭에 정견에 의한 관찰을 행한 뒤에 그 결택된 무자성(無自性)의 의리 위에 안주할지라도, 그 뒤 잠시 지나고 나면 정견상의 안주가 유실됨으로써, 통상 마음이 무분별에 안주할지라도 그 모두가 공성의 수습은 아니다. 그러므로 마땅히 분별을 닦아서 정견 상에 머물고 머물지 않음을 지속적으로 돌이켜보면서 수습해야 하는 것이다.

또 같은 논에서 설하길,[276] 〔타종을 파척함의 네 번째〕 일부는 말하길, "그와 같이 앞의 세 주장을 인정하지 않으며, 공성을 수습할 때 공성에 대하여 먼저 확지를 일으키고, 그 의리를 마음으로 거두어 잡은 뒤, 여타를 관찰함이 없이 안주하는 것이 공성을 전도됨이 없이 수습하는 것이다.

이것은 처음의 주장과 같이, 공성에 마음이 취향하지 않음이 또한 없으며, 두 번째의 주장과 같이, 무분별을 수습할 때 공성의 견해를 억념하지 않음도 또한 아니다. 세 번째의 주장과 같이, 정견에 의한 관찰을 먼저 행하고 또한, 그 뒤 견해 상에 머물지 않는 무분별도 역시 아니기 때문이다."라고 생각할 것 같으면, 이것은 정견에 의한 관찰을 행하였음을 뜻하나, 단지 그 견해를 억념한 뒤 그 견해 상에 오로지 머무르는 주수(住修)만을 닦는 것을 공성의 수습으로 주장하는 것이어서 정리가 아니다.

이와 같은 것에는 공성에 대한 지수(止修)를 닦는 사마타(止)만이 있을 뿐 관수(觀修)인 위빠사나(觀)의 수습 도리가 없는 것이어서, 지관쌍운(止觀雙運)의 행법이 결여된 하나의 갈래 법에 지나지 않기 때문이다.

또한 여실한 관찰로서 제법의 진실을 결택하는 정리에 의한 추찰을 선행하지 않는 중국 화상의 주장을, 『람림첸모』에서는 다음과 같이 비판하고 있다.[277]

---

276) 『람림첸모』, pp. 782~783.

277) 위의 책, pp. 786~787.

『수차중편』에서, “또한 『보운경(寶雲經)』에서도, ‘그와 같이 과환에 효달한 유가사는, 일체의 희론을 여의기 위해서, 공성을 수습하는 유가의 관행(觀行)을 닦는다. 그가 공성을 허다히 수습함으로써 어떠어떠한 대경들로 마음이 달아나서, 그 마음이 애착하는 그러그러한 대상들의 본질들을 추찰해서 공한 것임을 깨닫는다. 마음이란 그 또한 관찰해서 공한 것임을 깨닫는다. 그 마음이 깨닫는 바의 그 또한 자성을 추찰해서 공한 것임을 깨닫는다. 유가사가 그와 같이 깨달음으로 해서, 〔희론이 절멸한〕 무상유가(無相瑜伽)에 들어간다.’라고 설하였다. 이것은 곧, 〔온전히 분별하는〕 주편심사(周偏尋思)를 먼저 행함으로써, 무상성(無相性)에 깨달아 들어가는 것임을 밝힌 것이다. 단지 작의를 버리거나, 반야로서 사물의 본성을 관찰함이 없이는, 무분별성에 깨달아 들어가지 못하는 것임을 극명하게 밝힌 것이다.”라고 하였다.

이 뜻은 마음이 달아나는 대경과 산란한 마음들을 관찰하면 공한 것임을 깨달음과 공함을 아는 그 각성도 추구해서 관찰하면 역시 공한 것임을 깨닫는 그러한 것들을 공성을 수습할 때 또한 닦으라고 설한 것이며, 또 관찰하여 공함을 깨닫는 그것에 의해서 무상유가에 증입하게 되는 것임을 설한 것이다.[278)]

그러므로 주편사찰(周偏伺察)로서 추구하는 정리의 추찰을 선행하지 않는 마하연 화상의 주장처럼, 단지 산란을 거두어 잡되 작의를 버리는 것으로는, 무상(無相) 또는 무분별에 증입하지 못하는 것임을 분명하게 밝힌 것이다.

---

278) 『약론석』에서 해설하길, “이하는 쫑카빠 대사가 상세히 해설을 가한 것이니, ‘이것은 『보운경(寶雲經)』의 설을 인거해서, 마땅히 여리관찰(如理觀察)을 선행해야 하는 것이니, 만약 진실의견(眞實義見)을 보지 못하는 즉, 결단코 진실의(眞實義)의 무분별에 증입하지 못한다.’고 하였다.”라고 설하고 있다. 『약론석』 下冊, p. 1326.

또한 무아의 진실을 사유하고 관찰하는 것은 분별이므로, 분별에서 무분별이 발생하는 것은 도리가 아니라는 주장을, 『람림첸모』에서는 다음과 같이 비판하고 있다.279)

세존께서 친히 비유를 들어서 설하시되, 『보적경(寶積經)』「가섭문품(迦葉問品)」에서, "가섭이여! 예를 들면 이와 같으니, 두 나무가 바람에 의해 서로 비벼지게 되면 문득 불씨가 발생하고, 불이 타올라서는 두 나무를 태워버림과 같이, 가섭이여! 여실한 분별이 있게 되면 성스러운 혜근(慧根)이 발생하고, 그 성스러운 혜근이 발생해서는 그 여실한 분별마저도 태워 버린다."라고 한 것은 여실한 분별로 인해서 성스러운 반야의 지혜가 출생하는 것임을 설한 것이다.

『수차중편』에서도, "그가 그와 같이 반야로서 여실히 관찰해서, 어느 때 유가사가 일체 사물의 자성을 승의 상에서 분명히 미집하지 않는 그 때, 비로소 무분별정(無分別定)에 들어가고, 일체법의 무자성성(無自性性)을 역시 깨닫게 된다. 만약 반야로서 사물의 자성을 여실히 관찰해서 닦지 않고, 단지 작의의 버림만을 오로지 닦는 것은, 그의 분별도 영원히 제멸하지 못하며, 무자성성도 영원히 깨닫지 못하는 것이니, 왜냐하면 지혜의 광명이 없기 때문이다. 그러므로 '이와 같이 여실한 분별로 인하여 여실한 지혜의 불꽃이 발생하면, 마치 찬목(鑽木)을 비벼서 불씨를 일으키는 것과 같이, 분별의 나무들을 태워 버린다.'라고 세존께서 말씀하였다."라고 설했다.

비단 이뿐만 아니라 쫑카빠 대사는 그의 다른 저술에서도 역시 중국 화상의 견해를 적극 파척하고 있다. 예를 들면, 밀교의 원만차제의 전체적인 행상을 해설하면서, 마하연 화상과 관련된 무사(無思)와 부작의

279) 『람림첸모』, pp. 788~789.

(不作意)에 대하여 『응악림첸모(密宗道次第廣論)』에서는 다음과 같이 비판하였다.[280]

그와 같이 무아의 이해를 추구한 뒤 정견에 의해서 결택한 결정의(決定義)에 대한 확지의 흐름을 지킴이 없이 일체를 인지할지라도 다 분별의 경계이므로, 전혀 사유하지 않음이 『시륜경(時輪經)』의 도리라고 말하는 것은 그 속석(續釋)의 뜻을 전도되게 설명한 것이니, 『오차제광석(五次第廣釋)』에서 그것을 별도로 파척하였기 때문이다.

그 또한 처음 주장의 적론(敵論)을 말하면 다음과 같다.

그와 같이 『반야경』에서, 여래의 무사지(無思智, Ye śe bsam pa med pa)는 무상정등각의 부처를 얻게 하기 위해서 세존께서 설한 것이다. 사유는 〔부처를 얻게 하는 것이〕 아니니, 왜냐하면 탐(貪)과 불탐(不貪)의 본성인 까닭이다.

유정들의 사념이 크게 발동하는 그때, 탐하는 사물들을 애착하는 것과 탐하지 않는 사물들을 애착하지 않는 그 전부가 윤회생사인 것이다.

무념(無念)이 전적으로 발동하는 그때는, 탐하는 사물들에 애착함도 없으며, 탐하지 않는 사물들에 대하여 애착을 여윔도 없다. 그와 같이 애착과 애착의 여윔도 없으며, 그들이 없는 까닭에 윤회생사도 없으며, 윤회생사가 없는 까닭에 정등각의 부처를 이룬다. 그러므로 부처를 얻게 하는 것은 여래의 무사지이며, 여타의 분별의 삼마지가 아닌 것이다.

〔다시 위의 적론을 요약하면〕 누가 그것을 설하였는가? 하면, 세존께서 설하였으며, 무엇을 설한 것인가 하면, 무사지(無思智)를 닦을 것을 설하였다. 무슨 뜻으로 설한 것인가 하면, 부처를 성취하기 위한 뜻으로

---

280) 『응악림첸모(密宗道次第廣論)』, pp. 562~564, 쫑카빠, The Corporate Body of the Buddha Educational Foundation, 2001, Taipei, Taiwan.

설하였으며, 어디에서 설한 것인가 하면, 『반야경』에서 설한 것으로, 있고(有) 없음(無)과 공(空)과 불공(不空) 등의 일체를 행할지라도 유상(有相)을 행하는 것이지 반야바라밀을 행하는 것이 아니라고 한 구절을 곡해한 것이다.

사유가 있음은 부처를 성취하는 심오한 도의 수행이 아니다. 왜냐하면 사유인 이상 그것은 분별이며, 분별은 또한 탐착의 유형에 속하거나, 아니면 불탐의 유형에 속해서 탐착과 탐착의 여읨을 일으키게 되고, 그것에 의해서 윤회에 결박당하기 때문이다.

그러므로 전혀 사유하지 않음으로써 탐과 불탐의 유형에 속하는 분별을 벗어나게 되고, 그것을 벗어나게 되면 윤회를 벗어나게 되어서 성불하게 되는 것이다. 그러므로 부처를 증득하는 길은 일체를 사유하지 않는 무사(無思)이며, 그 밖의 다른 분별의 삼마지가 아닌 것이다.

〔위의 적론을 논파하면〕 여래의 지혜라고 말한 것은, 부처를 이루는 길을 분명하게 말하고 있음으로써 과위의 단계가 아닌 여래의 지혜를 얻게 하는 그것에다 이름을 시설한 것이다.

『오차제광석(五次第廣釋)』에서 그것을 논파해서 파척하였으며, 그 적론의 논파에는 두 가지 있으니, 먼저 정리(正理)에 의한 논파는 이와 같다.

이 『광석』에서, "여기서 만약 무사지가 부처를 얻게 하는 것이라면, 〔불사(不思)가 이루어지는〕 그때 일체의 유정들이 어째서 부처가 되지 못하는 것인가? 그들 또한 깊은 숙면 중에는 무사지에 들어가게 되서, 탐하는 사물들을 애착하지도 않으며, 탐하지 않는 사물들에 애착의 여읨도 또한 없는 것이다."라고 하였다.

이 뜻은 단지 불사(不思)에 들어가는 수행에 의해서 성불하는 것이라면,[281] 깊은 숙면 속에 들어가면 그것이 발생하게 되고, 그 또한 무시이

281) 이것은 단지 무념(無念)으로 성불하는 것이라면, 다음의 마음이 없는 경우도 역시 성불하게 되는 것이니, 즉 멸진정무심(滅盡定無心)과 무상천

래의 윤회에서부터 존재하는 까닭에 모든 유정들도 자연히 성불하게 된다는 것이다.

요약하면, 정견에 의해서 결택한 무아의 뜻을 닦음이 없이, 단지 일체의 변(邊)〔경계〕을 또한 잡지 않고 머무르는 그것이, 부처를 얻게 하는 무분별이라면 깊은 숙면도 역시 그와 같아서, 일체의 변〔경계〕을 전혀 잡지 않음이 거기에도 또한 있는 것이다. 만약 정견 상에 안주하는 것이 〔경계를〕 하나조차 또한 〔잡음이〕 없는 것이라고 생각해서, 변을 전혀 잡지 않는 것과 변을 아예 여읜 깨달음의 두 가지가 서로 같지 않은 도리에 의해서 논파당하는 것이다.

또한 아사리 까말라씰라(Kamalaśīla, 蓮華戒)가 중국 화상을 논파함에 있어서 상대방의 주장을 그와 같이 논파한 것도 역시 혼절의 무분별을 들어서 파척한 그것과 같은 것이다.

다음은 언교(言敎)에 의한 논파이니, "여기서 만약 보등삼매(寶燈三昧)가 사유 혹은 사념이 전혀 없는 것이라면, 그때 보등(寶燈)이라 부르는 삼매가 어떻게 발생할 수 있겠는가? 그와 같이 여타의 삼마지들 또한 사유가 없이는 발생하지 못하는 것이니, 왜냐하면 〔삼마지는〕 자증자오(自證自悟)의 내증의 경계인 까닭에 물질과 공허한 것이 아니기 때문이다." 라고 『반야경』을 인거해서 파척하였다.

부연하면, 수행 분상에서 이 불사(不思)와 부작의(不作意)에 대한 티베트불교의 시각을 겔룩빠의 고승인 최제 둑걜왕(Chos rje. ḥBrug rgyal dbaṅ)은 『쫑카빠남타르(宗喀巴伝)』에서 다음과 같이 그 요점을 정리해서 밝혔다.[282)]

무심(無想天無心)과 무상정무심(無想定無心)과 숙면무심(熟眠無心)과 혼절무심(昏絶無心)의 다섯 경지이다.

282) 『쫑카빠남타르』, pp. 493~496, 최제 둑걜왕, 청해 민족출판사, 1981.

그러므로 선대의 큰 선지식들의 어록과 수습차제들에서, 전혀 〔사유하지 않는〕 부작의(不作意)가 최상의 수행임을 설한 총론과도 같은 이 언구에 떨어져서, 후대에 대수행자로 자처하는 무리들로 수복정죄(修福淨罪)와 지계 등을 전혀 근수함이 없이, 애당초 선악의 모든 분별들을 차단한 뒤, 어떠한 소연도 전혀 작의하지 않는 쪼족(但住)의 수습 이외에 더 나은 수법이 없다고 생각하는 자들이 허다하게 많다.

만약 이와 같이 닦는다면, 중국 화상의 수법과 다를 것이 없어서 큰 착오처에 떨어지게 됨을 인식해서, 쫑카빠 대사 등이 그것을 적극 파척하고 나선 것이다.

선대의 선지식들이 말하는 전혀 작의하지 않는 교설의 주된 의취는, 선정 시에 제법의 실상인 공성의 모든 희론의 가장자리를 여읜 무분별의 본성 이외에, 여타의 좋고 나쁜 모든 소연들을 전혀 작의하지 않는다는 의미이다.

이것은 숙세에서 이미 〔현밀의〕 공통의 도에 의해서 마음의 흐름을 잘 정화하고, 비공통의 〔생원(生圓)의〕 두 차제의 유가도 또한 대부분 이수한 이근숙습(利根宿習)의 사부(士夫)는, 금생에서 처음부터 그와 같이 닦을지라도 어려움이 없이 능히 해탈한다. 이와는 달리 〔공통도의〕 전행(前行)의 도들을 이수하지 못한 낮은 지위의 초학자가 처음부터 대인(大印)을 수습할지라도, 그와 같이 설해진 체험들이 마음에 생겨남이 없는 상태에서, 수행의 진의를 알지 못한 채 마음의 침몰의 쌓음을 수행283)으

서녕, China.

283) 뻴망 꾄촉갤챈의 『교파종견변석(教派宗見辨析)』에서 말하되, "사마타(止)의 수습시에 한 삼마지의 주분(住分)을 사마타로, 명분(明分)을 위빠사나로 각각 착각한 뒤 세분(細分)의 침몰을 삼마지로, 조분(粗分)의 침몰을 미세한 침몰로 착각한 탓에 혼몽을 조분의 침몰로 착각해서는 삼매의 체험을 행·주·좌·와에 배합해서 근본과 후득(後得)이 하나가 되었다고 교만해 해는 자들이 많다."라고 하였다. 『변론문선편(辯論文選編, 교파종견변석(教派宗見辨析)』, p. 736, 캐둡 겔렉뻴쌍뽀 외 4인, 사천민족출판사,

로 착각해서 축생과 무상천(無想天) 등에 태어나게 되는 것이다.

또한 사마타 등의 수습 단계에서도 역시 부작의를 설한 것은 "하나의 적절한 소연의 대상에 마음을 선하게 갖고 안치토록 하라."고 함과, 또 "소연의 대상에 마음을 오로지 주시해서, 그 흐름이 흩어지지 않게 하라."는 따위를 설함과 같이, 초학자가 사마타를 수습할 때 임의의 한 소연에 마음을 전주하고 나서 거기에서 여타의 좋고 나쁨 등의 분별을 전혀 작의하지 않음과, 또 이들보다 뛰어난 지혜의 사부(士夫)는 소연 등에 의지함이 없이 그대로 마음이 무분별의 상태에 그렇게 머물도록 수습하되, 그 때에도 역시 명징과 무분별의 본성 이외의 여타의 법들을 작의하지 않음과, 사마타의 견고한 주분(住分)을 얻은 뒤에 거기서 위빠사나의 관혜(觀慧)를 일으켜서, 갖가지의 무변한 도리로서 인법무아(人法無我)를 결택한 그 무아의 진실 이외의 여타의 법들을 작의하지 않는다는 것이다.

그러므로 그러한 단계들에서 설한 이 부작의(不作意)의 뜻을 각각 혼동함이 없이 바르게 요지해야 하며, 마음이 무분별의 상태에 머무르는 삼마지의 분상에서도 또한, 그 무분별의 본성 이외에 타처로 마음이 산란하는 도거와 명징하지 못한 침몰을 반드시 벗어나야 하는 까닭에, 정념(正念)과 정지(正知)의 감찰을 반드시 여의지 않아야 하는 것이다.

그러므로 단지 부작의를 말한 언구에 착각해서, 범부의 혼절 또는 숙면 따위의 기억과 의식이 전혀 없는 것을 수행으로 인식하는 것은 크나큰 착오이며, 그와 같이 후득(後得, 出定 뒤)의 상태에서도 한층 더 수복참죄의 도행을 전심으로 근수함이 필요하다. 전혀 작의하지 않는다는 것은 유위의 선근을 무시하는 것보다도 더 무거운 잘못에 떨어지는 것이다.

그러므로 대인(大印) 등의 이 청정한 행법들은 위에서 설명한 바와 같이, 〔공통도의〕 전행(前行)을 마친 이근숙습의 수법인 것이다. 그러므로 누구라도 처음부터 본체를 가히 드러내 보이지 않는 것이므로, 부정한 법

1997, 성도, China.

들을 전도되게 잡는 것은 옳지 않다.

앞에서 〔까귀빠의 고승인〕 짼응아 하씩래빠(sPyan sṅa. lHa gdzigs ras pa)의 어록과 〔겔룩빠의 고승인〕 캐둡 노르쌍갸초(mKhas grub Nor bzaṅ rgya mtsho, 1423~1513)의 저술인 『비밀집회생기차제(秘密集會生起次第)』에서도 또한 설하되, "까귀의 선대 조사들은 모든 중생의 마음의 흐름에 본초부터 기본적으로 존재하는 극도로 미세한 풍심(風心)의 두 가지 가운데서 풍(風)을 위주로 닦지 않고 심(心)을 위주로 해서 닦았다. 이 마음의 별칭으로 원시심(原始心)[284]과 구생대락법신(俱生大樂法身)과 마하무드라(大印)와 광명심(光明心) 등의 다수의 이름을 붙였다. 그 본성에 원초부터서 번뇌와 분별 등에 물듦이 없는 법신과, 공성을 여실히 증득하는 등인지(等引智)와, 그 경계와 계합하는 공적한 경지를 제외한 여타의 현상이 전혀 없는 극도의 미세한 마음인 것이다.

이것을 실현하는 방법에는 나로육법(六法)[285] 등의 방편도와 마하무드라의 행법 두 가지가 있다. 이 가운데서 처음의 법은, 뚬모(臍輪火, gTum mo)[286] 등의 행법을 통해서 맥(脈, rtsa), 풍(風, rLuṅ), 명점(明点, Thig le) 등의 급소(急所)를 제어해서, 분별의 운반체인 풍이 좌우의 맥도에서 유동하는 것을 중맥(中脈) 안에서 저지하고, 그 풍에 의부하는 분별의 흐름을 차단하여 광명심을 실현하는 것이다.

또 대인(大印)의 수행은, 분별심의 움직임을 저지한 뒤에 여타의 경계를 전혀 작의하지 않고 마음을 전혀 조작함이 없이 마음의 본성 위에 탄

---

284) 원시심(gÑug maḥi sems): 인위심(因位心), 기위심(基位心)으로도 부른다.

285) 나로육법: 성취자 나로빠가 밀종의 수행법을 여섯 가지로 구분한 것. 즉 뚬모(gtum mo, 臍輪火), 외쎌(ḥod gsal, 淨光明), 귤뤼(sgyu lus, 幻身), 바르도(bar do, 中有), 포와(ḥpho ba, 轉移), 동죽(groṅ ḥjug, 奪舍)의 여섯을 말임.

286) 뚬모(Skt. Caṇḍāli): 인체의 배꼽 속에 존재하는 불의 원소를 말함.

연이 안주하는 것이다. 그와 같이 안주함으로써 물이 더러움을 타지 않으면 명징하게 됨과 같이, 일체의 분별들이 점점 소멸됨으로써 분별의 운반체인 유동하는 풍들도 또한 좌우의 맥도에서의 그 유동이 점차로 쇠약해진다. 최후에는 중맥 안에서 소멸함으로써 광명의 마음이 발현되는 것이다.

이것이 오로지 마하무드라(大印)의 수습일 뿐만 아니라 〔구밀(舊密)의〕 닝마와(rÑiṅ ma ba)들이 무상유가(無上瑜伽)의 수법으로 말하는, 여타의 소연들을 작의(作意)함이 없이 무분별만을 작의함으로써 최후에 광명의 지혜를 발생시키는 도리도 또한 되는 것이다."라고 하였다.

이러한 설법들도 또한 앞에서, "공성을 증오하는 등인지(等引智)와 그 경계와 계합하는 공적한 경지를 제외하고서"라고 함과, 또 "여타의 소연들을 작의함이 없이 무분별만을 행한다."라고 설한 이들의 언구의 내용을 자세히 검토함이 없이, 단지 "분별의 흐름을 차단해서 여타의 경계를 전혀 작의하지 않는다."라고 설한 언구에 착란을 일으키게 되면, 앞에서와 같이 착오에 떨어지게 되는 것이다.

그러므로 탁세의 뿌드갈라(人)인 나와 같은 범부들이, 원만차제의 광명 등을 체현하는 날카로운 근기의 견지를 지망해서, 조분(粗分)의 생기차제와 출리심과 보리심과 정견 등들도 또한 체달하지 못하고, 최소한 가만(暇滿)과 무분별의 법문에 대해서도 역시 제대로 알지 못한 채, 처음부터 다짜고짜 이근(利根)의 수법을 닦는 것은 속담에 "뱁새가 황새를 따라가면 다리가 찢어진다."는 비유에 해당하고, 중환자가 고단위 영양식을 소화하지 못하는 것과 같다.

앞에서 여러 차례 말한 바와 같이, 자타 종파들의 그 누구를 막론하고 먼저 공통의 도를 수행해 마친 다음, 차례에 따라서 근수하는 것이 매우 중요한 것임을 거듭 강조해서 말한 것이다.

2) 싸꺄빠의 싸꺄 빤디따의 비판

티베트의 후전기 불교가 시작되고 나서 〔싸꺄빠의 4대 조사인〕 싸꺄 빤디따(Sa skya Paṇḍita)[287]가 출현하게 된다. 그는 철저한 인도의 중관사상에 입각해서 마하연 화상의 선법을 정식으로 거론, 비판하는 동시에, 닝마・까담・까귀 등 일부의 잘못된 수행풍조를 현밀의 경론에 의거해서 철저하게 비판하고 나섰다.

그의 저술 중의 하나인 『툽빼공빠랍쌜(教說明解)』에서는 과거 티쏭데짼 왕 시대에 발생하였던 쌈예의 논쟁의 사실을 기록해서 비판하고 있으며, 또 다른 저서인 『돔쑴랍에(三律儀論)』에서는 마하연 화상뿐만 아니라, 그의 가풍과 연계해서 당시 잘못된 수행풍토와 그와 유사한 수행법들을 총체적으로 비판을 하게 된다.

그것을 요약하면, 『툽빼공빠랍쌜』에서는 다음과 같이 네 가지로 정리해서 비판하고 있다.[288]

> 성문과 대승이 둘 다 아닌 것을 불교라고 말하는 주장들을 파척하는 것이니, 여기에는 네 가지가 있다. 〔첫째〕 과거에 유행하였던 중국 선종과, 〔둘째〕 또 그것을 추종하는 후대의 유파와, 〔셋째〕 현재 알려진 유식무경(唯識無境)의 수행을 대인(大印)으로 주장하는 유파와, 〔넷째〕 반야바라밀과 상사한 것을 대인으로 주장함을 논파하는 것이다.

첫 번째의 비판은 『바섀(sBa bshed)』 등에 기록된 논쟁의 내용을

---

287) 본명은 싸꺄빤디따 꾼가갤챈(Sa skya paṇḍita. Kun dgaḥ rgal mtshan, 1182~1251)임.

288) 『툽빼공빠랍쌜』, p. 99, 싸꺄 빤디따, Sakya Students Union, 2000, Central Institute Of Higher Tibetan Studies, Sarnath, Varanasi, India.

그대로 인용하고 있는 까닭에 중복을 피하기 위해서 기재하지 않는 대신, 그의 다른 저서인 『기현자서(寄賢者書)』에 실린 그의 비판을 싣기로 한다.

두 번째와 세 번째의 비판은 네 번째의 비판과 서로 연관되어 있다. 그 주된 비판의 대상이 까귀의 마하무드라(大印)인 동시에 닝마의 족첸(大圓滿)도 해당한다. 그러나 여기서는 지면 관계상 그 자세한 비판의 내용을 싣는 대신에, 상대방의 반론을 아래에서 따로 밝히는 것으로서 대신하고자 한다.

싸꺄 빤디따는 마하연 화상의 주장에 대한 그의 비판적 견해를 기록한 서한인 『기현자서(寄賢者書)』를 작성한 뒤, 당대의 여러 선지식들에게 서한의 형식으로 발송하면서, 자신이 행한 이 비판의 내용이 타당한 것인지 또는 부당한 것인가에 대한 의견들을 동시에 물었다.

그의 비판을 담고 있는 『기현자서』의 내용은 다음과 같다.[289]

> 중국 화상은 말하길, 삼계에 태어나는 원인은 자기의 본성을 스스로가 알지 못하는 과보이며, 만약 자기의 본성을 자기가 알면 성불하는 것이다. 그러므로 마음을 보게 되면 까르뽀칙툽(dKar po chig thub, 大印)인 것이라고 하였다.
>
> 저작으로는 마음을 보는 것은 자면서도 가능함을 표방하는 『선명수전법륜(禪明睡轉法輪)』과 그 요의를 밝힌 『석선명수전법륜변(釋禪明睡轉法輪辯)』, 그의 반론을 막는 『석선명수전법륜재변(釋禪明睡轉法輪再辯)』과 그의 교계를 논리로서 증명하는 『따왜갭싸(lTa baḥi rgyab śa)』와 교설로서 논증하는 『도데개쭈쿵(mDo sde brgyad cu kuṅs, 八十經文典據)』 등의 다섯 가지의 논전들을 저술하였다.

289) 『기현자서, 싸뻰 꾼가걜챈기쑹붐(薩班 袞噶堅贊全集) 第三冊』, pp.155~159. 싸뻰 꾼가걜챈, 서장 장문고서출판사, 1992.12, 서장, China.

그의 교설에 따르면, 법에는 또한 위에서 내려오고 아래서 올라감이라 부르는 돈수와 점수의 두 가지 법이 있으며, 이 가운에서 나의 법은 붕새가 하늘에서 내려오는 것과 같은 돈수법이라 한다고 하였다.

이러한 주장들을 아사리 까말라씰라가 논파한 뒤에 『중관수습차제(中觀修習次第)』와 『중관광명론(中觀光明論)』 등의 대론들을 저술하였다.

그 뒤 티쏭데짼 왕이 중국 화상의 저술들을 땅속에 매장하고, 이 이후로는 티베트 땅에서 〔중국 화상의〕 까르뽀칙툽을 닦는 자는 누구를 막론하고 처벌이 따른다는 내용의 칙령을 공포하였다. 이와 같은 역사들이 『갤새(rGyal bshed)』 『빠새(dPaḥ bshed)』 『방새(ḥBaṅs bshed)』 등에 기록되어 있다.

나 역시, 아사리 까말라씰라의 견해에 수순해서 말하고자 하며, 현밀의 경론들의 뜻도 역시 이것과 같은 것으로 보고 있다.

〔중국 화상의〕 까르뽀칙툽에서는 모든 소지계(所知界)〔현상계〕를 가히 알 수 없다. 밀교와 바라밀다승의 법에 의하면 갖가지 선교방편에 정통한 공성을 통달함으로써 일체지를 성취하는 것으로 알고 있다.

이 또한 『입행론(入行論)』에서는, "갖가지 인연에서 발생하는, 그 환상도 역시 갖가지 인연성(因緣性)이며, 하나의 연(緣)이 일체를 낳는 법은 어디에도 또한 존재하지 않는다."라고 하였다. 또 『석량론(釋量論)』에서는, "갖가지 방법으로 허다한 방편들을 오랫동안 닦고 익혀서, 그로 말미암아 공덕과 과실을 분명하게 분변하게 된다."라는 등을 설하였다. 또한 "자애를 갖춘 자가 괴로움을 발제하기 위해서 갖가지 방편들을 실행하나, 그 방편의 발생은 은밀한 것이어서, 그것은 말하기가 쉽지 않다."라고 하였다. 또한 "그와 같이 색실의 차별에 의해서 옷감의 색깔에 좋고 나쁨이 생기듯이, 그와 같이 〔방편의〕 인력(引力)에 의해서 해탈의 지혜에도 우열이 따른다."라고 하였다. 또한 『대일경(大日經)』에서 "방편이 함께 하지 않는 지혜와 학처들을 또한 설한 것은, 대웅세존께서 성문의 무리 중에 머물기 위해서 설한 것이다. 누구든지 삼세제불들의 방편과 지혜가 함께 함을 수순하여 배우고서야 무상승(無上乘)의 그 무위법을 얻는다."라고 설하였다.

이와 같이 현밀의 모든 경론들에서 또한 방편과 지혜의 원만한 갖춤이 없이는 〔방편을 부정하는〕 까르뽀칙툽으로 성불한다고 설하지 않았다. 현밀의 경론들에서 단지 예배와 순례, 헌화와 공경, 송주와 칭명, 대비의 생기와 공성의 이해만으로도 성불한다고 설하고 있을지라도, 그것은 정론이 아니며 그 진의와 밀의를 바로 알아야 한다. 그러므로 미륵자존께서, "만약 글 뜻을 문자 그대로 이해하면, 아만에 빠지고 지혜는 퇴실한다."라고 설한 바와 같다. 비유하면 씨줄과 날줄이 교차하지 않으면 옷감에 무늬가 생기지 않고, 씨앗이 물과 비료와 합하지 않으면 곡식이 열리지 않듯이, 일체의 인연이 화합하지 않으면 원만한 부처는 출생하지 않는 것이다.

대저 마음을 보는 것이 마땅할지라도 거기에는 좋고 나쁨의 두 가지가 있으니, 방편에 의해서 공덕을 구족한 뒤 마음을 보게 되면 성불하게 된다. 그러나 방편에 의한 공덕을 갖춤이 없이 마음을 보게 되면 그와 같이 뛰어날지라도 성문의 아라한을 이루고, 중품은 무색계에 태어나고, 하품은 악취에 태어난다고 설하였다. 또 아사리 나가르주나(Nāgārjuna, 龍樹)도, "공성을 봄에는 과환도 따르니, 지혜가 저열한 자들은 자신을 망친다."[290]라고 설한 바도 또한 이것을 고려한 것이다. 그와 같이 밭에서 곡식이 나게 할지라도, 또한 산출하는 법에도 좋고 나쁜 두 가지가 있는 것이다. 줄기가 자란 뒤에 이삭이 맺히면 풍년이 오고, 줄기가 크지도 않아서 이삭이 맺히면 흉년이 든다. 이와 같이 마음의 본성을 봄에도 또

290) 원문은 『중론(中論)』 「관사제품(觀四諦品)」, "잘못 파악된 공성(空性)은 지혜가 열등한 자를 파괴한다. 마치 잘못 잡은 뱀이나 잘못 닦은 주술과 같이"이다. 『중론』, p.409, 김성철 번역, 경서원, 1996, 개정판, 서울, Korea.

한 시절인연을 만나야 하는 것이며, 시절이 아닌 때에 만남은 이로움이 없다.

『허공장경(虛空藏經)』에서, "마음을 닦지 못한 중생에게 공성을 말해서"라고 하듯이, 마음을 닦지 못한 자에게 공성을 말해서 근본타죄(根本墮罪)가 발생하게 되는 것이라면, 〔마음을 닦지 못한 자가〕 공성을 본다면 더 말할 필요가 있겠는가? 또한 『보적경(寶積經)』에서도, "장로 사리불이 법을 설하면 아라한으로 오백생을,291) 문수보살이 법을 설함은 설령 지옥중생으로 오백생을 태어날지언정"이라고 한 것은 공덕을 구족함이 없이 마음의 본성을 보는 것을 막기 위해서 설한 것이다.

그러므로 밀교의 경궤에서 점수와 돈수의 둘을 설한 것은 팔계(八戒) 등의 계율과 성문, 유식, 중관 등의 종론을 차례로 배운 뒤, 그 다음 관정을 행해서 〔생원(生圓)의〕 두 차제를 닦는다면 점수자라고 하였고, 처음부터 밀종의 관정을 받고 두 차제를 닦는 것을 돈수자라고 하였다. 그러나 현재 널리 알려진 그와 같은 점수와 돈수를 현밀의 경궤에서 설한 것을 보지 못하였다.

또한 처음에 종견을 설하고 나중에 수습을 점차 닦거나, 처음에 수습을 점차로 닦고 나중에 종견을 설하는 두 가지 교도법이 있다. 이 두 가지는 지혜의 차이로 인한 수습차제의 차별인 것이지, 이것을 점수와 돈수라고 부르는 것을 보지 못하였다.

나의 스승인 〔싸꺄빠의 3대 조사인〕 싸꺄 닥빠갤챈(Sa skya Dags pa rgyal mtshan, 1147~1217)이 설하길, "일반적으로 어떠한 설법과 수행을 할지라도, 여래의 교설과 일치하는 것이라면 부처의 가르침이며, 만약 위배되는 것이라면 부처의 가르침이 아니다."라고 하였다.

나 역시 그 말씀처럼 힘들게 노력해서 얻은 법들로, 이 주장이 이치에

291) 원문은, "Śā riḥi bus chos bśad na dgra bcom lṅa brgyar ḥgro ba shig"임.

맞는지 맞지 않는지 검토하여 주기를 청원하는 것이다.

3) 여타의 비판들

(1) 최중캐빼가뙨에서의 비판

『최중캐빼가뙨(智者喜宴)』에서는 마하연 화상의 교설을 다음과 같이 비판하고 있다.[292]

중국 화상의 법은 윤회하는 사실에 집착해서 거기에 떨어짐을 우려하여 선악의 둘을 행하지 말 것과, 열반에 집착해서 일체를 행하지 않는 것으로써 최선의 길로 삼는 까닭에 그것은 〔열반과 윤회를 보는〕 졸견이다.

또 마음을 깨치면 해탈한다는 주장도 당연한 것이니, "반야로서 법성을 여실히 안 뒤, 삼계를 남김없이 완전히 벗어난다."라고 함과 또 "마음 밖에 달리 없음을 지혜로 깨달아서……"라는 등의 말씀과 같이, 구경의 일찰나지(一剎那智)[293]로 진성을 봄으로써 성불한다는 말씀과, 가행도의 세제일법(世第一法)의 최후의 일찰나지로서 견도를 증득함과, 또 그것에 수순하는 가행지(加行地)의 반야의 관조로서 난(暖)·정(頂)·인(忍)·세제일법을 깨닫는 것들도 다 견성이라고 부를 수 있는 것이다. 이것은 반야의 관조로서 섭수하는 두 자량을 함께 닦음으로 인해서 성불한다는 것을 말하고자 하는 것이다.

또 중국 화상의 수행은 상(想)을 차단하는 수습으로, 상을 멸하는 것이 오류가 될지라도 그것이 진정한 착오처는 아니다. 왜냐하면 제사정려(第四靜慮)의 정선(正禪)[294]을 얻은 다음에, 상(想)과 수(受)를 멸해서 닦

---

292) 『최중캐빼가뙨』 상권, pp. 396~397.

293) 일찰나구경지(一剎那究竟智): 보살의 십지(十地)의 최후에 금강유정(金剛喩定)에 의해서 이집(二執)의 습기를 완전히 소진하는 것을 말함.

는다면 그것을 얻게 되는 것이지만, 사선(四禪)의 정선도 얻기 어렵기 때문이다.

(2) 보리도등론에서의 비판

단지 마음을 깨치는 것으로서 성불한다는 마하연 화상의 선법은, 아사리 까말라씰라에 의해 진정한 대승의 교설이 아님이 밝혀졌음에도 불구하고 여전히 티베트불교계의 일각에서 수용되고 있다. 그래서 아띠쌰(Atiśa, 982~1054) 존자가 티베트에 들어오게 되자, 이 문제에 대한 그의 판결을 구하게 되고, 그러한 문제들에 대한 전체적인 답변으로서 『보리도등론(菩提道燈論)』을 저술하게 된 것이라고 알려져 있다.

아띠쌰가 『보리도등론』을 저술하게 된 동기에 관해서, 아짜랴 로쌍 노르부(Losang Norbu)가 밝히는 그의 논설을 요약하면 다음과 같다.[295]

첫째는 『보리도등론난처석(菩提道燈論難處釋)』에서 아띠쌰 자신이 밝힌 바와 같이, 구게(Gu dge) 왕국[296]의 4대 국왕이자 출가 비구인 장춥외(Byaṅ chub ḥod, 菩提光)[297]가 물어온 일곱 가지의 질문에 답하

---

294) 제사정려의 정선: 제사정려 또는 제사선(第四禪) 가운데는 장선(將禪)과 정선(正禪)이 있으며, 이 중에서 정선(正禪)을 말함.

295) *BODHIPATHAPRADĪPAḤ*(菩提道燈論), 「해제(解題)」, pp.xxxviii~xli. Restored, translated & edited by Losang Norbu Shastri, 1994, Central Institute of Higher Tibetan Studies, Sarnath, Varanasi, India.

296) 구게 왕국: 랑다르마 왕의 파불 이후, 그의 4대손인 데쭉괸(lDe gtsug mgon)이 서부 티베트의 응아리의 샹슝(祥雄)에다 세운 소왕국으로, 현재의 서장 자치구 짜다(札達)현에 그 유적이 있음.

297) 장춥외(11세기): 랑다르마 왕의 8대손으로, 1040년에 아띠쌰 존자를 티베트에 초청해서 티베트불교를 재건함.

기 위해서이며, 둘째는 쿠뙨 쬔뒤융둥(Khu ston brtson ḥgrus gyuṅ druṅ)[298]과 응옥 렉빼쎄랍(rṄog leg paḥi śe rab)[299] 등의 제자들이 제기한 다섯 가지의 물음에 답하기 위해서 저술된 것이다.

또 다른 설로는 까담빠(bKaḥ gdams pa)의 선지식인 씰라씽하(Śī la siṅ ha, 獅子戒)가 지은 『보리도등론주(菩提道燈論注)』에서는 여섯 가지의 사견을 파척하기 위해서 저술된 것이라고 말하고 있다.

이것을 종합하면, 먼저 출가 국왕인 장춥외가 제기한 일곱 가지 질문들 가운데 다섯 번째의 "두 자량을 쌓음에 있어서 복혜합수(福慧合修)가 필요한 것입니까? 그렇지 않은 것입니까?"라고 한 것과 제자인 쬔뒤융둥 등의 첫 번째 물음인 "방편과 지혜의 분리에 의해서도 성불합니까? 그렇지 않습니까?"에 대한 각각의 답변으로 제45 게송과 제46 게송을 설해서 〔중국 화상의 견해를〕 부정한 것으로 밝혀졌다. 제45 게송과 제46 게송은 다음과 같다.

반야바라밀을 제외한
보시바라밀다 등들의
모든 선법(善法)의 일체를
제불은 방편이라 설하였다. (제45송)

방편을 수습한 힘으로
반야바라밀을 닦는다면,

---

298) 쿠뙨 쬔뒤융둥(1011~1075): 아띠쌰 존자의 제자로, 티베트 왕조사인 『룩뙨첸모(廣本鎭魔記)』를 지었다. 이것은 달리 『쌈예까르착첸모(桑耶寺詳志)』라고도 부름.

299) 응옥 렉빼쎄랍(11세기): 아띠쌰 존자의 제자로 아사리 바바비베까(淸辨)의 『똑게바르와(分別熾燃論)』 등을 번역함.

정각을 신속하게 얻게 되며
무아 하나만을 닦음이 아니다. (제46송)

또한 쎌라씽하가 지은 『보리도등론주』에서 말하는 여섯 가지 사견들 가운데 세 번째의 "밀교에 의한 성불에는 바라밀도가 필요하지 않다."라는 주장에 대하여 제45 게송을 설해서 그것을 부정하였다. 또 네 번째의 "공성을 닦는 것으로서 충분하며, 방편분(方便分)은 필요하지 않다."라는 주장에 대해서 제43 게송을 설해서 부정하였다.

반야바라밀을 제외한
보시바라밀다 등등의,
모든 선법(善法)의 일체를
제불은 방편이라 설하였다. (제45송)

방편을 여읜 지혜와
지혜를 여읜 방편들은,
모두 얽매임이라 부르며
또 그 둘을 버려서도 안 된다. (제43송)

4. 마하연 화상과 연관된 까르뽀칙툽의 논쟁

후전기의 티베트불교에서 이처럼 마하연 화상의 부작의(不作意)의 교설이 종파들 간에 커다란 파문을 야기하게 된 단초는, 싸꺄 빤디따가 『돔쑴랍에(三律儀論)』 등에서 당시 일부의 잘못된 수행풍조를 비평하면서 마하연 화상의 부작의와 결부시켜 직접 다른 종파들을 비판하고 나섰기 때문이다.

그는[300] "현재의 마하무드라(大印)와 중국의 선법인 족첸(大圓滿)에서의 하강과 상승의 법을 점수와 돈수로 이름을 바꾼 것 외에 의미는 차이가 없다."라고 직접 그 이름을 거론하고 나선 것이다.

그의 이러한 비판에는 일부의 오해와 잘못도 있는 것이 사실이나, 비판의 의도는 밀종의 경궤에서 설하는 법도대로 수행하지 않는 일부의 그릇된 수행풍토를 경계하기 위한 것이었다. 까귀의 마하무드라(Mahā mudrā, 大印) 내지는 닝마의 족첸(rdZogs chen, 大圓滿)의 가르침 그 자체를 비난하고 나선 것은 아니었다. 이것은 단지 경궤에서 설하는 법대로 행하지 않는 일부의 수행자들의 전도된 행법을 힐책하고, 또 그러한 수행이 초래하는 나쁜 결과에 대하여 경책하고 있는 것이다.

그는 『돔쑴랍에』에서 다음과 같이 주장하였다.[301]

> 마하무드라(大印)를 수행할지라도 또한 분별없이 수행해서, 〔생원(生圓)의〕 두 차제에 의해서 발생하는 청정한 지혜를 마하무드라라고 하는 것을 알지 못한다. 어리석은 자의 마하무드라의 수행은, 대개가 축생에 태어나는 인(因)이라고 설하였다. 그렇지 않으면 무색계에 태어나거나, 또는 성문의 멸진정(滅盡定)에 떨어진다고 설하였다.
>
> 설령 그것의 수행이 선량한 것일지라도, 중도를 수행하는 것보다 더 나을 것도 없는 것이며, 그 중도의 수행이 또한 선량한 것일지라도 그 성취가 또한 쉽지가 않은 것이다. 나아가 두 자량을 구족하지 않는 것은 그 수행이 구경에 이르지 못하는 것이며, 이 두 자량을 원성함에는 무수겁이 걸린다고 설하였다.
>
> 나의 마하무드라는 관정에서 발생하는 지혜와 〔생원의〕 두 차제의 근

---

300) 『돔쑴랍에』, p. 51.

301) 『돔쑴랍에』, pp. 50~51.

본정(根本定)에서 발생하는 자연지(自然智)이다. 이 깨달음은 밀종의 수행방편에 통달하게 되면 금생에서 성취하는 것이며, 그 밖에 달리 마하무드라의 깨달음을 여래께서는 설하지 않았다. 그러므로 마하무드라를 신해한다면 밀종의 경궤에서 설한 대로 수행해야 하는 것이다.

이 까르뽀칙툽의 비판의 주된 대상은 샹챌빠(1123~1294)의 부작의(不作意)와 반야바라밀과 유사한 것을 대인(大印)으로 명명했던 감뽀빠(sGam po pa)의 현교의 대인과 닝마의 대원만(大圓滿)인 까닭에, 그것은 삽시간에 티베트불교계에 커다란 파문을 일으키면서 각 종파에 파급되었다. 이 파문은 다시 종파 간의 알력이 겹치면서 더욱 증폭되어 그 시비가 단절되지 않은 채, 쫑카빠의 시대를 거쳐서 그 후대인 까르마 미꾀도제(1507~1554)와 쏙독빠 로되걜챈(1552~1634)의 시대까지도 계속되어 왔음을 알 수 있다.

또 이러한 논쟁의 진상에 대해서 겔룩빠의 고승인 투깬 로쌍니마는 1801년에 저술한 『투깬둡타(宗教源流史)』에서, 과거에 있었던 이들 종파 간의 시비논쟁에 대해 비교적 공정한 입장에서 그 진실을 판정하여 밝히고 있다. 그의 견해는 아래에 따로 싣기로 한다.

까르뽀칙툽의 직접적인 비판의 대상이 되고 있는, 까귀와 닝마 두 종파의 입장을 알아보면 다음과 같다.

1) 까귀빠의 닥뽀뺀첸 따시남걜의 해명과 비판

닥뽀뺀첸(Dawag po pan chen)으로 널리 알려진 따시남걜(bKra śis rnam rgyal, 1367~1449)[302]은 까귀의 현밀의 수행차제를 집성

---

302) 닥뽀뺀첸 따시남걜: 싸꺄빠의 롱뙨 마왜쎙게(1367~1449) 등의 많은 고승들을 사사해 현밀과 오명(五明)에 통달함. 저서로는 『대인월광석』『희

한 『대인월광석(大印月光釋)』 등을 저술하면서, 과거 싸꺄 빤디따가 제기했던 쟁단들에 대하여 경론의 전거에 의거해서 조목조목 반박하고 나섰다.

그 중에서 마하연 화상과 관련된 논쟁의 핵심 부분에 대한 그의 반론들을 발췌하면 다음과 같다.[303)]

『뒤코르까델빼마짼(時輪經難處釋)』에서, "마하무드라(大印)는 과거와 미래와 현재의 모든 제불여래들을 탄생시키는 반야바라밀이다."라고 설해서, 반야바라밀다의 정견을 마하무드라로 설하는 것임을 알아야 한다.

요약하면, 밀속(密續)과 성취자들의 논전들에서, 일체법의 인위의 본성과 자성의 공성과 자성의 구생성(俱生性)과 평등성과, 불멸의 안락(安樂)과 대락(大樂)과 생(生)·주(住)·멸(滅)의 여읨과, 심오한 적멸의 무희론(無戲論)을 설시한 일체가 전부 마하무드라를 설하는 것임을 알아야 한다.

그와 같이 혹자가 말하길, "그러므로 경궤에서 설하지 않은 마하무드라를 나는 주장하지 않는다."라고 타인을 힐난[304)]한 것은, 모든 현밀의 의

금강일광석(喜金剛日光釋)』『밀종여의광석(密宗如意光釋)』 등이 있음.

303) 『대인월광석』(藏族十明文化傳世經典叢書, 噶擧系列 第20劵), pp. 437~442. 따시남갤, 청해 민족출판사, 2001.12. 서녕, China.

304) 또한 이 주장에 대하여, 까귀빠의 저명한 역경승인 괴로짜와(ḥGos lo tsā ba, 1392~1481)는 그의 유명한 저술인 『뎁테르응왼뽀(靑史)』에서 변론하고 반박하길, "닥뽀린뽀체는 관정을 받지 않은 초학자들에게도 또한 마하무드라의 깨침이 생기도록 행한 것은 바라밀다의 법이며, 그것을 또한 닥뽀린뽀체는 제자인 팍모두빠에게 우리들의 이 마하무드라의 논전은 미륵세존께서 저술하신 『구경일승보성론(究竟一乘寶性論)』이라고 설하였다. 팍모두빠도 역시 제자인 디궁빠에게 이 말을 거듭 말함으로써, 디궁빠의 사도(師徒)들의 법어집에서는 이 『보성론』의 이야기가 허다히 대두하는 것이 바로 그것이다. 이것에 대하여 싸꺄 빤디따가 바라밀다의 법에는 마하무드라의 이름이 없다고 하였을지라도, 아사리 즈냐나끼르띠

취를 혜안으로 분석하지 못한 비언에 지나지 않는다. 이러한 논리에는 남쬐(否定, rNam gcod)와 용쬐(肯定, Yoṅ gcod)를 통한 분석이 전혀 없는 것으로 드러났기 때문이다.

셋째, 혹자는 말하길, "현재의 마하무드라와 중국 선종의 족첸(大圓滿)에서의, 하강과 상승의 법을 점수와 돈수로 이름을 바꾼 것 외에 그 의미는 차이가 없다."라고 한 것은 단지 억지 주장에 불과한 것이다.

왜냐하면, 족첸(rdZogs chen)은 아띠요가(Ati yoga, 最極瑜伽)로 부르는 밀종의 구경의 수행이며, 중국 화상의 선법은 『도데개쭈쿵(八十經文典據)』을 근거로 삼음으로써 그 둘은 수행체계가 크게 다를 뿐만 아니라, 경의 전거도 또한 같지 않은 때문이다. 준거가 되는 사부(士夫)들 그 누구도 중국의 족첸이 있다고 말하지 않았으며, 족첸을 화상의 수행으로 말하는 것은 정법을 비법으로 훼방하게 되기 때문이다. 비록 세 가지의 도가집(道歌集)과 수행의 구결을 모은 여덟 가지의 소도가집(小道歌集)과 아마나씨(amanasi, 不思, 不作意)의 법문 등의 이취를 가까이 하였을지라도, 마하무드라의 의미를 전혀 알지 못하는 것으로 드러났기 때문이다.

그렇지만 잘못된 사견들을 바로 잡기 위해 까귀의 마하무드라와 중국 화상의 선법이 같지 않은 도리를 조금 설하고자 한다.

(Jñānakīrti, 智稱)의 저술인 『입진실론(入眞實論)』에는, '바라밀다를 근수하는 최상의 근기는, 사마타(止)와 위빠사나(觀)를 수행함으로써 갖가지 범부의 분위(分位)마다 반드시 존재하는 마하무드라를 여실히 깨달음으로 해서 불퇴상(不退相)과'라고 설하였다. 또 아사리 핸찍께빼도제(lHan cig skyes paḥi rdo rjes, 俱生金剛)의 『입진실론주(入眞實論注)』에서도, 본성과 바라밀다와 밀종에 일치하는 이름인 마하무드라로 부르는 각기 다른 세 가지 명칭의 진성을 깨닫는 지혜를 분명히 설하였다. 그러므로 감뽀빠의 바라밀다의 마하무드라는 아사리 마이뜨리빠다(Maitrīpāda)의 주장인 것으로 괴창와(rGod tshaṅ ba)도 역시 말했다. 또 밀종의 마하무드라도 역시 감뽀빠가 친제자들에게 분명히 설하였다."라고 하였다. 『뎁테르응왼뽀』 하권, pp. 847~848.

먼저 행업의 분상에서, 중국 화상은 수복정죄의 행위는 진성을 알지 못하는 우둔한 근기들을 대상으로 설한 것으로 주장하며, 실제로도 수복정죄를 무시한다. 그러나 자종에서는 "공성은 인과로 나타난다."라고 말해서, 공성을 깨달은 뒤 인과의 연기법을 크게 근수하는 까닭과, 그와 같이 일미(一味)가 일체의 연기로 현현하고 현현하지 않음과, 세속제를 통달하고 통달하지 못함과, 색신의 종자를 심을 줄 알고 알지 못하는 등의 매우 미세한 차별이 내재하는 까닭에 같지 않은 것이다.

다음 수행의 분상에서, 중국 화상은 일체를 전혀 마음에 사유하지 않고 작의하지 않는 것을 주장하나, 자종에서는 처음에 사마타의 주분(住分)을 수습할지라도 소연에서 이탈하지 않는 정념(正念)과, 침몰과 도거를 감찰하는 명료한 정지(正知)를 반드시 의지하는 까닭에 같지 않다. 중국 화상은 무분별에 안주하는 〔단지 머무름만을 닦는〕 쫌족(但住)305)만을 행할 뿐 그것의 공덕과 과실을 전혀 분별하지 않으나, 자종에서는 그와 같은 것을 똑메뗑뽀(rTog me steṅs po, 어두운 숲 속)와 같은 〔무분별이라고〕 비판하기 때문에 같지 않다. 중국 화상은 수습 시에 분별과 사찰을 전혀 행하지 않으나, 자종에서는 전신으로 여실한 분별지로써 수행의 요의를 반드시 분별하고 관찰하기 때문에 같지 않다. 중국 화상은 억념(憶念)과 명지(明知)를 여읜 무기심(無記心)의 부작의의 상태에 들어가나, 자종에서는 수행의 요의를 낱낱이 억념과 명지로서 비추어 보되 한 순간도 산란해서는 안 되는 까닭에 같지 않다. 중국 화상은 전혀 분별하지 않는 것으로 충분하나, 자종에서는 그와 같은 것 등은 과실과 착오로 간주해서 그 과실을 반드시 제거하기 때문에 같지 않은 것이다.

다음 견해의 분상에서, 중국 화상은 사소생혜(思所生慧)와 수소생혜(修所生慧)를 주장하지 않으나, 자종에서는 그 두 지혜에 의해서 본성의 정

---

305) 쫌족: 모든 억념(憶念)과 작의(作意)를 차단한 채, 단지 무념(無念)의 상태에 머무르는 것을 말함.

견을 추구해서 그것을 깨닫도록 하기 때문에 같지 않다. 중국 화상은 진성을 증득하는 정견을 여위었으나, 자종에서는 모든 능취(能取)와 소취(所取)의 근본을 멸한 뒤에, 그것의 본성을 밝게 아는 정견을 반드시 호지하는 까닭에 같지 않은 것이다.

다음 과위의 분상에서, 중국 화상은 단지 불사(不思)의 이어짐만을 닦는 것으로 해탈한다고 주장하나, 자종에서는 진성을 통달한 뒤에도 또한 그로부터 산란함이 없는 도리로 수습해서, 〔외경과 내심의〕 미세한 이현(二現)〔이원성〕의 습기마저 남김없이 정화해야 한다고 주장하기 때문에 같지 않은 것이다.

그러므로 진실한 사실을 시기심에 얽매여서 증익하고 훼손하는 것은 옳지 않은 것이니, 본인을 따르는 무리들에게 정법을 버리게 하는 업장을 짓게 하기 때문이다.

또한 그대의 종파에서, "나의 마하무드라는 관정에서 발생하는 지혜와, 생원(生圓)의 두 차제의 근본정(根本定)에서 발생하는 자연지(自然智)인 것이다."라고 주장하는 것을 검토하건대, 생원의 두 차제의 근본정을 수습함에 의거해서, 통상 사인(四印)[306]과 비공통의 대인(大印)의 깨달음이 발생하는 것이라면 의심할 바가 없을 지라도, 만약 세 번째 지혜관정에 의거해서 발생하는 유루의 안락이 신근(身根)의 감촉을 희열케 하는 안락에다, 공성으로 봉인한 증득을 마하무드라로 주장하는 것은 크게 잘못된 것이다.

2) 제8대 까르마빠의 해명과 비판

까귀의 까르뽀칙툽이 중국 화상이 티베트에 퍼뜨린 그 선법과 같다고

---

306) 사인: 업인(業印)·삼매야인(三昧耶印)·법인(法印)·대인(大印)의 넷을 말함.

하는 세간의 풍설에 대하여 8대 까르마 미꾀도제(Karma Mi bskyod rdo rje)[307]는 그의 유명한 저술 가운데 하나인『입중론석(入中論釋)』에서 다음과 같이 해명하고 반박하였다.[308]

> 대아사리 마이뜨리빠다(Maitrīpāda)의 이 부작의(不作意)의 중도에 대하여,[309] 티베트에서는 각기 다른 세 가지의 심의를 닦는 법으로 받아들였다.
>
> 〔첫째는〕 밀종의 심명(深明)한 중도를 드러내서 수습하는 것과, 〔둘째는〕 계경(契經)의 심원한 중도를 드러내서 수습하는 것과, 〔셋째는〕 가상유식파(假相唯識派)[310]의 중도를 드러내서 수습하는 것이다.
>
> 이 중에서 마지막 것은 심경(心境)의 둘이 공함을 아는, 자증자오(自

---

307) 본명은 까르마빠 미꾀도제(1507~1554)며, 까르마까귀(Karma bKaḥ brgyud)의 창시자인 까르마 뒤쑴켄빠(Karma Dus gsum mkhen pa, 1110~1193)의 8번째 화신으로 당시 티베트의 통치자이기도 함.

308)『입중론석』, pp. 9~11, 까르마 미꾀도제, Nitartha international publications, 1996, Seattle, U.S.A.

309) 부작의의 중도는 아사리 짠드라끼르띠(Candrakīrti, 月稱)의 귀류견(歸謬見)을 말한다. 이 뜻을 그의 저술인『십진실론(十眞實論, de kho na ñid bcu pa)』에서, "진여를 알고자 하면, 남째(rNam bcas)도 남메(rNam me)도 아니며, 상사의 교계가 결여된 중도 또한 중품에 지나지 않는다."라고 밝혔다. 또한 제쭌 쵀끼걜첸(rJe btsun Chos kyi rgyal tshan)은 "이 뜻은 소승을 논할 때는 남째는 경부(經部)를, 남메는 유부(有部)를 가리키며, 유식파를 거론해서는 남째는 실상파(實相派)를, 남메는 가상파(假相派)를 뜻하며, 유가행중관파를 논할 때는 〔실상유식파(實相唯識派)의 견해를 따르는〕 형상진실파(形象眞實派)와 〔가상유식파의 견해를 따르는〕 형상허위파(形象虛僞派)를 지칭한다."라고 하였다.『쏭랜루둡공갠』, p. 32, 제쭌 쵀끼걜첸, Sera Je Library, 2003, Mysore, India.

310) 가상유식파: 외경(外境)은 물론이거니와 근식(根識) 또한 실유가 아니므로 의식(意識)도 역시 실재가 아니라고 주장하는 유식학파를 말함.

證自悟)의 경계가 승의의 진실임을 도하(Dohā, 道歌)의 형태로 읊은 것이다. 인도의 착나(Phyag na, 1017~?)와 네팔의 아쑤(Asu), 꼬니루빠(Konirupa) 등이 있으며 인도와 네팔에서는 매우 흔하다.

또한 이 법을 중도라고 말하는 것에 대하여 논사인 도룽빠(Gro luṅ pa) 등을 비롯한 허다한 논사들이 달가워하지 않고, "이 아마나씨(amanasi, 不思, 不作意)[311] 등의 모든 종류의 교설들은 중관의 교설과 어긋나는 것이다."라고 해서 배척하였다.

또한 단순히 이 언구에 의거해서 싸꺄 빤디따와 신구(新舊)의 까담빠들이 대아사리 마이뜨리빠다의 청정한 법인 아마나씨에 관한 일체의 가르침에 대해 힐난하였다. 대아사리 담쎄첸뽀(Bram ze chen po)〔싸라하(Sarahā)〕[312]의 부작의를 노래한 도하인 『도가장(道歌藏)』의 뜻과 대아사리 마이뜨리빠다(Maitrīpāda)와 대소의 두 싸라하를 훼방하는 시절이 있었다.

위의 처음과 두 번째의 가르침은 마르빠나 밀라래빠와 같은 수행자들이 두 가지를 겸비해서 수행하는 것이며, 특별히 두 번째의 가르침은 감뽀빠 그 자신이 제창해서 수심을 위한 법으로 설하고 나서 그 가르침이 널리 전파된 것이다.

그 또한 감뽀빠 스승에게 선서(善逝)께서, 『삼마지왕경(三摩地王經)』에서 그 경의 뜻인 중도를 현양하기 위해서 크게 찬양한 까닭에, 〔감뽀빠께서〕 이 중도의 법에다가도 밀종의 공락무별(空樂無別)의 지혜를 마하무드라로 부르듯이 마하무드라란 이름을 붙였던 것이다.[313]

---

311) 아마나씨: 아마나쎄(amanase)라고도 하며, 불사(不思)・부작의(不作意)・불관여(不關與)를 뜻함.

312) 담쎄첸뽀(Bram ze chen po, 대바라문): 성취자 싸라하(Sarahā)의 다른 이름이며, 그는 용수보살의 스승이며, 『어장문수금강가(語藏文殊金剛歌)』 등의 저서들이 있다.

313) 이렇게 한 이유는, "석가세존에게 이 『삼마지왕경』을 간청한 장자 월광동

만약 이 중도의 정견이 마음의 흐름에 생겨나게 되면, 즉 세속심의 현전과 법신의 현증과 싹 등의 사물과 분별 등의 그 일체가 그 법성을 여의고서 달리 존재하는 것이 아님을 깨닫게 되면, 분별이 법신으로 현현한다고 설한다. 그 뒤에 비록 밀종의 공락무별의 지혜 등의 최상의 체험이 생겨날지라도, 그래도 남아 있는 희론의 숨은 습기와 조중(粗重)의 번뇌 습기를 제멸하는 다스림 법으로서, 이 중도견의 수습이 크게 필요한 것임을 찬탄한 것이다. 마치 흰 약인 까르뽀칙툽(dKar po chig thub, 万靈丹)과 같아서, 일체의 장애들을 근원적으로 제멸하는 까닭에 그렇게 부르는 교계(敎誡)이다.

이 법리를 전승하는 이들 존귀한 스승들의 법계의 무상유가(無上瑜伽)에서 설하는, 세 번째와 네 번째 관정인 지혜관정(智慧灌頂)과 구의관정(句義灌頂)으로 알려진 비유와 승의의 지혜에 자만하는 모든 종류의 지관(止觀)의 체험들이 마음의 흐름에 발생할지라도, 그것으로는 삼장(三障)의 소단사(所斷事)를 가히 근본적으로 뿌리 뽑지 못하는 것이다. 그러므로 이 법리의 문의(文意)를 뼈저리게 체득하게 되면 큰 깨달음의 소득이 있게 된다고 크게 찬양한 것이다.

예를 들면, 팍모두빠(Phag mo gru pa)가 싸꺄빠의 회상에서 풍(風)을 중맥(中脈) 안으로 취입해서 구생대락(俱生大樂)을 성취한 뒤 견도(見道)의 지혜를 얻었다고 자만하였다. 그 뒤 감뽀빠 스승의 면전에서 자신의 깨달음을 받치는 것을 계기로 해서, 이전의 체험들 모두를 조강처럼 여겨서 버린 뒤에, 처음으로 견도의 지혜를 얻게끔 함과 같은 이 심오한 법의 요처를 반드시 잘 이해해야 하는 것이다.

이 〔현교의〕 마하무드라의 법리의 전수에는 밀종의 관정을 행하지 않

자(月光童子)의 화신이 바로 이 감뽀빠 또는 닥뽀하제(Dwags po lha rje, 1079~1153)인 까닭이다. 이 경에 의하면 그 월광 동자가 미래세에 티베트에 탄생해서 법을 널리 선양하게 된다고 예언하였다."라고 『뎁테르응왼뽀(靑史)』에서 밝히고 있다. 『뎁테르응왼뽀』, pp. 538~539.

으며, 이 대인(大印)의 법리를 직접 설한 그 경에서의 희론을 여읜 공성의 중도와 간접적으로는 현밀의 구경의 오의인 여래장의 공통과 비공통의 뜻을 또한 드러내는 것을 고려해서, 감뽀빠와 팍모두빠와 디궁빠(ḥBri guṅ pa) 등의 선대의 스승들은 말하길, "우리들의 이 마하무드라의 논전은, 바로 미륵세존께서 저술하신 『구경일승보성론(究竟一乘寶性論)』이다."라고 하였다.

괴창와(rGod tshaṅ ba, 1180~1258) 부자도 또한 말하길, "이 마하무드라의 법을 처음으로 제고한 이는 담쎄첸뽀〔싸라하〕와 나가르주나이며, 담쎄첸뽀는 마하무드라를 수행의 측면에서 열어보였고, 나가르주나는 파척의 측면에서 열어 보인 것이다."라고 설명하였다.

또 말하길,[314] "그러므로 이들 전승들은 밀종에 따르자면, 나로육법(六法)을 떠나서 달리 마하무드라의 교도가 없는 것이나, 그 의미의 중대성을 고려해서 나로육법과 마하무드라의 교도로 각각 분리한 것이다.

이 법리는 티베트에서 까귀빠의 스승들 말고도 이것을 선양한 스승들이 매우 많다. 인도의 성취자 파담빠 쌍개[315]로부터 전승되는 가르침인 시제빠(熄滅)[316]의 전후, 중간의 세 전승과 함께 특별히 인도의 미뜨라조끼(Mitradzoki, 12세기 후반)와 쌰꺄쓰리바드라(Śākyaśribhadra, 1127~1225) 등의 많은 인도의 성취자와 아사리들이 대보살인 토푸 로

314) 『입중론석』, pp.12~13.

315) 파담빠 쌍개(?~1117): 인도의 성취자로서 티베트의 시제빠(shi byed pa)의 개조이며, 시제(息滅, 息寂)의 세 가지 전승 외에도 포쬐(Pho gcod, 父斷)와 모쬐(Mo god, 母斷)의 두 파가 있다.

316) 『보성론주(寶性論註)』에 의하면, "마이뜨리빠다의 직제자인 파담빠 쌍개도 역시, 그 본질이 밀종과 바라밀다도가 일치하는 대인(大印)의 법에다 모든 괴로움의 식멸〔시제〕이라는 명칭을 붙여서, 티베트에서 무수한 제자들에게 그 가르침을 폈다."라고 하였다. 『보성론주』, p. 5, 괴로짜와 쇤누뻴, edited by Klaus-Dieter Mathes, 2003, Publications of the Nepal Research Centre, kathmandu, Nepal.

짜와(Khro phu Lo tsā ba, 1173~1225)에게 교수한 그 마하무드라의 법들 또한 이 법인 것이다.

그 뒤 인도의 대학자 낙끼린첸(Nag ki rin chen, 1384~1468)이 〔1426년, 1453년〕 티베트에 와서 로첸 잠빠링빠(Lo chen Byam pa gliṅ pa, 1400~1475)와 로첸 쇤누뺄(Lo chen gShon nu dpal, 1392~1481)과 로첸 팀캉(Lo chen Khims khaṅ, 1424~1482) 등에게 교수한 마하무드라의 법도 전적으로 여기에 속한다. 이와 같이 하나의 법리를 가지고서 각기 다른 사람들이 설하였지만 그 도리는 일치하는것이다.

싸꺄빠와 겔룩빠, 보동빠(Bo doṅ pa)와 돌뽀와(Dol po ba) 등이 〔단지 언설에 집착해서〕, "까귀빠 스승들의 지존한 마하무드라의 견수(見修)가 중국 화상의 견수이다."라고 비방할지라도, 〔우리가〕 다른 종파의 법에 대해서 그와 같이 비난하지 않는 까닭이 무엇인가? 하면, 여기에 대하여 어떤 이는, "이것이 단지 까귀의 스승들 간에만 전해지고 여타에는 전해지지 않는 탓에 힐난하지 않는 것이다."라고 말한다.

그러나 그와 같이 말함은 옳지 않은 것이니 사의법(四依法)[317]에 의거하자면, 법에 의거하되 사람에게 의지하지 않는 것이어서, 인간의 언설에 분노하는 마음에서 벗어나기 위한 까닭이다."라고 하였다.

또 말하길,[318] "진제는 심식의 경계가 아니며, 심식은 속제라고 한다 하였다. 이 도리가 현밀의 모든 요의의 핵심을 남김없이 드러내지 않음이 없는 것이다. 인도의 성취자인 싸라하(Sarahā)와 쌰와리빠(Śavaripa)로부터 마르빠와 밀라래빠 등을 통해서 전승되는, 작의하지 못하며 사의마저 초월한 마하무드라의 법이라고 불렀던 것도 바로 이것이다.

---

317) 사의법: 의법불의인(依法不依人), 의의불의어(依義不依語), 의지불의식(依智不依識), 의요의불의불요의(依了義不依不了義)의 네 가지를 말함.

318) 『입중론석』, p. 286.

후대에 이 법리를 분명하게 드러내서 밝힌 이가 짼래씩(sPyan ras gzigs, 觀音)으로 불리는 인도의 미뜨라조끼이다. 그가 토푸 로짜와에게 교수한 현밀의 요의인 작의하지 못하는 마하무드라의 무변한 구결에 관한 이 도리를 가지고서, 현재에 많은 사람들이 이구동성으로 중국 화상의 선법이라고 말하고 있는바, 가슴에 심장이 제대로 달려 있고, 이마에 눈이 제대로 박혀 있고, 생각이 제대로 돈다면 어찌 그와 같이 말할 수 있겠는가?"라고 하였다.

여기서 한 가지 더 부연하면, 현대의 많은 동서양의 외국학자들이 까귀의 수행체계를 잘 이해하지 못한 상태에서, 마치 까귀빠의 교리에 중국의 선법이 도입된 것으로 주장하는 것은 근거 없는 학설이다.

공성의 오의를 결택해 내는 방면에서는 서로 유사한 면이 많아 비교의 대상은 될 수 있을지언정, 그렇다고 해서 그들의 수행법상에 중국선법이 도입되었다고 하는 전거는 어디에서도 발견할 수 없다.

흔히 그 실례로 들어 말하는 불사(不思)와 부작의(不作意)의 법도 앞에서 이미 그 연원을 밝혔듯이, 인도의 성취자 싸라하의 저술인 『신구의부작의대인(身口意不作意大印)』[319]과 마이뜨리빠다 등이 전수하는 대인의 부작의의 구결에 의거하는 것이다. 그 의미에 있어서도 선종에서 말하는 불사와 부작의와는 그 관점이 같지 않은 것이다.

또한 오늘날 우리가 접하는 까귀의 수행체계는 감뽀빠(1079~1153)에 의해서 정립된 것이다. 그가 까담의 교학 위에 마하무드라의 행법과 교계들을 결합시킨 수행체계를 정립하고, 삼사도의 차제에 의거해서 불휴의 명저인 『람림타르갠(解脫道莊嚴論)』을 저술함으로써 그들의 교학이 완성되는 것이다. 또 그의 법통을 전승하고 있는 까귀빠의 여러 종

---

319) 『신구의부작의대인』의 원명은 "sKu gsuṅ thugs yid la mi byed paḥi phyag rgya chen po"임.

파들의 수행이론도 이것을 벗어나지 않는다.

이러한 까귀의 종풍을 요약해서 『투깬둡타(宗教源流史)』에서는 설명하되,[320] "대아사리 마이뜨리빠다가 전하는 마하무드라의 까르뽀칙툽과 나로빠의 심오한 묘법인 나로육법과 까담빠의 감로와도 같은 수심의 구결들을 하나로 배합시킨 해탈의 불사약을, 닥뽀하제 감뽀빠가 점수와 돈수의 모든 법기들에게 가지함으로써, 까귀의 불사의 묘법을 성취한 선인(仙人)들이 티베트의 설산과 산곡과 마을을 덮었다."라고 설한 바와 같다.

또한 까귀의 요의(了義)의 마하무드라의 수행에서 근기의 높고 낮음에 따라 적용하는 두 가지 수행 길의 구체적인 내용들을, 닥뽀뺀첸의 『대인월광석(大印月光釋)』에서는 다음과 같이 밝히고 있다.[321]

> 통상 요의의 수행법에 있어서, 돈수의 종성인 최상근기의 사부는 처음에 정견에 대한 증익을 제거한 뒤, 그 정견 위에 마음을 안치하는 행법을 닦는다. 점수의 종성인 중근 또는 하근들은 처음에 구주심(九住心) 등을 수습한 분상에서 정견을 추구하고, 그 뒤에 정견을 닦는 방법의 두 가지가 있다.
>
> 여기서 싸라하, 샤와리빠, 인드라부띠, 띨로빠, 마이뜨리빠다 등은 최상승의 근기들을 대상으로 앞의 도리를 설명하였고, 『미륵오론(彌勒五論)』과 『유가사지론(瑜伽師地論)』과 까말라씰라의 『중관수습차제(中觀修習次第)』와 싼띠와의 『반야바라밀다교수론(般若波羅蜜多教授論)』 등에서는 중하의 근기들을 대상으로 해서 그 법을 후자의 도리와 같이 설하였다.
>
> 또 티베트에서의 진실의(眞實義)를 수습하는 법에 있어서, 과거 까담의 일부 수행자들에게 인드라부띠(Indrabhūti)로부터 전승되는 그 〔앞의〕

---

320) 『투깬둡타』, p. 160.

321) 『대인월광석』, pp. 484~486.

법을 돔비빠(Ḍombhipa)에게서 전해 받은 조오제(Jo bo rje, Atīśa)의 마하무드라의 구결이 있다. 이 법은 아띠쌰의 제자인 낸조르빠(rNal ḥbyor pa)와 괸빠와(dGon pa ba, 1016~1082)에서 전승되는 법계에서는 보일지라도, 돔뙨빠(ḥBrom ston pa, 1004~1064)로부터 그의 삼대제자(三大弟子)322)에게 전승되는 법계에서는 대체로 도차제에 의거하는 현교의 수습차제가 현저하였다.

그 뒤 감뽀빠의 교수법에서는, 위에서 말한 두 가지 법과 밀종의 원만차제에 의거하는 구결들이 많이 있을지라도, 마하무드라의 수습차제에서는 처음 정견에 대한 증익을 없앤 뒤에 거기에 마음을 안치하는 방법으로 수습하는 도리가 지배적이었다.

후일 마이뜨리빠다의 제자인 인도의 착나(Phyag na, 1017~?) 등으로부터 전수되는 도하(Dohā, 道歌), 다짜(brDa rtsa, 隱符), 쌍조르(gSaṅs sbyor, 密合)의 모든 구결들 또한 감뽀빠의 교수법과 일치하게 티베트에 유행함으로써 그 연원이 신성한 것이다.

그러므로 닥뽀까귀의 이 수행 법통에서는, 처음부터 돈수의 종성에게 필요한 본성에 대한 증익을 제거한 다음, 거기에 마음을 안치하는 법을 제시하는 인도법과, 점수의 종성에게 필요한 처음 마음의 주분(住分)을 추구한 뒤 점차로 위빠사나(觀修)로 인도하는 법의 두 가지가 있다. 지금도 또한 지혜가 크게 명석하나 마음이 산란한 종성에게는 대체로 처음의 법처럼 적시에 인도하는 것이다.

위의 뜻에 대하여 좀더 설명하면, 까르마 랑중도제(Karma Raṅ byuṅ rdo rje)의 『요의대인원문(了義大印願文)』을 해설한 씨뚜빤첸(Si tu pan chen)323)은 그의 『요의대인원문석(了義大印願文釋)』에서 까

322) 삼대제자는 뽀또와(Po to ba, 1027~1105)와 짼응아와(sPyan sṅa ba, 1033~1103)와 푸충와(Phu chuṅ ba, 1031~1109)를 말함.

귀의 법계와 교수법을 다음과 같이 명확하게 밝혔다.[324]

이제 이 마하무드라의 교수법을 실행하는 차별과 전승법계의 순서를 간략히 부기하고자 한다.

여기서 처음의 것은 위에서 종자만큼 설한 것과 같이, 밀종의 비공통의 법과 현밀이 복합된 법의 두 가지가 있다. 앞의 것 〔비공통의 법〕도 또한 바로 금강지혜의 관정을 받음으로써 사전에 유희론(有戱論)의 관정을 요하지 않는 법력을 갖춘 아사리와 최상의 근기를 대상으로 하는 한 종류와, 상근이 못 되는 제자로서 유희론의 관정을 사전에 필요로 하는 한 종류의 두 가지가 있다.

처음의 돈수의 사부는 오직 관정의 가지(加持)와 시의(示意)와 약간의 교계의 설시로서 해탈하는 것이니, 예를 들면, 인도의 성취자들의 전기와 같은 것이다.

특히 티베트에서 이 법문의 전승에서 이와 같이 행해서 해탈한 사실들이 많이 있으며, 이 법문에서는 교수의 차제가 반드시 순서에 의해서 설시되는 것이 정해진 것도 또한 아니다. 이것은 밀라래빠로부터 전승되는 유희론의 행법과 무희론(無戱論)의 구생유가(俱生瑜伽)로 알려진 두 가지 가운데서 후자의 법이다.

다음의 법은 점수의 근기를 대상으로 한 것으로서, 3대 까르마 랑중도제의 저술인 『구생유가교수법(俱生瑜伽教授法)』[325]에서, "〔공통도의〕 전

---

323) 씨뚜뻰첸 최끼중내(Si tu pan chen. Chos kyi ḥbyuṅ gnas, 1700~1774): 까귀빠의 저명한 고승. 저술로는 『묘음성명(妙音聲明)』, 『동의조사 장생장(同義藻詞 長生藏)』 등이 있음.

324) 『요의대인원문석』(藏族十明文化傳世經典叢書, 噶擧系列 第20券), pp. 883~886, 씨뚜뻰첸, 청해 민족출판사, 2001.12. 서녕, China.

325) 『구생유가교수법』의 원어는 "핸찍께조르기티익(lHan cig skyes sbyor gyi third yig)"임.

행(前行)에서 자격이 있는 스승이 제자에게 여법하게 수행하고, 금생에서 세상사를 버린 뒤에 무상보리를 추구해야 함을 설시한다. 그러기 위해서 먼저 계율을 받고 보리심을 발하게 하고, 관정에 의해서 제자의 마음의 흐름을 성숙시킨 뒤, 적정하고 뜻에 맞는 장소에서 수행토록 하게 한다."라고 하는 등등의 이 전승의 실천에서는 정해진 순서가 있는 것이다.

이 〔공통도의〕 전행(前行)에서의 〔마음의 흐름을〕 성숙시키는 그 법 또한, 무상유가부(無上瑜伽部)의 한 적절한 본존을 통해서 행하는 것이 합당할지라도, 실천에 있어서는 대체로 승락금강(勝樂金剛)의 합체존의 만다라의 단장(壇場)에서 관정을 행하는 것으로 드러났다. 인도의 성취자 라뜨나마띠(Ratnamati, 寶慧)도 역시 이전금강어구(耳傳金剛語句)[326]의 가르침과 함께 설하고 있으며, 실제로도 또한 〔관정을〕 받기 때문이다.

이 교수법에서는, 관정을 받자마자 바로 생기차제에 들어가서 그것을 수습해서 무상유가(無相瑜伽)에 들어가는 한 방법과, 무상지관(無相止觀)의 유가를 일단 수습한 뒤에 생기차제에 들어감으로써 〔본존과 지물(持物)의 모습의〕 명현(明顯)을 증득하기 쉽고, 실지를 신속하게 얻게 됨을 주장하는 한 방법 등의 두 가지 수법이 있다. 이 둘도 역시 생기차제 이후에는 유상(有相)과 무상(無相)의 원만차제의 둘이 서로를 대신하는 도리로써 쌍운(雙運)을 수습하는 것이다.

두 번째의 이 현밀의 공통 도법은 〔인도의 성취자〕 다뉜(mDaḥ bsnun) 부자의 주장과 같이, 성취자 마이뜨리빠다가 특별히 제고해서 실행하였다. 이 도리를 설시한 논전인 『십진실론(十眞實論)』을 또한 저술한 바 이 도법은 사실이다.

여기에다 닥뽀 린뽀체가 선지식 짝리빠(lCags ri pa), 늑룸빠(sÑug

---

326) 이전금강어구: 마하무드라의 후자의 전승인 "무구적법(無垢滴法)"에 공통과 비공통의 법 두 가지가 있다. 이 중의 공통의 법 가운데 또 네 가지 전승이 있으며, 그 중 두 번째의 전승을 말함.

rum pa), 갸왼닥(rGya yon bdag), 자윌와(Bya yul ba) 등의 까담빠의 많은 스승들을 사사해서 아띠쌰의 교계인 삼사도의 차제를 청문한 뒤, 그 교수법을 또한 결합시킴으로써 까담과 마하무드라의 두 법류를 합친 법으로 알려졌다. 이 도리에 의해서 또한 단시일 내에 마하무드라의 성취에 도달하게 만드는 까닭에, 무희론의 『구생유가교수법』의 명의를 벗어나지 않는 것이다.

이 또한 닥뽀 린뽀체가 몽중의 예시와 스승인 밀라래빠의 예언처럼, 내가 까담의 교법으로 무수한 유정들을 또한 이롭게 한다고 설함과, 현재 내가 유정들에게 작은 이락이라도 베푸는 이것은 오로지 까담의 스승들의 은혜라고 설하는 것과, 내가 법고를 크게 울려서 무수한 산짐승들이 듣게 하고 그들에게 젖을 주는 꿈 등의 일체가 이 후자의 교수법의 도리에 해당하는 것이다.

이 뜻은 오탁이 치성하는 시절이 당도함으로써 금강승의 비공통의 선근자가 비록 크게 희소하게 될지라도, 둔근과 선근이 박덕한 유정들을 삼사도의 차제로서 인도해서, 구경에는 선근이 크게 증장되어 밀종의 법기가 되게 해서 한 생에서 해탈을 얻게 하기 위해서이다. 또는 그와 같지 않을지라도 이 방편에 의해서 많은 이들이 마하무드라(大印)의 진리를 보고 불퇴전의 도에 들어가도록 배려한 것이다.

그러므로 닥뽀 린뽀체 때부터 시행해서 현재에 이르기까지도, 이 교수법에 의해서 교화대상의 복분의 낮고 높음의 일체를 따짐 없이 인도하는 종풍이 있는 것이다. 이 위에 법연이 있는 자들에게 밀종의 심오한 방편을 열어 보일 때, 이것에다 인위(因位)의 교계 또는 기본 교도의 이름을 붙인 것이다.

또 같은 논에서 설하되,[327] "두 번째 사자전승(師資傳承)의 순서에서, 밀종의 비공통의 전승은 〔첫째〕 바즈라다라(Vajradhara, 持金剛佛)[328],

327) 위의 책, pp. 886~887.

띨로빠(Tilopa), 나로빠(Nāropa), 마르빠(Marpa)로 이어지는 하나의 전승과, 그리고 〔둘째〕 바즈라다라, 라뜨나마띠(Ratna mati, 寶慧), 다뉜샵(mDaḥ bsnun shab), 쌰와리빠(Śavaripa), 마이뜨리빠다(Maitrī-pāda), 마르빠(Marpa)로 이어지는 전승이 있다.

그 뒤의 전승은 이 둘을 함께 모은 밀라래빠(Miláráspa), 닥뽀하제 다외슈누(Dwags po lha rje Zba ḥod gshon nu) 등의 깜창까귀(Kam tshaṅ bKaḥ brgyud)[329]의 의전승(義傳承)[330]과 같이 이어진다.

〔셋째〕 현밀혼합의 이 도법은 다뉜샵에서 전래되는 후자의 법류인 〔마이뜨리빠다의〕 『십진실론』의 전승에다 삼사도의 차제를 배합한 영향으로 말미암아, 광행전승(廣行傳承)과 심관전승(深觀傳承)과 수행가지전승(修行加持傳承)의 셋이 합류되었다.

광행전승(廣行傳承)은 붓다 쌰꺄무니(Buddha Śākyamuni), 마이뜨레야(Maitreya, 彌勒菩薩), 아상가(Asaṅga, 無着), 바수반두(Vasuban du, 世親), 아르야 비묵띠쎄나(Ārya Vīmuktisena, 聖解脫軍), 바단따 비묵따쎄나(Bhadanta Vīmuktisena, 大德解脫軍), 빠라마쎄나(Para masena, 勝軍), 비니따쎄나(Vinītasena, 戒軍), 바이로짜나(Vairoca na, 또는 Śantarakṣita, 寂護), 하리바드라(Haribhadra, 獅子賢), 꾸살리빠(Kusalī) 형제, 쑤와르나드비빠(Suvarṇadvīpa, 金州), 디빰까라

---

328) 바즈라다라의 티베트어는 도제창(rDo rje ḥchaṅ)이며, 지금강불(持金剛佛), 또는 금강지불(金剛持佛)로 번역하는 밀종에서 설하는 보신불임.

329) 깜창까귀는 까르마까귀의 다른 이름으로 개산조사인 까르마 뒤쑴캔빠(1110~1193)가 대본사인 출푸(mTshur phyu)승원를 세우기 전에, 캄(Kam)의 깜뽀 지방에서 오랫동안 수행함으로써 붙여진 이름이다.

330) 의전승은 둡귀(sGrub brgyud, 修行傳承)의 뜻으로, 강설과 저작 등을 전문으로 하지 않고 은둔처에서 수행을 위주로 하는 법통으로, 밀라래빠의 법맥을 전승하는 까귀빠를 가리킴. 마르빠의 4대제자 중에서 응옥 최꾸도제(rṄaog. Chos sku rdo rje) 등의 법맥은 쌔귀(bŚad brgyud, 經義傳承)로, 밀라래빠의 법맥은 둡귀로 각각 구별해서 부름.

쓰리즈냐나(Dīpaṃkara Śrijñāna, 吉祥燃燈智)에 이르기까지다.

두 번째의 심관전승은 붓다 싸꺄무니(Buddha Śākyamuni), 만주쓰리(Mañjuśri, 文殊菩薩), 나가르주나(Nāgārjuna, 龍樹), 아르야데와(Āryadeva, 聖天), 짠드라끼르띠(Candrakīrti, 月稱), 비드야꼬낄라(Vidyākokila) 형제, 디빰까라 쓰리즈냐나(Dīpamkara Śrijñāna, 吉祥燃燈智)에 이르기까지다.

그리고 세 번째의 수행가지전승은 바즈라다라, 띨로빠, 나로빠, 돔비빠, 디빰까라쓰리즈냐나로 이어지는 것이다.

아띠쌰의 이 세 전승을 하나로 모은 선지식 돔뙨빠(ḥBrom ston pa, 1004~1064)로부터 쩬응아와(sPyan sṅa ba, 1033~1103)와 자율와(Bya yul ba, 1075~1138), 감뽀빠(sGam po pa)로 이어지거나, 또는 돔뙨빠의 삼대제자를 사사한 자율와에서 감뽀빠로 이어짐과, 돔뙨빠와 그의 제자들을 사사한 네우쑤르(sNeḥu dzur, 1042~1118)와 눅룸빠, 쌰와링빠(Śa ba gliṅ pa, 1070~1141) 등의 모두를 감뽀빠가 사사하였다. 그 후대는 깜창까귀의 의전승과 같다."라고 하였다.

3) 겔룩빠의 투깬 로쌍니마의 해명과 비판

까르뽀칙툽(dKar po chig thub, 大印) 논쟁의 진실에 대해서 투깬 로쌍니마(Thuḥu kwan. Blo bzaṅ ñi ma, 1737~1802)는 일찍이 그의 유명한 저술인 『투깬둡타(宗敎源流史)』에서 까귀빠의 까르뽀칙툽에 대해 다음과 같이 견해를 밝혔다.[331]

> 싸꺄 빤디따의 『돔쑴랍에(三律儀論)』에서 논파하는 대상이 많을지라도 그 핵심은 샹챌빠(Shaṅ tshal pa, 1123~1294)가 마하무드라를 까르

331) 『투깬둡타』, p.154.

뽀칙툽으로 주장하는 것과 디궁빠(ḥBri guṅ pa, 1143~1217)의 일의론(一意論) 이 두 가지로 드러났다.

싸꺄 빤디따의 주장에 동조해서 자타의 종파에서 많은 인사들이 비판할 뿐만 아니라, 모든 사람들이 샹첼빠의 까르뽀칙툽이 전혀 작의(作意)하지 않는다는 뜻으로 단정해서 그것을 비판한 것으로 드러났다.

그러나 샹첼빠의 저술들을 공정한 마음으로 면밀히 조사하여 보면, 거기에는 전혀 작의하지 않는다는 그러한 면이 없는 것이 분명하다. 그러므로 싸꺄 빤디따가 『돔쑴랍에』에서 제기한 반론들은 정당하지 못한 것이다.

또한 말하길,[332] "그와 같이 마르빠, 밀라래빠, 감뽀빠 등과 또 그의 제자들인 팍모두빠(Phag mo gru pa), 디궁뀨라(ḥBri guṅ skyu ra), 링래빠(Gliṅ ras pa), 까르마 뒤쑴켄빠(Karma Dus gsum mkhen pa), 딱룽빠(sTag luṅ pa) 등이 주장하는 견해들은 일치한다. 세속현분(世俗現分)의 연기법을 중시하고, 바른 분별지에 의한 관찰을 버리지 않은 법으로 드러났다. 그러나 뒷날 그들의 저술들 속에 제자들의 부정한 언설들이 많이 첨가됨으로써 신뢰를 잃게 되었다고 나의 스승인 짱꺄롤빼도제(lCaṅ skya Rol paḥi rdo rje)는 말하였다."라고 하였다.

또한 마하무드라의 수행법에 대해서도,[333] "까귀의 선대 조사들은 마하무드라를 현밀의 둘로 구분하였다. 여기서 앞의 현교의 마하무드라의 행법은, 먼저 마음의 본성 위에 일념으로 안주하는 무분별을 닦아서 주분(住分)을 성취하고, 그와 같이 성취한 소연의 대상 위에 안주하는 그 명징한 마음이 몸 밖에 있는 것인지, 몸 안에 있는 것인지 등의 마음의 체성을 깊이 관찰함으로써 마음의 본성이란 하나조차 얻지 못하는 비실재성에 대한 확지를 얻을 때, 그것을 특별히 제고해서 마음의 본성 위에

332) 위의 책, p. 143.

333) 위의 책, pp. 144~145.

일념으로 전주해서 공성이 아닌 것〔실집(實執)의 견해들〕을 파척하는 도리를 수습하는 것이라고 설하였다.

다음 밀교의 마하무드라의 행법은, 풍(風)[334]을 중맥(中脈)[335] 가운데 거두어서 넣고(入), 머물게 하고(住), 융합하는(合) 세 과정을 통해서 발생하는 대락(大樂)의 광명을 말한다. 이것은 둡빠데뒨(Grub pa sde bdun, 成就七法)과 닝뽀꼬르쑴(sÑiṅ po skor gsum, 三妙藏)으로 알려진 수행법들의 핵심이자, 모든 무상유가들의 구극의 정화이다.

이것을 수행함에 있어서는 반드시 기위심(基位心)[336]을 먼저 실현해야 하며, 거기서 풍을 거두어서 중맥 안으로 넣고, 머물고, 융합하는 세 과정을 반드시 실행해야 한다. 이 기위심의 본성을 결택한 다음, 그 위에 일념으로 전주함으로써 풍이 중맥 안으로 들어가고, 머물고, 융합하는 세 과정이 일어나게 되는 것이다.

그 힘에 의해서 배꼽의 〔변화륜(變化輪)〕[337]과 생식부위의 〔호락륜(護樂輪)〕[338]의 뚬모(gTum mo, 絶地火)[339]의 타오름에 의해서 〔정수리의 대락륜(大樂輪)[340] 속에 녹아 있는 하얀 보리심(白精)[341]이 녹아내

334) 풍: 인체의 풍 또는 기(氣)를 말하며, 근본오풍(根本五風)과 지분오풍(支分五風) 등이 있음.

335) 중맥: 밀종에서 척추 속을 관통해서 위로는 정수리에 닿고, 아래로는 생식기에 연결되는 미세한 풍(風, 氣)이 흐르는 맥도를 말함.

336) 기위심: 인위심(因位心) 또는 원시심(原始心)이라고 하며, 밀교에서 말하는 극도로 미세한 지명풍(持命風)과 병존하는 불가분리적인 마음으로 심장의 심륜(心輪) 속에 존재한다.

337) 변화륜: 배꼽의 맥륜(脈輪)으로 64개의 신경망으로 구성되어 있음.

338) 호락륜: 생식기의 맥륜(脈輪)으로 32개의 맥판(脈瓣)으로 되어 있음.

339) 뚬모: 범어 짼딸리(Caṇṭali)의 의역으로 제륜화(臍輪火)라고 한다. 즉 배꼽의 맥륜 속에 범어 अ자(字)의 도치형인 짧은 아자의 형태로 존재하며, 이것이 발화하게 되면 부정한 온계(蘊界)를 정화하고, 모든 번뇌의 분별들을 태워서 신속하게 구생묘지(俱生妙智)를 생기시킨다.

리면서] 차례로 사희(四喜)[342]가 발생하여 기위심의 대락의 자성이 된다. 그것이 외경의 무자성과 합일한 공락(空樂)의 지혜 위에 일념으로 전주함으로써 사유가(四瑜伽)[343]를 차례로 섭렵해서 최승실지(最勝悉地)를 얻게 되는 것이다. 이와 같은 공락(空樂)과 지비(智悲)를 함께 닦는 마하무드라의 수행에다 까르뽀칙툽이라는 이름을 붙였다."라고 하였다.

또한 수행의 돈점(頓漸)에 대한 까귀의 관점에 대해서 설명하길,[344] "마하무드라를 수행하는 사부에게도 하근과 상근의 두 종류가 있다. 풍을 중맥 안으로 거두어 넣는 행법을 닦을 수 없는 둔근은 먼저 바라밀다도의 대인(大印)을 닦도록 하였다.

또한 역시 상근에도 두 종류가 있으니, 숙세 또는 금생의 전반에서 일찍이 앞의 도들을 〔공통도와 생기차제 등을〕 숙습해서, 풍을 중맥 안으로 거두어 넣음에 능통한 자는 처음부터 마음의 본성 위에 일념으로 전주해서 닦는 것에 의하여, 풍을 중맥 안으로 거두어 넣고, 머물고, 융합하는 세 과정을 실행해서 기위심을 실증하는 것으로, 이러한 사부를 돈수자라고 불렀던 것이다.

그러므로 『까뻬(Kā dpe)』에서, '숙습의 선근이 있는 사부에게는 돈수의 법을 열어 보인다.'라고 하였고, 『린첸템깨(寶梯)』에서도, '돈수의 뿌드갈라(pudgala, 人)는 자량을 닦고 쌓은 사부이며, 심성을 밝히고 정화한 사부이며, 마음을 다스리고 조복한 사부이며, 깨달음이 있는 사부이

---

340) 대락륜: 정수리의 맥륜(神經叢)으로 32개의 맥판으로 구성되어 있음.

341) 하얀 보리심(白精): 남정(男精)에 해당하는 틱레(thig le, 明点)를 말함.

342) 사희: 정수리의 하얀 보리심이가 녹아내리면서 발생하는 희열인 희(喜), 승희(勝喜), 수희(殊喜), 구생희(俱生喜)의 넷을 말함.

343) 사유가: 내심에 전주하는 전주(專注), 희론(戱論)을 여읜 내심의 무희론성을 체달하는 무희론, 내심과 외경의 평등일미를 체달하는 일미(一味), 유상(有相)에 의지하지 않고 닦는 무수(無修)의 네 가지를 말함.

344) 『투갠둡타』, pp. 145~146.

며, 최승의 사부이다.'라고 설하였다.

이것은 쫑카빠 대사도 인정하는 것으로서, '풍을 중맥 안으로 거두어 넣음에 능통한 자는, 어떠한 소연의 대상에 전념할지라도, 풍이 중맥 안으로 들어감을 본다.'라고 하였다.

만약 숙세와 또는 금생의 전반기에서 일찍이 앞의 도들을 닦지 못한 자는 공통도와 관정과 생원의 두 차제 등을 먼저 닦아야 하며, 이와 같은 뿌드갈라를 점수자라고 불렀던 것이다. 그러므로 『까빼』에서, '초학의 사부에게는 점차로 법을 열어 보인다.'고 하였다."라고 설하였다.

4) 닝마빠의 쏙독빠 로되겔챈의 해명과 비판

닝마빠의 고승인 쏙독빠 로되겔챈(Sog slog pa. Blo gros rgyal mtshan, 1552~1634)은 그의 저술인 『답밀승적쟁론(答密乘的爭論)』에서, 싸꺄 빤디따가 제기한 까르뽀칙툽 뿐만 아니라 출가 국왕인 장춥외를 비롯한 여타의 많은 학자들이 제기한 닝마빠 교의의 불순함을 비판한 것에 대하여, 일일이 거론해서 해명하고 또 반박하였다.

특별히 까르뽀칙툽이 닝마의 대원만(大圓滿)의 교의와 같다는 세간의 오해에 대해서, 그는 『답밀승적쟁론』에서는 다음과 같이 그 진상을 밝혔다.345)

싸꺄 빤디따의 주장을 말하면, 그는 『돔쑴랍에』에서, "또한 신구(新舊)의 밀종에" 등을 거론해서 신구 두 종파 모두에 불순함이 섞여 있음을 말했다. 어떻게 된 것인가 하면, "현재의 마하무드라와 중국 종파의 족첸 두 가지"라고 거론한 것이다.

---

345) 『답밀승적쟁론』, pp. 235~236, 쏙독빠 로되겔챈(Sog slog pa. Blo gros rgyal mtshan), 사천 민족출판사, 1998, 성도, China.

여기서 중국 종파의 족첸이 무엇을 지칭하는 것인가? 하면, 〔본래 티베트에서의〕 족첸의 첫 전승은, 아사리 쓰리쌩하(Śri seṅ ha, 吉祥獅子)[346]의 제자로서 밀법을 성취한 많은 중국 화상들이 설파한 그들의 족첸과, 또 아로(Aro)의 법문에 인도에서 일곱 번째 전승되는 족첸이다. 그러므로 별도로 중국에서 전승되는 족첸의 두 가지가 있는 것이 아니며, 이들의 견행(見行)에는 잘못이 없다.

그러면 어찌된 까닭인가? 그것은 법왕 티쏭데짼의 재위 시에 중국의 마하연 화상이 설파한 선법이다. 어찌된 연고인가? 하면, 당시 티베트 승려 대부분이 화상의 법을 믿고 따랐으며, 그 제자들 중에서 신통을 얻은 자들이 많이 출현하였는바, 유명한 냥 띵진쌍뽀(Myaṅ Tiṅ ḥdzin bzaṅ po)도 역시 그의 제자였다.

그러한 까닭에 국왕이 아사리 비말라미뜨라(無垢友)[347]에게 말하길, "나의 응공처(應供處)인 냥 띵진쌍뽀는 중국 화상의 제자로서 육안의 힘으로 수십만의 세계를 동시에 볼 수 있으며, 또 한 차례 선정에 들면 칠 일 동안 머물러서 일주일 동안 음식도 필요 없다."라고 하였다.

그러자 빤디따(Paṇḍita)가 얼굴을 붉히면서, "나가뿌라히싸마디(Nā ga pu ra hi samādhi)"라고 말한 뒤 법의로 머리를 덮었다. 이에 국왕이 역경사(譯經師)에게 이것이 무슨 뜻인가를 묻자, "그 고행자의 수행이 용의 세계에 태어나는 삼매이다."라고 대답하였다.

국왕이 냥 띵진쌍뽀에게 이 말을 전해 주자, 냥(Myaṅ)이 숙세에 심은 법의 선근이 각성돼서 이전의 법들을 버리고, 아사리 비말라미뜨라를 친근해서 무지개 몸(虹身)[348]을 성취하였다.

---

346) 아사리 쓰리쌩하: 티쏭데짼 왕의 초청으로 티베트에 온 인도의 고승이자. 족첸의 비조임.

347) 아사리 비말라미뜨라: 티쏭데짼 왕의 초청으로 티베트에 온 인도의 고승. 족첸의 삼부(三部)의 가르침 중에서 법계부(法界部)와 규결부(竅訣部)를 티베트에 전함.

당시 뙨민(頓門)과 쩬민(漸門)으로 알려진 두 파가 쌈예사에서 인도와 중국의 불법에 대해 서로 크게 반목하였다. 이에 국왕이 빤디따 까말라씰라를 초청해서 논쟁토록 하였고, 그 논쟁에서 패한 화상의 선법인 것이다. 그 주석의 대가들이 마하무드라와 족첸에 대해서 크게 연구도 해보지도 않았는지? 중국 선종의 족첸을 가지고서 이것이라고 말하는 것은 전혀 무지함의 소치이다.

348) 무지개 몸(虹身): 원만차제에서 성취하는 청정환신(淸淨幻身)을 뜻하며, 육신이 무지개와 같은 오색 빛으로 변화됨을 말함.

제4장 쌈예사의 논쟁에 대한 현대의 시각

티베트 불교학자인 둥까르 로쌍틴래(Duṅ dkar. Blo bzaṅ ḥphrin las, 1927~2003)는 그의 저술인 『둥까르칙죄첸모(東噶藏學大事典)』에서 다음과 같이 말하였다.349)

현대 국내외 여러 나라의 많은 학자들의 주장에 의하면, 티베트의 역사서에서 마하연 화상 측이 논쟁에서 패한 것으로 밝힌 것은, 티쏭데짼 왕과 아사리 까말라씰라(Kamalaśīla, 蓮華戒)의 측에서 기록한 것이며, 중국어로 저술된 『돈오대승정리결(頓悟大乘正理決)』에서는 중국 선사 측이 논쟁에서 승리한 것으로 기록하고 있다. 그래서 티베트어로 기록된 역사는 근거가 없는 것이라고 해서 마하연 화상의 승리로 수정하는 이들이 출현하고 있다. 그러므로 이 사안에 대해서 티베트 학자들의 자세한 연구조사가 있기를 바란다.

이처럼 이 문제가 다시 대두된 것은, 1908년 3월 프랑스의 탐험가 펠리오(Paul Pelliot, 1878~1945)가 중국 돈황(敦煌)의 천불동(千佛洞)에서 발견한 일단의 고문서들 가운데 중국의 마하연 화상의 저술인 『돈오대승정리결(頓悟大乘正理決)』이 발견되었기 때문이다. 이 문서에 대한 세밀한 연구조사가 진행됨으로써 그 결과 현대에 다시금 쌈예(bSam yas) 논쟁의 진위에 대한 갖가지 학설들이 제기된 것이다.

마하연 화상의 저술 속에 나타난 그의 중요한 학설을 간략히 살펴보면 다음과 같다.

---

349) 『둥까르칙죄첸모』, p. 11.

1. 중국 마하연 화상의 견해

쌈예의 논쟁이 종료된 뒤 왕명으로 중국 선종을 축출하고, 마하연 화상의 모든 저작들을 금서조치하고 파기한 탓에 현재 티베트에서는 그의 저술들을 구해 볼 수 없는 실정이다.

이러한 까닭에 『땐빠응아다르기최중(古代티베트佛教史)』에 기재되어 있는 그의 자료들을 발췌해서 실으면 다음과 같다.350)

우리들의 종교와 역사서들에는 분명하게 나와 있지 않은, 마하연 화상의 견해를 보여 주는 몇 가지 중요한 전적들을 학자들 앞에 참고자료로 올리는 바이다.

『뚱항익닝(敦煌古文書, Tuṅ haṅ yig rñiṅ』(Pelliot 21)에서, "법이 아닌 일체의 법들은 가히 취하고, 가히 버려야 할 법이 없는 것이니, 버리고 취하는 생각을 일으키지 말라. 이와 같이 깨달은 뒤 선정을 수습하는 방법은, (A) 여섯 근문(根門)을 차단하고 마음을 비추어 볼 때, 진실하지 못한 상념이 오로지 움직여서 생사의 업을 짓는 것임을 믿으며, 만약 상념이 움직이면, 있고 없음, 더럽고 깨끗함, 공하고 공하지 않음 등을 전혀 사유하지 말고 분별하지 말라. (B) 그것을 각찰(覺察)하지 못해서 마음 가는 대로 행한다면 그것이 생사이며, 〔그것을〕 각찰해서 생각대로 행하지 않고, 취하지도 않고, 집착하지도 않는다면, 마음이 활연해지고 또한 해탈하게 된다. (C) 이와 같이 닦아서 진실하지 못한 상념과 습기들을 모두 여의게 되면 바로 성불인 것이다. 무분별론(無分別論)을 완결하다."라고 하였다.

350) 『땐빠응아다르기최중』, pp. 245~249. 이 부분은 "쌈예법론의 소고" 중에서 "마하야나 화상의 견해" 부분을 옮긴 것임.

이것과 글의 뜻이 전적으로 같은 것이, 돈황에서 발굴된 마하연 화상의 구술을 〔왕시(Waṅ shis, 王錫)가〕 기록한 유명한 책인 『돈오대승정리결』이며, 그 편모(片貌)를 보면 아래와 같다.

(A) 『정리결(正理決)』(p. 4646, f. 135a) 旧問, 云何看心. 答, 返照心源, 看心想若動, 有無淨不淨空不空等, 盡皆不思不觀, 不思者亦不思, 故淨名經中說, 不觀是菩提.

(B) (f. 135b) 旧問, 作何方便, 除得妄想及習氣. 答, 妄想起不覺. 名生死, 覺竟不隨妄想作業, 不取不住, 念念則解脫. 般若, 寶積經云, 不得少法, 名無上菩提.

(C) (f. 138a~b) 旧問, 修此法門, 早晩得解脫. 答, 如楞伽及金剛經云, 離一切想卽名諸佛, 隨其根性利鈍, 如是修習, 妄想習氣盡歇, 卽得解脫.

또한 위의 두 가지 저술과 내용이 거의 동일한 것으로서 『쌈땐믹된(bSam gtan mig sgron, 修禪眼燈)』(p.145.5)이 있다. 거기에서 설하길, "마하연 화상의 수행결(修行訣)에서, 의미가 그와 같은 것임을 안 사람은 여타의 일들을 버리고서, 무릇 적정하여 소란함이 없는 한적한 처소에 홀로 머물면서, 가부좌를 맺고 몸을 바로 세우고 〔선정을 닦되〕, 초야와 여명에 잠자지 않도록 하라.

선정에 안주할 때 자신의 마음을 비추어 보되(p.146), 전혀 사유함이 없는 그것이 불사(不思)이다. 분별의 마음이 움직이면 〔그것을〕 각찰토록 하라. 어떻게 각찰하는 것인가? 하면, 동요하는 그 마음의 움직임과 움직이지 않음을 관찰하지 않으며, 있고 없음을 또한 관찰하지 않으며, 선과 불선을 또한 관찰하지 않으며, 번뇌와 해탈을 또한 관찰하지 않는 것 등이니, 일체의 법들을 그와 같이 또한 관찰하지 않는 것이다. 마음의 동요를 그와 같이 각찰하면, 〔마음의 동요가〕 스스로 없어지게 되는 것이니, 그렇게 법을 닦도록 하라."고 하였다.

또 설하길, "무릇 일체의 사유를 버린 뒤에 불사(不思)에 안주하는 것이 대승의 선정에 들어가는 법이다."라고 하였는바, 앞에서 밝힌 저술들과 비교하여 보면, 티베트에서 한때 선법이 유행하였음을 분명하게 증명하는 것이다.

또 한편 아래의 돈황에서 발굴된 마하연 선사의 저서는 동서양의 많은 학자들이 애중히 여기는 바다. 여기서는 그것의 번역과 재역에 의뢰하지 않는 것이 중요하다고 여겨서, 〔원문을〕 그대로 실었으니 검토하기를 바란다. 〔그러나 본서에서는 티베트 고어로 된 원문을 싣는 대신에 그 내용을 번역하여 기재하는바, 그 내용은 다음과 같다.〕

마하연 화상의 돈오의 선문(禪門)에 드는 길

세간의 생사윤회의 근본은 분별심이다. 어째서 그러한 것인가? 무시이래의 습기의 인(因)으로 말미암아서, 분별의 마음이 동요해서 그렇게 동요함과 같이 보며, 그렇게 보는 바와 같이 분별하고, 그렇게 분별한 바와 같이 결과를 낳는 것이다. 그러므로 위로는 부처에서 아래로는 지옥의 중생에 이르기까지 또한, 각자의 분별로부터 변화된 것을 보는 것일 뿐이다. 만약 마음이 동요하지 않으면 티끌만한 법조차 또한 가히 얻지 못하는 것이다.

의미가 그와 같음을 밝게 아는 자는 여타의 일들을 떠나서, 무릇 적정하여 소란함이 없는 적정한 처소에 홀로 머물면서, 가부좌를 맺고 몸을 바로 세우고 〔선정을 닦되〕, 초야와 여명에 잠자지 않도록 하라.

선정에 안주할 때 자신의 마음을 비추어 보되, 전혀 사유함이 없는 그것이 불사(不思)이다. 분별의 마음이 움직이면 〔그것을〕 각찰토록 하라. 어떻게 각찰하는 것인가? 하면, 동요하는 그 마음의 움직임과 움직이지 않음을 관찰하지 않으며, 있고 없음을 또한 관찰하지 않으며, 선과 불선을 또한 관찰하지 않으며, 번뇌와 해탈을 또한 관찰하지 않는 것 등이니, 일체의 법들을 그와 같이 또한 관찰하지 않는 것이다. 마음의 동요를 그와 같이 깨달으면 자성이 없는 것이며, 그것이 법을 관찰하지 않음이라 한다.

만약 마음의 동요를 각찰하지 못하거나 또는 잘못 각찰하게 되면, 그와 같이 〔동요를〕 쫓아서 관찰하게 되고 허망함을 닦게 되니, 이것이 범부인 것이다.

처음 닦는 초학자가 마음을 반조할 때 상념이 발동하는 것이니, 앞에서 말한 법을 응용해서 닦도록 하라. 장기간 수련해서 조복된 마음과 각찰도 또한 분별의 마음임을 알도록 하라.

어째서 그러한 것인가? 예들 들면, 몸이 있는 탓으로 그림자가 생기며, 그림자가 생긴 탓으로 그림자를 아는 마음이 일어나는 것이다. 그와 같이 마음이 동요하는 탓에 각찰이 생기며, 각찰이 생긴 탓에 각찰을 아는 마음이 생하는 것이므로, 각찰도 또한 이름도 모양도 없는 것이다.

처음 어디로부터 오는 곳을 또한 보지 못하며, 끝내는 어디로 가는지 그 자취를 또한 알지를 못하며, 각찰과 각찰하는 대경(對境)을 추구할지라도 또한 얻지 못하며, 사유가 미치지 못함으로 해서 부사의인 것이며, 그 불사(不思)에도 또한 집착하지 않음이 여래라고 하였다.

2. 현대 외국학자들의 시각

『땐빠응아다르기최중』에서는 일본을 비롯한 각국에서 발표된 쌈예의 논쟁에 대한 중요한 연구 자료들을 모아서 다음과 같이 정리해 밝히고 있다.[351)]

351) 『땐빠응아다르기최중』, pp. 235~238. 이 부분은 “쌈예법론의 소고” 중

당시 티쏭데짼 왕의 허물의 은닉처와도 같은, 인도와 중국의 두 대사 중에서 누가 진실인지 아닌지를 논쟁하게 했던 사실을 떠나서, 실제의 사정에 따르자면, 티쏭데짼 왕은 본래부터 인도 아사리 편에 속해 있었다. 논쟁에 대한 기록자들인 티베트 역사가들도 또한 전부가 인도 아사리의 추종자들인 까닭에 각자의 견해에 편향되어서 적방인 중국 선종 측에서 패하지 않으면 안 되게끔 기록하여 놓은 것이다. 중국 화상을 따르는 티베트의 사학자가 저술한 논쟁에 관한 역사서가 없는 것에 의거해서, 마치 한 손바닥의 박수소리처럼 논쟁도 그와 같이 단지 티베트의 역사서에만 의거한 것이어서, 실제로 법전이 발생한 것으로 보기에는 그 근거가 불명한 것이다.

그러나 사학가 드미에빌(Demiéville P.)은 돈황에서 출토된 마하연 화상의 제자가 〔왕시가〕 비망록으로 기록한 『돈오대승정리결』(Pelliot Chinois 4646.)을 상세히 연구한 『라싸의 논쟁』(Demiéville P., *Le concile de Lhasa*, Paris, 1952)에서 그와 같은 논쟁이 단지 풍문만이 아닌 실제로 발생하였음을 증명하고 있다. 『라싸의 논쟁』이라는 이 연구는 단지 선종의 돈문(頓門)에 관한 것뿐만 아니라 동아시아의 역사 연구의 관건으로서 현재에도 중요한 위치에 있는 것이다.

드미에빌의 주장의 요점은 돈황이 티베트의 수중에 떨어진 해를 787년으로 기준함으로써 마하연 화상이 티베트에 초청되어 간 것도 역시 그 후가 되는 것이다. 『돈오대승정리결』에서도, "논쟁이 원숭이해(申年)에서 개해(戌年) 사이에 발생하였다."라고 분명히 밝히고 있으므로, 서기로 결정하면 792~794년 사이에 발생한 것으로 추정할 수 있다. "장소 또한 율닥빠(Yul dag pa, 淨域)"라고 기록되어 있어 쌈예(bSam yas)가 아닌 라싸(lHa sa)이며, 논쟁의 방식도 범어와 중국어로 적은 변론서를 통해서 행해졌다. 또한 티베트의 통역사를 통해서 논쟁을 해야만 했음으

에서 "현대의 연구" 부분을 번역해서 옮긴 것임.

로 티베트어는 당시의 공통어라고 말하였다.

투치(Tucci G.)는 『최중캐빼가뙨(智者喜宴)』 등의 티베트 역사서들을 위주로 면밀히 연구해, 논쟁의 장소가 라싸가 아닌 쌈예라고 주장하였다.(Tucci G., *Minor Buddhist Texts*, part Ⅱ, Roma, 1958.)

어찌되었든 중국어로 저술된 『돈오대승정리결』에서는 논쟁에서 중국 선종 측이 승리한 것으로 기록하고 있다. 그러나 티베트 역사서는 인도불교 측이 승리하였다고 기록하고 있다. 한편 논쟁 시에 중립적이던 〔당시 종단의 수장인〕 뺄양(dPal dbyaṅ, 또는 Saṅ śi)도 논쟁에서 누가 승리하였는지를 말하지 않았을지라도,[352] 성불의 길에는 차이가 없다고 함으로써 논쟁의 발생에 대해서는 의심의 여지가 없다. 그렇지만 논쟁에서 누가 이기고 졌는가에 대해서는 의심이 분명하게 남아 있다.

돈황에 대해 조예가 깊은 우에야마(上山大峻)는 『도코당똥캐낭최(曇曠と敦煌の佛教學)』에서[353] 두 번의 논쟁이 있었음을 자세히 논하고 있다. "1차 논쟁인 라싸의 논쟁에서는 중국 선종 측이 승리하였고, 2차 논쟁인 쌈예의 논쟁에서는 인도불교 측이 승리하였다. 돈황이 티베트의 수중에 떨어진 해를 781년으로 근거해서, 787년 이전에 〔마하연 화상이 티베트에〕 들어간 것이 분명하다. 동코(曇曠)의 저술인 『텍첸디와녜르니빠(大乘二十二問本)』가 논쟁과 연관되어 있음으로 해서 라싸의 논쟁은 780~782년 사이였고, 『돈오대승정리결』은 그 논쟁의 진술이다. 마하연 화상과 아사리 까말라씰라 두 사람의 논쟁은 그 후이다."라고 주장함으로써 티베트와 중국 두 나라의 역사 간에 모순이 없도록 잘 해석하였다.

---

352) 뺄양의 언사에는 비록 분명하지 않은 점이 있을지라도, "그러나 그것은 진실을 깨닫지 못하고 추구하지 않음으로써 그와 같이 된 것이다."라고 분명하게 마하연 화상을 비판하고 있는 것이다. 『최중캐빼가뙨』, p.388.

353) Ueyama Daishun(上山大峻) : "Donkō to Tonkō no Bukkyōgaku" 『曇曠と敦煌の佛教學(T'an-k'uang and Buddhist Studies at Tun huang)』, Tōhō Gakuhō, No.35(1964, Mar.), pp. 141~214.

드미에빌은 재차 논쟁이 라싸의 논쟁만이 아니며, 쌈예의 논쟁도 또한 티베트의 많은 지역에서 발생한 쟁론인 것으로서, 티베트의 논쟁이라고 불러야 한다고 말하였다.[354]

이마에다(Imaeda Y.)는 말하길,[355] "마하연 화상과 아사리 까말라씰라 두 사람 사이의 논쟁은 뒷날 지어낸 낭설에 불과하며 역사적 사실이 아니라고 하였다. 그 이유는 『돈오대승정리결』을 비망록으로 기록한 왕시가 아사리 까말라씰라에 대해 한마디 언급도 하지 않은 점과, 논쟁에서 패한 것으로 알려진 마하연 화상이 논쟁이 발생한 2년 뒤인 796년에 돈황에서 반데첸뽀(大德)의 명성을 얻은 점을 들었다. 또한 『부뙨최중』에서도 밝혔듯이, 화상의 주장 일부는 실제에서도 화상의 주장이 아닌 점과, 『뢴뽀까탕(大臣箴言)』에서 중국 선종의 선사들의 주장이 상세하게 진술되고 있음에도 마하연 화상과 아사리 까말라씰라의 논쟁에 관한 진술이 없는 점, 『뎁테르응왼뽀(青史)』에서도 논쟁에 관하여 분명히 밝히고 있지 않는 점, 그리고 15세기에 저술된 『쌔죄이신노르부(如意知識庫)』(Śata-pitaka 78, 1969)에서도 점문의 아사리 까말라씰라에 관하여 설명하고 있을지라도 논쟁에 대한 해설이 전혀 없는 점 등의 이유를 들었다.

그 뒤 일본의 저명한 티베트 역사가인 야마구치(Z. Yamaguchi)는,[356] 이마에다의 견해에 약간의 동조를 하나, 그러나 『부뙨최중』에서 부정한 것들을 물리친 것은 그것이 아니며, 전체를 부정한 것으로 논하지 못하고 원천적으로 그 같은 논쟁이 없었다는 이유도 없다고 했다. 『돈오대승정리결』에서 〔논쟁이〕 원숭이해에서 개해라고 한 드미에빌의 주장처럼 792~794

354) Demiéville P., "Récents travaux sur Touen-houang", *T'oung Pao*. LVI, 1970, pp. 1~95.

355) Imaeda Y., "Documents tibétains de Touen-houang concernant le concile de Tibet", *Journal Asiatique*, 1975, pp. 125~146.

356) Z. Yamaguchi, "Toban ōkoku bkkyō-śi nendai-kō", *Naritasan bukkyō kenkyujo kiyō*, III, 1978, TTT tt.

년 사이로 근거해서, 논쟁의 순서는 우에야마의 주장을 인정하고, 논쟁의 장소는 투치의 설처럼 쌈예로 인정하였다. 이 주장에 대해 〔『땐빠응아다르기죄중』의 저자인〕 본인도 타당성이 있다고 생각한다.

3. 현대 티베트 학자의 견해

현대에 들어와서 이처럼 쌈예의 논쟁에 대한 여러 가지 학설이 대두하고, 한편에서는 논쟁의 사실 자체를 부정하는 주장들이 나오게 되자, 티베트 불교학자인 뻰빠도제(Dr. Penpa Dorjee)는 아사리 까말라씰라의 *MADHAYAMAKĀLOKA of Ācārya Kamalaśila*의 범어와 티베트어의 합본을 2001년에 출간하면서, 쌈예의 논쟁에 대한 견해를 길게 밝히고 있다. 그 요점을 요약하면 다음과 같다.357)

쌈예사에서 중국 화상과 논쟁이 끝난 뒤에, 국왕이 간청하는 바와 같이 아사리 까말라씰라는 『수차삼편(修次三篇)』을 저술해서, 한 뿌드갈라(人)가 견행(見行)을 함께 닦는 방법을 통해 일체지의 지위를 얻는 법을 해설하여 수행의 법리와 차별 등을 여실하게 드러내 보였다.

『수차중편(修次中篇)』에서, 아사리는 신속하게 부처의 지위를 얻고자 하는 이들은, 그것을 성취케 하는 인(因)과 연(緣)을 근수해야 한다고 설하였다. 만약 원인이 없이 얻어지는 것이라면 누구나 또한 언제든지 일체지를 이루는 모순이 생김을 지적해서, 반드시 인과 연에 의지해서 얻게 되는 것임을 밝혔다. 그러므로 그것을 성취하기 위해서는 그 인과 연의

---

357) *MADHAYAMAKĀLOKA*(中觀光明論) *of Ācārya Kamalaśila*, pp. 65~81, Restored and critically edited by Dr. Penpa Dorjee, 2001, Central Institute of Higher Tibetan Studies, Sarnath, Varanasi, India.

자량들을 빠짐없이 갖추어야 하며, 또한 잘못됨이 없는 인과 연에 의거해야 한다고 하였다.

그 인과 연이란 어떠한 것인가? 하면, 세존께서 『대일경(大日經)』에서, "비밀주〔금강수보살〕여! 일체지지(一切智智)는 대비의 근본에서 발생하며, 보리심의 인(因)에서 발생하며, 방편에 의해서 구경에 달한다."라고 설한 바를 인증해서, "일체지를 얻고자 하는 이들은 대비와 보리심과 방편 이들 셋을 수습토록 하라."고 함으로써, 일체지의 지위는 단지 반야 하나만이 아닌 방편의 복분(福分)을 근수하지 않는다면 성취하지 못하는 것임을 설하였다. 즉 이것은 중국 화상처럼 반야의 혜분(慧分)만을 수습하는 것은, 원만한 도가 아님을 간접적으로 드러내 보인 것이다.

비록 『수습차제(修習次第)』의 상편과 중편에서, 아사리가 중국 화상의 견행(見行)을 직접적으로 논파한 것은 드러나 있지 않을지라도, 간접적으로 중국 화상의 주장을 파척한 뜻은 달성한 것이다.

『수습차제하편』에서는, 아사리가 대승의 길에 들어온 보살들에게 지관쌍운(止觀雙運)의 도를 제시하고, 이 지관쌍운의 도를 통해서 상집(相執)의 결박에서 해탈하는 것임을 설하였다. 이 지관쌍운의 유가를 법답게 수습하는 차제들을 잘 열어 보인 상태에서, 중국 화상이 내세우는 견행들을 차례대로 자세히 논파한 것이다. 비록 이때 중국 화상의 이름을 직접 거론하지는 않았을지라도, 그의 주장들을 직접 기재해서 파척하고 논증한 것이다. 즉 전혀 사유하지 않고, 전혀 행하지 않는 그의 견해들을 언교(言敎)와 정리(正理) 두 가지로 파척함으로써 아무것도 행하지 않는 그의 견해를 논파한 것이 사실이다. 단지 상대방의 이름을 직접 명기하지 않은 까닭에 마하연 화상의 견해를 논파한 것이 아니라는 주장은 또한 타당한 이유가 못 되는 것이다.

또한 『바새』에서도, "불과를 열어 보인 『수차하편』을 저술해서 올렸으며, 불과를 열어 보이는 김에 중국 화상의 사견을 파척해서 올렸다."라고 설한 것으로도 명백한 증거가 된다. 그러므로 아사리가 직접 상대편 마하연 화상의 이름을 직접 명시하지 않았다고 하는 주장은 일고의 가치도 없다.

또한 "보시 등을 행함은 단지 우둔한 자들의 행이며, 근기가 날카로운 자들은 행하는 것이 아니다."라고 하는 주장도 아사리는 정리가 아니라고 설하였다. "우둔한 자들은 행하도록 하며, 근기가 날카로운 자들은 행하지 말라."고 말하는 것은 옳지 않은 것이니, 초지에서 십지의 사이에 안주하는 보살들도 보시 등의 행을 닦으며 여타의 행들도 또한 닦지 않는 것이 아니다. 그러므로 십지와 바라밀다를 제외하고서 여래의 성중에 단박에 들어가는 다른 문은 없다. 세존께서도 역시 계경 등의 어디에서도 그와 같음이 있음을 설하지 않았다고 말해서, 아사리는 "찍짜르 죽빠(Cig car ḥjug pa, 一超直入)"의 문구를 직접 거론하였다. 즉 단박에 여래의 지위에 들어감이 있음을 논파한 이것은, 몇몇의 논문들과 학자들이 아사리가 "중국 화상"이라는 문구를 실제로 기재하지 않음으로서, 그 적방이 화상인 것으로 결정적으로 단정하지 못한다는 주장358)을 또한 파한 것이다.

과거와 현재의 일부 학자들이, "『수습차제』에서 아사리 까말라씰라가 설한 그것들이 확정적으로 마하연 화상의 주장을 논파한 것인지 아닌지 불명한 것이니, 화상의 이름을 직접 거론하지 않았다."라고 말해서 『수습차제』에서의 상대방이 화상인지 아닌지를 의심할지라도, 그것은 논전의 내용을 연구 분석하는 논리가 정밀하지 못한 것임을 반증하는 것이다.

통상 『수습차제』에서는 대승의 도를 유가사들이 닦는 도리를 자세히 해설한 것이므로, 여기서 설시한 내용들 전부가 화상의 주장을 반드시 논파한 것으로는 단정하지 못하나, 자종의 유가수습행의 파괴자인 화상의 주장들을 논파하지 않은 것도 역시 아닌 것이다.

---

358) 이것은 이마에다(Imaeda Y.)와 같은 학자들의 주장을 말한다.

또한 『쌈땐믹된』에서, "심신을 안치하는 법을 말할 때, 마하연의 수행결(修行訣)에서, 자기의 마음을 비추어 보되 전혀 사유함이 없는 그것이 불사(不思)인 것이다."라는 등의 주장들을 실제로 말하였다. 또 그것을 논파한 것에 대하여, 아사리가 중국 화상을 논파했는지 아닌지의 의심을 가지는 것은 아무런 의미가 없다고 생각한다.

4. 마하연 화상에 대한 연구자료

20세기에 들어와 마하연 화상에 대한 연구 조사가 깊이 진척되면서, 많은 결과물들이 나왔다. 이들 발표된 자료들 가운데서 『땐빠응아다르기최중』에 실려 있는 중요한 것들을 뽑아 열거하면 다음과 같다.[359)]

1) Demiéville P., *L'introduction au Tibet du Bouddhisme sinisé d'aprés les manuscrits de Touen-houang*, Contributions aux études sur Touen-houang, Genéve-Paris, 1797, pp. 1~16.
2) Ueyama D., *Études des manuscrits tibétains de Dunhuang relatifs au Bouddisme de dhyāna*, bilan et perspectives, Journal Asiatique, 1981, pp. 287~295.
3) Harada kaku, "Makaen zenji kō", *Bukkyōgaku*, No. 8.
4) Harada kaku, "Makaen zenji to Tonmon", *Indogaku Buk kyōgaku kenkyū*, 28-1.
5) Houston G.E., "The system of Ha sang Mahāyāna, Cen tral", *Asiatic Journal*, XXI-2, 1977, pp. 105~110.

---

359) 『땐빠응아다르기최중』, pp. 239~244. 이 자료들은 "마하연 화상 학설의 연구자료"에서 발췌하여 옮긴 것임.

6) Kimura Takanori, "Tonkō shutsudo no Tibet bun zenshū bunken no Seikaku", *Kōza Tonkō*, Vol.8, Tokyo.

7) Kimura, R., "Le dhyāna chinois au Tibet ancien apres Mahāyāna", *Journal Asiatique*, 1981, pp. 183~192.

8) Okimoto Katsumi, "Tonkō shutsudo Saizōbun zenshū bunken no Kenkyū", *Indoghku Bukkyōgaku kenkyū(IBK)* 26-1; *IBK* 27-2; *IBK* 28-1.

9) Okimoto Katsumi, "Ryōgashi shiki no Kenkyū, Zōkan Texts no kōtei oyobi Zōbur Wayaku", *Hanazono Daighku Kenkyū Kiyō*, No.11.

10) Okimoto Katsumi, "Makaen no shisō", *Hanazono Daighku Kenkyū Kiyō*, No.8.

11) Okimoto Katsumi, "Tonkō shutsudo no Tibet-bun zenshū bunken no Naiyō", *Kōza Tonkō*, Vol.8.

12) Wayman, A., "Doctrinal disputes and the debate of bSam yas", *Central Asiatic Journal*, XXI-2, (1977), pp. 139~144.

13) Yamaguchi zuiho, "Makaen no Zen", *Kōza Tonkō*, Vol.8.

14) "Cig car ḥjug pa rnam par mi rtog paḥi bsgom don"(*TTP*. no.5334)(티베트장경)

15) "Rim gyis ḥjug paḥi bsgom don"(*TTP*. no.5334)(티베트장경)

16) gNubs saṅ rgyas ye śes(9 c.) : "bSam gtan mig sgron "(티베트장경)

17) "Blon po bkaḥ thaṅ"(티베트어)

18) bKloṅ chen rab ḥabyams(1308~1363) : "gNas lugs mdzod"(티베트어)

또 금강대 안성두 박사가 올린 인터넷 자료인 "쌈예사의 논쟁: 돈점론의 티베트불교적 전개"에 소개된 외국학자들의 중요한 자료들은 다음과 같은 것이 있다.

1) D. Seyfort Ruegg, "Buddha-Nature, Mind and the Problem of Gradualism in a Comparative Perspective", *School of Oriental and African Studies*, 1989.
2) Paul Demieville, "Le concile de Lhasa", *Bibliotheque de l'Institut des Hautes Etude Chinoises* Vol.7(Paris, 1982) R.A. Stein, "Sudden Illumination or Simultaneous Comprehension: Remarks on Chinese and Tibetan Terminology", *Sudden and Gradual*(ed. P. Gregory), (Delhi, 1991)
3) Luis O. Gomez, "Purifying Gold : The Metaphor of Effort and Intuition in Buddhist Thought and Practice", *Sudden and Gradual*(ed. P. Gregory), Delhi 1991.
4) 芳村修基,『インド佛教 思想研究』(Kyoto, 1974)
5) 菅沼 晃,「チベットに おける インド佛教と 中國佛教との 對論」,『佛教思想史 4 ― 佛教內部に おける 對論 ― 中國 チベット』

또한 쌈예의 논쟁을 기록한 티베트의 역사자료는 다음과 같은 것들이 있다.

1)『걀랍쎌왜멜롱(王朝明鑑, rGyal rab gsal baḥi me loṅ)』, 싸꺄 쐬남걜챈(Sa skya bSod nams rgyal mtshan), 민족출판사, 1996, 북경, China.
2)『까탕데응아(五部遺教, bKaḥ thaṅ sde lṅa)』, 구루 오갠링빠

(Guru Urgyan gliṅ pa)의 발굴, 북경, 민족출판사, 1997. 북경, China.

3) 『바섀(桑耶寺誌, sBa bshed)』, 바쎌낭(sBa gsal snaṅ), 민족출판사, 1980, 북경, China.

4) 『바섀샵딱마(sBa bshed shab btags ma)』, Sherig Park-hang, 1999, Delhi, India.

5) 『부뙨최중(부뙨佛教史, Bu ston chos ḥbyuṅ)』, 부뙨 린체둡(Bu ston Rin chen grub), 중국장학출판사, 1988, 청해, China.

6) 『쌈땐믹된(修禪眼燈, bSam gtan mig sgron)』, 눕첸 쌍게예시(gNubs chen Saṅ rgyas ye śes), 1964.

7) 『최중빼마개빼닌제(Chos ḥbyuṅ pad ma rgyas paḥi ñiṅ byed)』, 둑빠.빼마까르뽀(ḥBrug pa. Pad ma dkar po), 1968, Delhi, India.

8) 『최중메똑닝뽀(花精佛教史, Chos ḥbyuṅ me tog sñiṅ po)』, 냥 니마외쎄르(Ñaṅ Ñi ma ḥod zer), 서장 민족출판사, 서장, China.

9) 『최중캐빼가뙨(智者喜宴, Chos ḥbyuṅ mkhas paḥi dgaḥ ston)』, 빠오쭉락텡와(dPaḥ bo gtsug lag phreṅ ba), Vajra Vidya Library, 2003, Varanasi, India.

10) 『툽빼공빠랍쎌(教說明解, Thub paḥi dgoṅs pa rab tu gsal ba)』, 싸꺄 빤디따 꾼가갤챈(Sa skya paṇḍita Kun dgaḥ rgal mtshan), Sakya Students' Union, 2000, Central Institute Of Higher Tibetan Studies, Sarnath, Varanasi, India.

제2부

•

수습차제(修習次第)의 위상

제1장 까말라씰라의 생애와 저술

1. 까말라씰라의 생애와 저술 및 사상

아사리 까말라씰라(Kamalaśīla, 蓮華戒, 740~795년)[360]의 생애에 대한 자세한 기록은 티베트의 역사서는 물론 인도의 문헌에서도 찾아 볼 수 없는 실정이다.

『장한대사전(藏漢大辭典)』에는,[361] "서기 8세기경에 동인도에서 출생한 유가행중관파의 고승이다."라고 간단히 적혀 있으며, 『빼마까탕(蓮花遺敎)』에서도,[362] "마루쩨(mārustre)" 출신이라고 기록하고 있는 점 이외에는 더 이상 자세한 전기를 알 수 없다.

그러나 아짜랴 갤챈남될(Ācārya Gyaltsen Namdol)은 *BHĀVANĀKRAMAḤ OF ĀCĀRYA KAMALAŚĪLA*의 해설문에서 그의 고귀한 생애를 다음과 같이 간추려 설명하고 있다.[363]

> 또한 우리들 모든 티베트인들에게 헤아릴 수 없는 크나큰 은혜를 베푼 친교사 보디싸따(Śantarakṣita, 寂護)의 마음의 아들인 대아사리 까말라씰라(Kamalaśīla, 蓮華戒)는 어느 곳에서 어떻게 탄생하였으며, 또 유년시절에 광대한 학문의 바다를 섭렵해서 학덕을 성취한 일과, 또 여실

---

360) 까말라씰라(740~795년)의 생몰 연대는 Donald S. Lopez, Jr.의 설에 의한 것임. *A Study of Svātantrika*, p. 418, Donald S. Lopez, Jr. Snow Lion Publications, 1987, Ithaca, New York, USA.

361) 『장한대사전』 상편, p. 5.

362) 『빼마까탕』 제82장, p. 472.

363) *BHĀVANĀKRAMAḤ OF ĀCĀRYA KAMALAŚĪLA*, 제2판 해설. pp. 4~5.

히 수행해서 깨달음의 공덕을 성취한 일과, 또 그것에 의지해서 불법을 널리 전파한 덕행 등의 인도 땅에서의 행적들을 기록한 자세한 전기를 구해 보기가 정말로 어렵다.

비록 그러할지라도, 그는 분명히 무수한 석학들과 성취자들의 산실인 성스러운 나란다(Nālandā)의 수많은 현자들이 운집한 회상에서, 두려움이 없는 큰 지혜와 학행과 변재[364]로서 우왕(牛王, ārṣabha)[365]과도 같은 대안은지(大安隱地)를 성취한 위대한 자이다.

단지 인사치레로 칭송할 필요가 없이 그의 모든 행적들 속에서, 최상의 정화인 어사업(語事業)의 공적인 일체의 선설보만(善說寶鬘)[366]들인, 그의 뛰어난 저술들을 통해서 능히 그것을 알 수 있다.

이와 같이 비록 그의 상세한 전기는 알 수 없을지라도, 그는 스승인 보디싸따(?~788년경)에 의지해서 출가한 뒤 나란다에서 학문을 수학하였다. 또 스승의 학통을 이어받아 유가행중관파의 사상을 널리 선양하였음을 알 수 있다.

스승인 쌴따락시따의 계맥과 학통을 살펴보면, 사리풋타(Sāriputta) 존자에서 나가르주나(Nāgārjuna, 龍樹, 150~250 무렵), 바바비베카(Bhāvaviveka, 淸辨, 500~570 무렵), 쓰리굽따(Śrigupta, 聖護), 즈냐나가르바(Jñānagarbha, 智藏, 7세기 후반), 〔비니따쎄나(Vinītasena, 戒軍, 8세기)[367]〕로부터 전승되어 오듯이 아사리 까말라씰라의 학

---

364) 이것의 티베트 원어는 “mkhyen rab daṅ rnam dpyod”임.

365) 우왕: 원어는 큐촉(Khyu mchog)이며 무리들의 왕이란 뜻으로 여래의 팔십종호(八十種好) 가운데 하나인 행진여우왕(行進如牛王) 등의 비유로 쓰임.

366) 선설보만: 고승의 저술을 높이는 말로서, 쫑카빠의 『현관장엄론본주상석(現觀莊嚴論本注詳釋)』을 『금만소(金鬘疏)』라고 부르는 것과 같다.

367) 비니따쎄나에게서 『현관장엄론(現觀莊嚴論)』을 배움.

통도 바바비베카에 의해서 성립된 중관학파인 자속파(自續派)에 속한다.

이러한 아사리 까말라씰라의 학통에 대해서 『투깬둡타(宗教源流史)』에서는 다음과 같이 자세히 서술하고 있다.368)

이와 같이 성용수(聖龍樹)의 의취를 자립논증(自立論證, Svātantrika)과 귀류론증(歸謬論證, Prāsaṅgika)의 입장에서 각자 해석함에 따라서 그들을 수순중관사(隨順中觀師) 또는 편집중관사(偏執中觀師)라고 부르게 되었다.

아사리 쌴따락시따는 『우마갠(中觀莊嚴論)』을, 아사리 즈냐나가르바는 『우마덴니(中觀二諦論)』를, 아사리 까말라씰라는 『우마낭와(中觀光明論)』를 각각 저술하였으며, 이들은 또한 중관자속파의 동방삼사(東方三師)로서 널리 알려졌다.

또한 자속파를 세분하면, 외계의 성립에 대하여 유가학파(瑜伽學派, Yogācāra)의 견해를 승인하는 유가행중관파(瑜伽行中觀派, Yogācāra-Svātantrika-Mādhyamika)와 경량부(經量部, Sautrāntika)와 같이 극미(極微, paramāṇu)의 집합을 외경으로 승인하는 경부행중관파(經部行中觀派, Sautrāntika-Svātantrika-Mādhyamika)의 둘로 나누어진다.

다시 전자는 〔유가행중관파는〕 실상유식파(實相唯識派)의 견해를 따르는 형상진실파(形象眞實派)와 가상유식파(假相唯識派)의 견해를 따르는 형상허위파(形象虛僞派)로 나누어진다.

아사리 쌴따락시따와 까말라씰라와 아르야 비묵띠쎄나(Ārya Vimukti sena, 聖解脫軍) 등은 형상진실파에 속하며, 아사리 하리바드라(Hari bhadra, 獅子賢, 8세기 후반)369)와 제따리(Jetāri, 勝敵, 10세기)와

368) 『투깬둡타』, pp. 25~26.

369) 하리바드라: 까말라씰라와 함께 쌴따락시따의 양대 제자이며, 저술로는

라와빠(Lavapa, 褐衣子)[370] 등은 형상허위파에 속한다.

다시 후자는 〔형상허위파는〕 유구론파(有垢論派)와 무구론파(無垢論派)로 나누어진다.

아사리 까말라씰라의 티베트에서의 활동을 간단히 살펴보면, 네팔에서 불법을 펴고 있던 그는 중국의 마하연 화상과 성불에 대한 논쟁을 위해 왕의 초청으로 티베트에 들어오게 된다. 또 쌈예의 논쟁을 계기로 대승의 수행정로를 제시한 『중관수습차제(中觀修習次第)』를 저술하는 동시에, 스승인 쌴따락시따의 중관 견해에 대한 반론을 막고자 『우마낭와(中觀光明論)』를 저술하는 등의 전법활동을 통해 여래의 정법을 선양하였다. 이러한 저술활동을 통해서 새롭게 불교의 가르침을 배워 가는 티베트인들에게 막대한 법은(法恩)을 베풀었다.

『우마낭와』의 발간사에서 말하듯이,[371] "티베트 논장(論藏)에는 아사리 까말라씰라의 약 17종에 이르는 저술들이 들어 있다. 이 가운데서 『수차삼편(修次三篇)』과 『우마낭와(中觀光明論)』와 『금강경광석(金剛經廣釋)』 등이 매우 유명하다."라는 설명처럼, 그가 티베트에서 저술한 이 두 명저는 후일 티베트불교에 지대한 영향을 미친다.

이 중에서 『중관수습차제』는 대승불교의 완전한 수행의 지침서로서, 후일 쫑카빠의 『람림첸모』와 따시남갤의 『대인수행명석』 등에 큰 영향을 미친다. 또 『중관광명론』은 인도 유가행중관파의 학설을 밝히는 중요한 전거로서, 쫑카빠를 비롯한 대학자들 사이에 크게 중시되고, 그들의 저술 가운데 빈번하게 인용된다.

『현관장엄론주석(現觀莊嚴論註釋)』『반야팔천송주(般若八千頌註)』 등이 있음.

370) 라와빠: 항상 거친 생모(生毛)로 된 옷을 착용해서 그렇게 불려짐.

371) 『우마낭와』, p. Ⅲ.

이 같은 사정을 『둡타휜뻬제갠(宗教流派論)』에서 다음과 같이 설명하였다.[372]

아사리 까말라씰라가 『중광광명론』을 짓고, 여기서 대승의 중관과 유식의 두 학파의 비공통적인 교의들을 밝혀냄에 있어서, 그 분석의 관점이 대단히 명확하고 상명함으로 해서 쫑카빠 대사도 또한 매우 중시하게 되었다.

그러나 티베트에서 그의 전법활동은 길게 이어지지 못하고, 마하연 화상과의 논쟁에 따른 후유증으로 쌈예의 법론이 끝나고 얼마 지나지 않아서, 중국인 자객들에게 살해당함으로써 애석하게도 일찍 생애를 마감한다.

그의 죽음에 대해 『부뙨최중(부뙨佛教史)』에서는 다음과 같이 기술하였다.[373]

그 뒤 마하연 화상 측이 보낸 중국인 자객 네 명이 〔야밤에 역경원의 승방에서〕 아사리 까말라씰라의 신장을 압착해서 살해하였다.

또 아사리 까말라씰라의 사리탑에 대하여 『뾔쏙최중(藏蒙佛教史)』에서는 다음과 같이 설명하고 있다.[374]

---

372) 『둡타튭땐휜뻬제갠』, p. 194, 짱꺄 롤빼도제, 중국장학출판사, 1989, 청해, China.

373) 『부뙨최중』, p. 190.

374) 『뾔쏙최중』(藏文文選 十八), p. 394, 씽싸 깰쌍최끼갤챈, 민족출판사, 1992, 북경, China.

룽두데시(Luṅ gru sde bshi)〔라싸의 강변〕에 당도하면 네 명의 자객이 신장을 압착해서 살해한 그의 유체를 모신 까말라씰라의 사리탑이라고 부르는 탑이 있으며, 또 일설에는 이것을 까르마 빡씨(Karma Pakśi)375)의 사리탑이라고 부르는 두 가지 설이 있다고 『도매최중(安多政教史)』에서 또한 적고 있다.

끝으로 데게판 대장경(德格版大藏經)에 실려 있는 그의 중요한 저술로는 다음과 같은 것들이 있다.

1. 율부(律部)
   1) 『사문율오십송록(沙門律五十頌錄, dGe sbyoṅ gi karika lṅa bcu tshig gi brjed byaṅ du bays pa)』
2. 반야부(般若部)
   2) 『칠백반야광주(七百般若廣注, Śer phyin bdun brgya rgya cher bśad pa)』
   3) 『금강경칠의석(金剛經七義釋, rDo rje gcod paḥi don bdun rgya cher ḥgrel pa)』, 샹 예시데(Shaṅ ye śe sde) 번역.
3. 중관부(中觀部)
   4) 『중관광명론(中觀光明論, dBu ma snaṅ ba)』 2,900게송, 92,800자, 까와뻴쩩(sKa ba dpal brtsegs) 번역.(『둥까르칙죄첸모(東噶藏學大事典)』의 설)
   5) 『중관진실명(中觀眞實明, dBu ma de kho na ñid snaṅ ba)』 600게송, 19,200자, 까와뻴쩩(sKa ba dpal brtsegs) 번역.(『둥까르칙죄첸모(東噶藏學大事典)』의 설)

---

375) 까르마 빡씨(1204~1283): 까르마 까귀빠의 제2대 조사로 초조인 까르마 뒤숨켄빠(1110~1193)의 화신으로 알려짐.

6) 『일체법무자성론증(一切法無自性論證, Cho tham cad raṅ bshin med par sgrub pa)』 500게송, 16,000자, 까와빨쩩(sKa ba dpal brtsegs) 번역.(『둥까르칙죄첸모(東噶藏學大事典)』의 설)
7) 『보리심수습법(菩提心修習法, Byaṅ chub kyi sem bsgom pa)』
8) 『수습차제상편(修習次第上篇, sGom rim daṇ po)』, 샹 예시데(Shaṅ ye śe sde) 번역.
9) 『수습차제중편(修習次第中篇, sGom rim bar pa)』, 샹 예시데(Shaṅ ye śe sde) 번역.
10) 『수습차제하편(修習次第下篇, sGom rim tha ma)』, 샹 예시데(Shaṅ ye śe sde) 번역.
11) 『입유가행법(入瑜伽行法, rNal ḥbyol bsgom pa la ḥjug pa)』

4. 경석(經釋)

12) 『도간경광주(稻稈經廣注, Saḥ lu ljaṅ paḥi rgya cher ḥgrel pa)』
13) 『입무분별다라니경광주(入無分別陀羅尼經廣注, rNam par mi rtog par ḥjug paḥi gzuṅgs kyi rgya cher ḥgrel pa)』 600게송, 19,200자. 까와빨쩩(sKa ba dpal brtsegs) 번역.(『둥까르칙죄첸모(東噶藏學大事典)』의 설)

5. 인명부(因明部)

14) 『정리적론전품섭의(正理滴論前品攝義, Rigs paḥi thigs paḥi chyog sṅa ma mdor bsdus pa)』 100게송, 3,200자, 까와빨쩩(sKa ba dpal brtsegs) 번역.(『둥까르칙죄첸모(東噶藏學大事典)』의 설)
15) 『양진실섭주(量眞實攝注, Tshad maḥi de kho na ñid bsdus paḥi dkaḥ ḥgrel)』

이 이외에도 3종에 이르는 다른 저서들이 수록되어 있다.

2. 수습차제삼편의 저술 동기와 개요

아사리 까말라씰라가 『수습차제삼편』을 저술하게 된 동기를 『최중캐빠가뙨(智者喜宴)』에서는 『바섀(sBa bshed, 桑耶寺誌)』를 인용해서 다음과 같이 자세히 설명하고 있다.376)

> 그 뒤 〔마하연 화상과의 논쟁이 끝난 뒤〕 아사리 까말라씰라에게 티쏭데짼 왕이, 일체법이 무아인 도리를 문사수(聞思修)의 세 수행을 통해서 바르게 결택할 수 있는, 그와 같은 법을 글로서 적어 주길 청하였다.
>
> 이에 『수차초편(修次初篇)』을 지어서 올리니, 왕이 그것을 읽고서 내용을 이해한 뒤, "이제 이와 같은 뜻을 한 자리에 앉아서 수습하려면 어떻게 해야 합니까?"라고 다시 청해 왔다.
>
> 이에 『수차중편(修次中篇)』을 지어서 올리니, 왕이 보고서 또한 말하길, "여기에는 어떠한 결과가 있게 됩니까?"라고 물어 왔다.
>
> 이에 『수차하편(修次下篇)』을 지어서 수행의 선과를 밝혀서 올렸다. 특별히 수행의 결과를 밝힘과 아울러 중국 화상의 견해의 오류를 절복해서 드러내니, 왕이 보고서 크게 기뻐하였다. 그래서 그 뜻을 해설하기 위해서 스승인 친교사 보띠싸따(Śantarakṣita, 寂護)의 심의에 반론이 생기는 것을 우려해서, 언교와 정리로 논증하는 『우마낭와』를 저술해서 왕에게 또한 올렸다.

이와 같은 이유로 저술된 『수차삼편(修次三篇)』은 이해가 쉽고, 글이 간단명료하고, 분량이 적어 읽기가 지루하지 않다. 동시에 의미는 깊고 넓어서 대승의 올바른 수행의 길을 빠짐없이 잘 밝혀 놓았다. 그래서 불교를 처음 배우는 초심자는 물론이거니와, 대승의 가르침을 올바르게

---

376) 『최중캐빠가뙨』 상권, pp. 391~392.

이해하고 수습하는 데 있어서 없어서는 안 될 귀중한 수행의 지침서인 것이다.

이 『수차삼편』의 내용을 아짜랴 갤챈남될(Ācārya Gyaltsen Namdol)의 해설에 따라서 개관하면 다음과 같다.[377]

그 또한 대승에 입문하는 초학자와 대승의 도에 입문한 자와 대승의 길을 가고 있는 세 부류의 지력의 높낮이에 맞추어서 각각 설한 것으로 드러났다.

먼저 『수차초편(修次初篇)』의 서두에서 "대승의 길을 가고자 하는 초발심의 신학보살을 위해, 대승의 수습차제를 찬술하여 간략하게 해설하고자 한다."라고 하였듯이, 교화의 대상인 초학자들을 위해서 먼저 대비와 보리심을 일으켜서 닦는 법을 자세히 열어 보였다. 그 뒤 문사(聞思)를 통해서 제법무아의 정견을 결택하는 도리와, 그것을 바르게 수습하는 도리와 오도(五道)와 십지(十地)의 차제를 자세히 설하였다.

다음 『수차중편(修次中篇)』의 서두에서, "대승의 길에 들어오고 있는 보살들을 위해서, 수습의 차제를 간략히 설하고자 한다."라고 하였듯이, 『수차중편』에서는 대승의 길에 들어오는 보살들을 위해서 설한 것이다. 일체지를 성취하는 인(因)과 연(緣)을 분명히 믿고 이해하는 법과, 두 가지 발심 가운데 후자의 승의보리심을 전적으로 닦아야 함과 그것을 수습하는 법을 설하였다. 또한 사마타(止)와 위빠사나(觀)의 정인이 되는 사마타의 자량들을 잘 구비한 상태에서, 그 둘을 한 자리에서 일심으로 닦는 법을 널리 설한 것이다.

『수차하편(修次下篇)』에서는, "대승의 길을 가고 있는 보살들의 수습차제를 간략하게 말하고자 한다."라고 하고 있듯이, 『수차하편』에서는 대승의 길에 들어옴을 마친 지혜가 뛰어난 보살들을 위해서 설하였다. 내용은

---

377) *BHĀVANĀKRAMAḤ OF ĀCĀRYA KAMALAŚĪLA*, pp. 112~114.

대비와 보리심의 생기 등의 예행을 말하지 않고, 곧바로 제불께서 설하신 무변한 종류의 삼마지들이 단지 사마타와 위빠사나의 두 가지에 거두어지는 것임을 설해서, 그 둘을 반드시 수습해야 하는 도리를 밝혔다. 그 또한 『해심밀경』에서 설하는 바대로 네 가지 소연사(所緣事)들 가운데서 무분별영상소연(無分別影像所緣)과 유분별영상소연(有分別影像所緣)을 소연하는 사마타와 위빠사나를 닦음으로 해서, 사변제(事邊際)이자 법성을 깨닫는 성도(聖道)〔견도(見道)〕를 성취하는 법과 그것에 의지해서 일체의 장애를 소멸한 단증상(斷證相)인 소작성취(所作成就)의 무상정등각을 여실히 성취하는 도리를 설파한 것이다.

3. 수습차제의 역사적 가치성

티베트불교가 오늘날과 같이 확고한 기반을 다지고 성장하기까지에는 그간 내외의 많은 역경과 시련들을 겪어야만 했었다.

특히 전전기(前傳期)의 불교[378]에서의 가장 큰 외적인 시련은 쏭짼감뽀 왕 때부터 계속된 토착종교 뵌교(Bon)의 박해와 랑다르마 왕의 파불사태[379] 등을 들 수 있다.

또 내적인 시련으로는 인도불교가 비로소 정착되어 가는 과정에서, 중국의 마하연 화상이 선종의 돈수법(頓修法)을 제창하고 나옴으로써,

---

378) 전전기의 불교: 티베트에 처음 불교를 정식으로 받아들인 쏭짼감뽀 왕의 시대를 거쳐서, 티쏭데짼 왕의 시대에 자체 승단이 결성되는 등 불교가 비로소 성행하게 된다. 티쭉데짼 왕 때에 티베트 문자를 개혁해서 불경들을 간정(刊定)하는 시대를 거쳐서, 랑다르마 왕이 파불을 하기까지의 약 200년간을 전전기(前傳期)의 불교라고 한다.

379) 파불사태: 랑다르마 왕의 본명은 티다르마 우둠짼(Khri dar ma. Au dum btsan)이며, 재위 시에 불교를 파괴하던 중에 하룽 뺄기도제(lHa luṅ. dPal gyi rdo rje)에 의해서 살해당함.

갓 출범한 티베트 승단이 중국선종을 지지하는 파와 인도불교를 지지하는 두 파로 분열되어 서로 크게 다툼으로써 야기되었다.

또한 후전기(後傳期)의 불교[380]에서는 밀교의 가르침을 오해한 많은 학자들과 진언사들의 타락에서 비롯되었다.

이와 같은 역사적 상황들을 종합해서 『람림첸모(菩提道次第廣論)』에서는 다음과 같이 설명하였다.[381]

> 대저 설산의 땅 티베트에 불교가 전파되던 전전기에는 길상하신 두 분의 큰 스승이신 보디싸따(寂護)와 빠드마쌈바바(蓮花生)께서 여래의 교법을 건립하였다.
>
> 그러자 공성의 이해가 근원에 이르지 못한 상태에서 방편분(方便分)을 훼멸하고, 일체의 작의(作意)를 무조건 차단하는 중국의 친교사 마하연 화상이 출현해서 청정한 교법을 더럽히고 쇠락시킬 때, 대아사리 까말라씰라(蓮華戒)가 그것을 잘 절복한 뒤, 여래의 의취를 바르게 결택해서 확립시켜 준 그 은혜는 진실로 지극히 깊고 무겁다.
>
> 〔또 여래의 교법이 다시 일어나던〕 후전기의 불교에서는, 밀교의 비의를 전도되게 이해하는 일부의 교만한 학자들과 유가사들이 불법의 생명인 청정한 계율을 심각하게 훼손할 때, 길상하신 아띠쌰 존자께서 그것을 잘 파척하고, 또한 그릇되게 행하는 삿된 무리들을 제복한 뒤, 전도됨이 없는 청정한 교법을 현양함으로써 설산의 모든 유정들에게 커다란 은혜를 입혔다.

이렇게 아사리 까말라씰라는 티베트불교의 확립에 있어서 불멸의 공헌자이며, 또 당시의 역사적 상황이 계기가 되어 저술하게 된 것이 바

380) 앞의 주 203번을 참조할 것.

381) 『람림첸모』, pp. 9~10.

로 『수습차제(修習次第)』와 『중관광명론(中觀光明論)』이다. 그래서 여기에는 당시 역사의 숨결이 그대로 담겨 있다.

또한 이 『수습차제』는 아사리 본인의 다른 저술들과는 달리, 오직 제경의 경문만을 인용해서 저술하였을 뿐 여타의 논소에서는 전혀 인용하지 않은 점이 특이하다.

이와 같은 배경에 대해서 아짜랴 갤챈남될은 다음과 같이 설명하였다.[382]

> 보통 아사리 까말라씰라의 다른 저술들에서는 경론의 두 가지를 다 인용하고 있을지라도, 『수차삼편』에서는 논전의 글귀를 전혀 인용하지 않았다. 그 이유는 당시에 사도를 일향으로 고집하는 마하연 화상과 그 추종자들이, 몸과 말의 두 가지 법행(法行)을 닦을 필요가 없이 단지 누워 있는 것만으로도 수행이 족함을 천명하는 『선명수전법륜(禪明睡轉法輪)』을 저술한 뒤에, 다시 그것을 논리로서 증명하는 『따왜갼쌰(lTa baḥi rgyba śa)』와 경문으로 논증하는 『도데개쮜쿵(mDo sde brgyad cuḥi kuṅs, 八十經文典據)』 등을 저술함으로써, 논소에 대한 신뢰성이 그만큼 실추된 것으로 보았기 때문이다. 또 그들의 기질과 근기와 성향 등을 고려해서, 아사리 자신도 역시 그들의 사견을 절복하는 이 논저에서 한 점의 오류도 없는 정리와 정문에 오로지 경전의 말씀만을 전거로 의도적으로 논술한 것이다.

이와 같이 특별한 의도에서 저술된 이 『수차삼편』에 인용된 경전의 목록들을 살펴보면 다음과 같다.

총 50가지에 달하는 〔이 중 2가지는 경전의 명칭만 기록됨〕 경전들 속에서 『능가경(楞伽經)』이 10회, 『삼마지왕경(三摩地王經)』이 7회, 기

382) *BHĀVANĀKRAMAḤ OF ĀCĀRYA KAMALAŚĪLA*, pp. 121~122.

타 현교의 경전들이 모두 47종으로 대다수를 차지한다. 밀교의 경전으로는 『대일경(大日經) 외에 1종, 논전으로는 단지 나가르주나의 『집경론(集經論)』 한 가지 뿐이다. 이것도 용수보살이 직접 설한 것이 아니고, 그 논에 인용된 경문을 재인용한 것에 지나지 않는다.

이 『수차삼편』은 인도 중관불교의 정통을 계승하는 아사리 자신이 중관자속파의 입장에서 대승의 수행정로를 열어 보인 것이다. 그러므로 이것은 인도불교의 정수가 그대로 녹아 있는 제호와도 같으며, 불교가 다하는 최후의 날까지 그 빛을 잃지 않는 불멸의 수행서인 것이다.

대학자 쌈동 린뽀체(Zam gdoṅ rin po che)는 이 『수습차제삼편』의 발간사에서 그 가치를 다음과 같이 평하였다.[383]

성스러운 땅 인도의 대아사리 까말라씰라의 저술들 가운데서 최고의 명저로 꼽히는 이 『수습차제』는 티베트 땅에서 티베트 왕의 요청에 부응해서, 그 당시에 이설을 주창하는 무리들의 사견을 논파하는 동시에, 티베트인의 성향과 지적 수준에 맞추어서 저술한 까닭에, 다른 인도에서의 저술들과는 달리 문장이 이해하기 쉽고, 특별히 초심자들에게 매우 적합할 뿐만 아니라, 인도의 고승이 또한 티베트 땅에서 지은 최초의 저술이기도 하다.

견줄 바 없이 고귀한 스승이신 아띠쌰 존자가 티베트에서 『보리도등론(菩提道燈論)』을 저술한 뒤 인도에 보냈을 때, 인도의 석학들이 한결같이 말하길, "만약 아띠쌰께서 티베트에 가지 않았다면, 여래의 일체경론의 심요를 가려 모으되, 문장이 간결하고 이해가 쉬운 이와 같은 논서는 인도 땅에서는 저술하기가 어려운 것이다."라고 평한 것처럼, 만약 대아사리 까말라씰라도 티베트 땅에 오지 않았다면, 『수습차제』와 같은 문사가

---

383) *BHĀVANĀKRAMAḤ OF ĀCĀRYA KAMALAŚĪLA*, pp.i~ii, 제2판 간행사(刊行辭).

명확하고 이해하기 쉬운, 이와 같은 뛰어난 논서 자체를 저술할 의향조차 내기 어려웠음이 틀림없다.

모든 불경들의 핵심만을 가려 모은 대승도의 모든 수도차제를 한 뿌드갈라(人)가 한 자리에 앉아서 여실하게 수습하는 도리로서, 차서(次序)를 정연하게 안배한 수행결(修行訣)의 정수이자 무명과 잘못된 깨달음의 독소들을 없애기 위해서, 풍부한 경전과 정리의 뒷받침을 원만히 잘 갖춘 논저로서, 『수습차제삼편』으로 명성이 높은 이 논서는 티베트 내에서 매우 유익한 명저의 반열에 속하는 것임은 두말할 필요가 없다.

이렇게 티베트 전전기의 불교에서는 친교사 보디싸따가 전승하는 유가행중관견이 크게 성행하면서 『수차삼편』도 모든 사원에서 강설되었으며, 또한 대부분의 저작들이 이 『수차삼편』을 전거로 삼아 저술되었다고 알려졌다.

이러한 흐름은 비록 자속견(自續見)이 후퇴하는 후전기의 불교에서도 계속 이어져, 아띠쌰 존자도 그의 『아띠쌰소간백법(阿底峽小簡百法)』[384] 속에 『수차중편』과 『입유가행법(入瑜伽行法)』을 편입시켜서 중시하게 된다. 겔룩빠를 창시하는 쫑카빠 대사도 『람림첸모』의 중요한 전거로서 채용하였으며, 닥뽀뻰첸도 닥뽀까귀의 현밀의 수행법을 해설한 『대인월광석(大印月光釋)』에서 『수차삼편』을 중요한 전거로서 인용하고 있다.

여기서 잠시 후전기의 티베트불교의 사상적 흐름에 대하여 간략히 설명하면 다음과 같다.

전전기의 불교와는 달리 후전기의 불교가 새로이 일어나면서, 후전기의 불교사조에 결정적인 영향을 미치게 되는, 마가다(Magadha)의 비

384) 『아띠쌰소간백법』의 판본은 여러 종류가 있으며, 그 중에서 『수습차제중편』은 일본이 소장하고 있는 데게(sDe dge)판 논장(論藏)에 실려 있음. *BHĀVANĀKRAMAḤ OF ĀCĀRYA KAMALAŚĪLA*, 서문, p. xix.

끄라마씰라(Vikramaśīla, 戒香寺)의 장로인 아띠쌰 존자가 초청되면서 친교사 보디싸따와 까말라씰라의 중관자속견이 퇴조하게 된다. 대신 짠드라끼르띠(月稱)의 중관귀류견을 중시하는 새로운 흐름으로 바뀌어 나가게 된다.

다시 말해, 후전기 불교의 중요한 교파의 하나인 까귀빠를 창시하는 대역경사 마르빠(Marpa, 1012~1097)도 스승인 나로빠와 마이뜨리빠다가 전수하는 짠드라끼르띠의 귀류견을 따르게 되고, 또 다른 까귀빠인 샹빠까귀(Śaṅ pa bkaḥ brgyud)를 개창하는 캐둡쿵뽀(mKhas grub khyuṅ po, 978~1127)도 역시 동일한 스승들을 사사함으로써 역시 귀류견을 따르게 된다.

뿐만 아니라 후전기 불교의 시작과 더불어 성립하는 또 다른 교파들인 까담빠(bKaḥ gdams pa, 敎誡)[385]와 싸꺄빠(Sa skya pa, 灰色土)[386]와 시제빠(Shi byed pa, 熄滅)[387] 등의 대부분의 고승들이 짠드라끼르띠의 견해를 수용함으로써 자연히 아사리 까말라씰라의 자속견이 쇠퇴하게 된다.

그러나 이러한 사상의 변천 속에서도 다음과 같은 고승들이 출현하여 아사리 까말라씰라의 중관사상을 계승하게 된다.

대역경사로 명성 높은 까담빠의 로댄쎄랍(Blo ldan śe rab, 1059~1109)과 오늘날 티베트 승원의 논강제도를 확립한 대학승인 차빠

385) 까담빠: 아띠쌰 존자를 개조로 제자인 돔뙨빠(ḥBrom ston pa, 1004~1064)가 개창하고 본사는 라뎅사(Rwa sgreṅ)임.

386) 싸꺄빠: 인도의 성취자 비루빠(Virūpa)를 개조로 퀸 꾄촉갤뽀(ḥKhon. dkon cog rgal po, 1034~1102)가 싸꺄(Sa skya, 회백색의 땅) 지방에 싸꺄사를 세움으로써 시작됨.

387) 시제빠: 이 종파를 개창하는 인도의 성취자 파담빠 쌍개(?~1117)도 역시 스승인 마이뜨리빠다의 중관귀류견을 견지하게 된다. 또한 여기에는 여러 지파(支派)가 있으며, 유가성취녀인 마찍랍된(Ma cig lab sgron, 1102~1201)의 쬐룩(gCod lugs, 斷境法)도 여기에 속함.

최끼쌩게(Cha pa Chos kyi seṅ ge, 1109~1169), 그 명성이 인도를 비롯한 몽골 등의 외국에까지 진동했던 싸꺄빠의 싸꺄 빤디따(Sa skya Paṇḍita, 1182~1251)와 대학승인 약툭 쌍개뺄(gYag phrug Saṅs rgyas dpal, 1350~1414)과 그 제자이자 대학승인 롱뙨 마왜쌩게(Roṅ ston sMra baḥi seṅ ge, 1367~1449), 또 당대 최고의 학승인 조낭빠(Jo naṅ pa)의 돌뽀와 쎼랍갤챈(Dol po ba Śe rab rgyal mtshan, 1292~1361)과 쫑카빠의 스승이 되는 보동 촉래남갤(Bo doṅ Phogs las rnam rgyal, 1306~1386)[388] 등의 고승들이 출현해서 까말라씰라의 중관사상을 고수하고 선양하였다.

이러한 사정을 닝마빠의 대학승인 주 미팜(ḥJu Mi pham, 1846~1912)의 저술인 『우마갠남썌(中觀莊嚴論注)』에서는,[389] "티베트에서 전대〔전전기 불교의〕 대부분 인사들과 〔후전기 불교에서는〕 특별히 이 유가행중관견을 순수하게 고수한 이로는 대역경사 로댄쎼랍과 차빠 최끼쌩게와 롱뙨 마왜쌩게 등이다. 또한 싸꺄 빤디따 등 중관사로 자처하는 이들 모두가 친교사 보디싸따 부자의 교설을 심수(心隨)로 취했다." 라고 설하였다.

특히 이들 가운데서도 대학승인 롱뙨 마왜쌩게는 아사리 까말라씰라를 극진하게 존경할 뿐만 아니라 그의 『수습차제삼편』을 주석하기도 하였다.

그래서 망퇴 루둡갸초(Maṅ thos Klu sgrub rgya mtsho, 1523~1594)는 그의 『땐찌쎌왜닌제(佛曆年鑑及五明論略述)』에서,[390] "파

388) 보동 촉래남갤: 조낭빠의 고승이자 쫑카빠의 스승이며, 보동빠(Bo doṅ pa)의 보동 촉래남갤과는 다른 인물임.

389) 『우마갠남썌』, p. 7, 주 미팜(ḥJu Mi pham), 청해 민족출판사, 2005, 서녕, China.

390) 『땐찌쎌왜닌제』, p. 203, 망퇴 루둡갸초, 장문고서출판사, 1988, 서장, China.

담빠 쌍개의 시제(熄滅)의 가르침과 아사리 까말라씰라의 『수습차제』 등을 상세히 해설하였다. 특별히 〔티베트에서〕 반야계의 교의와 중관자속파의 교의를 〔현양함에 있어서〕 이 꾼켄(Kun mkhens, 一切知者)의 은혜가 막중한 것이다."라고 그를 높이 평가하였다.

또한 『투깬둡타(宗教源流史)』에서도 논평하길,[391] "미륵불의 화신이자 시제빠의 쬐룩(斷境法)[392]과 『중관수습차제(中觀修習次第)』를 크게 존중함으로써, 인도의 성취자 파담빠 쌍개와 아사리 까말라씰라의 화신이라고 또한 알려졌다."라고 하였다.

이와 같이 그는 스승인 약툭 쌍개뻴과 함께 당시 싸꺄빠의 현교 방면의 인도자로서 아사리 까말라씰라의 사상을 고취하면서, 그 명성을 티베트 전역에 떨쳤다.

이러한 후전기 불교의 사상적 흐름을 요약해서, 대학승인 약툭 쌍개뻴의 소전(小傳)에서는 다음과 같이 기술하고 있다.[393]

> 대저 14세기에는 티베트에 저명한 고승과 선지식들이 수없이 출현하였다. 현밀(顯密)과 오명(五明)을 망라하는 티베트의 전 학문에 걸쳐서 세밀히 연찬하는 거대한 물결이 일어나면서, 티베트인에 의해서 저술된 대소의 학문 전반에 걸친 새로운 연구결과를 담은 학술서적들이 또한 무수하게 쏟아져 나왔다. 그래서 여래의 교법은 태양처럼 밝아지고, 티베트의 학문 또한 여름철의 호수 물처럼 풍성하게 넘쳐났다.
>
> 예를 들면, 뛰어난 선지식들인 부뙨 린첸둡(Bu ston Rin chen grub, 1290~1364)과 롱첸 랍잠(Kloṅ chen rab ḥbyams, 1308~1363),

---

391) 『투깬둡타』, p. 187.

392) 쬐룩: 유가성취녀인 마찍랍된이 전승하는 시제빠의 수행법을 말함.

393) 『역대장족학자소전1(歷代藏族學者小傳一)』, pp. 115~117, 미냑괸뽀, 북경: 중국장학출판사, 1996.5, 북경, China.

까르마 랑중도제(Karma. Raṅ byuṅ rdo rje, 1284~1339), 보동 촉래남갤(Bo doṅ Phogs las rnam rgyal, 1375~1451), 냐왼 꾼가(Ña dbon kun dgaḥ, 1345~1439), 렝다와 슈누로되(Re mdaḥ ba gShon nu blo gros, 1349~1412)[394], 쫑카빠 로쌍닥빠(Tsoṅ kha pa bLo bzaṅ grags pa, 1357~1419), 돌뽀와 쎄랍갤첸(Dol po ba Śe rab rgyal tshan, 1292~1361), 약툭 쌍개뻴(gYag phrug Saṅs rgyas dpal, 1350~1414) 등은 대체로 동시대의 인물들이었다. 특히 약툭 쌍개뻴은 이와 같은 저명한 인물들 가운에서 명성을 크게 떨친 대학자였다.

당시 이들이 티베트의 학문 전반에 걸쳐서 세밀한 연구와 강설을 행함에 있어서, 각자의 학통의 상이성과 연구를 진행하는 방법의 차이와 분석력의 차이 등으로 인해서, 많은 경론의 학설에 있어서 각자의 주장이 일치하지 않은 탓에, 후일 여러 학파들이 또한 생겨나게 되었다. 부뙨 린첸둡의 부뙨빠(Bu ston pa), 보동 촉래남갤의 보동빠(Bo doṅ pa), 롱첸랍잠의 족첸빠(rdZogs chen pa), 돌뽀와의 조낭빠(Jo naṅ pa), 쫑카빠의 겔룩빠(dGe lugs pa) 등과 같은 것들이다.

또한 이들 학파들의 학설의 기본입장이 같지 않고, 서로 다른 여러 가지 견해들이 있게 된 것도 그 당시에 비롯된 것이다. 즉 조낭빠는 유가행중관파〔자속파〕인 반면에, 나머지 학파들은 모두 중관귀류파에 속하였다. 그러나 또한 쫑카빠도 만년에 세속성립의 행상에 대해서는 약간 다른 주장을 폈다.

그 밖에 렝다와 등은 『깔라짜끄라(時輪經)』에 대하여 그 교의가 순수하지 못함을 제기하였고, 롱뙨 마왜쎙게 등은 차빠 최끼쎙게의 견해에

---

394) 렝다와 슈누로되: 싸꺄빠의 고승이자 쫑카빠의 스승이며, 현재 겔룩빠의 간댄하갸마(dGaḥ ldan lha brgya ma, 兜率上師瑜伽)에 나오는 믹쩨마(dMigs brtse ma)의 진언은 그에게서 유래함.

동조해서, 아사리 짠드라끼르띠의 주장을 파척하는 등의 자력으로 내도를 구명하는 연구 노력이 넓고 깊숙하게 진척되었다.

현대에도 인도에 망명한 티베트인들에 의해서 여전히 아사리 까말라씰라의 『중관수습차제』는 널리 존중되고 있으며, 이 중에서 특히 『수습차제중편』을 중시하는 경향이 강하다. 특별히 14대 달라이 라마를 중심으로 사부대중에게 널리 설해지는 동시에 세계적으로 전파되고 있는 실정이다.

인도 내 티베트 망명정부가 설립한 티베트 학문연구기관인 티베트학중앙연구소(Central Institute Of Higher Tibetan Studies)에서는 아사리 까말라씰라의 저술들 가운데서 『수습차제삼편』 『우마낭와(中觀光明論)』 『도간경광주(稻稈經廣注)』 『금강경칠의석(金剛經七義釋)』 『보리심수습법(菩提心修習法)』 등의 교정본들을 출간해서 그의 사상을 여전히 고취하고 있다.

제2장 람림첸모에 미친 수습차제의 영향

1. 람림첸모에서 밝히는 전거

『람림첸모(菩提道次第廣論)』의 발문에서는 그 연원을 다음과 같이 밝히고 있다.[395]

여래의 일체경의 심요만을 가려 모은 용수보살과 무착보살의 대승의 두 궤도이자, 일체지자의 땅으로 나아가는 대장부의 궤도이며, 삼사(三士)가 함께 닦는 모든 수도차제들을 빠짐없이 잘 열어 보인 이 보리도의 차제는…….

선지식인 남카걜챈[396]으로부터 괸빠와(dGon pa ba, 1016~1082)[397]에서 네우쑤르와(sNeḥu dzur ba, 1042~1118)로 전승되는 〔까담 구결파(口訣派)의〕 도차제와, 짼응아와(sPyan sṅa ba)[398]에서 전승되는 〔까담 교수파(教授派)의〕 도차제를 각각 청문하였다.

---

395) 『람림첸모』, pp. 812~813.

396) 남카걜챈(Nam mkhaḥ rgyal mtshan, 虛空幢, 1326~1401): 닝마의 고승이자 쫑카빠의 중요한 스승으로, 1395년에 쫑카빠가 사사함. 14대 달라이 라마는, "남카걜챈에게서 닝마의 족첸(大圓滿)을 청문하였으며, 그를 자신의 스승으로 사사한 뒤 그의 법문을 크게 찬양하였다."라고 설하고 있다. 『낭빼따죄꾼뛰(佛教見行集論)』, p. 281, 달라이 라마, Institute of Buddhist Dialectics, 1996, Dharamsala, H.P. India.

397) 괸빠와: 아띠쌰의 직제자로 공성에 대한 견해가 탁월하며, 아띠쌰의 저술인 『입이제론(入二諦論)』과 『중관교수설(中觀教授說)』 등을 통해서 심오한 공성(空性)을 결택하는 까담 구결파의 도차제를 전승함.

398) 짼응아와(sPyan sṅa ba, 1033~1103): 돔뙨빠의 삼대제자의 하나며, 까담 교수파의 창시자로 사제(四諦)에 대한 아띠쌰의 견해를 중심으로 하는 도차제를 전승함.

또 선지식 최꺕쌍뽀[399]로부터 뽀또와(Po to ba)[400]에서 쌰라와(Śa ra ba, 1070~1141)로 전승되는 〔까담 경전파(經典派)의〕 도차제와 또 뽀또와에서 돌뽀와(Dol po ba, 1059~1131)로 전승되는 〔까담 경전파의〕 도차제 등을 청문한 바의 내용이다. 이 교계의 근본이 되는 『보리도등론(菩提道燈論)』에서는 삼사도의 개념 정도만을 인거해 보이고, 그 외에는 문장이 어렵지 않다고 생각해서 인용하지 않았다.

대역경사인 로댄쎄랍(Blo ldan śe rab, 1059~1109)[401]과 그의 제자인 돌룽빠(Gro luṅ pa)[402] 부자의 도차제의 교설을 근본으로 하고, 여타의 도차제들 가운데서 심요들을 거두어 모음으로써 완전한 도차제를 구성하였다. 또한 수지(受持)하기 용이하고, 차제가 문란함이 없이 잘 안배된 이것을, 설산의 티베트에서 대승의 광대한 전적들을 두려움 없는 미묘한 변재로서 현양하고, 모든 경론의 심오한 뜻을 여실히 수행해서, 제불보살들을 크게 기쁘게 한 희유의 대보살인 선지식 렝다와(Re mdaḥ

---

399) 최꺕쌍뽀(Chos skyabs bzaṅ po, 法依賢): 쫑카빠의 중요한 스승으로 겔룩빠의 사자전승도(師資傳承圖)에 안치됨.

400) 뽀또와(Po to ba, 11027~1105): 돔뙨빠의 삼대제자의 하나이며, 까담 육서(六書)를 위주로 교도함으로써 경전파로 알려짐. 그 육서는 『본생경(本生經)』『집법구경(集法句經)』의 기신(起信)의 두 경전과 『보살지(菩薩地)』『대승장엄경론(大乘莊嚴經論)』의 수선(修禪)의 두 경전과 『입보살행론(入菩薩行論)』『집보살학론(集菩薩學論)』의 행도(行道)의 두 경전임.

401) 로댄쎄랍: 숙부인 렉빼쎄랍으로부터 까담의 법을 수학하고, 인도에 17년간 유학하며 일체의 경론을 배운 뒤에, 『채마갠(量莊嚴論)』 등을 번역하고 많은 구역경전들을 교정함. 티베트의 역경사들 중에서 가장 많은 경전들을 번역하였으며, 『미륵오론(彌勒五論)』과 『채마남응에(量決定論)』 등을 위주로 교도해서 인명학을 전파함.

402) 돌룽빠 로되중내(Gro luṅ pa. Blo gros ḥbyuṅa gnas, 12세기): 로댄쎄랍의 제자로 일체의 경론에 박통한 것으로 유명함. 저서로는 『최중갸짜라된콕칭왜띠까(阿底峽小簡百法要義總綱疏)』『땐림첸모(教次廣論)』『땐림충와(教次略論)』가 있음.

ba) 등의 청정한 존사들의 두 발을 머리에 얹고, 널리 듣고 배운 동방의 쫑카 출신의 다문비구, 은둔자, 로쌍닥빠(BLo bzaṅ grags pa)가 북쪽의 라뎅(Rwa sgreṅ) 승원의 사자바위 아래의 아란야에서 〔1402년에〕 완결하고, 쏘남뻴쌍뽀(bZod nams dpal bzaṅ po)가 기록하다.

또한 『람림첸모』의 서두에서도 그 연원을 밝히되,403) "이 교계는 대체로 미륵자존께서 저술한 『현관장엄론(現觀莊嚴論)』의 가르침404)이며, 특별히 이 교계의 교전은 『보리도등론(菩提道燈論)』이다. 그러므로 그 논의 저자가 또한 이 논의 저자405)인 셈이기도 하다."라고 하였다.

2. 보리도등론과 람림첸모의 관계

아띠쌰(Atīśa, 982-1054)406) 존자의 저술인 『보리도등론(菩提道燈

403) 『람림첸모』, pp. 3~4.

404) 『보리도차제광론의난명해(菩提道次第廣論疑難明解)』에 따르면, "미륵자존의 저술인 『현관장엄론』의 기지(基智)의 단계에서, 무상(無常) 등의 16법들에 의해서 하사(下士)와 중사(中士)의 도를 열어 보였고, 도지(道智)와 일체종지(一切種智)에 의해서 세 종성의 모든 도차제를 열어 보였다. 그 뒤에 '〔그 전체를〕 거두어 모은 것이 이것의 교계 또는 구결인 것이다.'라고 한다고 꾼켄 린뽀체가 설했다."라고 하였다. 『보리도차제광론의난명해』, p. 67. 차리 깰쌍톡메, 감숙 민족출판사, 2005, 난주, China.

405) 이 뜻은 같은 논에 따르면, "또한 이 도차제의 교설의 근원은 통상 『현관장엄론』의 교계이며, 특별히 『현관장엄론』의 이 교계를 삼사도(三士道)의 차제에 안배해서 실천하는 수행결(修行訣)의 교전이 『보리도등론』인 까닭에, '그 저자가 이 도차제의 전편에서 무릇 논설하고자 하는 이 교계의 저자인 셈이라는 뜻이다.'라고 아꺄용진(Akyā yoṅs ḥdzin)이 〔양짼 가외로되(dByaṅs can dGaḥ baḥi blo gros)〕 설했다"라고 하였다. 위의 책, p. 69.

406) 아띠쌰의 뜻과 유래에 대해서, "아띠쌰는 수승(殊勝) 또는 초군절륜(超群

論)』을 근본으로 해서, 쫑카빠 대사가 『람림첸모(菩提道次第廣論)』를 저술하게 된 배경을 살펴봄으로써 이 불멸의 두 명저가 서로 어떠한 관계에 놓여 있는지를 확연히 이해할 수 있다.

먼저 쫑카빠 대사가 『보리도등론』의 교계의 중요성을 인식하게 된 동기를 살펴보면, 그는 스승이자 싸꺄빠의 고승인 우마와(dBu ma ba)407) 에게 올리는 서한에서, 자신이 여래의 말씀들 전체가 그대로 성불의 교계임을 깨닫게 된 사연을 다음과 같이 피력하였다.408)

> 오늘날 티베트에는 현밀의 두 방면에 걸쳐서 무수한 교계들이 드러나 있으며, 그 전부들 역시 어떠한 불보살들로부터 전승되지 않은 것은 하나도 없습니다.
>
> 그렇지만, 단지 각각의 이담(Yi dam, 수행본존)들이 설한 교계라는 이유로 해서, 여타의 교계들을 수용하지 않는다면 편협한 생각에 떨어지게 되어서, 수도의 올바른 심요에 대한 명쾌하고 확실한 이해를 얻을 방법이 없습니다.
>
> 모든 경론들과 그것의 의취를 구하는 청정무구한 법문들을 크게 중시해서, 저는 그것을 마음의 흐름 위에 낳게 하는 차제〔교계〕가 이전부터

絶倫)의 뜻이다. 그 의미에 대하여 『까담쵀중첸모(까담敎派史)』에서 말하길, '이 조오첸뽀(Jo bo chen po, 大恩人)께서는 지혜와 자비심이 극히 뛰어나서 여타의 빤디따(Paṇḍita)에 비해 절륜하고, 불법을 일월처럼 현양하는 법력이 있음을 보고 나서, 출가국왕인 장춥외(菩提光)가 아띠싸라는 가명(佳名)을 올렸으며, 그 의미는 수승함의 뜻이다.'라고 아꺄용진이 설했다."라고 하였다. 위의 책, pp. 71~72.

407) 우마와: 싸꺄빠의 고승으로 쫑카빠 대사는, "가와동(dGaḥ ba gdoṅ, 寺名)에서 스승 우마와의 통역으로 문수보살에게 현밀의 난해한 문제들을 물었다."라고 기록하고 있다. 『역대장족학자소전1(歷代藏族學者小傳一)』, p. 120.

408) 『투깬둡타』, pp. 260~261.

많이 전해오고 있을지라도, 그 정도에 만족하지 않고 오로지 교법을 얻고자 하는 간절한 염원을 일으켜서, 이담(수행본존)과 스승을 일체로 여겨 끊임없이 기원하고, 갖가지 수복정죄(修福淨罪)의 행법들을 힘써 닦은 결과, 지금은 일체경과 그 의취를 밝힌 제론들에 대하여 단지 한 부분만이 아닌 그 전체가 모두 실천되어야 하는 것임을 깨닫게 되었습니다.

또한 이 도리에 대해서 분명한 확신을 어려움 없이 낳게 해주는 것이, 바로 내외의 모든 학파들의 바다와 같은 교설들에 통달함은 물론이거니와, 내도의 삼장의 정화인 삼학(三學)의 심요를 전도됨이 없이 통달한 뒤, 단지 이론에만 그치지 않고 실천수행에 들어감에도 빼어나서, 실지(悉地)를 얻은 허다한 선지식들이 크게 섭수하고, 무수한 밀교의 본존들이 호념하고 가지한 대보살인 아띠쌰로 불리는 디빰까라 쓰리즈냐나(Dīpaṃkara Śrījñāna, 吉祥燃燈智)의 교계인 보리도차제(菩提道次第)였습니다. 이것이 현밀의 수도차제를 전도됨이 없이 바르게 결택한 희유한 구결임을 깨닫고 나서, 저 또한 제자의 인도(引導)차제를 단지 그 위에 얹어서 가르치고 있습니다. 이 교계는 또한 일체의 경론들과 모든 교계들을 하나의 도차제로 엮어서 교시함으로써, 강설하고 청문하는 양쪽이 그와 같이 강론하고 수습한다면, 비록 그 구결의 양이 적음에도 불과하고 일체 경론들의 차제를 안배하게 되어서, 여타의 많은 갖가지 교계들을 별도로 설하지 않아도 되는…….

이와 같이 쫑카빠 대사는 아띠쌰의 『보리도등론』이 비록 68게송으로 이루어진 단문에 불과하지만, 그 의미가 광대심원해서 삼사도의 차제에 의해서 현밀과 대소승의 모든 교설들을 하나로 묶은 뒤, 한 뿌드갈라(人)를 성불의 바른 길로 인도하는 이 교계야말로 최고의 수행구결이라고 깨달은 것이다.

그 결과, 『람림첸모』을 구상하면서 삼사도의 차제에 따라서 전문을 하사도와 중사도와 상사도로 대별한 다음, 여기에 제자의 인도차제를 추가해서 강론과 청문의 법도를 책머리에 규정하였다. 동시에 돌룽빠 대사의 『땐림첸모(敎次廣論)』에서 설하듯이, 선지식을 사사하고, 인신의 귀중함과 무상을 사유하고, 율의를 지키고, 보리심을 일으켜서 십바라밀을 닦고, 반야바라밀다로 법성을 얻어서 십지와 오도를 증득해서 불과를 얻게 하는 열 단계의 교설을 뼈대로 삼아 『람림첸모』를 저술한 것이다.

특별히 상사도의 차제를 보리심의 생기와 수습 등을 다룬 대승의 총론과 수행의 핵심이 되는 선정바라밀과 반야바라밀을 다시 사마타장과 위빠사나장으로 각각 독립시킨 뒤에, 준거가 되는 경론들의 청정한 교리에 의거해서 상세히 해설을 가함으로써 하나의 완벽한 수행차제를 구축하게 된 것이다.

그러므로 『람림첸모』는 아띠쌰 존자가 전하는 인도의 세 전승[409]에다, 티베트에서 생성된 여타의 도차제의 장점들을 배합시킴으로써 이것은 대소승의 일체 가르침들이 응축되어 있는 불교수행론의 결정판인 셈이다.

결론적으로 쫑카빠의 『람림첸모』는 앞에서, "특별히 이 교계의 교전은 『보리도등론』이다. 그러므로 그 논의 저자가 또한 이 논의 저자인 셈이기도 하다."라고 스스로 말한 바와 같이, 돌룽빠 대사의 『땐림첸모』가 중관자속견의 입장에서 『보리도등론』을 해설한 독보적인 주석서라면, 쫑카빠 대사의 『람림첸모』는 중관귀류견의 입장에서 『보리도등론』의 사상을 해설한 완벽한 주석서라고 할 수 있다.

한 가지 더 언급할 것은, 이 『보리도등론』의 사상은 비단 까담[410]과

---

409) 세 가지 전승(傳承): 옛날 인도에서 유행하였던 불교의 세 가지 전승으로, 문수보살에서 용수보살로 이어지는 심관전승(深觀傳承)과 미륵보살에서 무착보살로 이어지는 광행전승(廣行傳承)과 문수보살에서 적천보살로 이어지는 수행가지전승(修行加持傳承)을 말함.

겔룩빠에만 한정되지 않고, 후전기의 티베트불교의 대부분 종파들의 수행체계의 형성에 큰 영향을 미친다는 것이다.

예를 들면, 감뽀빠에 의해서 개창되는 닥뽀까귀는 마르빠가 전승하는 나로육법과 마하무드라에다 이 도차제의 가르침을 결합하였고, 싸꺄빠는 인도의 성취자 비루빠(Virūpa)가 전승하는 람대(Lam ḥbras, 道果)의 법에다 도차제의 가르침을 결합해서 그들의 수행론을 완성하게 된다. 이러한 까닭에 까귀와 싸꺄빠 등의 염송집에는 아띠쌰의 예찬문(禮讚文)이 실려 있다. 뿐만 아니라 닝마의 족첸(rdZogs chen, 大圓滿)의 가르침을 전승하는 캄 지방의 유명한 족첸 승원의 밀종의 입문서들인 『꾼쌍라매섈룽(普賢上師口訣)』과 『타르람되제(密法導言)』 등에도 이러한 도차제의 사상이 채용되고 있다.

이와 같이 아띠쌰의 도차제의 사상이 각 교파들의 종론의 형성에 미친 영향을 『투깬둡타(宗教源流史)』에서는 다음과 같이 기술하였다.[411]

> 까귀와 싸꺄와 겔룩 등으로 잘 알려진 이들 종파들 역시, 아띠쌰 존자의 덕업에 의지해서 오로지 일어나게 된 것이다.
>
> 까귀빠의 개조인 호닥(lHo brag, 地名)의 대역경사 마르빠가 마지막으로 인도를 방문하였을 때, 아띠쌰 존자를 참방[412]해서 법을 들었으며,

---

410) 까담(bKaḥ gdams, 教誡)이란, 여래의 말씀 가운데서 하나의 구절조차도 버림이 없이 그 전부를 한 뿌드갈라가 성불의 인연으로 제시함으로써 그렇게 부르는 것임.

411) 『투깬둡타』, pp. 89~91.

412) *The Life of MARPA*에 의하면, 마르빠가 〔포와(ḥpho ba)와 동죽(groṅ ḥjug)의 가르침을 구하기 위해서〕 세 번째 인도를 방문하기 길에 티베트의 냥뙤(Ñaṅ stod, 地名)에서 〔중앙 티베트로 가던〕 아띠쌰를 만나 바즈라말라(Vajramālā, 金剛鬘)의 관정 등을 받고, 나로빠의 소식을 묻게 된다. *The Life of MARPA*, pp. 77~78. 짱뇐 헤루까(gTsaṅ smyon Heruka), Nālandā Translation Committee 번역, Sham-

특별히 감뽀빠는 처음 아띠쌰의 직제자인 낸조르와첸뽀(rNal ḥbyor ba chen po)의 제자인 갸왼닥(rGya yon bdag)에게서 까담의 법을 배웠고, 그 후 밀라래빠에게서 마하무드라를 배운 뒤, 까담과 까귀의 두 법문을 배합한 가르침인 『람림타르갠(解脫道莊嚴論)』을 저술하였다.

또 그의 제자인 〔팍두까귀를 개창하는〕 팍모두빠(Phag mo gru pa, 1110~1170)는 까담의 선지식인 돌뽀와에게서 까담의 법을 배워 『교차론(敎次論)』을 저술하기도 하였다.

그와 같이 〔디궁까귀를 개창하는〕 디궁빠 린첸뻴(ḥBri guṅ pa Rin chen dpal, 1143~1217)과 〔딱룽까귀를 개창하는〕 딱룽탕빠(sTag luṅ thaṅ pa, 1142~1210)는 까담의 선지식인 채까와(ḥChad ka ba)에게서 까담의 법을, 또 〔까르마까귀를 개창하는〕 뒤쑴캔빠(Dus gsum mkhen pa, 1110~1193)는 쌰라와(Śa ra ba)의 제자인 유가사 쎄랍도제(Śe rab rdo rje)에게서 까담의 법을 각각 배움으로써 도행의 실천들은 전부 까담의 법도대로 행하였다.

그러므로 까귀빠의 정수인 마하무드라와 나로육법과 구결들이 대승의 법이 되게 하는, 마치 누룩과도 같이 중요한 보리심의 교계들은 전적으로 까담의 법을 통해서 생겨난 것이다.

또 싸뻰 잠양(Sa pan ḥJam dbyaṅs)도 네우쑤르와(sNeḥu dzur ba)의 제자인 찌오해빠(sPyi bo lhas pa)에게서 까담의 법을 배웠으며, 그의 저술들에서 설하는 대승의 공통도의 모든 실천들 역시 전적으로 까담의 법에 따라서 저술된 것이다. 그러므로 그를 따르는 싸꺄빠의 수행자들도 역시 그와 같이 행하는 것이다.

또한 쫑카빠 대사는 실질적으로 아띠쌰 존자와 내면의 일체성을 이루고 있음이 준거가 되는 대론들에 의해서 증명이 되었다. 외적으로도 두 선지식인 남카걜챈(Nam mkhaḥ rgyal mtshan)과 최꺕쌍뽀(Chos

---

bala, 1999, New Delhi, India.

skyabs bzaṅ po)를 통해 까담의 도차제를 배운 뒤, 세월이 흐르면서 아띠쌰 존자의 청정한 교계에 첨가된 천견과 이설과 의혹들을 제거해 내고, 전대미문의 선설(善說)인 『람림첸모』와 『람림충와(道次略論)』 등을 저술하였다. 겔룩빠의 창시도 또한 아띠쌰 존자의 까담빠의 전기[413]에 따른 것이다.

교의에 있어서도 〔짠드라끼르띠의〕 중관견과 밀종을 증보한 것에 지나지 않아 까담빠를 벗어나지 않는다. 그래서 많은 역사서에서 겔룩빠를 가리켜 신까담빠(bKaḥ gdams gsar ma)라는 명칭을 붙이게 된 것이다.

또 설하길,[414] "요약하면, 괴로짜(ḥGos lo tsā ba)의 『뎁테르응왼뽀(青史)』에서, '후대에 티베트에 출현한 선지식들과 유가수행자들의 대부분의 전기에는, 적어도 까담의 선지식 한 사람씩을 다 친근한 것으로 나와 있다. 그 가운데서 돔뙨 린뽀체(ḥBrom ston pa)가 또한 광대한 덕화를 지속적으로 편 대덕이다. 이러한 것은 단지 〔아띠쌰〕 디빰까라 쓰리즈냐나(吉祥燃燈智)가 법륜을 굴린 선과의 일부만을 설명하는 것에 지나지 않는다.'라고 한 바와 같이, 설원의 티베트 땅에서 일어난 모범적인 종파 내지는 학파들 전부는, 아띠쌰 존자가 티베트에 와서 청정한 법륜을 굴린 결과임을 알도록 하라고 말한 바와 같다."고 하였다.

---

413) 이것은 『까담파최(祖師問道錄)』 제26장 「미래의 예언」을 말하며, 또 겔룩빠의 본산인 간댄(dGaḥ rdan) 승원이 건립된 산이 간댄(도솔천)인 까닭에 청정한 성지라고 하였다.

414) 『투깬둡타』, p. 93.

3. 땐림첸모와 람림첸모의 관계

1) 땐림첸모가 람림첸모에 미친 영향

『땐림첸모(教次廣論, bsTan rim chen mo)』을 저술한 까담빠의 선지식 돌룽빠 대사에 대하여 『까담쩨뛰(噶当派大師箴言集)』에서는 다음과 같이 적고 있다.415)

> 돌룽빠 로되중내(Gro luṅ pa. Blo gros ḥbyuṅ gnas, 12세기)는 어려서 아띠쌰 존자를 직접 친근하여 사사하였다. 또한 캄룽빠(Kham luṅ pa, 1025~1115), 뽀또와(Po to ba, 1027~1105), 쩬응아와(sPyan sṅa ba, 1033~1103) 등에게서 까담의 법을 배운 뒤, 『땐림첸모』『땐림충와(教次略論)』『아띠쌰소간백법요의총강소(阿底峽小簡百法要義總綱疏)』 등을 저술하였다.

돌룽빠 대사는 아띠쌰의 교학에 정통하였을 뿐만 아니라, 스승인 대역경사 로댄쎄랍의 만여 명이 넘는 제자들 가운데서, 일체의 경론에 달통한 학승으로 그 명성을 티베트 전역에 떨쳤다. 또한 그의 저술인 『땐림첸모』는 『보리도등론』의 전대미문의 독보적인 주석서로 큰 명성을 얻었으며, 『람림첸모』의 중요한 전거가 되는 『도차제(道次第)』도 저술하였다.

비록 생몰연대는 알 수 없으나, 용진 예시갤챈(Yoṅ ḥdzin Ye śes rgyal mtshan)의 『람림라귀(道次第傳承)』에서는 세수 80세에 입적하였다고 기록하고 있다.

---

415) 『까담쩨뛰』, p. 150. 칸도체링 편집, 청해 민족출판사, 1996.6, 서녕, China.

이 돌룽빠 대사의 『땐림첸모』를 쫑카빠가 처음 만난 것은 39세 되던 해, 호닥(lHo brag)의 남카갤챈과 최꺕쌍뽀의 두 스승 밑에서 까담의 법을 수학할 때이며, 이때 『땐림첸모』를 숙독하게 하게 된다.

그리고 뒷날 쫑카빠 대사가 『람림첸모』를 저술하면서 이 『땐림첸모』의 교설을 바탕으로 삼게 된다. 그래서 『람림첸모』의 발문에서 밝히는 바와 같이, 이 두 대론은 그 대의에 있어서 전적으로 동일한 것이다.

한편 돌룽빠 대사의 『땐림첸모』에 대한 쫑카빠의 극진한 존경심을 나타내는 일화들이 많이 전해오고 있으며, 『투깬둡타(宗教源流史)』에서는 다음과 같이 그것을 설명하고 있다.416)

〔돌룽빠 대사의〕 『땐림첸모』는 〔오직 인도의 경적만을 인용해서 해설한〕 『보리도등론』의 독보적인 주석서인 까닭에, 쫑카빠 대사도 또한 이 대론을 열람할 때 갖가지 공양을 올리고 〔향을 피워서〕 맞이하였으며, 『람림첸모』도 이것과 대부분 일치하게 저술하였다.

이미 설명한 바대로, 두 거작인 『땐림첸모』와 『람림첸모』의 교설의 일치성에 대해서 아짜랴 캉까르출팀(白館戒雲)은 〔『까담제뛰(噶当派大師箴言集)』를 인용해서〕 그의 『보리도차제대론(菩提道次第大論. 典據採)』의 서문에서 다음과 같이 밝히고 있다.417)

『땐림첸모』〔lHasa ed. 6a4-7〕에서, "먼저 모든 진선의 근원인 상사(上師)를 존경심으로 바르게 섬기며, 가만(暇滿)의 몸은 얻기 힘든 것이니 헛되지 않게 보장을 얻도록 힘쓰며, 게으름을 물리치고자 할 때는 죽음을 사유하고 닦아 퇴치하며, 연기의 정견으로서 율의를 일심으로 닦도

---

416) 『투깬둡타』, p. 92.

417) 『보리도차제대론』, p. Ⅲ.

록 하며, 삼계가 오로지 고통의 산실임을 관찰해서 닦도록 하라. 온갖 고통 속에 얽매인 유정들을 연민해서 위없는 보리심을 닦도록 하며, 모든 보살들이 가는 하나의 길인 십바라밀을 수학토록 하라. 반야바라밀다로서 제법의 법성을 바르게 닦고, 보살의 지위들을 차례로 초월해서 삼신(三身)과 오지(五智)의 부처의 지위를 현증토록 하라."는 『땐림첸모』의 본문의 행상을 밝힌 게송을 보는 것만으로도 분명하다. 그러나 그와 같음에도 불구하고 전체가 일치하는 것은 아니다.

2) 땐림첸모와 람림첸모의 상이점

일부의 상위한 부분에 대해서 『까담쩨뛰(噶当派大師箴言集)』에서는 투우깬 린뽀체(1732~1802)의 견해를 빌려서 다음과 같이 설명하였다.418)

이 『땐림첸모(教次廣論)』도 역시, 처음 선지식을 사사하는 법에서부터 지관과 십지와 불지에 이르는 차제를 열 단계로 나누어서 설명하였다. 또 오직 인도의 경적들만 인용하는 등의 전대미문의 거작인 까닭에, 쫑카빠 대사도 또한 극진한 공경을 표시한 다음에 몸소 맞이하였다.

그러나 중관의 견해에 있어서는 아사리 짠드라끼르띠(Candrakīrti, 月稱)와 일치하지 않으며, 석량(釋量)에 있어서도 또한 약간 다르다고 투우깬 린뽀체(Thuḥu kwan rin po che)가 설하였다.

여기서 말하는 상위한 점들을 정리하면, 다음 세 가지로 요약할 수 있다.

첫째, 두 대사는 중관에 대해서 각기 다른 견해를 가졌다. 돌룽빠 대

418) 『까담쩨뛰(噶当派大師箴言集)』, pp. 150~151.

사는 『땐림첸모』를 저술함에 있어서 자속파의 견해에 입각해서 위빠사나장을 해설하고 있으며, 쫑카빠 대사는 귀류견을 자종으로 삼아서 『람림첸모(道次廣論)』의 위빠사나장을 해설한 점에서 서로 다르다.

이와 같은 돌룽빠 대사의 중관의 견해는 그의 스승의 스승인 대역경사 렉빼쎄랍(Legs pḥai śe rab)이 아사리 바바비베카(淸辨)의 『중관심론주(中觀心論註)』 등을 번역하고 전강(傳講)한 점과 또 아띠쌰 존자가 짠드라끼르띠(月稱)의 전적들을 번역하지 않고, 대신 청변(淸辨) 논사의 『치연분별론(熾然分別論)』 등을 번역하고 강설한 영향이라 생각된다. 비록 아띠쌰 존자가 그의 『입이제론(入二諦論)』에서,[419] "공성을 누가 깨쳤는가 하면, 여래께서 일찍이 예언하신, 법성의 진실을 통견하는 용수와 그 제자 월칭이며, 그가 전하는 교계에 의해서 법성의 진실을 깨닫는다."라고 해서, 분명히 그 자신이 짠드라끼르띠(月稱)의 귀류견을 따르고 있음을 밝히고 있음에도 불구하고, 실제에서는 귀류와 자속의 견해에 치우치지 않고 가르침을 편 영향에 기인하는 것으로 볼 수 있다.

즉 『뎁테르응왼뽀(靑史)』에서,[420] "거기서 〔라싸툴낭(大昭寺)에서〕 응옥 로짜와(rṄaog Lo tsā ba)〔렉빼쎄랍〕가 아띠쌰 존자에게 청해서, 아사리 바바비베카의 『치연분별론』을 번역하고, 존자께서 그것의 구결로 대소의 『중관교수설(中觀敎授說)』 두 권을 지었다."라고 한 바와 같다.

이러한 영향으로 아띠쌰의 양대 제자인 돔뙨빠는 아사리 짠드라끼르띠의 귀류견을 따르게 되었고, 대역경사 렉빼쎄랍과 그 제자인 대역경사 로댄쎄랍과 돌룽빠 등은 자속견을 견지하게 된 것이라 볼 수 있다.

---

419) 『입이제론』 「아띠쌰소간백법(阿底峽百法錄)」, p. 12, 아띠쌰, 북경 민족출판사, 2002.7, 북경, China.

420) 『뎁테르응왼뽀』 상권, p. 316.

이러한 사정을 『투깬둡타』에서는 다음과 같이 설명하고 있다.[421]

아띠쌰 존자가 중관귀류견을 견지하였음은 『보리도등론석(菩提道燈論釋)』과 『중관교수론석(中觀教授論釋)』 등을 통해서 알 수가 있다. 또 돔뙨빠가 짠드라끼르띠의 중관견에 대한 그의 깨달음을 받쳤을 때, 존자께서 매우 기뻐하면서 합장을 한 뒤, "참으로 놀라운 일이다! 현재 동인도 지방에서는 이와 같은 견해를 전적으로 고수한다."라고 말하였다.

또한 돔뙨빠의 삼대제자들로 알려진 선지식 뽀또와 등의 도차제와 법문들에서는 〔그들의 견해가〕 아사리 짠드라끼르띠의 귀류견과 크게 일치하는 것으로 드러났다. 반면에 응옥 로짜와 부자인 렉빼쎄랍과 로댄쎄랍 등은 비록 아사리 바바비베카와 짠드라끼르띠의 논전들을 많이 인증하고 있을지라도, 그 견해를 논증하는 법에 있어서 아사리 쌴따락시따 부자와 크게 일치한다.

또한 티베트에서 귀류견과 자속견의 중관학풍이 생긴 연원에 대해서, 『뎁테르응왼뽀』에서는 다음과 같이 밝히고 있다.[422]

또한 대경역사 로댄쎄랍의 사자전승(師資傳承)은 〔바바비베카의〕 『반야등론』을 근본으로 하는 전적들을 강설하는 학풍임은 앞서 말한 바이며, 대역경사 빠찹 니마닥(Pa tshab Ñi ma grags, 1055~?)에 의해서 아사리 짠드라끼르띠의 전적들의 강해가 그와 같이 생겨났다.

한편 돌룽빠 대사보다 약 200년 뒤에 탄생하는 쫑카빠 대사가 중관귀류견을 갖게 된 배경을 간단히 고찰하면 다음과 같다.

---

421) 『투깬둡타』, p. 96.

422) 『뎁테르응왼뽀』 상권, pp. 415~416.

쫑카빠의 근본 스승인 렝다와가 싸꺄빠의 다른 고승들과는 달리 귀류견을 고수한 영향으로 자연스럽게 그 학풍을 수용하게 되나, 실제로 그가 귀류견에 확신을 갖게 된 것은 다음과 같은 계기에서이다.

쫑카빠의 많은 전기들이 언급하고 있듯이, 그는 중관에 대한 그의 견해를 결택하기 위해서, 또 다른 그의 스승인 우마와(dBu ma ba)를 중개로 해서 직접 문수보살에게 중관에 대한 그의 견해를 받치고, 그것이 귀류견과 자속견 가운데서 어디에 속하는 것인가를 질문하게 된다. 그러자 문수보살이 답하되, 그것은 귀류견도 자속견도 둘 다 아니라고 하였다.

이것을 계기로 해서 더욱 분발하여 각고 정진하던 어느 날, 그는 다음과 같은 의미심장한 꿈을 꾸게 된다.[423)]

> 어느 날 밤 꿈에 성용수(聖龍樹)의 오부자(五父子)[424)]가 모여서 중도의 오의를 토론하는 자리에서, 아사리 붓다빨리따(Buddhapālita, 佛護)라고 부르는 큰 체구에 몸빛이 푸르스름한 한 빤디따(Paṇḍita)가 범어로 된 『중론(中論)』을 머리 위에 얹은 뒤 가지를 내리는 몽사가 있었다. 그 다음날 『붓다빨리따(Buddhapālita, 中論佛護釋)』를 열람하자, 성용수 부자의 견해의 요체를 확연히 통달함과 동시에 소파(所破)의 분계를 깨닫는 등의 이전과는 전혀 다른 분명한 확지가 심저에서 생겨났다. 상집(相執)을 일으키는 일체의 소연사(所緣事)가 전부 붕괴되고, 진실의가 별도로 있다는 증익을 남김없이 뿌리째 뽑아내었다.

---

423) 『투깬둡타』, pp. 272~273.

424) 이 뜻은 중관귀류파(中觀歸謬派)의 설로서, 나가르주나(Nāgārjuna, 龍樹), 아르야데와(Āryadeva, 聖天), 붓다빨리따(Buddhapālita, 佛護), 짠드라끼르띠(Candrakīrti, 月稱), 나가보디(Nāgābodhi, 龍藏)의 다섯 아사리를 말함.

이렇게 해서 쫑카빠 대사는 중관귀류견을 견지하게 된 것이다.

둘째, 두 대사는 밀종에 대해서도 서로 다른 시각을 지녔다. 이 점에 대해서 『보리도차제대론(菩提道次第大論. 典據探)』에서는 다음과 같이 지적하고 있다.[425]

또한 『람림첸모』의 끝부분에서, "여기서는 명목상으로 밀종에 입문하는 법을 촌분 정도만을 설명한 것이므로, 자세한 것은 『응악림첸모(密宗道次第廣論)』를 통해서 자세히 알도록 하라."고 말함으로써, 『람림첸모』에서는 밀종에 대하여 약간의 언급이라도 있지만, 『땐림첸모』에서는 전혀 언급이 없는 점이다.

이와 같이 돌룽빠 대사가 밀종을 적극 외면한 이유는, 당시 극도로 오염된 밀종의 유가사들이 여래의 교법을 더럽히는 상황 아래서 생겨난 일종의 거부감이라고 볼 수 있다.

이러한 당대 불교계의 타락상에 대하여 『투깬둡타』에서는 다음과 같이 기록하고 있다.[426]

일부의 진언사가 자기의 내자에게 "오늘 창(Chaṅ, 티베트 막걸리)을 맛있게 빚도록 하라. 내가 밀경(密經) 한 권을 저술했다."고 말하기도 했다. 또 인도의 아짜랴마르뽀(Ācārya dmar po, 人名)와 빤디따 청군사(青裙師) 등의 일부가 출현해서, 여인을 향유하는 행위를 요가라고 하고, 원적 등을 주살하는 행위를 해탈이라 부르는 등의 성해탈(性解脫)로 알려진 삿된 법을 폈다. 또 한편 밀주(密呪)의 이름을 붙인 갖가지 사행들을 만연시켰다. 이러한 나쁜 영향 때문에 청정한 견해와 도행을 지닌 자

425) 『보리도차제대론』, p. Ⅲ.

426) 『투깬둡타』, p. 84.

들은 적고, 사행을 감행하는 자들이 허다하게 생겨났다. 이에 〔구게(Guge)의 출가 국왕인〕 예시외(Ye śes ḥod, 智光)와 시와외(Shi ba ḥod, 寂光)와 대역경사 린첸쌍뽀(Rin chen bzaṅ po, 寶賢) 등이 비법을 탄핵하는 칙령과 서한을 널리 전파하였음에도 효과가 전무하였다.

또 다음과 같이 말하였다.427)

아띠쌰 존자가 티베트에 오기 전에 밀종을 빙자한 삿된 법들이 크게 치성해서, 그것을 제복하고자 아띠쌰께서 밀종의 도하(道歌)를 설하길 원하자, 또한 돔뙨 린뽀체가 이것은 티베트에는 적합하지 않다고 해서 제지하는 등의, 까담빠의 선대의 조사들은 밀교의 전반에 대해서, 특히 무상유가에 대해서 극도로 엄격하게 단속하였다.

그러나 실제에 있어서는, 아띠쌰 존자가 돔뙨 린뽀체에게 사부속(四部續)에 관한 일체의 구결과, 특별히 부(父)딴뜨라의 쌍와뒤빠(gSaṅ ba ḥdus pa, 密集金剛)와 모(母)딴뜨라의 뎀촉(De mcheg, 勝樂金剛) 등의 모든 무상유가의 교계들과, 구경의 실지(悉地)에 이르는 핵심 구결들을 비밀리에 전수함으로써, 비로소 돔뙨 린뽀체가 현밀의 모두를 구족한 법주가 된 것이다.

이와 같은 이유로 밀종을 밖으로 드러내서 선양하지 않았을 뿐, 까담빠에 밀종의 교계가 없는 것이 아닌 것이다. 각각의 전기들을 자세히 살펴보면 그것을 알 수 있다.

위의 설명처럼, 돌룽빠 대사가 『땐림첸모』에서 밀교에 대해 전혀 언급하지 않은 것은, 당시의 타락한 밀교의 작풍에 대한 개인적인 견해를 반영한 산물이라고 할 수 있다.

---

427) 위의 책, p. 104.

셋째, 『땐림첸모』와는 달리 『람림첸모』에서는 십지(十地)와 오도(五道)와 불과(佛果)에 대한 언급이 전혀 없는 점이다. 역시 이 점에 대해서도 『보리도차제대론』에서는 다음과 같이 설명하고 있다.428)

> 『땐림첸모』에서는 십지와 오도와 불과에 대해서 자세히 밝히고 있으나, 『람림첸모』에서는 〔쫑카빠의 다른 저서인〕 『금만소(金鬘疏)』429)에서 상세히 논설하고 있는바, 그것으로 족하다고 여겨서 이 부분에 대하여 전혀 언급하지 않았다. 이 뿐만 아니라 보신(報身)에 관해서도 또한 『금만소』의 주장과 일치하지 않는다. 『땐림첸모』에서는, "보신 또한 여덟 가지의 공덕을 구족하며"라고 지적한 바와 같은 것들이다.

끝으로 한 가지 더 언급하면, 이와 같이 『람림첸모』가 『땐림첸모』의 교설을 바탕으로 해서 저술된 것임을 발문에서 스스로 밝히고 있음에도 불구하고, 외형적으로는 『람림첸모』의 어디에서도 『땐림첸모』의 문구들이 인용되고 있음을 발견할 수 없다.

그 이유는 자세히 알 수 없으나, 이 두 대론의 일치성에 대한 연구를 진행한 『보리도차제대론』에 의하면, 『람림첸모』의 전거가 되고 있는 『땐림첸모』의 구절들을 〔대승의 상사도(上士道)에 한정해서〕 전거로 들고 있는 것이 모두 15개소에 달한다. 이 중에서 "인욕(忍辱)"에 대한 해설을 하나의 실례로 들면 다음과 같다.

즉 『보리도차제대론』에서 설하되,430) 〔『람림첸모(菩提道次第廣論)』에서〕 분노의 과환을 바로 보지 못하는 과실을, 『입행론(入行論)』에서

---

428) 『보리도차제대론』, p. Ⅲ.

429) 『금만소』: 원명은 반야바라밀다교수론현관장엄론본주상해금만소(般若波羅蜜多教授論現觀莊嚴論本注詳解金鬘疏)이다.

430) 『보리도차제대론』, p. 114.

는 "천 겁의 세월 동안 쌓아 모은 보시와 여래의 공양 등을 잘 닦아온 그러한 선업들 전부를 또한 단 한번의 분노로서 파괴한다."라고 설하였는바, 이것은 아사리 마명(馬鳴)보살이 지은 〔『삼십사본생전(三十四本生傳)』(D.No.4150, Hu 72b4-73a)〕의 설을 그대로 『입행론』에다 기재한 것이다.

또 『만수실리유희경(曼殊室利遊戲經)』에서 설하되, "백 겁의 세월 동안 쌓아 모은 선업을 파괴한다."고 설하였으며, 또한 『입행론』에서, "백 겁의 세월 동안 보시와 지계의 바라밀들을 수습해서 쌓은 선업들을 단지 한 차례의 분심을 일으키는 것으로서 파괴한다."라고 설하였다. 『땐림첸모』(238a7-b1)에서, "분노라는 것은 백천 겁의 세월 동안 닦아 모은 선업을 파괴하는 것이므로, 또한 후에 그만큼의 겁 동안 선업을 닦아야 하는 것이다. 그러므로 보리는 생겨나기 어렵고 법은 닦기가 어려운 것이다. 그러니 인욕의 갑옷을 마땅히 입어야 한다."라고 한 바와 같다.

4. 수습차제와 람림첸모의 관계

겔룩빠의 고승인 둑갤왕최제(ḥBrug rgyal dbaṅ chos rje)가 저술한 『쫑카빠남타르(宗喀巴傳)』에 의하면,431) "아사리 까말라씰라의 저술인 『금강경석(金剛經廣釋)』, 바수반두(Vasubandu, 世親)의 『장엄경론석(莊嚴經論釋)』, 바단따 아쓰와바와(Bhadanta Asvabhāva, 大德無自性)의 『현관장엄경론석(現觀莊嚴經論釋)』, 카시미르 즈냐나쓰리(Jñāna śrī, 吉祥慧)의 『현관장엄경론석섭의』, 쓰티라마띠(Sthiramati, 安慧)

---

431) 『쫑카빠남타르』, p. 154. 둑갤왕최제(?~1862), 청해 인민출판사, 1992, 서녕, China.

의 『석론(釋論)』 『변중변론석(辨中邊論釋)』 『변법법성론석(辨法法性論釋)』 등의 일체에 대해서, 대덕들의 온갖 논전과 강설들과 뛰어난 변별력을 지닌 논사들과 함께 반론과 논증의 방법을 통해서 확연히 결택함과 더불어, 티베트의 여러 대덕들이 구전하는 각각의 전강(傳講)의 특점들을 또한 혼동함이 없이 분명하게 통달하였다."라고 설명하고 있다.

이처럼 쫑카빠 대사는 아사리 까말라씰라의 저술들에 대하여 깊이 연찬하였음을 알 수 있으며, 또 훗날 『람림첸모』와 『당응에렉쌔닝뽀(辨了不了義論)』 등의 중대한 논전들을 저술하면서 아사리 까말라씰라의 저술들을 중요한 전거로서 채용하게 되는 것이다. 이제 아사리 까말라씰라의 『수습차제』의 교설들이 『람림첸모』에 구체적으로 어떻게 영향을 미치고 있는가를 살펴보기로 한다.

1) 수습차제가 람림첸모에 미친 영향

(1) 람림첸모에 인용된 수습차제의 구문들

아사리 까말라씰라의 『수차삼편』의 교설들이 『람림첸모』에 미친 영향을 구체적으로 알아보기 위해, 우선 『람림첸모』에서 인용하고 있는 『수차삼편』의 구문(句文)들과 그 사용처를 알아보면 다음과 같다.

필자가 조사한 바에 의하면, 쫑카빠 대사는 『람림첸모』를 저술하면서, 『수차삼편』에서 취의(取義)를 포함한 총 66구에 달하는 구문들을 직접 인용하고 있다. 이 중에서 『람림첸모』 의 서분에 해당하는 도전기초(道前基礎)에 인용된 단 하나만을 제외하고는, 전부가 대승의 상사도(上士道)에 집중적으로 인용되고 있음을 볼 수 있다.

다시 이것을 세분하면, 먼저 대승의 보리심의 차제와 보살학처를 수습하는 도리를 밝힌 부분에 17개의 구문들을 인용하고 있다. 다음 사마타(止)를 해설하는 사마타장에 33개의 구문들을, 위빠사나장에 15개의 구문들을 인용하고 있다.

또『수차삼편』의 교설들을 가져다 인증한 곳이 보리심의 차제와 보살학처에 다섯 곳, 사마타장에 열두 곳, 위빠사나장에 다섯 곳에 이르고 있다. 또『수차삼편』에 인용된 경문들을 그대로 재인용한 경우도 22개에 달하는 것으로 확인되었다.

또한 아사리 까말라씰라의 다른 저술인『중관광명론(中觀光明論)』에서 인용한 구문이 4개에 달하고 있으며, 여타의 저술들에서는 인용한 구문들은 발견하지 못하였다.

위와 같은 인용의 사례들의 분석을 통해서 알 수 있듯이,『수차삼편』의 교설들은『람림첸모』에 지대한 영향을 미치는 동시에,『람림첸모』에서 주장하는 학설들의 결정적인 준거로서 채용되고 있음을 알 수 있다.

다시 말해서, 이것은 무아의 공성을 결택하는 미세한 부분들을 제외한, 견(見)·수(修)·행(行)의 세 가지 관점에 있어서 전적으로 동일한 것이자, 아사리 까말라씰라의 중관사상을 그대로 계승하고 있음을 보여주는 것이라고 하겠다.

이것을 좀더 자세히 설명하면,『람림첸모』에서 쫑카빠 대사는 보리심을 일으키는 차제와 보살의 학처인 육바라밀 등의 대승 보살의 수행의 당위성을 밝히는 부분에서, 까말라씰라의『수차삼편』의 교설과 함께 약 52개의 구문들을 인용한 샨띠데바(Śantideva, 寂天)의『입행론』과 약 24개의 구문들을 인용한 성용(ḥPhags pa dpaḥ bo, 聖勇)의『섭바라밀다론(攝波羅蜜多論)』및 약 11개의 구문들을 인용한 미륵보살의『장엄경론(莊嚴經論)』등의 교설들이 핵심적인 전거로서 채용하고 있는 것이다.

또 사마타장에서는 까말라씰라의『수차삼편』과 더불어 약 38개의 구문들을 인용한 아상가(Asaṅga, 無着)의『성문지(聲聞地)』와 약 9개의 구문들을 인용한『해심밀경』이 그 핵심적인 전거로서 채용하고 있다.

또 위빠사나장에서는 『수차삼편』과 함께 약 64개의 구문들을 인용한 짠드라끼르띠(Candrakīrti, 月稱)의 『입중론(入中論)』, 『입중론석(入中論釋)』과 약 32개의 구문들을 인용한 역시 그의 저술인 『현구론(顯句論)』과 약 37개의 구문들을 인용한 아르야데와(Āryadeva, 聖天)의 『사백론(四百論)』과 『사백론석(四百論釋)』의 교설들이 결정적인 전거로서 인용되고 있음을 알 수 있다.

전체적으로는 『람림첸모』라는 거작을 저술함에 있어서, 쫑카빠 대사가 인용한 방대한 전거들 가운데서 경론이 대략 230여 종, 인도와 티베트의 고승들의 어록이 약 50여 종에 달하고 있다.

이 가운데에서 핵심이 되는 경론들을 살펴보면, 까말라씰라의 『수차삼편』과 함께 『성문지』 『입행론』 『입중론』 『입중론석』 『현구론』 『사백론』 『장엄경론』 『섭바라밀다론』 등 11종의 전적들이 그 중심을 이루고 있음을 알 수 있다.

(2) 람림첸모의 전거가 된 수습차제의 교설들

쫑카빠 대사의 『람림첸모』에서 주장하는 중요한 교설들의 전거가 되고 있는 아사리 까말라씰라의 『수습차제』의 교설로는 구체적으로 다음과 같은 것들이 있다.

첫째, 대승의 핵심적 교의가 되는 자비심과 이타심을 내용으로 하는 보리심의 생기와 그 보리심의 구체적 실천인 보살학처의 수습을 밝힌 부분에서 다음과 같이 『수습차제(修習次第)』의 교설을 가져다 인증하고 있다.

① 대자대비를 일으키는 정인으로서 『람림첸모』에서는 다음과 같이 인증하고 있다.432)

432) 『람림첸모』, p. 297.

그러므로 〔모든 유정들을〕 어머니로 생각하는 등의 세 가지 모양은,433) 곧 행복을 누리길 바라는 자심(慈心)과 고통을 여의길 바라는 비심(悲心)의 두 가지 근본이 되는 까닭에, 이것을 마땅히 근수해야 하는 것이다. 보리심을 일으키는 정인으로서 모든 유정들을 가족으로 생각하는 이 수행법은 아사리 짠드라끼르띠와 짠드라고미(Candragomi, 大德月), 까말라씰라 등에 의해서 설해졌다.

② 사심(捨心)과 자심과 비심의 경계를 구분한 뒤 차례로 수행하는 것에 대하여 『람림첸모』에서는 다음과 같이 인증하고 있다.434)

이와 같이 평등한 사심과 자심과 비심의 경계를 구분한 뒤에 차례로 닦는 이 수행법은, 『아비달마경(阿毘達磨經)』의 뜻에 의거해서 아사리 까말라씰라가 설파한 것으로 그 뜻이 지극히 중요하다.

③ 대승에서 설하는 성불과 그 성불의 길을 밝히면서 『람림첸모』에서는 다음과 같이 인증하고 있다.435)

『비로자나현증보리경(毘盧遮那現證菩提經)』에서 설하되, "비밀주〔금강수보살〕여! 일체지지(一切智智)는 대비의 근본에서 발생하며, 보리심의 인(因)에서 발생하며, 방편에 의해서 구경에 달한다."라고 하였다.

여기서 대비는 앞서 말한 바와 같고, 보리심은 세속과 승의의 두 보리심이며, 방편은 보시 등을 원만히 구족함이다. 또한 이것이 대승이라고

---

433) 세 가지 상: 유정을 어머니로 생각하는 수행과 어머니의 은혜를 기억함과 어머니의 은혜를 갚고자 하는 세 가지를 말함.

434) 위의 책, p. 306.

435) 위의 책, pp. 341~342.

아사리 까말라씰라가 설하였다.

④ 대승의 길을 전도되게 이해한 중국의 마하연 화상의 주장을 파척하면서 『람림첸모』에서는 다음과 같이 그것을 인증하고 있다.436)

중국 화상의 설에 의하면, "모든 방편의 행품(行品)들은 진정한 성불의 길이 아니다."라고 해서, 세속제를 크게 훼멸하는 동시에 불법의 정수인 무아의 진실을 여실히 변석하는 반야에 의한 체관을 부정함으로써 승의의 도리마저 멀리 내쳐 버린 것이다.

설령 그와 같이 뛰어나게 닦아 나갈지라도, 결국 사마타품(奢摩他品)에 귀속되고 마는 〔마음의 머무름만을 닦는〕 쫌족(但住)을 가지고서, 최상의 정도로 삼는 사견들 가운데서도 말류인 이것을, 대보살인 아사리 까말라씰라가 청정한 언교와 정리에 의거해서 잘 파사현정함으로써 제불여래가 기뻐하는 선도(善道)를 크게 선양하였다.

⑤ 경의 뜻을 전도되게 이해한 것을 논파하면서 『람림첸모』에서는 다음과 같이 인증하고 있다.437)

경(經)의 두 번째 뜻도, 역시 전도된 집착에서 전적으로 행한 것이 청정하지 못해서 그렇게 말한 것이지, 보시 등을 닦지 말라고 하는 것이 아니다. 만약 그렇지 않다면, "소연상(所緣相)에 떨어져서 보시를 행하고"라는 소연상에 떨어짐을 지적할 필요가 없이, "전체적으로 보시를 행한 것을 참회한다."라고 하는 것이 합당한 것이나 그와 같이 설하지 않은 까닭이다. 『수차하편』에서 마하연 화상의 변론에 이렇게 답한 도리는 지

436) 위의 책, p. 342.

437) 위의 책, p. 351.

극히 중요하다. 이것을 전도되게 이해해서 일체의 행품(行品)들이 인아와 법아의 상을 취하는 것으로 인식해서 유상(有相)으로 주장하기 때문이다.

둘째, 사마타의 행상을 해설하는 부분에서도 역시, 아사리 까말라씰라의 교설을 다음과 같이 결정적인 논거로서 채용하고 있다.

① 사마타(止)와 위빠사나(觀)의 차이를 구별하는 전거로서, 『람림첸모』에서는 다음과 같이 인증하고 있다.[438]

만약 내심이 무분별에 안주하되 마음의 명징한 힘이 없음이 사마타며, 명징한 힘이 있음이 위빠사나라고 주장하는 것은 옳지 않은 것이다.

불보살의 경론들과 아사리 아상가의 논서와 『수습차제』 등의 대론들에서, 사마타와 위빠사나의 성상을 자세히 결택한 바에 따르면, 마음이 소연의 대상에 일념으로 머무르는 삼마지를 사마타라고 하며, 제법(諸法, 所知界)의 뜻을 여실히 결택하는 반야를 위빠사나라고 설한 것과 어긋나기 때문이다.

특별히 무분별의 마음에 명징함의 힘이 있고 없음은, 삼마지 중에 마음의 침몰이 있고 없음의 차이인 것으로서, 그것을 사마타와 위빠사나의 구별로 삼는 것은 불합리한 것이다.

② 사마타와 위빠사나의 차제를 정하는 논거로서, 『람림첸모』에서는 다음과 같이 인증하고 있다.[439]

---

438) 위의 책, pp. 474~475.

439) 위의 책, pp. 482~483.

『해심밀경』에서도 사마타의 성취에 의지해서 위빠사나를 닦는 것을 앞서 인용한 바와 같이 설하였고, 또 〔『장엄경론』에서〕 "앞을 의지해서 뒤가 생긴다."라고 설함과, 또 육바라밀 가운데서 선정과 반야바라밀다의 차례와, 또 증상정학에 의지해서 증상혜학을 일으키는 차제들은 먼저 사마타를 수습한 뒤에 위빠사나를 닦는 순서를 말한 것이다.

앞에서 인용한 『보살지(菩薩地)』와 『성문지』에서도 역시, 사마타에 의지해서 위빠사나를 닦도록 설하였으며, 또 『중관심론』 『입행론』 『수차삼편』과 아사리 즈냐나끼르띠(Jñānakīrti, 智稱)와 쌴띠와(Śantiba, 寂靜) 등도 먼저 사마타를 구한 다음 위빠사나를 닦도록 설한 까닭이다.

③ 사마타를 닦는 요령과 방편들로서 『람림첸모』에서는 다음과 같이 인증하고 있다.440)

대부분의 도차제(道次第)들에서는 〔미륵보살의〕 『변중변론(辨中邊論)』에서 설하는 〔사마타의〕 오과실(五過失)을 퇴치하는 팔단행(八斷行)을 통해서 사마타를 수습토록 하고 있다. 선지식 락쏘르와(Lag sor ba)가 전승하는 교계에서는, 여기에 덧붙여서 『성문지』에서 설하는 〔사마타의〕 육력(六力)과 사종작의(四種作意)와 구주심(九住心)에 의해서 닦도록 설하였다.

또 선지식 왼땐닥(Yon tan grags, 功德稱)은 "구주심법을 사종작의로 거두어 잡음과 육과실(六過失)과 그것을 퇴치하는 이 팔단행이 모든 삼마지를 닦는 방편으로, 허다한 계경(契經)들과 『장엄경론』, 『변중변론』과 아상가의 『유가사지론(瑜伽師地論)』과 『수차삼편』 등에서 개시하는 선정의 방편들이 모두 일치하는 것이다."라고 그의 도차제에서 설하였다.

440) 위의 책, p. 487.

④ 초학자가 소연의 대상을 닦는 법으로서 『람림첸모』에서는 다음과 같이 인증하고 있다.441)

그러므로 삼마지의 수습의 준거가 되는 『유가사지론』과 『수차삼편』 등에서, 처음 삼마지를 닦는 때에는 오직 하나의 소연(所緣)을 정해서 닦는 것을 설하였지, 이리저리 소연의 대상을 바꾸는 것을 설하지 않았다.

⑤ 사마타의 수습의 최대의 장애인 육과실을 다스리는 팔단행의 중요성을 논설하면서 『람림첸모』에서는 다음과 같이 인증하고 있다.442)

이것이 삼마지를 수습하는 제일의 교계이므로 아사리 까말라씰라의 『수차삼편』과 다른 인도의 현자들도 역시 삼마지의 수습 단계에서 빈번히 설하고 있다. 또 『보리도등론석』에서도 사마타의 수습 단계에서 이것을 설하였다.

⑥ 제구주심(第九住心)인 등지(等持, samādadhāti)는 세간의 삼마지에 지나지 않는 것임을 변석하면서 『람림첸모』에서는 다음과 같이 인증하고 있다.443)

앞서의 구주심〔等持〕 때에 설한 바와 같이, 항시 정념(正念)과 정지(正知)를 근수하지 않을지라도, 마음이 삼마지에 저절로 들어가는 무분별과 또 미세한 침몰마저 소멸해서 명분(明分)444)의 힘이 있음과, 또 앞에서

441) 위의 책, p. 502.

442) 위의 책, p. 528.

443) 위의 책, p. 545.

444) 명분: 삼마지의 두 가지 특성인 마음의 명징성(明澄性)을 명분(明分)이

몸의 경안(輕安)의 단계에서 말한 것처럼, 감능성(堪能性)의 풍(風)의 힘에 의해서 몸과 마음에 수승한 안락을 낳게 하는 삼마지와 또 앞서의 그 표징에서 말한 바와 같이 탐욕 등의 수번뇌들 역시 거의 일어나지 않음과, 또 출정한 뒤에도 역시 경안을 여의지 않는 등의 공덕이 있는 이와 같은 삼마지가 생긴다면, 그것은 오도(五道) 가운데서 어디에 속하게 되는 것인가?

〔답하되〕 만약 이와 같은 삼마지가 발생하면 그것은 통상 대승도에 들어갈 뿐 아니라, 특별히 경안의 발생과 그에 수반하는 풍(風)에 의해서 전신이 대락(大樂)으로 차서 넘치는 현상에 연계해서, 심신에 커다란 희열감이 생김과 또 무분별과 극도의 명징함이 있음을 보고 나서, 이것이 무상유가의 원만차제의 표덕을 성취한 것이라고, 과거에도 그랬고 현재에도 대부분의 사람들이 그렇게 주장하고 있는 것이다.

그러나 미륵자존과 아사리 무착보살 등의 논전들과 『중관수습차제』 등의 삼마지의 차제를 명백히 제시하고 있는 준거가 되는 논전들에 의거해서 판석하면, 이 같은 삼마지는 대승은 말할 것도 없고, 소승의 도에도 오히려 들지 못하는 것이다.

왜냐하면 『성문지』에서 "색계의 제일정려의 근본정(根本定)을 닦는 〔욕계와 색계의〕 조정상(粗靜相)을 관찰하는 모든 세간도(世間道)들 역시 이 〔세간〕 삼마지를 의지해서 닦는 것이다.'라고 설하기 때문이다."라고 하였다.

⑦ 사마타의 길과 위빠사나의 길이 별개임을 논설하면서 『람림첸모』에서는 다음과 같이 인증하고 있다.445)

라 하며, 부동성(不動性)을 주분(住分)이라고 한다.

445) 위의 책, pp. 546~547.

중관사와 유식사가 비록 위빠사나의 정견의 경계를 여하히 결택해 내는가 하는 점에서는 비록 다를지라도, 전체적으로 사마타와 위빠사나에 대한 인식과 또 그것의 증험을 마음의 흐름 위에 낳게 하는 법에 있어서는 전적으로 같지 않음이 없다.

그러므로 아사리 아상가가 『보살지』와 『섭결택분(攝抉擇分)』과 『집론(集論)』과 『성문지』 등에서 이 사마타와 위빠사나를 각각 구별한 가운데서, 사마타를 수습코자 하면 구주심의 차제에 의해서 닦도록 설하였다. 그 또한 『성문지』에서 상세히 결택한 바로서, 이들 삼마지들을 위빠사나를 닦는 법으로 인정하지 않았다. 그 대론들에서 위빠사나를 구주심과는 별도로 설하였으며, 그것을 수습하는 법들 역시 『성문지』에서 별개로 설하였기 때문이다.

이와 같이 『중관수습차제』와 『반야바라밀다교수론(般若波羅蜜多教授論)』에서도 역시, 구주심의 사마타의 길과 위빠사나의 길을 별개로 설하고 있다. 『미륵오론(彌勒五論)』에서 설한 교설들 또한 아사리 아상가에 의한 주석 외에는 별도의 〔다른 교설이〕 있지 않음으로써, 대승 전체가 이것에 대해서는 하나의 관점인 것이다.

⑧ 사마타 수습 시의 무분별과 위빠사나 수습 시의 무분별은 다른 것임을 변석하면서 『람림첸모』에서는 다음과 같이 인증하고 있다.446)

사마타의 수습 시에는 〔법의를 관찰하는〕 쩨곰(觀修, dpyad sgom)을 행함이 없이, 오로지 〔고요히 머무름만을 닦는〕 족곰(住修, ḥjog sgom)만을 행하도록 준거가 되는 대론들에서 설하고 있음으로써 일체를 전혀 분별하지 않는 수행들 전부가 공성을 닦는 수습이라고 말하는 것은 지자의 웃음거리이다. 특별히 무념과 부작의를 닦는 그 모두가 공성의 수습

---

446) 위의 책, pp. 548~550.

이라고 주장할지라도, 그 역시 『성문지』의 교설에 의해서 잘 파척된 바이다.

『수차초편』에서도, "사마타의 본질은 단지 심일경성(心一境性)으로 다하기 때문이다. 또한 이것이 모든 사마타의 총상이다."라고 설함과 역시 『반야바라밀다교수론』에서도 "여러 갈래 모양의 마음을 거두어 진성을 소연해서 의언(意言)을 여의고 사마타를 수습한다."라고 설하였다. 여기서의 의언이란 "이것은 이것이다." 등의 분별을 말하는 것이다.

『보운경(寶雲經)』에서도, "사마타는 심일경성을 말한다."라고 하는 등의 계경과 대승의 전적들을 허다히 인용해서 사마타란 전혀 분별하지 않는 것임을 누누이 설한 바이다.

그러므로 공성을 수습하는 무분별과 공성을 또한 조금도 요해하지 못하는 무분별의 두 가지가 있는 것이므로, 안락과 명징과 무분별의 세 가지가 있게 될지라도 그 전부를 공성의 수습으로 여겨서는 안 되는 것이다.

이것은 겨우 한 단면만을 설시한 것으로서 열심히 노력해서 미륵자존과 아사리 아상가 등이 해설한 사마타와 위빠사나의 수행법을 잘 알도록 하라.

만약 이와 같이 하지 않으면, 사마타에도 미치지 못하는 소분의 무분별정(無分別定)들을 가지고서 윤회의 근본을 끊는 위빠사나로 오인해서, 여기에는 소연(所緣)조차도 없다고 교만심을 내서 허송세월할 뿐만 아니라 나와 남을 기만하게 되는 것은 기정사실이다.

그러므로 준거가 되는 선현들의 대론들에서, 사마타를 처음 닦는 때에는 무분별에 들어가는 족곰(住修)만을 닦고, 위빠사나를 처음 닦는 때에는 여실한 분별하는 반야로서 관찰하는 째곰(觀修)을 닦도록 설한 것이다.

만약 분별들 전체가 실사(實事)의 집착으로 오해해서 그 전부를 버리고, 준거가 되는 대론들의 선설(善說)을 잘못 이해한 뒤, 비록 전도됨이 없는 무아의 정견을 얻지 못할지라도, 전혀 사유하지 않는 것이 위빠사나의 깊은 의취를 수습하는 것이라고 함은, 중국 화상의 수행법과 전혀 다를 바가 없는 것이다. 『수차삼편』을 정독하면 이 뜻을 확연하게 알게 된다.

⑨ 사마타의 구주심과 사종작의(四種作意)의 중요성을 논하면서 『람림첸모』에서는 다음과 같이 인증하고 있다.447)

비록 초선(初禪) 등의 근본정(根本定)의 수습법 등은 자세히는 알지 못할지라도, 앞에서 말한 사마타 또는 작의(作意)〔위빠사나〕 등의 수행법은 마땅히 알도록 하라.

이것은 『반야바라밀다경』 등의 심오한 경들에서 설한 구주심을 『중관수습차제』에서 전재한 것을 이미 앞에서 인용한 바이다. 또 그 의미들을 『장엄경론』에서 해설하였고, 아사리 아상가가 『보살지』와 『아비달마집론』과 『섭결택분』에서 약술하였다.

또한 『섭결택분』에서는 사마타와 위빠사나의 둘의 뜻을 『성문지』에서 알라고 함과 같이 『성문지』에서 상세히 기술하였으며, 그들의 의미를 『중관수습차제』와 『반야바라밀다교수론』에서 설시한 것이다.

셋째, 위빠사나를 논증하는 편에서도 다음과 같이 중요한 전거로서 인용하고 있다.

① 오로지 여실한 분별지로서 무아의 정견을 결택하는 위빠사나의 수행을 통해서만, 윤회의 근본을 끊게 되는 것임을 논설하면서 『람림첸모』

447) 위의 책, p.561.

에서는 다음과 같이 인증하고 있다.448)

앞서의 〔정사마타(正奢摩他)에서〕 설한 바와 같이, 마음을 하나의 소연에 원하는 대로 안치해서 임의로 안주하는 무분별과, 그 또한 침몰을 여읜 명징함과 수승한 공덕의 희락이 함께 하는 그 사마타〔정사마타〕 정도에 만족하지 않고, 〔제법의〕 진실의(眞實義)를 전도됨이 없이 통찰하는 반야의 〔관혜(觀慧)를〕 생기해서 반드시 위빠사나를 수습해야 한다.

만약 그와 같이 하지 않으면, 그러한 삼마지는 외도와 같은 것이므로, 단지 그것을 닦아 익힐지라도 외도의 도와 같아서 번뇌의 종자를 가히 파괴하지 못해, 삼유(三有)의 윤회로부터 벗어나지 못하기 때문이다.

『수차초편』에서도, "그와 같이 소연의 대상에 마음을 견고히 안주시킨 다음, 반야로서 여실히 관찰한다. 그와 같이 지혜의 광명이 발현함으로써 모든 번뇌의 종자들을 남김없이 파괴하게 된다. 만약 그와 같이 행하지 않으면, 외도들처럼 단지 선정만으로는 번뇌를 끊어버리지 못한다."라고 설하였다.

또한 〔『삼마지왕경(三摩地王經)』〕에서도, "세간인들이 삼마지를 비록 닦을지라도, 그들은 아상(我想)을 파괴하지 않음으로써 그 번뇌가 후일 다시 치성하게 되니, 외도인 학쬐(lHag spyod, 增上行)449)가 삼마지를 닦음과 같다고 설한 것과 같다."라고 설하였다.

오직 무아의 지혜만이 윤회의 근본을 끊는 것임을 명백하게 밝힌 〔『삼마지왕경』의 뜻〕 이것을, 『중관수습차제』에서도 또한 인용해서 중국 화상의 사견을 파척한 것이니, 이것을 분명히 요지해야 한다. 외도의 선인들 또한 삼마지와 신통 등의 허다한 공덕들을 지니고 있을지라도, 단지 무아의 정견이 없음으로써 윤회로부터 전혀 벗어나지 못하기 때문이다.

---

448) 위의 책, pp. 564~565.

449) 학쬐(lHag spyod, Skt. Udraka, 增上行).

② 무아의 정견을 얻고 나서 대경도 또한 본래 실재하지 않음을 알아서, 마음이 전혀 분별을 일으키지 않는 무분별에 안주하는 것이 아니다. 단지 일체를 전혀 분별하지 않는 그러한 무분별의 수행으로 성불의 정로라고 주장하는 사견을 파척하면서 『람림첸모』에서는 다음과 같이 인증하고 있다.450)

『수차하편』에서 어떤 자는 〔중국의 마하연 선사〕 말하길, "마음의 분별로 야기한 선(善)과 불선(不善)의 업력에 의해서 모든 유정들이 인천 등의 업과를 받으면서 윤회에 생사하는 것이다.

이와 같이 '〔일체를〕 전혀 사유하지 말라.'고 하는 것은, 여실한 관찰의 본성인 반야의 〔관혜를〕 버리는 것이다. 여실지(如實智)의 근본은 여실한 관찰〔사유〕이므로, 그것을 버린다면 뿌리를 자르는 것이 되어서, 출세간의 반야도 역시 버리게 되는 것이다.

그러므로 대승을 버리는 것은 바로 큰 업장을 짓는 것이다. 이러한 까닭에 스스로를 자중자애(自重自愛)하는 지자들은, 대승을 버리며, 듣고 배움이 천박하며, 자기의 견해만을 제일로 삼으며, 선지식을 받들어 모시지 않으며, 여래의 교의를 옳게 체달하지 못하고, 자신을 망치고 남도 망치는 청정한 교리와 위배되는 사설들을, 독이 든 음식과도 같이 여겨서 멀리 던져 버리도록 하라."는 〔마하연〕 화상의 주장을 기재한 뒤, 만약 그와 같이 주창하면 대승 전체를 훼멸하게 되는 논리들을 자세히 해설한 바, 그 적론(敵論)을 확실히 알도록 하라.

③ 족곰(住修)과 쨰곰(觀修)의 두 가지가 필요한 이유를 밝히면서 『람림첸모』에서는 다음과 같이 인증하고 있다.451)

---

450) 위의 책, pp. 775~776.

451) 위의 책, pp. 785~786.

『수차삼편』에서도 사마타를 얻고 나서 수습할 때, 허다히 관찰을 행하면서 닦도록 설하였으며, 『입중론』에서도 역시, "유가사가 자아(自我)를 파괴한다."는 등으로 수습 시에 그러한 관찰들을 행하도록 설하였다.

④ 여실한 관찰〔사유〕로서 제법의 진실을 결택해 내는 정리에 의한 추찰을 선행하지 않는 중국 화상의 주장을 파척하면서 『람림첸모』에서는 다음과 같이 인증하고 있다.452)

『수차중편』에서, "또한 『보운경』에서도, '그와 같이 과환에 효달한 유가사는 일체의 희론을 여의기 위해서, 공성을 수습하는 유가의 관행(觀行)을 닦는다.

그가 공성을 허다히 수습함으로써 어떠어떠한 대경들로 마음이 달아나서, 마음이 애착하는 그러그러한 대상들의 본질을 추찰해서 공(空)한 것임을 깨닫는다. 마음이란 그 또한 추찰해서 공한 것임을 깨닫는다. 그 마음이 깨닫는 바의 그 또한 자성을 추찰해서 공한 것임을 깨닫는다. 이와 같이 깨달음으로 해서 무상유가(無相瑜伽)에 들어간다.'라고 설하였다. 이것은 곧, 주편심사(周偏尋思)를 먼저 행함으로써 무상성(無相性)에 깨달아 들어가는 것임을 밝힌 것이다. 단지 작의를 버리거나, 반야로써 사물의 본성을 관찰함이 없이는 무분별성에 깨달아 들어가지 못하는 것임을 극명하게 밝힌 것이다."라고 하였다.

⑤ 무아의 진실을 사유하고 관찰하는 것은 분별이므로 분별로부터 무분별이 발생하는 것은 도리가 아니라는 주장을 파척하면서, 『람림첸모』에서는 다음과 같이 인증하고 있다.453)

---

452) 위의 책, pp. 786~787.

453) 위의 책, pp. 788~789.

또한 『수차중편』에서도, "유가사가 이와 같이 반야로 깊이 관찰해서, 어느 때 일체사물의 자성을 승의에 있어서 전혀 〔실유로〕 미집하지 않게 되는 그때 비로소 무분별정(無分別定)에 들어가며, 일체법의 무자성성을 또한 깨닫게 된다.

만약 반야로써 사물의 자성을 여실히 관찰해서 닦지 않고, 단지 작의의 버림만을 오로지 닦는 것은, 그의 분별을 영원히 제멸하지 못하며, 무자성성의 진실 또한 영원히 깨닫지 못하는 것이니, 왜냐하면 지혜의 광명이 없기 때문이다.

그러므로 '이와 같이 여실히 관찰해서 여실히 두루 아는 지혜의 불꽃이 발생하면 마치 찬목(鑽木)을 비벼서 불씨를 일으키는 것과 같이 분별의 나무들을 태워 버린다.'라고 세존께서 말씀하였다."라고 설했다.

⑥ 지관쌍운(止觀雙運)을 수습하는 법요를 약설하면서 『람림첸모』에서는 다음과 같이 인증하고 있다.454)

앞에서 설한 바와 같이, 요의(了義)의 정견을 얻는 유가사가 나와 나의 것으로 알음알이를 일으키는 모든 망집의 근본인, 나와 나의 것에는 자성이 없음을 결택할 때와 같이, 여실히 분별하는 반야로써 허다히 관찰을 행한 끝에, 그 의취에 대하여 확지의 힘을 일으키고, 또 산란하지 못하게 잡도리 하는 족곰(住修)과 여실히 분별하는 반야에 의한 관찰을 번갈아 행하도록 하라.

그때 째곰(觀修)이 과다해서 〔사마타의〕 주분(住分)이 퇴실하면 족곰(住修)을 많이 행해서 주분을 회복시키고, 또 족곰을 과다히 행한 탓으로 주분이 강성해져서 관찰을 기꺼워하지 않게 되어 째곰을 행하지 않게 되면, 진실한 의리에 대한 강열하고 견고한 확지가 일어나지 않게 되는 것

454) 위의 책, pp. 795~798.

이다.

만약 이것이 일어나지 않으면, 확지의 반대편인 인법(人法)의 두 자아를 실집(實執)하는 증익을 그 만큼 파괴하지 못하게 되는 것이니, 쩨곰을 많이 행해서 지관(止觀)을 평등하게 수습해야 한다.

그러므로 『수차하편』에서, "또 어느 때 위빠사나의 수습이 과다해서 지혜력이 넘치면, 그때는 사마타의 힘이 달리는 까닭에 바람 속의 등불처럼 마음이 흔들려서 진성을 밝게 비추어 볼 수 없게 된다. 그러므로 그때는 바로 사마타를 수습토록 한다.

또한 사마타의 힘이 넘치게 되어도 잠에 빠진 사람처럼 심지가 흐려져서 진성을 밝게 비추어 보지 못하게 되는 것이니, 그때는 바로 반야를 수습토록 한다."라고 설하였다.

아띠쌰(Atīśa) 존자도 그의 〔『입이제설(入二諦說)』〕에서, "공성을 누가 깨쳤는가? 하면, 여래께서 일찍이 예언하신, 법성의 진실을 통견하는 용수와 그 제자 월칭이며, 그가 전하는 교계에 의해서 법성의 진실을 깨닫는다."455)라고 설하였다.

그의 〔뽀또와(Po to ba)의 『베우붐응왼뽀(藍色手冊)』에서〕 교도하는 법 역시 아띠쌰가 『중관교수론(中觀敎授論)』에서 설한 바와 같이, 먼저 쩨곰을 행하고, 그와 같이 결택한 의리 위에 족곰을 번갈아 행할 것을 설한 그것이다. 이것은 또한 아사리 까말라씰라의 교설과도 차별이 없다.

『입중론』과 『중관심론』과 아사리 쌴띠데바 등의 의취 또한 그와 같으

---

455) 여기서 여래께서 예언함이란 『능가경(楞伽經)』 『대법고경(大法鼓經)』 『문수사리근본경(文殊師利根本經)』 『미륵근본경(彌勒根本經)』 『대교경(大敎經)』 등에 설해진 나가르주나(龍樹)의 출현을 말한다. 예를 들면, "『문수사리근본경(文殊師利根本經)』에서, '나 여래세존이 입멸한 뒤 4백 년이 되면, 루(Klu, 龍)라는 이름의 비구가 출현한다.'고 하였다."라고 함과 같다. 『교파광론(敎派廣論)』, p. 552, 잠양섀빠도제, 감숙 민족출판사, 1994, 난주, China.

며, 또 『미륵오론(彌勒五論)』과 무착보살의 제론들에서도 역시 허다히 설하였다. 그의 교법을 전도됨이 없이 계승하는 아사리 싼띠와(Śantiba, 寂靜)도 역시 『반야바라밀다교수론』에서 그것을 분명하게 해설하였다. 그러므로 위빠사나를 수습하는 도리에 있어서는 용수와 무착보살의 양파에서 전승하는 교전과 교계들이 서로 일치하는 것이다.

⑦ 지관쌍운의 도를 해설하면서 『람림첸모』에서는 다음과 같이 인증하고 있다.456)

그 지관의 두 가지를 성취한 기준을 논할 때 설한 바와 같이, 지관의 두 법을 얻지 못하면 쌍운을 행하지 못하는 것이므로, 쌍운의 도에는 이 둘의 성취가 반드시 필요한 것이다.

이 또한 어느 때, 위빠사나를 성취하는 순간부터 쌍운을 얻게 되는 것이며, 그 도리는 앞서 얻은 사마타에 의지해서 째곰을 행할 때, 〔일향으로 들어가는〕 여력운전(勵力運轉) 등의 사종작의의 차례에 의해서 발생하는 이것 또한 이미 설한 바로서, 사종작의를 앞서 말한 바대로 일으키게 될 때, 쌍운의 도에 들어가게 되는 것이다.

또한 『수차하편』에서도, "만약 어느 때 침몰과 도거를 여읨으로써 마음이 평등하게 안주하고, 스스로 선정에 들어감으로써 진성을 관조하는 마음이 지극히 명징하게 되면, 그때는 공용의 씀을 버리고 〔중정을 지키는〕 평사(平捨)를 행하도록 한다. 또한 이때가 지관쌍운의 도가 완성된 것임을 알도록 하라."고 설하였다.

어째서 이와 같은 것을 가리켜 쌍운의 도라고 하는가 하면, 쌍운의 도를 얻기 전에는, 단지 여실히 분별하는 째곰의 힘만으로는 무분별에 안주하는 주분을 일으키지 못해서, 째곰과 족곰의 둘을 닦되 반드시 각각

---

456) 위의 책, pp. 802~803.

수습해야 하는 것이다. 그러나 이 둘을 얻고 난 뒤에는, 단지 여실히 분별하는 째곰을 행하는 것만으로도 능히 정사마타를 일으킴으로써 쌍운의 도라고 하는 것이다.

2) 결어

이상과 같이 『람림첸모』에 인용된 중요한 경론들의 전거를 통해서 다음과 같은 결론을 내릴 수 있다.

쫑카빠 대사는 그의 불멸의 역작인 『람림첸모』를 저술하면서, 우선 『보리도등론』의 삼사도(三士道)의 차제를 근본으로 해서, 그 전체적인 차례의 배열과 내용들은 『땐림첸모』의 논설들을 가져다 뼈대로 삼은 뒤, 그 세부적인 내용에 있어서는 까담의 도차제에 의거해서, 제일 먼저 제자의 인도차제를 시설해서 불법을 강설하고 청문하는 올바른 법도를 확정한 다음, 역시 까담의 교계 등을 빈번하게 인용해서 하사도(下士道)와 중사도(中士道)를 자세히 해설하였다.

다음의 상사도(上士道)의 보리심의 차제와 보살의 학처를 밝히는 부분에서는 『입행론』 『수차삼편』 『섭바라밀다론』 『장엄경론』 등을 근거로 해서 자세히 해설하였다.

또 사마타장은 『성문지』 『수차삼편』 『해심밀경』 등을 전거로 해서 역시 자세히 해설하였다. 위빠사나장은 『입중론』 『입중론석』 『현구론』 『사백론석』 등을 중요한 전거로 채용해서, 쫑카빠 그 자신이 문수보살로부터 직접 전승하는 무아의 정견을 구하는 그만의 특별한 결택법(決擇法)에 의거해서, 아사리 짠드라끼르띠가 전승하는 귀류파(歸謬派, Prāsaṅgika)의 중관견(中觀見)을 구현할 수 있도록 개시한 것이다.

그리고 수행의 과위에 해당하는 십지(十地)와 오도(五道)의 행상과 불과(佛果)에 대한 해설은 생략하는 대신에, 별도로 방대한 분량의 『금만소』를 저술해서 이 부분을 지극히 상세하게 밝혀 놓았다.

아마도 이렇게 구분한 이유는, 수행자가 수행의 과위를 올바로 얻기 위해서는, 먼저 잘못됨이 없는 수행의 심요와 교계를 얻는 것이 무엇보다도 중요하다고 판단하였기 때문일 것이다. 그래서 그는 대소승과 현밀의 경론들에 대한 충분한 학습이 없이 몽매하게 수행하는 풍조와 경론의 교설을 벗어난 이설과 사견에 의지해서 수행하는 폐풍을 바로잡고자 『람림첸모』라는 대작을 저술해서 전도됨이 없는 대승의 바른 길을 천명했던 것으로 볼 수 있다.

이와 같이 아사리 까말라씰라의 『중관수습차제』는 쫑카빠 대사가 중관사상에 입각한 대승의 완벽한 수행차제를 구성하는데 있어서, 아띠샤의 『보리도등론』과 돌롱빠의 『땐림첸모』 등과 함께 불가결의 준거가 되고 있을 뿐만 아니라 그의 사상 역시 무아의 정견을 결택해 내는 미세한 관점의 차이를 제외하고, 그대로 쫑카빠 대사에게 계승되고 있음을 알 수 있다. 결론적으로 아사리 까말라씰라의 『수습차제』의 교설은, 중관귀류견을 최고로 표방하는 겔룩빠의 수행이론에 있어서도 부동의 준거가 되는 중요한 논전인 것이다.

이러한 까닭에 겔룩빠의 고승인 투깬 린뽀체는 그의 『투깬둡타』에서, 겔룩빠의 수행론의 수승함을 논하는 대목에서 다음과 같이 아사리 까말라씰라의 『중관수습차제』를 높이 평가하고 있는 것이다.[457]

> 지존자인 쫑카빠 대사는 통상 수행에 있어서 단지 족곰(住修)만을 행하는 것을 부정하고, 대아사리 까말라씰라의 『수습차제』 등에서 설하는 바와 같이, 째곰(觀修)이 필요한 때는 째곰을, 족곰이 필요한 때는 족곰을, 그 둘의 호용이 필요한 때는 그와 같이 행하는 도리와, 또 잘못됨이 없는 바른 삼마지를 닦는 수습법의 핵심교계들을 『미륵오론(彌勒五論)』,

457) 『투깬둡타』, pp. 362~363.

〔무착보살의〕『오부지론(五部地論)』, 『중관수습차제(中觀修習次第)』 등에서 널리 해설한 바와 같이 설시하였다.

즉 사마타와 위빠사나의 각각의 자량을 닦음과 소연경(所緣境)의 차별과, 째곰과 족곰의 구별과 구주심법과 팔단행을 구비해서 닦음으로써 수순사마타(隨順奢摩他)[458]와 수순위빠사나(隨順毘鉢舍那)[459]가 성취되는 기준과, 그 뒤에 정사마타(正奢摩他)[460]와 정위빠사나(正毘鉢舍那)[461]가 최초로 완성되는 각각의 모양과 그 둘의 차례와, 그 다음 지관쌍운의 정삼마지(正三摩地)[462]가 성취되는 기준과 또한, 그것의 처음과 중간과 마지막의 단계에서 증험이 그와 같이 발생하는 도리와, 몸과 마음에 일어나는 현상들의 차별과, 또한 혼몽과 침몰의 인식과 그 차이점과 산란과 도거의 인식과 그 차이점과, 또한 그것을 어떠한 방법으로 어떻게 다스리는가 하는 퇴치법과, 정념(正念)과 정지(正知)의 인식과 그 차이점과 그 둘을 어떤 단계에서 의지하는가 하는 방편과, 또한 초학자가 처음으로 삼마지를 닦을 때, 단지 〔마음의 머무름만을 닦는〕 주분(住分)만으로는 충분하지 않으며, 반드시 명징함이 따라야 하는 도리 등등을 대승의 경론에서 설하는 의취 그대로 전도됨이 없이 바르게 결택함으로써 여기에는 전 방면에 걸쳐서 한 점의 오류도 없이 청정하다.

---

458) 수순사마타: 정사마타를 얻기 전의 구주심에 속하는 사마타들을 말함.

459) 수순위빠사나: 여실한 반야의 관혜(觀慧)로서 관수(觀修)를 행할지라도, 앞에서 말한 경안(輕安)이 발생하기 이전의 위빠사나를 말함.

460) 정사마타: 마음을 하나의 소연의 대상에 원하는 대로 안치해서 임의로 안주하는 무분별(無分別)과 침몰을 여읜 명징함과 수승한 희열이 함께하는 사마타를 말함.

461) 정위빠사나: 경안의 발생 이후, 단지 관수(觀修)만을 행할지라도 경안이 따라서 발생하는 위빠사나를 말함.

462) 정삼마지: 정사마타의 정분(定分)과 정위빠사나의 혜분(慧分)이 균등하게 머무르는 삼마지를 말함.

제3부

●

수습차제(修習次第)의 원문 번역

대승의 깨달음을 바로 여는 길

중관수습차제(中觀修習次第) 상편

싼스끄리뜨의 바와나끄라마(bhāvanākrama)는 티베트어로 수습차제(修習次第, sGom paḥi rim pa)라고 한다.

성문수사리동진보살님께463) 정례합니다.464)

대승의 길을 가고자 하는 초발심의 신학보살을 위해 대승의 수습차제를 찬술하여 간략하게 해설하고자 한다.

일체지(一切智, sarva-jñatā)465)를 신속하게 얻고자 하는 이는 요

---

463) 문수사리동진보살(文殊師利童眞菩薩)은 범어의 만주고샤(Mañjughoṣa) 또는 만주쓰리고샤(Mañjuśrīghoṣa)의 음역이자, 묘길상동자(妙吉祥童子) 또는 묘음(妙音)이라고 의역한다. 신색(身色)은 제불의 지혜를 집적함을 표시하며, 신형(身形)은 십지보살을 표시하며, 언사(言辭)는 조악한 과실을 영원히 여의고, 음성은 미묘한 공덕을 성취해서 묘음(妙音)이며, 일체의 때와 장소에서 영원토록 16세의 소년의 몸을 보존해서, 허공계가 다하도록 중생의 이락을 수행함으로써 동진(童眞)이라 한다.

464) 권수례(卷首禮): 삼장식별례(三藏識別禮)를 말하며, 율장(律藏)권수례는 "일체지(一切智)에 정례합니다."라고 시작하며, 경장(經藏)권수례는 "불보살님께 정례합니다."라고 시작하며, 논장(論藏)권수례는 "문수보살님께 정례합니다."라고 시작한다. 『장한대사전』 상편, p. 1473.

465) 일체지: 전지(全知), 변지(遍知), 일체종지(一切種智)의 뜻으로, 보살십지(菩薩十地)를 마친 뒤 삼신(三身)과 사지(四智)를 성취해서 불지(佛地)에 오른 부처를 말하며, 여래 명호의 하나임. 『장한대사전』 상편, p.1151.
・삼신(三身): 법신(法身), 보신(報身), 응신(應身)과 또는 자성신(自性

약컨대 대비(大悲, mahā-karuṇā)[466]와 보리심(菩提心, bodhi-chitta)과 수습(修習, pratipatti)의 세 요처를 근수해야 한다.

여기서 일체의 불법을 남김없이 산출하는 근본인(根本因)이 오로지 대비임을 통찰해서 제일 먼저 전적으로 닦는다.

이 뜻을 『법집경(法集經)』(sDe, bka-mdo-sha-84)에서 설하되, "성관자재보살이 세존께 이와 같이 아뢰었다. 세존이시여! 보살은 허다히 많은 법들을 배우고자 하지 않습니다. 세존이시여! 보살이 만약 하나의 법을 잘 지니고 온전히 깨닫게 되면, 일체의 불법이 그의 수중에 있게 됩니다. 그 하나의 법이란 무엇인가? 하면, 이와 같으니, 바로 대비입니다. 세존이시여! 이 대비로 인해서 일체의 불법이 보살들의 수중에 있게 되는 것입니다. 세존이시여! 비유하면, 전륜왕(轉輪王, Cakravartina)[467]의 윤보(輪寶, cakraratnā)[468]가 있는 곳이면, 어디든지 전륜왕의 군대[469]가 따르듯이, 세존이시여! 그와 같이, 보살의 대비가

身), 수용신(受用身), 변화신(變化身) 등이 있음.
・사지(四智): 대원경지(大圓鏡智), 평등성지(平等性智), 묘관찰지(妙觀察智), 성소작지(成所作智)를 말함.

466) 원문은 비(悲, karuṇā)이나 문맥에 맞춰서 대비(大悲, mahākaruṇā)로 번역함.

467) 전륜왕: 사대주(四大洲)의 인간들 가운데서 가장 지복지락(至福至樂)한 존재로서, "국정을 법륜을 굴려서 통치함으로써 전륜왕이며, 그들이 나오는 시기는 인간의 수명 무량수(無量壽)에서 8만세(萬歲) 사이에 출현하며, 그 이하에는 원만한 세간이 아니므로 출현하지 않는다고 하였다. 인수(人壽) 6만세에 윤왕(輪王) 청연화안(靑蓮花顔)이 출현하는 이야기는 대승의 논설이다."라고 하였다. 『꾼뛰남쌔니외(阿毘達磨集論明解)』(藏族十明文化傳世經典叢書:噶擧系列, 第12券), p. 387, 부뙨 린체둡(Bu ston. Rin chen grub), 청해 민족출판사, 2001, 서녕, China.

468) 윤보: 제석천왕으로부터 하사받는 윤왕칠보(輪王七寶)의 하나이며, 금륜왕(金輪王)은 사대주(四大洲)를 통치하고, 은륜왕(銀輪王)은 북구로주를 제외한 삼대주(三大州)를, 동륜왕(銅輪王)은 남섬부주와 동승신주를, 철륜왕(鐵輪王)은 남섬부주만을 다스린다고 하였다. 위의 책, p. 387.

머무르는 곳 어디에나, 일체의 불법도 또한 따라서 있게 됩니다. 세존이시여! 예를 들면, 생명의 뿌리가 있게 되면 여타의 근(根)들이 자라나오듯이, 세존이시여! 그와 같이, 대비가 있게 되면 보살의 다른 법들도 또한 따라서 생기게 됩니다."라고 하였다.

또한 『무진혜경(無盡慧經)』(sDe, bka-mdo-ma-132)에서 설하되, "장로 사리불이여! 또한 보살들의 대비는 무궁해서 다함이 없습니다. 왜냐하면 〔일체에〕 선행하기 때문입니다. 장로 사리불이여! 비유하면 이와 같으니, 호흡은 사람의 명근(命根)에 선행합니다. 이와 같이 보살의 대비는 대승의 (자량을) 수득(修得)하기 위하여 선행하는 것입니다."라는 등을 널리 설하였다.

또 『가야경(伽耶經)』(sDe, bka-mdo-ca-286)에서 설하되, "문수보살이시여! 보살들의 행은 어디에서 일어나며, 향하는 곳은 어디입니까? 문수보살이 답하되, 천자(天子)여! 보살들의 행은 대비에서 일어나서 중생을 향하여 나아갑니다."라고 하였다.

이와 같이 대비가 약동함으로써 보살들은 자신을 뒤로 하고 타인에게 큰 이락을 안겨 주고자, 지극히 행하기 어렵고 장구한 세월의 고난이 뒤따르는 보리자량(菩提資糧, bodhi-sambhāra)[470]을 쌓는 일에 기꺼이 나아가게 된다.

이것은 『발생신력경(發生信力經)』(sDe, bka-mdo-tsha-15)에서, "여기서 대비는, 무릇 일체의 유정들을 원만히 성숙시키기 위해서 고난의 생김을 감수하지 않음이 없으며, 안락의 생김을 버리지 아니함이 또한 없다."라고 설한 바와 같다.

---

469) 전륜왕의 군대: 전륜왕이 부리는 네 종류의 군대로, 상병(象兵), 마병(馬兵), 거병(車兵), 보병(步兵)을 말함.

470) 보리자량: 정등각(正等覺)을 얻고 니르바나(nirvāṇa)를 성취하는 데 필요한 복덕과 지혜의 선근 공덕들을 말함.

이와 같이 보살들이 지극히 행하기 어려운 난행 속에 들어감으로써, 장구한 세월을 요하지 않고 보리의 자량을 원만히 성취해서 의심할 바가 없이 일체지의 지위를 얻는 것이다. 그러므로 일체 불법의 근본은 오로지 대비이다.

이렇게 대비로써 온전히 섭수함으로써 불세존은 일체지지(一切智智, sarva-jñātā-jñāna)의 지위를 얻은 뒤에도, 모든 유정들의 이락을 수행하면서 〔세간에〕 영원토록 머무르는 것이다. 또한 이 무주처열반(無住處涅槃, apratiṣthata-nirvāṇa)[471]도 세존의 대비가 인(因)이 되어서 〔성문의〕 열반(涅槃, nirvāṇa)에 머물지 않는다.

또한 이 대비는 고통 받는 유정들을 반연하여 허다히 반복해서 작의(作意, manasikāra)[472]함으로써 발생하는 것이니, 삼계에 태어난 중생들은 모두가 삼고(三苦, trividha-duḥkha)[473]의 틀에 갇혀서 그와 같이 크게 괴로움을 받는 것이라고 깊이 사유해서 모든 유정들에 대하여 대비를 닦는다.

세존께서 "지옥[474]의 중생들은 한 순간의 틈도 없이 장구한 세월 동안, 혹한과 혹서 등의 온갖 고통의 바다 속에 빠져 있다."라고 하였다.

---

471) 무주처열반: 『현관장엄론』에서 "지혜에 의해서 윤회에 머물지 않으며, 대비에 의해서 열반에 머물지 않는다."라고 한 바와 같이, 반야의 묘혜(妙慧)에 의해서 삼유의 윤회의 변(邊)에도 머물지 않고, 방편의 대비에 의해서 소승의 열반에도 머물지 않는 부처의 완전한 열반인 대열반을 말한다. 『둥까르칙죄첸모(東噶藏學大事典)』, p. 1604.

472) 작의: 51심소(心所)를 이루는 5편행(五遍行: 受·想·思·觸·作意)의 하나로, 대상을 정확히 기억해서 통찰하는 마음의 작용을 말함.

473) 삼고: 삼계육도(三界六道)의 모든 고통들을 총괄하는 고통의 대명사로 고고(苦苦, duḥkha-duḥkhatā), 괴고(壞苦, vipariṇāma-duḥkhatā), 행고(行苦, saṃskāra-duḥkhatā)의 세 가지를 말함.

474) 지옥: 지옥계는 크게 구분해서 18개로 나눈다. 팔열지옥(八熱地獄)과 팔한지옥(八寒地獄), 독활지옥(獨活地獄)과 근변지옥(近邊地獄)이다.

또한, "그와 같이 아귀도의 중생들도 대부분이 정녕 참고 견디기 힘든 배고픔과 갈증의 불길로 바싹 마른 육신을 태우는 한없는 고통을 받되, 어떤 자는 백년의 세월 동안 단지 버려진 가래침과 인분조차도 주어먹지 못한다."라고 설하였다.

또한 짐승으로 태어난 중생들도 역시 큰 놈이 작은 놈을 잡아먹고, 분노에 차서 으르렁거리고, 서로를 물어뜯고 해치고 죽이는 등의 온갖 고통들을 오로지 받되, 이처럼 어떤 짐승은 콧구멍이 꿰이고 두들겨 맞고, 밧줄에 묶기고 기둥에 매이는 등 속수무책으로 핍박을 당하며, 원치 않는 무거운 짐을 지고 나름으로써 가없는 고통을 받는다. 그와 같이 비록 인적이 없는 삼림 속에 살아서 잘못이 없을지라도, 사냥꾼에게 쫓기고 마침내는 죽임을 당한다. 그래서 항상 두려움에 쌓여서 떨고 서로 모였다 흩어지는 고통을 끝도 없이 반복한다.

그와 같이 인간에게도 역시 지옥의 고통과 흡사한 것이 있으니, 도적 등의 범죄자는 사지가 잘리고, 죽창에 몸이 아래위로 꿰이고, 머리가 잘려 장대에 걸리는 등에 의해서, 번뇌에 물든 그들에게는 단지 지옥중생의 고통밖엔 없다.

또 어떤 빈천한 자들은, 아귀와 같이 항상 굶주리고 목마름 등의 고통을 받으며, 또 노예와 같은 어떤 자들은 타인이 제 몸을 마음대로 부리고, 또 어떤 자들은 폭력에 눌려서 신음하고, 마치 짐승처럼 두들겨 맞고 밧줄에 묶이는 등의 갖은 고통을 받는다.

그와 같이 유랑하고 서로를 잔살하고, 사랑하고 좋아하는 것과 헤어지고, 원수와 싫은 것과 만나는 등 사람에게도 고통이 또한 한이 없다.

어떤 자들은 부유해서 일시 행복하게 보일지라도, 그들 역시 끝내는 재물이 흩어지고 파멸해서 갖가지 사악한 생각의 수렁 속에 빠져서 지옥 등의 고통을 낳는 원인인 업(業, karma)과 번뇌(煩惱, kleśas)들을 쌓음으로 해서, 마치 벼랑 끝에 매달려 있는 나무와 같이 고통의 원인이 되어서 실로 괴로움 그 자체인 것이다.

또한 천신들도 그와 같아서, 욕계에 태어난 천신들은 욕망의 불길로 생각이 불타오르고, 마음은 번민에 가득 차서 심지가 평탄하지 못하며, 한 순간도 마음이 적정 속에 안식하지 못한다.

실로 큰 적정과 평안의 보물을 잃어버린 그들에게 어찌 안락이 있을 수 있겠는가? 항시 죽음과 하계(下界)로 떨어지는 등의 두려움에 잡혀서 크게 고통을 받는 그들에게 진실한 즐거움이 어찌 있을 수 있겠는가?

어떤 천신들로 색계나 무색계에 태어난 이들은, 한 순간은 고고(苦苦)[475]로부터 벗어났을지라도, 또한 그들 역시 애욕의 잠복된 습기를 제멸하지 못함으로써, 또 언젠가는 지옥 등에 떨어지는 괴고(壞苦)[476]가 전적으로 남아 있다. 그러므로 인간과 천신들 모두는 업과 번뇌 등의 인(因)에 예속을 당해서 항상 행고(行苦)[477]에 의한 괴로움을 받는다.

이와 같이 모든 중생계가 고통의 불꽃으로 장식된 땅임을 사유한 뒤, 자신이 괴로움을 기꺼워하지 않듯이 타인도 역시 그와 같은 것임을 사유해서, 모든 중생들에 대하여 비민(悲愍)을 전적으로 수습토록 한다.

먼저 친구 등의 아방에 대해서 대비를 닦되, 그들 또한 앞에서 말한

---

475) 고고: 자체가 고수(苦受)인 까닭에 고고라고 한다. 즉 고통의 느낌과 그것을 일으키는 대상을 접하는 즉시 몸과 마음을 괴롭게 만드는 것으로 예를 들면, 가시에 찔린 것과 그 즉시 전신에 고통이 생기는 것과 같다.

476) 괴고: 일시적인 즐거움을 주는 낙수(樂受)를 뜻하며, 시간이 경과하면서 몸과 마음에 새로운 고통을 일으킴으로써 괴고라고 한다. 예를 들면, 추울 때 태양을 쬐는 것과 같이 처음은 좋으나 나중에는 두통을 일으키는 것과 같다.

477) 행고: 유루(有漏)의 비고비락(非苦非樂)의 평등한 느낌을 말하며, 이것을 일으키는 대상과 함께 신구의(身口意)의 부정함에 의지해서 육도중생에게 균등하게 고통을 야기함으로써 편행고(遍行苦)라고도 함.

갖가지 고통을 받고 있음을 관찰해서 닦는다.

다음은 평등한 마음(平等心, citta-samatā)으로 일체 중생들을 차별 없이 살펴서, "무시이래의 생사윤회 속에서 나와 가족의 인연을 백 번도 넘게 맺지 않은 중생이란 하나도 없다."라고 사유해서 일반 범부들에 대하여서 대비를 수습토록 한다.

어느 때 친구 등의 아방에 대한 것처럼 일반 범부들에 대해서도 대비가 동등하게 일어나면, 그때는 또한 원수 등의 적방에 대해서도 그와 같이 평등한 마음을 일으켜서 대비를 수습토록 한다.

어느 때 친구 등의 아방과 같이 적방에 대해서도 대비가 동등하게 일어나면, 그때는 점차로 시방세계의 중생을 대상으로 대비를 수습토록 한다.

어느 때 사랑하는 자식의 아픔처럼 모든 유정들의 고통을 뿌리 뽑길 원하는 연민의 마음이 저절로 솟아나서 자신과 한 몸이 되어 약동할 때, 비로소 대비(大悲)가 완성[478]된 것이자, 대비라는 이름을 또한 얻게 되는 것이다. 이것은 『무진혜경』에서 찬양한 바와 같다. 또한 이와 같은 대비의 수습차제는 『아비달마경(阿毘達磨經)』 등에서 세존께서 설하신 것이다.

이와 같이 대비를 수습한 힘으로써 모든 유정들을 남김없이 다 건지려는 서원을 세우게 되면, 무상정등각을 희구하는 원심의 본성에 의해서 보리심이 애써 독려하지 않아도 자연히 발생하게 된다.

이것은 『십법경(十法經)』(sDe, bka-dkon brtsegs-kha-168)에서, "보살피는 자도 없고, 의지할 데도 없고, 머물 곳도 없는 고독한 중생들을 봄으로써 〔비심(悲心)을 품고〕 위없는 보리심을 일으킨다."라고 설

---

478) 『섭대승론(攝大乘論)』에서, "청정한 원력(願力)과 견고한 의요(意樂)의 뻗쳐 나감은 보살이 처음으로 삼무수겁(三無數劫)을 수행한 결과이다."라고 하였다. 『람림첸모』, p. 308.

한 것과 같다.

또한 『지인삼매경(智印三昧經)』에서 설하되, "타인으로 하여금 〔정법을〕 바르게 수지토록 함으로써, 보살에게도 또한 보리심이 발생하는 것이나, 그럴지라도 대비를 간절히 품고서 보살 자신이 보리심을 일으키는 것이 더없이 수승한 것이다."라고 하였다.

또한 이 보리심은 비록 수습함이 있지 않을지라도 세간에서 큰 선과를 낳는다고 세존께서 『미륵해탈경(彌勒解脫經)』(sDe, bka-phal chen-ṅa-323)에서 설하시되, "선남자여! 예를 들면 이와 같으니, 금강석은 설령 깨어질지라도 일체의 뛰어난 금장신구들을 압도해서, 금강석이라는 명성을 잃지 않으며, 또한 일체의 빈궁을 건진다.

선남자여! 그와 같이, 일체지를 희구하는 금강과도 같은 발심은 비록 수습함이 있지 않을지라도, 또한 성문과 연각의 금장신구와 같은 공덕들을 제압해서, 보살의 위명을 또한 잃지 않고, 삼유(三有)의 빈궁을 또한 건진다."라고 하였다.

그러므로 모든 바라밀다를 항시 전적으로 수학하지 못할지라도 또한 선과가 무변한 것이므로, 방편으로 섭수하는 보리심을 마땅히 일으켜야 한다.

이 뜻을 『교수승광대왕경(教授勝光大王經)』에서 설하되, "그와 같이 대왕이여! 그대가 다사다망해서 모든 때와 장소에서 전적으로 보시바라밀의 수학에서부터 지혜바라밀에 이르기까지의 모든 바라밀의 수학을 감당할 수 없다면, 대왕이여! 이와 같이 무상정등각을 희구하고 신해하고 추구하고 소원하는 이것을, 오고 가거나, 앉고 서거나, 먹고 마시거나, 자고 일어날 때에도 또한 한결같이 행해서, 단절됨이 없이 잊지 않고 억념토록 하며, 작의토록 하며, 닦아서 익히도록 하라.

또한 제불보살과 성문, 연각들과 모든 범부들과 자신의 과거・미래・현재에 심은 삼세의 선근(善根, kūśala-mūla)들을 전부 거두어 모아서, 최승의 찬탄의 대상인 그것을 수희(隨喜, anumodan)토록 하라. 그와 같이 수희하고 난 뒤에는, 또한 제불보살과 성문, 연각들 모두에게 공양을 위해 받치도록 하며, 또한 올리고 나서는 일체의 중생들과 공유하도록 하라. 그 다음 모든 중생들의 일체지의 성취를 위해서, 모든 불법의 원만한 성취를 위해서 삼세를 하루같이 무상정등각을 향해서 모두 회향토록 하라. 대왕이여! 이와 같이 행하며, 이와 같이 실천토록 하라. 그러면 국정 또한 쇠퇴하지 않으며, 보리의 자량도 또한 원성하게 된다."라고 한 바와 같다.

또 설하되, "대왕이여! 그대의 원만한 보리심의 선근들이 익음으로 해서, 그대는 허다히 인간과 천상에 태어나게 되며, 인간과 천상에 태어나는 그때마다 왕의 몸을 받게 되리라."고 한 바와 같다.

〔보살의〕 정행(正行)을 견실히 닦는 이 보리심의 선과는 진실로 광대한 것으로서, 『용시청문경(勇施請問經)』(sDe, bka-dkon brtsegs-ca-202)에서는 그것을 다음과 같이 설하였다.

보리심의 복덕이란 어떠한가?
만약 그것에 형체가 있다면,
허공계를 다 덮고도 남아서
그것은 허공보다 넓고도 크다.

가사 갠지스의 모래알처럼
가없는 시방의 불국토마다,
어떤 이가 보배로 가득 채우고
불세존들께 공양하는 것보다도,
어떤 이가 두 손 모아 합장하고
보리를 향해 일심으로 경배하면,

이 법공양이 더욱더 수승해서
여기에는 복덕이 다함이 없다.

『화엄경(華嚴經)』(sDe, bka-phal chen-ṅa-309)에서도 보리심을 찬탄하되, "선남자여! 이 보리심은 모든 불법을 산출하는 종자와 같다." 라고 하였다.

이 보리심에는 두 가지가 있으니, 원심(願心, praṇidhi-citta)과 행심(行心, prasthāna-citta)이다.

『화엄경』(sDe, bka-phal chen-ṅa-308)에서 설하되, "선남자여! 중생의 세계에서 무상정등각을 희원하는 유정들은 얻기가 희유하며, 무상정등각을 수습하는 유정들은 더욱더 얻기가 희유하다."라고 하였다.

여기서 "일체 유정의 이익을 위해서 부처가 되어 지이다."라고 처음으로 희구하는 그 마음이 원심이며, 그 뒤 보살의 율의(律儀, samvara)를 수지하고 보리의 자량 등을 닦는 것이 행심이다.

이 보살의 율의는 학덕과 위덕을 갖추고, 율의에 잘 안주하는 여타의 선지식에게서 받도록 하되, 그와 같은 〔선지식이〕 없는 경우에는 제불보살들을 〔관상(觀想)으로〕 앙청해서 증명으로 삼은 뒤, 〔『묘길상장엄불토경(妙吉祥莊嚴佛土經)』에서〕 그 옛날 문수보살이 허공왕(虛空王, Ambararāja)이 되었을 때, 보리심을 발하고 〔율의를 스스로 받은 것처럼〕 그와 같이 행하도록 한다.

이와 같이 발심한 보살이 자신을 조복하지 못하면 타인을 교화하지 못함을 통찰한 뒤, 보시 등의 바라밀행을 힘써 닦도록 한다. 수행이 없이는 깨달음도 없다.

이 뜻을 『가야경(伽耶經)』(sDe, bka-mdo-ca-291)에서 설하되, "정등각은 정행(正行)을 견실히 닦는 보살마하살들의 것이며, 사행을 견실히 닦는 무리들의 것이 아니다."라고 하였다.

또한 『삼마지왕경(三摩地王經)』(sDe, bka-mdo-da-28)에서도, "젊은이여! 이러한 까닭으로, 정행을 견실히 닦음을 그대는 배우도록 하라. 왜냐하면 젊은이여! 정행을 견실히 닦음으로써 무상정등각도 얻기가 어렵지 않기 때문이다."라고 설하였다. 이 보살의 정행이란 여러 바라밀다와 사무량심(四無量心, catura-pramāṇa)[479]과 사섭법(四攝法, catu-saṁgravastu)[480] 등의 종류라고 『무진혜경』과 『보운경(寶雲經)』 등에서 널리 설하였다.

이와 같이 세간의 공예 등의 학문들도 보살들은 마땅히 배워야 하는 것이라면, 출세간의 선정 등의 학처를 배우는 것은 더 말할 필요가 없다. 만약 그것이 아니라면 중생들을 위한 갖가지 이타의 행을 어떻게 감당할 수 있겠는가?

또한 보살의 수행이란, 요약하면 방편과 반야의 본질이며, 단지 반야 하나만이 아니며, 방편 하나만이 아닌 것이다. 그러므로 『무구칭경(無垢稱經)』(sDe, bka-mdo-ma-201)에서 설하되, "반야를 여읜 방편과, 방편을 여읜 반야는 보살의 결박이다."라고 하였으며, 또 "방편이 있는 반야와, 반야가 있는 방편은 해탈이다."라고 찬양하였다.

---

479) 사무량심: 사무량(四無量) 또는 사범처(四梵處)라고도 하며, 보살이 무량한 유정을 소연으로 삼고 수행해서, 무량한 복덕을 쌓는 네 가지 마음을 말한다. 첫째 자무량(慈無量)이란 모든 유정이 영원히 안락과 안락의 원인을 지니길 바라는 것이며, 둘째 비무량(悲無量)이란 영원히 고통과 고통의 원인을 여의길 바람이며, 셋째 희무량(喜無量)이란 고통이 없는 안락을 영원히 여의지 않기를 바람이며, 넷째 사무량(捨無量)이란 중생에 대하여 친소를 가리는 마음을 여의고 평등함에 머무르는 마음을 말한다.

480) 사섭법: 사섭사(四攝事)라고도 하며, 보살이 유정을 섭수하는 네 가지 방법을 말한다. 첫째 보시섭(布施攝)이니, 재물과 법을 배품이며, 둘째 애어섭(愛語攝)이니, 좋은 말로 위로하고 거둠이며, 셋째 이행섭(利行攝)이니, 중생의 심원(心願)에 수순해서 유익한 일을 행함이며, 넷째 동사섭(同事攝)이니, 중생의 의요(意樂)에 수순해서 함께 그 원하는 바를 행해서 이익을 주는 것이다.

또 『가야경』(sDe, bka-mdo-ca-288)에서도 설하되, "보살의 길이란 요약하면 둘이니, 이 두 가지가 보살들에게 있게 되면, 신속하게 무상정등각을 현증해서 성불하는 것이다. 이 둘이란 무엇인가? 이와 같으니, 방편과 반야이다."라고 하였다.

여기서 방편(方便, upāya)이란, 반야바라밀다를 제외한 보시 등의 바라밀다와 사섭법, 청정한 불토, 광대한 수용, 무량한 권속, 중생을 성숙시킴, 신통변화 등의 증상선법(增上善法, abhyudaya-dharma) 등의 모든 선업들이다.

또한 반야(般若, prajñā)란, 그 방편의 본질을 전도됨이 없이 요지하는 정인(正因)이며, 이것에 의해서 방편의 차별을 바르게 열어서 전도됨이 없이 자리이타를 여실히 수행함으로써 마치 진언의 힘을 불어넣은 독약을 먹은 것과 같이 번뇌에 조금도 물들지 않게 된다.

이 뜻을 『가야경』(sDe, bka-mdo-ca-289)에서 설하되, "방편은 수집하는 것이며, 반야는 분변하는 것임을 알라."고 하였다. 또한 『발생신력경』(sDe, bka-mdo-tsha-28)에서도, "선교방편(善巧方便, kūśala-upāya)이란 무엇인가? 제법을 바르게 수집하는 그것이며, 반야란 무엇인가? 제법의 변별에 효달하는 것이다."라고 설하였다.

이 방편과 반야 두 가지는 지중(地中)에 머무르는 보살들도 또한 항시 수학하는 것이며, 반야 하나만을 또는 방편 하나만을 닦는 것이 아니다.

이와 같이 보살의 십지(十地) 그 전체가 또한 모든 바라밀다를 전적으로 수행하는 것이다. 그러므로 『십지경(十地經)』(sDe, bka-phal chen-kha-leḥu 31-182) 등에서 설하되, "여타의 바라밀다를 또한 전혀 닦지 않는 것이 아니다."라고 하였다.

특별히 팔지(八地)에서 보살들이 적멸(寂滅, śānta)에 안주해서, 제불세존들이 〔적멸의 머무름에서〕 일어나라는 권유를 또한 어기게 되어서, 이와 같이 『십지경(十地經)』(sDe, bka-phal chen-kha-leḥu 31, sa bcuḥu leḥu-240)에서 설하되, “불자(佛子, Jinaputra)들이여! 그와 같이 이 팔지(八地, aṣṭhama)의 부동지(不動地, acalā-bhūmi)에 머무르는 보살들로 숙세의 원력을 일으켜서 그 법문의 흐름에 안주하는 그들에게, 제불세존께서 여래의 지혜를 온전히 수증토록 하였으며, 또한 이와 같이 그들에게 권유하였다.[481]

선남자여! 참으로 아름답고 아름답도다! 일체의 불법을 수순해서 깨닫고자 하는 이것은 또한 승의법인(勝義法忍, paramārtha-kśānti)[482] 인 것이다.

그러나 선남자여! 나 부처의 십력(十力, daśa-bala)[483]과 사무소외(四無所畏, catur-vaiśārda)[484] 등의 원만한 불법이 그대들에게는 아직 없는 것이니, 이 원만한 불법을 원성하기 위해서 마땅히 정진토록 하라. 그러나 이 법인문(法忍門, kśānti-dvara)은 또한 버리지 않도록 하라.

또 선남자여! 그대들은 이와 같이 적정해탈(寂靜解脫, śānti-vimokśa) 속의 머무름을 성취하였을지라도, 여러 갈래의 범부중생들은 적정하지 못하고, 크게 적정하지 못해서, 온갖 종류의 미혹을 일으키며, 온갖 종류의 망상분별에 휘달려 괴로움을 당하는 그들을 기억토록 하라.

또 선남자여! 과거의 숙원과 중생의 이락을 성취함과 불가사의한 지혜의 문을 기억토록 하라.

---

481) 『약론석(略論釋)』에서 해설하되, “불과(佛果)는 양변에 머물지 않는 것이다. 그래서 팔지보살들은 반드시 제불의 권고를 받는 것이다. 만약 권고하지 않는다면, 팔지보살들은 공성정(空性定)에 안주해서 쉽게 적멸의 변(邊)에 떨어지기 때문이다.”라고 하였다. 『약론석』 하책, p. 728.

482) 승의법인: 공성(空性)을 말하며, 팔지의 보살이 멸제(滅諦)를 증득해서 그 가운데에 머무름을 말한다.

483) 십력: 앞의 주 245번을 참조할 것.

484) 사무소외: 앞의 주 246번을 참조할 것.

또 선남자여! 이것은 제법의 법성(法性, dharmatā)이며, 제불여래들이 출현하거나, 출현하지 않을지라도 또한 한결같아서, 이 〔진여의〕 법계(法界, dharmadhātu)는 항상 머무는 것이다.

이와 같이 제법은 공성(空性, śunyatā)이며, 제법은 불가득(不可得, anuplabdhi)이다. 이것은 여래들조차도 조금도 구별하지 않는 무차별성인 까닭에, 모든 성문과 연각들도 또한 이 무분별의 법성을 얻는다.

또 선남자여! 나 여래의 몸(身, kāyā)이 무량하고, 지혜(智慧, jñāna)가 무량하고, 불토(佛土, buddha-kśetra)가 무량하고, 수득지(修得智, jñāna-abhinirhāra)[485]가 무량하고, 후광(後光, prabhā-maṇḓala)이 무량하고, 청정한 음성지(音聲支, svarānga-viśudhi)[486]가 무량함 등등을 관찰해서, 그대들 역시 그와 같이 닦아서 얻도록 하라.

또 선남자여! 그대들이 소유한 모든 법들 가운에서, 이 무분별의 광명만이 오로지 법광명(法光明, dharma-loka)을 이루었을 뿐이다.

또 선남자여! 제불여래들에게는 이와 같은 법광명이 무변하니, 소작(所作, kārya)이 무변하며, 상속(相屬, badhdā)이 무변하다. 가히 헤아리고 셈하지 못하며, 가히 생각하거나 비유하지 못하며, 가히 견주어 비교할 수 없는 그 모든 것들을 얻기 위해서 정진을 일으키도록 하라.

또 선남자여! 잠시 시방의 국토가 무변하고, 중생이 무량하고, 택법(擇法, dharma-vibhaktata)이 무량함을 관찰해서, 그와 같이 여실히 헤아리도록 하라고 설하였다."라고 하였다.

또 설하되, "불자들이여! 그와 같이 그 보살들에게, 제불세존들이 지혜를 현성하는 그 무량한 법문들 등의 일체에 의해서, 보살들이 무량한 분별지를 현성하는 도의 수습을 근수토록 하였다.

불자들이여! 그대들은 신해(信解)토록 하라. 그대들은 체달토록 하

---

485) 수득지: 사물의 차별상을 아는 후득지(後得智)를 말함.

486) 청정한 음성지: 앞의 주 247번을 참조할 것.

라. 만일 그 제불세존들이 그 보살들을 그와 같이 일체지를 수증하는 법의 문에 들어가도록 인도하지 않는다면, 그들은 거기서 더 전진하지 않은 채 열반에 들게 된다. 그래서 일체 중생을 위한 이타의 선행도 또한 끊어지게 된다."라고 하였다.

그리고 앞서의 『무구칭경』과 『가야경』 등에서 설한 바는 개설과 같은 것이므로 이것과는 상이한 것이며, 또 『섭연경(攝硏經)』에서 설하는 것과도 일치하지 않는 것임을 〔잘 분변해서〕 알도록 하라.

『섭연경』(sDe, bka-mdo-dza-186)에서 설하되, "문수보살이여! 정법을 버리는 업장은 오히려 경미한 것이다. 문수보살이여! 어떤 무리는 여래의 교법 가운데서 일부는 좋다고 생각하며, 일부는 좋지 않다고 생각하는바, 이것이야말로 정법을 버리는 것이다. 무릇 법을 버리는 그것은, 법을 버림으로 해서 여래를 훼방하는 것이다."라고 하였다.

또 같은 경(sDe, bka-mdo-dza-183)에서 설하되, "미륵보살이여! 모든 보살들이 육바라밀을 청정하게 수행하는 것은 정등각을 얻기 위한 것이지만, 어리석은 자들은 이것을 이렇게 말한다. '보살들은 오로지 지혜바라밀만을 수학할 것이며, 무엇하러 여타의 바라밀들을 힘써 배우려 하는가?'라고. 그리하여 여타의 바라밀들에 대해서 달가워하지 않는 생각을 낸다.

'미륵보살이여! 이것을 어떻게 생각하는가? 옛적에 내가 까씨(Kaśi, Varāṇasi의 옛 이름) 국의 왕이 되었을 때, 비둘기를 구하기 위해서 내 몸의 살점을 떼어서 매에게 보시를 하였는바, 그것이 어리석은 것인가?'

미륵보살이 답하되, '세존이시여! 그건 그렇지 않습니다.'

세존께서 말씀하시되, '미륵보살이여! 내가 보살행을 닦고 익혀서 육바라밀을 갖춘 온갖 선근들을 쌓고 심었는바, 그러한 선근들이 나에게 해악을 끼쳤는가?'

미륵보살이 답하되, '세존이시여! 그건 그렇지 않습니다.'

세존께서 말씀하시되, '미륵보살이여! 그대 또한 60겁의 세월 동안 보시바라밀을 청정하게 닦았으며, 60겁의 세월 동안 지계바라밀을, 60겁의 세월 동안 지혜바라밀에 이르는 모든 바라밀을 청정하게 수행하여 왔다. 그러나 어리석은 자들은 그것을 '오직 하나의 도리로써 깨달은 것이니, 이와 같이 공성의 도리에 의한 것이다.'고 말한다."라고 널리 설하였다.

이러한 까닭에 방편과 반야를 보살들은 언제나 전적으로 닦아야 하며, 그렇게 함으로써 여래의 무주처열반도 역시 얻게 되는 것이다. 이와 같이 보시 등의 방편에 의해서, 〔여래의〕 색신과 불토와 권속 등의 광대한 수용물의 원만한 과덕들을 거두어 가짐으로써 불세존은 열반에도 또한 머물지 않으며, 또 반야에 의해서 〔일체의〕 전도(顚倒)를 완전히 제멸함으로써 윤회에도 또한 머물지 않는다. 왜냐하면 윤회의 근본이 바로 전도심이기 때문이다.

또한 이 반야와 방편의 본성의 도에 의해서 증익(增益, samāropa)[487]과 감손(減損, apabāda)[488]의 양변을 끊은 뒤에, 중도의 길을 열어 보이는 것이니, 반야에 의해서 증익의 변을 끊고, 방편에 의해서 감손의 변을 끊어 버리기 때문이다.

그러므로 『법집경(法集經)』(sDe, bka-mdo-sha-18)에서 설하되, "대인의 상호를 구족한 색신(色身, rūpa-kāyā)의 성취를 진실로 기뻐하며, 단지 법신(法身, dharma-kāyā)의 현증만을 기뻐하지 않는다."[489]

---

487) 증익: 제법의 항상(恒常), 견고(堅固), 영원(永遠)함 등을 고집하는 전도된 견해를 말함.

488) 감손: 공무(空無)에 치우쳐서 만유는 실재하지 않는다고 고집하는 전도된 견해를 말함.

489) 『법화경(法華經)』 「비유품(譬喩品)」에서 또 이 뜻을 설하되, "나〔사리불〕는 모든 사견을 끊어 공(空)의 법을 증득하고, 그때 마음에 생각하기를

라고 하였다. 또 같은 경에서 설하되, "여래는 반야와 방편에 의해서 탄생하는 것이니, 외연(外緣, parapratyayata)에 의지해서 또한 있게 되는 것임을 알라."고 하였다.

『비로자나현증보리경(毘盧遮那現證菩提經)』(sDe, bka-rgyud-tha-153)에서 설하되, "일체지지는 대비의 근본에서 발생하며, 보리심의 인(因)에서 발생하며, 방편에 의해서 구경에 달한다."라고 하였다. 또 같은 경에서 설하되, "대저 법이란 나룻배[490]와 같다고 아는 자들은 그 법들 또한 버리거늘, 법이 아닌 것은 더 말할 필요가 없다."[491]라고 하였다. 이 또한 전도된 집착을 버리도록 하기 위해서, "버린다."고 설한 것이지, 의도를 이루기 위해서 의지하지 않음이 또한 아니다. 또 같은 경에서, "법을 온전히 잡을지라도 전도되게 잡지 말라."고 한 것은 도를 전도되게 이해하지 말라는 뜻이다.

한편 보시 등의 과보가 윤회라고 말하는 그 모두는, 앞에서 말한 반야를 여읜 보시 등과 그러한 선근에 만족해하는 자들을 겨냥해서 상지

멸도에 이르렀다고 하였더니, 지금 이에 스스로 깨치니 이는 참된 멸도가 아니었나이다. 만일 성불하여 삼십이상을 갖추었을 때, 천상과 인간계와 야차들과 용신들이 공경하리니, 이때에 가히 영원히 다 멸하고, 남음이 없다고 생각하겠나이다."라고 하였다. 『법화경강의(法華經講義)』, p. 83, 小林一郎 지음・이법화(李法華) 번역, 영산법화사출판부, 1983. 4, 서울, Korea.

490) 까담빠의 선지식인 싸라와는 "내가 성불하기 이전에는, 문사(聞思)를 위주로 균등히 닦는다. 반드시 성불한 다음에야 이 약(藥)을 버린다."라고 하였다. 『약론석』 下冊, p. 819.

491) 『금강경(金剛經)』에서, "그것은 [다시] 무슨 이유에서인가? 참으로 다시 수보리여, 보살은 법을 국집해서도 안 되고 법이 아닌 것을 [국집해서도] 안 되기 때문이다. 그래서 이것을 두고 여래는 설하였다. '법문이란 뗏목과 같은 것이라고 깊이 아는 자들은 법도 반드시 버려야 하거늘 하물며 법이 아닌 것임에랴'고."라고 설하였다. 『금강경 역해』, p. 108, 각묵, 불광출판부, 2001, 서울. Korea.

상의 선근들을 흡앙해서 〔닦게 하기〕 위한 까닭이다. 만약 그와 같은 것이 아니라면 『무구칭경』 등에서 말한 모든 것들과 어긋나게 된다. 그러므로 반야와 방편 둘을 전적으로 닦아야 한다. 여기서 반야에 의하여 섭수되는 보시 등의 바라밀다가 구경의 도달이라는 이름을 얻게 되는 것이며, 다른 것에 의해서는 도달하지 못한다. 이러한 까닭에 보시 등의 일체를 청정하게 하기 위해서는 먼저 근본정(samāhita, 等引)[492]에 안주한 뒤, 반야를 일으키기 위해서 힘써 노력해야 한다.

우선 문소생혜(聞所生慧, śrutamayi-prajñā)[493]를 일으켜 제경의 뜻을 이해하도록 한다. 다음은 사소생혜(思所生慧, cintamayi-prajñā)[494]로서 요의(了義, neetārtha)[495]와 불요의(不了義, neyārtha)[496]

---

492) 근본정(根本定, 平等住): 삼마지를 닦을 때 인법무아(人法無我)의 공성의 도리를 일념으로 비추어 봄으로써 발생하는 선정을 말한다. 『장한대사전』 상편, p. 990.

493) 문소생혜: 삼혜(三慧)의 하나로, 이미 들은 경문의 문의(文義)를 사유해서 얻는 확지(確知)를 말한다. 이것은 단지 언어개념에 의거하여 얻는 확지로서, 예를 들면 병(甁)에 대하여 구체적인 관찰과 분석을 통해서, 그것이 무상한 도리를 결택하지 않고 단지 개념적으로 무상함을 인정하는 분별지를 말한다. 문혜(聞慧)는 인이 되고, 문소생혜는 결과가 됨.

494) 사소생혜: 삼혜의 하나로 이미 청문한 바의 경문의 의리(義理)를 사유하고 관찰해서 정량(正量, 認識)을 통해서 확지를 얻는 것이다. 예를 들면 소리의 무상함을 요지하는 비량(比量, 推論)과 그것을 계속 굳게 가지는 재결식(再決識)을 말한다. 사혜(思慧)는 인이며, 사소생혜는 결과가 됨.

495) 요의: 궁극적인 뜻으로, "여래께서 수승한 근기들을 위해서, 일체법의 법성이 생멸과 희론을 여읜 심오한 공성이자, 제법의 본성이 그대로 광명이며, 일체의 언설과 사의의 경계를 초월한 구경의 진실임을 설파한 경의 말씀을 요의(了義)라고 한다."고 하였다. 요의경(了義經)으로는 『반야경』과 『무진혜경』 등이 있다. 『장한대사전』 상편, p. 655.

496) 불요의: 미요의(未了義)의 뜻으로, "범부 중생들을 인도하기 위해서 세속의 현상계를 위주로 설한 것으로, 즉 뿌드갈라(人)와 유정, 온(蘊), 계(界), 처(處) 등과, 또 그것의 생멸(生滅)과 왕환(往還) 등을 언설과 사의로서 점차로 사량하고 증익(增益)해서 열어 보인 경의 말씀을 미요의

를 결택하는 것이다.

그 다음 그것에 의해 변별된 법의에 의거해서 제법의 진실의(眞實義, bhutārtha)를 닦는 것이며, 진실이 아닌 것은 닦지 않는다. 만약 진실이 아닌 것을 잡게 되면 전도되게 닦게 되고, 법의 의심을 또한 끊지 못해서 청정한 지혜가 또한 발생하지 못하는 것이다. 그래서 마침내는 불법 수행의 본뜻을 상실하여 외도들의 수행과 똑같이 되고 마는 것이다.

이 뜻을 또한 세존께서 『삼마지왕경』(sDe, bka-mdo-da-27)에서 설하되, "만일 제법의 무아를 사유하고, 또한 관찰하고 만약 닦는다면, 그것은 해탈과를 낳는 정인이며, 다른 인으로는 적멸을 얻지 못한다."라고 하였다. 그러므로 사소생혜로서 정리와 언교를 관찰해서 진실한 사물의 본성을 닦는 것이다. 또한 진실한 사물의 본성은 승의에 있어서 오로지 무생임을 정리와 언교(言敎, āgama)로서 결택하는 것이다.[497]

이 언교란, 『법집경(法集經)』(sDe, bka-mdo-sha-6)에서, "무생(無生, anutpāda)이 진실이며, 생(生, utpāda) 등의 여타의 법들은 진실이 아니다."라고 설한 것과 같다. 그 또한 제일의(第一義, paramārtha)[498]를 수순하는 까닭에 "무생이 진실이다."라고 설한 것이며, 진실로 제법은 생하는 것도 또한 아니며, 생하지 않는 것도 또한 아니니, 그것은 일체의 언설을 초월한 까닭이다.

또 같은 경(sDe, bka-mdo-sha-43)에서 설하되, "선남자여! 세간의 사람들이 생멸하는 법을 굳게 애집하는 까닭에, 대비의 여래께서는

라고 한다."고 하였다. 미요의의 경으로는, 『삼마지왕경』과 『해심밀경』 등이 있다. 『장한대사전』 상편, p. 1319.

497) 『보리도등론』에서도 이 뜻을 설하되, "언교와 정리에 의해서 무생과 무자성이 제법의 진실임을 확지한 뒤 무분별지를 닦도록 하라."고 하였다. 『보리도등론』, p. 58.

498) 제일의: 제법의 궁극적인 진실인 무아와 공성을 뜻함.

세상의 두려움의 원천을 없애 주고자, 세속에 순응해서, '이것은 생(生, utpāda)이며, 이것은 멸(滅, nirodha)이다.'라고 말할지라도, 여기에는 진실로 한 법도 생하는 것이 없다."라고 하였다.

또 『결정의경(決定義經)』(sDe, bka-mdo-dza-222)에서도, "법답게 물음이란 어떠한 것이며 또 법다움이란 무엇입니까? 답하시되, 무생이 곧 법다움이며, 그것을 묻는 것이 곧 법답게 묻는 것이다."라고 설하였다. 또 같은 경(sDe, bka-mdo-dza-202)에서 다음과 같이 설하였다.

> 제법은 아(阿)[499]자의 문이니
> 나고 죽음을 여읜 청정함이며,
> 제법은 자성(自性)의 문이니
> 그 자성이 공(空)한 까닭이다.

『분별이제경(分別二諦經)』(sDe, bka-mdo-ma-249)에서도, "무생의 평등성에 의해서 제법은 평등하다."라고 설하였다.

『반야바라밀다경』에서도, "수보리여! 색(色)은 색의 자성이 공한 것이며, 내지 식(識)에 이르기까지 식의 자성이 공한 것이니, 왜냐하면 자상(自相, svalakṣaṇa)이 공한 까닭이다."라고 설하였다.

『상력경(象力經)』(sDe, bka-mdo-tsha-105)에서도, "어디서도 남이 있는 법을 전혀 보고 얻지 못하거늘, 남이 없는 제법에 대하여 범부는 생한다고 말한다."라고 설하였다.

『부자합집경(父子合集經)』(sDe, bka-dkon brtsegs-ṅa-162)에서도, "이 제법들 모두는 삼세의 평등성에 의하여 평등한 것이니, 과거에

---

499) 아(阿, अ): 티베트 판본과 교정본에서는 짜(ca, ཙ)로 기록하고 있으나, 범어판본에는 아(阿, अ)로 기록되어 있으며, 이것이 문맥과 상통한 것으로 여겨서 그렇게 번역함.

도 또한 제법은 자성이 없으며, 내지 현재에 이르기까지도 그 자성을 여의였다."라고 설하였다.

이와 같이 일단 언교로서 〔무자성(無自性, asvabhāva)을〕 관찰하는 것이다.

또한 정리(正理, yukti)로서 관찰하여도 경의 뜻을 능히 적출해 내지 못한다. 그러므로 (정리로서 또한) 낱낱이 분석하는 것이다. 정리란 간단히 말하면, 사물의 발생이 원인 없이 발생하는 것인가? 아니면 원인이 있어서 발생하는 것인가? 〔등을 분석하는 것이다.〕

〔사물의 발생이〕 간헐적인 것으로 드러난 까닭에 원인이 없이 발생하는 것이 아니다. 원인에 의뢰하지 않는다면 〔어떠한〕 차별도 없는 것이므로, 〔처음 사물이〕 발생할 때와 같이 항상 어디서든 사물이 어찌해서 발생하지 않는 것인가? 〔그것은 곧〕 사물이 있지 않는 때와도 또한 차별이 없는 〔같은〕 것이므로, 〔사물이〕 발생할 때에 또한 생한다는 것은 정리가 아니다. 이와 같이 일시라도 원인이 없이 〔사물이〕 발생하지 않는다.

또 〔사물이〕 원인이 있어서 발생하는 것도 역시 아니다. 이와 같이 외도들이 상인(常因, nitya-hetu)〔유일인(唯一因)〕으로 내세우는 자재천(自在天, Īśvara)[500] 등으로부터 〔사물이〕 발생하는 것도 역시 아니니, 왜냐하면 〔사물이〕 점차로 발생하는 것으로 드러났기 때문이다.

또 원인을 완비하지 아니함이 없는 결과가 점차적으로 발생하는 것은 정리가 아니니, 왜냐하면 〔여타에〕 의뢰해서 발생할 필요가 없기 때문이다.

또 이 자재천 등은 자신들이 스스로 전능해서 여타에 의뢰함이 필요치 않으며, 절대자인 까닭에 그들에게는 여타가 도움을 주는 일도 소용

500) 자재천: 인도의 자재천파(自在天派)에서 말하는 세계창조의 유일인이 되는 절대자를 말함.

이 없기 때문이다. 또한 도움이 되지 않는 것에 의뢰하는 것도 역시 옳지 않은 것이다. 그러므로 자재천 등이 지닌 전능함은 모두가 허망한 것이어서 마치 석녀(石女)의 자식처럼 전혀 실체가 없는 것이다.

또 사물이란 작용력(作用力, arthakriyāsamartha)이 그 체성인 것임에도, 그들은 어디서든 또한 결과를 점차적으로도 발생시키지 못하는 것임을 앞에서 이미 관찰한 바이다.

또한 〔사물이〕 일시에 발생하는 것도 아니니, 이와 같이 모든 결과들을 일시에 발생시킨 뒤, 이후에도 만약 그와 똑같이 그것을 발생시킨다면 그때는 전능의 자성이 뒤따르는 것이어서 앞서와 같은 결과가 발생하게 되는 것이다. 만약 뒤따르는 것이 아니라면 앞의 자성을 버리는 것이어서 무상하게 되는 것이다. 그러므로 상주(常住, nitya)라고 불리는 〔절대적인〕 존재란 결코 없다.

세존께서 『능가경(楞伽經)』(sDe, bka-mdo-ca-83)에서 설하되, "대혜(大慧, Mahāmate)보살이여! 이와 같으니, 허공(虛空, ākāśa)과 택멸(擇滅, nirodha)[501]과 열반(涅槃, nirvāṇa) 등의 무위법(無爲法, akaṛtaka-bhāva)[502]을 애집해서 증익하는 것은 실재하지 않는 것을 〔있다고 하는〕 증익인 것이다."라고 하였다.

이와 같이 사물은 일시라도 〔자재천 등의〕 상인(常因)에서 발생하지 않으며, 무상인(無常因, anitya-hetu)에서 발생하는 것도 역시 아니다. 무상의 과거와 미래는 실사가 아니어서 그로부터 발생하는 것은 비

---

501) 택멸: 택멸과 비택멸의 두 가지가 있으며, 택멸은 무간도(無間道)에 의해서 사제(四諦: 苦, 集, 滅, 道)를 각각 분별하고 결택해서 증득하는 이계과(離系果, 證果)로, 견도(見道)에서 고제(苦諦) 등을 단멸하는 네 가지 택멸이 있음. 『장한대사전』 하편, p. 2958.

502) 무위법: 색법(色法), 심법(心法), 심소법(心所法), 불상응법, 무위법(無爲法)의 오위(五位) 중 하나이며, 인연을 따라 이루어진 유위법이 아닌, 생멸의 변화를 떠나 상주불변하는 제일의의 법을 말함.

리이니, 원인이 없이 발생하기 때문이다.

또한 〔사물들이〕 동시와 별시에 발생하지 않는 까닭에 현재에서 또한 발생하는 것도 아니다.

이와 같이 일시라도 동시에 〔사물들이〕 발생하지 않는 것은, 원인의 본성과 동일한 결과가 또한 그와 동시에 발생하는 것이기 때문이다. 또 〔사물들이〕 별시에 발생하는 것도 아니니, 별시는 단절된 것이어서 만약 발생한다면 곧 과거 등으로부터 발생하는 것이 되기 때문이다.

또한 〔사물들이〕 간격(間隔, vyavadhāna)이 없이 발생한다면, 만약 싸르와뜨마나(sarvātmanā, 絶對者)[503]에 의해서 중지되지 않는다면, 한 찰나(刹那, kśana)[504]에 전 찰나가 들어가서 겁(劫, kalpa)[505] 또한 단지 찰나가 되고 만다. 예를 들면, 극미(極微, paramāṇu)[506]들이 싸르와뜨마나에 의해서 결합된 덩어리가 단지 극미가 되는 것과 같다.

만약에 하나의 방소를 만나게 되면 그때는 찰나에 지분이 있게 된다.

---

503) 티베트 원문은 "닥니탐째끼(bdag ñid thams cad kyis)"이며, 범어 "sarvātmanā"는 "Śiva", "the whole soul", "entirely" 등을 뜻함. *the practical SANSKRIT-ENGLISH DICTIONARY*, p. 1656. V.S. APTE, MOTILAL BANARSIDASS, 2003, Delhi, India.

504) 찰나(kṣaṅam): 가장 짧은 시간을 뜻하며 경각, 순간이라고 하며, 자속파, 유식, 경부, 유부에서는 1탄지경(一彈指頃)의 65분의 1을 일찰나로 하고, 귀류파에서는 1탄지경의 365분의 1을 일찰나로 산정함.

505) 겁: 무한한 시간이란 뜻으로 소겁(小劫), 중겁(中劫), 대겁(大劫)의 세 가지가 있다. 『구사론』에 의하면, 1소겁은 인간의 수명 10세(十歲)에서 시작하여 100년마다 1년씩 증가해서 팔만사천 세에 이르는 중간의 긴 시간을 말하며, 대략 인수(人壽)로 환산하면 8백39만9천 년에 해당한다.

506) 극미: 설일체유부(說一切有部)에서 주장하는 물질의 최소 단위로 방위가 없는 미진(微塵)이라고 한다. 하나의 극미 속에는 지(地), 수(水), 화(火), 풍(風)의 사진(四塵)과 색(色), 향(香), 미(味), 촉(觸)의 사진(四塵) 등의 여덟 가지의 성품을 갖춘다.

그래서 자기도 또한 생하지 못해서 오로지 원인이 없이 발생하게 되며, 방소 안에 방소가 거두어지는 까닭에 〔자기 위에〕 자기를 쌓는 모순이 발생하게 된다. 또한 〔유인(有因)과 무인(無因)의〕 둘의 화합에서 〔사물들이〕 발생하는 것도 아니니, 양쪽의 과실이 둘 다 있게 되는 까닭이다.

그러므로 승의에 있어서 이 모든 사물들은 실로 무생인 것이나, 세속상에서 〔사물들이〕 발생하는 것은 경의 말씀 등과 어긋나지 않는다.

이 뜻을 세존께서는 『능가경(楞伽經)』(sDe, bka-mdo-ca-174)에서

"사물이 세속에서 발생하여도,
승의에서는 자성이 없음이라,
무자성에 대한 모든 착란들을
또한 정세속[507]이라고 말한다."

라고 설하였다.

이 도리는 세존께서도 역시 호념하시는 바로『도간경(稻稈經)』등에서 자생(自生, svataḥ-utpāda)과 타생(他生, parataḥ-utpāda), 자타(自他)의 화합생(和合生, ubhabhyātaḥ-utpāda)과 무인생(無因生, ahetutaḥ-utpāda)들을 부정하였기 때문이다.

일향으로 이와 같이 정리로서 깊이 관찰하되, 제법에는 두 가지 유형이 있다. 그것은 유색(有色, rupī)과 무색(無色, arupī)이다.

여기서 일단 색법인 병(甁) 등의 사물은 각기 다른 미진들의 〔화합으로 생긴〕 실질이므로 자성이 하나가 아니다. 또 동쪽과 서쪽에 있는

507) 정세속(正世俗, samyak-samvṛti): 삼세속(三世俗)의 하나로, 내외의 모든 연기 도리에 대하여 바르게 사유하고 관찰해서 십선(十善) 등으로부터 발생시키는 일체의 인과를 말한다. 『장한대사전』 하편, p. 2547.

미진들도 역시 동쪽 등의 방위가 있으므로 각기의 다른 미진들도 역시 낱낱이 분석하여 본다면 그 〔자성이〕 성립하지 않는 까닭에 미진들은 화합성이므로 다수의 자성도 역시 아니다. 하나의 자성과 다수의 자성을 떠나서는 사물의 자성이 달리 없으므로, 이 색법들은 꿈에서 보는 사물과 같이 승의에 있어서 그 자성이 없다.

이 뜻을 세존께서는 『능가경』(sDe, bka-mdo-ca-76)에서, "대혜보살이여! 소뿔도 또한 미진으로 분해하면 실재하지 않는다. 미진들도 또한 낱낱이 분해하면, 미진의 자성이 존재하지 않는다."라고 설하였다.

만약 무색법도 또한 그와 같이 분석한다면 그 자성이 전혀 없다. 이와 같이 외계의 청색(青色) 등의 실질이 없는 까닭에 오로지 의식(意識, vijñāna) 등의 무색온(無色蘊, arupī-skandha)들이 청색의 자성이 됨을(본다) 인식해야 한다. 이 뜻을 또한 세존께서 〔『능가경』(sDe, bka-mdo- ca-176)에서〕 설하되, "외색(外色)이 있는 것이 아니며, 내심(內心)이 그것을 보는 것이다."라고 하였다.

그러므로 〔무색온이〕 청색 등의 갖가지 모양을 보는 까닭과 소취(所取, grāha)와 능취(能取, grāhaka)를 보는 까닭에 그 자성이 하나가 아니며, 또 하나와 다수는 같은 것이 아닌 까닭에 하나가 다수의 자성이 됨은 정리가 아니다. 그것(하나)의 자성이 성립하지 않는 까닭에 다수의 자성도 역시 성립하지 않으니, 왜냐하면 다수란 하나하나가 모인 실질이기 때문이다.

만약 색(色) 등의 이러한 모양들이 나타남이 허망한 것임을 인지하게 되면 의식 또한 진실이 아닌 것이다. 왜냐하면 의식이 사물의 본성과 별개가 아니기 때문이다. 스스로를 인식하는 체성을 떠나서 별도로 의식의 자성이 있지 않으며, 색(色) 등이 또한 그 스스로가 현현한 것이 (아니라면) 의식이 그 자성이 되는 그것들은 〔색 등은〕 모두가 허망한 것이므로, 일체의 의식들도 역시 허망한 것임을 인지하게 되는 것이다.

이러한 까닭에 "의식은 환(幻)과 같다."라고 세존께서 말씀하였다.

그러므로 "하나와 다수의 자성은 공허한 까닭에, 이들 모든 사물들은 승의에 있어서 실재하는 것이 아니다."라고 한 것은 진실이다.

세존께서 『능가경』(sDe, bka-mdo-ca-184)에서 또한 설하되,

"그같이 거울 속의 형상은
하나와 여타를 여의여서,
나타나도 있음이 아니니
사물의 자성도 그와 같다."

라고 하였다.

(이 하나와 여타를 여읨이란) 하나와 다수의 〔자성을〕 여의었음을 말하는 정언이다.

또 같은 경(sDe, bka-mdo-ca-164)에서 설하되,

"이지(理智)로써 관찰하면 알리라.
사물의 자성은 불가득임을.
고로 그들은 불가언설이며
자성도 또한 없다고 말한다."

라고 하였다.

그래서 "그와 같이 사혜(思慧)로써 진실한 의리를 분변하고, 또 그것을 실증하기 위해서 수혜(修慧)를 일으키는 것이다. 단지 문혜(聞慧) 등에 의해서는 진실을 체현하지 못한다."라고 『보운경(寶雲經)』 등에서 설하였다.

비록 수행자들에게 깨달음이 있을지라도, 그 지혜의 광명이 투철하게

밝지 않고서는 진실을 가리는 장애의 어둠을 제멸하지 못한다.

만약 꾸준히 수습하면, 진실하지 못한 의리를 아는 밝은 지혜가 발생하는 것이니, 예를 들면 이와 같이, 부정상(不淨相, aśubha)[508]과 지변처(地遍處, prithvīkritsna)[509] 등의 싸마빳띠(samāpatti, 等至)의 지혜가 생길 것 같으면 진실한 의리를 아는 것은 더 말할 필요가 없다.

이와 같이 수행의 결과는 환히 아는 명지(明知)이므로 〔수행은〕 선과가 따르는 실사(實事)라고, 세존께서는 『삼마지왕경』(sDe, bka-mdo-da-13)에서 다음과 같이 설하였다.

그대에게 분부하니 체달토록 하라.
그같이 그와 같이 무수히 관찰하면,
거기에 머물던 분별의 그 마음들이
그같이 그와 같이 거기에 전념한다.

그러므로 진성을 현증하기 위해서는 마땅히 수행에 들어가야 하는 것

---

508) 부정상: 육신에 대한 집착을 끊기 위해서, 모발 등의 36종의 내부정(內不淨)과 시퍼렇게 부패한 모양의 외부정(外不淨) 등을 마음에 관상해서 닦는 것임.

509) 지변처: 지변처정(地遍處定)을 말하며, 십변처(十遍處) 가운데 하나임. 변처란 선정에 자재함을 얻은 유가사가 선정의 힘에 의지해서, 사대(四大) 등을 소연으로 그것을 원하는 대로 자유롭게 변화시키되, 미치지 않는 곳이 없음으로써 변처라고 한다. 예를 들면 청변처(青遍處)는 청색을 소연해서 선정에 들게 되면 일체가 청색으로 변화되는 것을 말한다.
십변처는 네 가지 근본색(根本色)과 관련된 청변처(青遍處), 황변처(黃遍處), 적변처(赤遍處), 백변처(白遍處)와 사대(四大)와 관련된 지변처(地遍處), 수변처(水遍處), 화변처(火遍處), 풍변처(風遍處)와 허공과 관련한 공변처(空遍處), 의식과 관련한 식변처(識遍處)의 열 가지다. 『장한대사전』 하편, p. 2451.

이다.

유가사가 마음의 쉬어 머무름〔휴지(休止)〕을 얻기 위해서는, 먼저 사마타(止, śamatha)를 수습해야 한다.

마음이란 물처럼 요동하는 것이기에 사마타의 터전이 없이는 쉬어 머물지 못하며, 또한 정심(定心, samāhita-citta)이 아니고서는 여실하게 두루 알지 못한다. 그러므로 세존께서 『법집경』(sDe, bka-mdo-sha-52)에서, "싸마히타(samāhita, 等引)의 (마음에 의해서) 여실하게 두루 안다."라고 설하였다.

이 사마타는 명리 등의 욕심을 버리고, 계율 속에 청정히 머물면서, 고통 등을 기꺼이 감수하며, 부단하게 정진해 나간다면 신속하게 얻는 것이다. 『해심밀경』 등에서도 보시 등은 〔사마타를 낳는〕 근인(近因)으로 설하였다.

이와 같이 계율 등의 사마타의 자량[510]들 가운데 잘 머물면서,[511] 적절한 장소에서 제불보살님들을 향해 예배와 공양 등을 행하고, 자신의 죄업을 참회하고, 〔자타의〕 공덕 등을 수희하도록 한다. 그 뒤 진실로 대비의 마음을 일으켜서 모든 유정들을 건지려는 마음가짐으로, 몸을 바르게 세우고 편안한 방석 위에 앉아서 가부좌를 맺은 뒤 삼마지를 수습하도록 한다.

이것을 간략히 말하면, 일단 이와 같은 방법으로 관찰하되, 모든 사물들을 거두어 가지는 그 어떠한 대상에 마음을 안주시키는 것이다. 그

---

510) 사마타의 자량: 사마타의 수습시에 소용되는 여섯 가지 조건을 말하며, 첫째 적합한 환경에 머무름, 둘째 욕심을 적게 가짐, 셋째 만족할 줄 앎, 넷째 잡사(雜事)를 버림, 다섯째 정계(淨戒)를 지님, 여섯째 탐욕 등의 분별을 버림 등이다.

511) 『보리도등론』에서도 "사마타의 지분이 퇴실해서는 아무리 크게 애쓰고 또한 닦을지라도, 설령 천년의 세월이 경과할지라도, 삼마지를 얻지 못한다."라고 설하였다. 『보리도등론』, p. 39.

대상은 유색과 무색의 차별로 인해서 두 가지 종류가 있다. 초학자는 산심(散心)의 폐단을 멸하기 위해서, 일단은 간략한 대상을 반연하는 것이 도리다.

어느 때 소연(所緣, ālambana)을 작의(作意, manasikāra)함이 잘 이어져 돌아가면, 그때는 〔소연의 대상을〕 온(蘊), 계(界) 등의 종류로 확대해서 또한 반연토록 한다.

『해심밀경』에서는 유가사들의 소연의 대상으로 십팔공성(十八空性, apṭādaśaprakāra-śunyatā)[512] 등의 종류를 들어서 전체 소연상(所緣相)으로 밝혀 놓았다. 세존께서는 모든 유정들에게 이익을 주기 위해서, 유색과 무색 등의 차별을 통해서 광설, 중설, 약설하는 등으로, 제법의 차별을 논장(論藏) 등에서 설한 것이다. 또한 제법에 대한 증익과 감손을 방지하기 위해서 온과 계 등으로 분류해서 수목(數目)을 정하고, 그 다음 일체의 사물들을 수렴하는 개별법을 가려낸 뒤, 그것에다 마음을 안치하고 연속해서 머물게 한다.

어느 때 중간 중간에 탐욕 등으로 인해서 마음이 밖으로 치달리면, 그때는 그것이 산란임을 깨달아서 부정상(不淨相) 등을 수습해서 산란을 물리친 다음, 재빨리 그 소연의 대상에 마음을 거듭해서 연속적으로 머물게 하는 것이다. 여기서는 부정관 등을 닦는 차제는 글이 번다해짐을 우려해서 적지 않는다.

어느 때 사마타를 염오하는 마음이 일어남을 보게 되면, 그때는 삼마지(三摩地, samādhi)의 공덕[513]을 사유해서 그것을 즐거워하는 희심

512) 18공성: 16공(空)에다 무법공(無法空)과 유법공(有法空)을 추가한 것이다. 나머지 16공은 다음과 같다. 내공(內空), 외공(外空), 내외공(內外空), 공공(空空), 대공(大空), 승의공(勝義空), 유위공(有爲空), 무위공(無爲空), 무제공(無際空), 필경공(畢竟空), 산공(散空), 본성공(本性空), 일체법공(一切法空), 자상공(自相空), 불가득공(不可得空), 무법자성공(無法自性空).

을 닦고, 산란의 과실을 또한 사유해서 염오하는 마음을 물리치도록 한다.

만약 어느 때 혼몽과 졸음에 눌려서 소연을 잡음이 불명하고, 마음이 가라앉게 되면 그때는 〔일월같이 환한〕 광명상(光明想, āloka-saṃjñā)을 닦거나, 또는 최상의 환희로운 대상인 여래의 공덕 등을 작의해서 마음의 침몰을 털어낸 뒤 그 대상을 확실하게 잡도록 한다.

만약 어느 때 과거의 유흥과 놀이 등이 떠올라서, 중간 중간에 마음의 들뜸을 보게 될 때는 무상 등의 염리의 마음을 낳게 하는 사물들을 작의해서 마음의 도거(掉擧)를 다스려 쉬게 한다. 그 뒤 또한 그 소연 속으로 마음의 작행(作行, saṃskāra)을 씀이 없이 자연스레 마음이 들어가도록 노력한다.

만약 어느 때 침몰과 도거의 둘을 여의고 선정에 들어가되 마음이 스스로 들어감을 보게 되면, 그때는 공용을 씀을 버리고 〔중정을 지키는〕 평사(平捨, upekṣā)를 닦도록 한다. 만약 선정 중에 마음을 다그치게 되면 도리어 마음이 산란해진다.

어느 때 소연의 대상에 공용을 씀이 없이 원하는 대로 마음이 선정 속에 안주하면, 그때 사마타가 완성된 것임을 알도록 하라. 왜냐하면 이 사마타(止)의 본질은 오직 〔마음을 한곳에 모으는〕 심일경성(心一境性)으로 다하기 때문이다. 이것이 또한 모든 사마타의 총상이다.

또한 사마타의 소연의 대상은 딱 정해진 것이 없다.

---

513) 삼마지의 공덕: 첫째는 심신이 즐겁고 편안해서 현생(現生)에 안락하게 머무르는 것이며, 둘째는 심신의 경안(輕安)함을 얻어서 선소연(善所緣)에 마음이 원하는 대로 안주하는 것이며, 셋째는 전도경(顚倒境)에 멋대로 달아나는 산심을 멸해서 악행이 생기지 않고, 뜻대로 선행을 할 수 있는 강한 힘이 생김이며, 넷째는 사마타에 의지해서 신통변화 등의 공덕을 이루는 것이며, 다섯째는 특별히 그것에 의지해서 진성(眞性)을 통달하는 위빠사나를 닦아서 윤회의 근본을 신속하게 끊는 것 등이다. 『약론석』 하책, p. 866.

이 사마타의 길〔단계〕을 (세존께서는) 『반야바라밀다경』 등에서 설하되, “여기에는 내주 · 속주 · 안주 · 근주 · 조복 · 적정 · 최극적정 · 전주일경 · 등지” 등의 구주심(九住心, citta-stha-nava)이 있음을 설시하였다.

첫째, 내주(內住, sthāpayati)[514]란 소연에 마음을 머물게 하는 것이다.

둘째, 속주(續住, sam-sthāpayati)[515]란 소연에 마음을 연속해서 머물게 하는 것이다.

셋째, 안주(安住, ava-sthāpayati)[516]란 산란이 일어나면 그것을 감지해서 멸하는 것이다.

넷째, 근주(近住, upa-sthāpayati)[517]란 산란을 제멸한 뒤 소연에 거듭 노력해서 마음을 머물게 하는 것이다.

다섯째, 조복(調伏, damayati)[518]이란 〔삼마지의 공덕을 체험해서〕

---

514) 내주: 밖의 경계를 향해 달아나는 마음을 거두어서 잠시 소연의 대상에 머물게 하는 것으로 그 힘이 오래 가지 못한다.

515) 속주: 초주(初住)에서는 한 자리에서 마음이 소연의 대상에 머무름이 일좌(一座) 시에 단지 십분의 일이며, 나머지 구분은 산란이다. 이 이주(二住)에서는 초주의 머무르는 시간을 연장해서 가히 염주 한 벌을 돌리는 시간만큼 흩어지지 않는다고 한다.

516) 안주: 2주에서는 산란이 생긴 뒤 한참 지나서 그것을 인식하며, 3주에서는 산란이 생기는 즉시 깨달아서 소연의 대상에 머물게 한다.

517) 근주: 3주에서의 산란은 소연의 대상을 잊어버려서 생기며, 이 4주(四住)에서는 산란이 남아 있을지라도 소연의 대상을 잊어버리지 않는다.

518) 조복주: 4주에서는 마음을 거두어 잡는 힘이 강해져서 때때로 마음을 거두어서 더욱 미세하게 둘지라도 쉽게 가라앉음이 발생한다. 이 5주(五住)에서는 삼마지의 공덕을 사유해서 마음을 진작시키고, 이렇게 고양된 힘으로 사주의 가라앉음을 물리치는 까닭에, 삼마지의 조복이라 한다.

또 4주에서는 조분(粗分)의 침몰이 우선하고, 이 5주에서는 조분의 가라앉음은 없고, 단지 세분(細分)의 침몰만이 남아 있다. 또한 5주 이상에서는 조분의 침도가 전혀 없다.

선열(禪悅)을 일으키는 것이다.

여섯째, 적정(寂靜, śamayati)519)이란 산란의 과실을 보고 삼마지를 염오하는 마음을 멸하는 것이다.

일곱째, 최극적정(最極寂靜, vyupa-śamayati)520)이란 혼몽과 수면 등의 발생을 없애는 것이다.

여덟째, 전주일경(專住一境, ekoti-karoti)521)이란 (소연에) 공용을 씀이 없이 마음이 저절로 들어가도록 애쓰는 것이다.

아홉째, 등지(等持, samādadhāti)522)란 마음이 〔침도(沈掉)를 여의고〕 평등하게 머물게 되면 〔중정을 지키는〕 평사(平捨)를 닦도록 한다. 이것이 평등의 지킴이라는 정언이다.

이 같은 법들의 내용은 일찍이 미륵자존과 선현들이 설명한 바이다.

---

519) 적정: 5주에서는 마음을 진작시켜서 세분의 침몰을 제거하는 것이나, 가벼운 탐욕 등의 심사(尋思)가 남아서 마음이 흔들리는 까닭에 이 6주에서는 이러한 미세한 산란을 차단하는 것이다. 이 미세한 산란을 가리켜서 삼마지의 상위분(相違分) 또는 삼마지의 염오심이라고 한다.
5주와 6주의 다른 점은 5주에서는 미세한 침몰을 끊는 것이고, 6주에서는 미세한 들뜸을 끊는 것이다.

520) 최극적정: 이 7주에서는 세분의 혼침과 세분의 도거가 이미 소멸되어서, 마치 도적이 손발이 잘려서 힘이 없는 것과 같이, 탐욕과 우수 등의 상태도 이와 같다. 이 7주심(七住心)은 마치 허공과 같아서 이미 사마타를 얻은 것으로 쉽게 오인하는 까닭에 대부분 여기서 착오를 일으키게 된다.

521) 전주일경: 7주에서는 침도(沈掉)의 방해를 받지 않는 것이며, 이 8주에서는 침도가 전혀 없는 것인데도 어째서 힘써 일념으로 전주(專注)해야 하는 것인가? 이렇게 함으로써 다음의 9주에서는 공용을 쓰지 않고도 자연스럽게 평등하게 삼마지에 들어가기 때문이다.

522) 등지: 여기서 평등이란 침몰과 도거가 없는 것이며, 일향으로 〔마음을〕 쏟음이란 앞의 팔주의 다른 이름이다. 즉 앞의 일향으로 〔마음을〕 쏟음이 완전히 익어져서 이 구주심에서는 공용을 가히 쓰지 않고도 자동으로 삼마지에 들어가는 것이다. 그러나 이 등지는 세속삼마지로서 외도와 공통이며, 초선근분정(初禪近分定)에도 못 미치는 선정이다. 이상의 구주심의 해설은 『약론석』에 의한 것임. 『약론석』 下冊, pp. 927~930.

요약하면, 모든 삼마지에는 여섯 장애가 있다. 게으름(懈怠, kausīdya)[523], 소연유실(所緣遺失, ālmbana-sampramoṣa), 침몰(沈沒, laya)[524], 도거(掉擧, audhatya)[525], 부작행(不作行, anābhoga), 공용(功用, 作行, ābhoga)이다.

이러한 과실들을 다스리기 위해서 팔단행(八斷行)을 닦는다. 믿음(信, śraddhā), 희구(希求, chanda), 근수(勤修, vyāyāma), 경안(輕安, prasrabdhi, 심신의 감능과 희락), 정념(正念, smṛti, 기억해 지님), 정지(正知, samprajñaya, 바르게 살핌), 작사(作思, chetanā, 마음의 책려), 평사(平捨, upeksā, 중정을 지킴)이다.

여기서 믿음 등의 처음의 네 가지는 게으름을 조복하는 법이니, 이와 같이 삼마지의 공덕을 진실로 믿고 이해하는 현득신(現得信)[526]에 의해서, 유가사는 그것을 희구[527]하는 마음을 일으키게 되고, 그렇게 희

---

523) 게으름: 20수번뇌(隨煩惱)의 하나로 선품(善品)을 싫어하는 마음을 말한다. 그래서 "먼저 삼마지의 닦음을 기꺼워하지 않음과 그것을 장애하는 불선품(不善品)을 좇는 게으름을 버리지 못한다면 처음부터 삼마지에 들어가지 못한다. 설령 한 차례 얻었다 할지라도 능히 연속시키지 못해서 곧바로 퇴실하게 된다. 그러므로 제일 먼저 게으름을 조복하는 것이 가장 중요하다."라고 설하였다. 『보리도차제대론』, p. 190.

524) 침몰: 마음이 소연의 대상을 잡는 힘이 느슨해서 그것을 명료하게 인식하지 못함이다. 비록 명징(明澄)함은 있을지라도 소연경(所緣境)을 잡음이 전적으로 분명하지 못하면 침몰이다. 이것은 혼몽과 다른 것으로 혼몽은 침몰의 원인이 된다. 『집경론(集經論)』에서, "혼몽이란 무엇인가? 우치(愚癡)의 일부가 되는 마음의 불감능성(不堪能性)이자, 일체의 번뇌와 수번뇌들과 조력(助力)하는 작용자이다."라고 설하였다.

525) 도거: 20수번뇌의 하나로 마음이 들떠 움직이는 것을 말한다. 용수보살의 『집경론』에서, "도거란 무엇인가? 탐애의 상(相)을 좇는 탐욕의 일부가 되는 적정하지 못한 산심(散心)으로 사마타를 장애하는 작용을 말한다."라고 하였으므로 산란이 다 도거는 아니다.

526) 현득신: 세 가지 믿음 가운데 하나로 삼마지의 공덕을 신해해서 그것을 진실로 얻고자 희구하는 믿음을 말함.

구함으로써 삼마지를 근수하게 되고, 그렇게 근수한 힘에 의해서 심신이 도업의 감능(堪能)528)을 얻게 되고, 그 뒤에 심신의 경안(輕安)529)을 얻어서 게으름을 퇴치하게 되는 것이다. 그러므로 믿음 등의 네 가지는 게으름을 퇴치하는 까닭에 반드시 닦아야 한다.

정념(正念)530)은 소연을 잊어버림을 방지하며, 정지(正知)531)는 마음의 침몰과 도거를 방지하는 것이니, 정지에 의해서 마음의 가라앉음과 들뜸을 여실히 알아차리기 때문이다.

마음의 침몰과 들뜸이 해소되지 않을 때는 마음의 느슨함(不作行)이 과실이 되는 것이니, 그것을 물리치는 작사를 닦도록 한다.

또 침몰과 들뜸이 소멸해서 어느 때 마음이 자연스레 선정에 들어갈 때는 공용을 씀이 도리어 과실이 되는 것이니, 그때는 그것의 다스림인 〔중정을 지키는〕 평사(平捨)532)를 닦도록 한다.

---

527) 희구: 오별경(五別境)의 하나로 선한 법에 대한 애락(愛樂)과 욕락(欲樂)을 뜻하며, 이것에 의해서 정진을 일으키는 마음의 작용을 말한다.

528) 도업의 감능: 미륵보살의 『변중변론(辨中邊論)』에서, "심신의 감능성에 안주함으로써 제사(諸事)를 성취하는 것이니, 곧 사마타의 오과실(五過失)을 단멸하고 팔단행(八斷行)을 닦는 것이다."라고 하였다. 감능성에 의지함이란 『약론석』에 의하면, "이미 사정근(四正勤)과 사신족(四神足) 등의 상계(上界), 즉 색계의 공덕을 얻어서 이것에 의지해서 일체의 의리(義利)를 비로소 완성하는 것이다."라고 하였다.

529) 심신의 경안: 십일선심소(十一善心所)의 하나며, 신심이 쾌적해서 능히 선법을 감당해서 폐습을 다스리는 작용을 말한다. 용수보살의 『집경론(集經論)』에서, "경안이란 무엇인가? 심신의 폐습의 악순환을 끊어서, 심신의 감능성이 일체의 장애를 제멸하는 마음의 작용이다."라고 하였다.

530) 정념: 오별경의 하나로 이전에 닦아 익힌 사물을 소연해서 그것을 잊지 않게 하며, 동시에 산란을 누르는 마음의 작용을 말함.

531) 정지: 침몰과 도거의 발생을 감찰하는 것으로, 『람림첸모』에서 "단지 침몰과 도거를 아는 것으로 만족하지 않고, 실제 수행을 할 때 침도(沈掉)의 일어남과 일어나지 않음을 여실하게 감찰하는 알아차림(正知)을 낳는 것이 필요하다."라고 설하였다.

이와 같은 팔단행(八斷行)을 갖추게 되면 삼마지를 쉽게 얻으며, 또한 그것으로 신족(神足) 등의 공덕을 수증하는 것이다. 그러므로 경에서, "이 팔단행을 갖춘 자는 신족통(神足通)[533]을 닦도록 하라."고 설한 것이다.

이 심일경성(心一境性)이 더욱더 한층 도업의 감능성을 구족하고, 소연 등에 〔자재하는〕 수승한 공덕을 얻음으로써 색계선(色界禪), 무색정(無色定), 해탈 등의 이름을 또한 얻는 것이다.

이와 같이 어느 때, 평등한 감수(感受, upekśa-vedanā)와 더불어서 심사(尋思, vitarka)와 사찰(伺察, vichāra)이 있게 될 때, 그것이 초선근분정(初禪近分定, anāgamya-dhyāna)[534]이라고 부르는 초선가행심(初禪加行心, prayoga-chitta)이다.

어느 때 〔욕계의〕 탐애와 악법들을 여의고, 심사와 사찰, 희열과 안락, 〔내심청정(內心淸淨)〕의 〔다섯 가지가〕 있게 될 때, 그것을 초선근본정〔정선(正禪)〕이라 부르며, 여기에서 심사가 멸진되면 그것이 초선수승선(初禪殊勝禪, dhyānantara)이다.

어느 때 심사와 사찰을 여의고, 초선의 애착을 떠나서 희열과 안락과 내심청정의 〔세 가지가〕 있게 될 때, 그것을 제이정려(第二靜慮, divtī

---

532) 평사: 중정을 지키는 평사(平捨)의 수습은 『약론석』에 의하면, "미세한 침몰과 도거마저 소멸된 제8주의 전주일경심(專住一境心)에서부터 비로소 닦는다."라고 하였다.

533) 여기서의 신족은 곧 사신족(四神足 또는 四如意足)을 말하며, 이것은 37조도품(助道品) 가운데의 상품자량도(上品資糧道)에서 증득하는 네 가지 공덕으로 욕정단행구신족(欲定斷行具神足)·심정단행구신족(心定斷行具神足)·근정단행구신족(勤定斷行具神足)·관정단행구신족(觀定斷行具神足)을 말함.

534) 초선근분정: 초선미도정(初禪未到定)이라고도 하며, 이것이 제9주심(第九住心)의 등지(等持)에 경안(輕安)을 갖춘 정사마타(正奢摩他)로, 등지에 무회(無悔), 희락(喜樂), 경안의 세 가지 인상(因相)을 갖춘다.

ya-dhyāna)라고 부른다.

어느 때 이선(二禪)에 대한 애착을 여의고, 안락과 평사, 정념과 정지의 〔네 가지가〕 있게 될 때, 이것을 제삼정려(第三靜慮, tṛtī-dhyāna)라고 부른다.

어느 때 삼선(三禪)에 대한 애착을 여의고, 비고비락(非苦非樂)의 평사와 억념이 있게 될 때, 그것을 제사정려(第四靜慮, caturta-dhyāna)라고 부른다.

이와 같이 무색정(無色定, arupi-samāpatti)[535]과 해탈과 승처(勝處, abhibhvāyatana)[536] 등도 또한, 소연과 행상 등의 차별에 의해서 수습토록 한다.

그와 같이 소연의 대상에다 마음을 견고하게 안주시킨 뒤, 반야의 〔관혜(觀慧)〕로써 여실하게 관찰하는 것이다. 이와 같이 지혜의 광명이 발현함으로써 모든 번뇌의 종자가 영원히 파괴되는 것이다.

만약 이와 같이 행하지 않는다면, 외도들처럼 단지 선정만으로는 번뇌를 끊지 못하는 것이다. 『삼마지왕경(三摩地王經)』(sDe, bka-mdo-da-27)에서 설하되, "비록 이 삼마지를 닦을지라도, 아상(我想)을 파괴하지 않으면, 번뇌는 다시 치성하게 되는바, 이는 학쬐(增上行)[537]의

---

535) 무색정: 여기에는 공무변처정(空無邊處定), 식무변처정(識無邊處定), 무소유처정(無所有處定), 비유비비유처정(非有非非有處定)의 네 가지가 있다. 이것은 무색계(無色界) 중에서 네 가지 명온(名蘊)을 소연하여 일심전주해서 닦는 선정을 말함. 『장한대사전』 하편, p. 1014.

536) 승처: 승처정(勝處定)을 뜻하며, 유가사가 선정의 힘에 의지해서 관상으로 물질화시킨 사물들로서 그 형체와 색상 등이 외계의 것을 능가함으로써 마음이 외경을 쫓지 않고 여의부동(如意不動)하는 선정을 말한다. 여기에는 팔승처(八勝處)가 있다. 모양과 관련된 네 가지의 형색승처(形色勝處)와 색깔과 연관된 네 자기의 현색승처(顯色勝處)다. 『장한대사전』 하편, p. 2461.

537) 학쬐(lHag spyod, Skt. Udraka): 부처님 당시의 외도의 이름.

수선(修禪)과 같다."[538]라고 함과 같다.

또한 『능가경』(sDe, bka-mdo-ca-168)에서 지혜를 수습하는 차제를 요약해서 다음과 같이 설하였다.

유심의 〔도리에〕 의지해서
외경의 〔실재를〕 분별하지 말라.
진여의 경계에 안주해서
유심마저 초월토록 하라.

유심에서 초월한 뒤에는
무현(無現)[539]에서 초월토록 하라.
불현(不現)[540]에 머무르는 유가사는
마침내 대승(大乘)을 증득한다.

적멸을 자연성취하는 바탕을
서원 등으로 온전히 정화하며,
무아(無我)의 진실한 지혜를
불현(不現)의 지혜로써 본다.

---

538) 이 뜻을 쫑카빠 대사도 "만약 무아의 지혜를 갖추지 못하면, 비록 출리심(出離心)과 보리심을 닦을지라도 삼유(三有)의 근본인 〔이장(二障)을〕 끊지 못하는 까닭에, 반드시 이 무아의 공혜(空慧)를 닦아야 한다."라고 하였다. 『약론석』 下冊, p. 975.

539) 무현(nirābhāsa)은 능취(能取)의 내심(內心)과 소취(所取)의 외경(外境)이 둘이 아님을 아는 무이지(無二智, advya-jñāna)를 말함.

540) 불현(nirābhāsa)은 무이지(無二智)조차도 실재가 아님을 아는 구경의 지혜를 말함.

여기서 경의 뜻은, 먼저 유가사는 모든 색법들로 타인들이 외경으로 승인한 것들에 대하여, “어찌 이것들이 의식 이외의 다른 것이겠는가? 단지 의식이 그것을 그와 같이 보는 것이며, 꿈의 단계에서 〔보게 되는 물체들과〕 어찌 같은 것이 아니겠는가?”라고 관찰하는 것이다.

의식에 의해서 외경은 극미로 분해가 되고, 극미도 또한 그 지분들을 분석하여 보면 그들의 실질을 유가사는 전혀 보지 못한다. 유가사가 그것을 보지 못함으로써 이와 같이 “이들 모두는 단지 유심(唯心, citta-mātra)일 뿐이며, 외경은 실재하지 않는다.”라고 사유하는 것이다.

이와 같이 〔앞의 게송에서〕 “유심의 〔도리에〕 의지해서 외경의 〔실재를〕 분별하지 말라.”고 한 말씀은 색법에 대한 분별을 끊는 정언이다. 왜냐하면 가히 볼 수 있는 모양으로 나타난 것들을 깊이 관찰하여 보면 〔그 실체를〕 가히 얻지 못하기 때문이다. 그와 같이 모든 색법의 〔실유를〕 파괴한 다음에는 무색법을 또한 파괴하는 것이다.

이 유심도 또한 외경이 없으면 인식하지 못하는 것이니, 능취(能取, grāhaka, 內心)는 소취(所取, grāha, 外境)에 의지해서 〔존재하기〕 때문이다. 그러므로 마음은 능취와 소취를 벗어나서 진실로 둘이 아님을 통찰한 뒤 무이상(無二相)인, “진여의 경계에 안주해서, 유심마저 초월토록 하라.”고 한 말씀은 능취(유심)의 인정(認定, ramā)에서 완전히 초탈해서, 〔능취와 소취를〕 둘로 봄이 없는 무이지(無二智)에 안주하라는 정언이다.

이와 같이 유심에서 초월한 뒤에는, 능취와 소취를 둘로 보지 않는 무이지(無二智)도 역시 초월하는 것이다. 자타(自他)의 〔두 인(因)〕에서 사물들이 발생하는 것은 정리가 아닌 까닭에 능취와 소취는 전적으로 허망한 것이며, 또한 이들을 떠나서도 달리 없는 까닭에 그 또한 진실이 아님을 관찰하는 것이다. 그래서 무이지가 또한 실사라는 집착도 버려서, 무이지조차도 봄이 없는 불현지(不現智, nirābhāsa-jñāna)에 전적으로 머물라는 정언이다.

이와 같이 제법의 자성이 없음을 증득해서 안주하는 것이니, 〔유가사가〕 거기에 안주함으로써 구경진실(究竟眞實, parama-tattva)에 들어가게 되고, 거기에 들어감으로써 무분별정(無分別定)에 증입하게 되는 것이다.

이와 같이 유가사가 어느 때, 무이지(無二智)조차도 봄이 없는 불현지에 머물게 되는 그때, 〔구경의 진실에 안주함으로써〕 대승(大乘, Mahāyāna)을 현증하게 되고, 구경의 진실을 보는 그것을 일컬어서 대승이라 부른다. 구경의 진실을 봄이란, 일체의 법을 반야의 혜안으로 관찰해서 청정한 지혜의 광명이 발생하여 〔진실을 보게 되는〕 것이다.

이 뜻을 『범문경(梵問經)』(sDe, bka-mdo-pa-65)에서 설하되, "구경의 진실을 봄이란 무엇인가? 제법을 가히 보지 않는 그것이다."라고 하였다. 이와 같이 봄이 없음을 고려해서 불가견(不可見)을 설한 것이지, 눈을 감거나 또는 장님과 같이 불구이거나 생각하지 못해서 보지 않는 것이 아니다.

그러므로 사물을 〔실유로서〕 애집하는 등의 전도된 습기를 끊지 않는 것은, 바로 무상정(無想定, asañjṇi-samāpatti)541) 등에서 나오는 것과 같아서, 사물을 〔실유로〕 집착하는 근본인 탐착 등의 번뇌의 무리들이 재발하는 까닭에 유가사가 실로 해탈하지 못하는 것이다. 그래서 "탐착 등의 근본은 사물을 애집함이다."라고 『이제경(二諦經)』 등에서 설하였다.

---

541) 무상정: 무상(無想, asañjṅi)을 닦는 선정을 말하며, 색계의 제사정려(第四靜慮)의 팔천(八天) 가운데의 네 번째 하늘인 무상천(無想天)에 태어난 뿌드갈라(pudgala, 人)가 심(心)과 심소(心所)를 멸하는 수행을 말하며, 십사종불상응행(十四種不相應行)의 하나임. 무상천의 천인은 생시(生時)와 임종의 때를 제외하고서는, 심과 심소를 완전히 식멸한 상태에 머무른다.

또한 『입무분별다라니경(入無分別多羅尼經)』(sDe, bka-mdo-pa-3)에서도, "작의(作意)하지 않음으로써 색(色) 등의 상(相, lakṣaṇa)을 끊는다."라고 설한 바도 또한, 반야로서 관찰하면 가히 얻지 못하는 그것을 가리켜서 작의하지 않는다고 한 것이며, 단지 작의가 없다고 하는 뜻이 아니다.

또한 무상정 등과 같이 무시이래로 사물 등을 〔실유로〕 애집하는 작의를 단지 차단하는 것은 참으로 제멸하는 것이 아니다. 진실로 법의 의혹을 끊음이 없이는 과거의 소연색(所緣色) 등을 애집하는 작의를 완전히 제멸하지 못하는 것이니, 마치 불을 끊지 않고서는 열기를 없애지 못하는 것과 같다.

이와 같이 색(色) 등을 보는 이 〔허망한〕 분별들은 가시처럼 마음에서 뽑아내 없애지 못하는 것이니, 〔왜냐하면〕 의혹의 종자를 반드시 제멸해야 하기 때문이다. 이 의혹의 종자도 또한 유가사의 삼마지의 광명이 발생해서 반야의 혜안으로 통찰하게 되면, 색(色) 등의 과거의 소연사(所緣事)들로 가히 〔실유로〕 보던 바의 그 상(相, lakṣaṇa)들을 가히 보지 못하게 되는 까닭에, 새끼줄을 뱀으로 알던 착각을 버림과 같은 것이며, 다른 법이 있는 것이 아니다. 그때 의혹의 종자를 여읨으로써 색 등의 상(相)을 분별함을 끊게 되는 것이며, 달리 〔방법이〕 있는 것이 아니다.

만약 그와 같지 않고, 삼마지의 광명도 발생하지도 않고, 반야의 혜안으로 통찰하지도 않는다면, 어두운 방속에 있는 사람처럼 집안에 있는 항아리 등의 기물에 대해서 〔있고 없음을〕 의심을 하게 되듯이, 유가사도 또한 색 등이 있다고 하는 의혹을 끊지 못하는 것이다. 또 이것을 제멸하지 못하면 눈의 어지럼병을 없애지 못한 것과 같아서, 진실하지 못한 색 등을 애착함이 발생해서 결코 그것을 파괴하지 못하는 것이다.

그러므로 삼매의 약손으로 마음을 단단히 움켜잡고, 날카로운 지혜의 이검으로 마음속에 깊이 박혀 있는 색 등을 전도되게 분별하는 무명종자의 독가시를 뽑아내는 것이다. 만약 이와 같이 하게 되면, 뿌리가 뽑혀진 나무는 땅에서 자라나지 못하듯이, 근원이 없어지면 허망한 분별의 마음도 또한 생기지 못하는 것이다.

〔유가사의〕 장애의 소멸을 위해서, 세존께서 지관쌍운(止觀雙運, śamatha-vipaśyanā-yuganadha)의 도를 설하였으니, 이 두 가지가 청정한 무분별지(無分別智, avikalpa-jñāna)의 정인이기 때문이다.

〔『보적경(寶積經)』「가섭문품(迦葉問品)」(sDe, bka-dkon brtsegs-cha-146)에서〕 이 뜻을,

"율의에 안주해서 삼마지를 얻으며
삼매를 얻고서 또한 반야를 닦는다.
반야로써 청정한 지혜를 얻으며
청정한 지혜로써 율의를 원성한다."

라고 설하였다.

이와 같이 어느 때 사마타에 의해서 소연의 대상에 마음을 견고히 안주시키고, 그때 반야로서 여실하게 관찰하게 되면 청정한 지혜의 광명이 발생하게 되고, 그때 광명이 발생해서 어둠을 쓸어내듯이 모든 장애들을 제멸하게 되는 것이다. 이 사마타와 위빠사나의 둘은, 또한 눈과 빛처럼 화목해서 청정한 지혜의 발생에 서로가 반려가 되며, 빛과 어둠처럼 서로를 상극하는 것이 아니다.

이 삼마지(三摩地, samādhi)의 본질은 불명(不明)함이 아니니, 왜냐하면 심일경성인 까닭이다. 또 "사마히타(samāhita, 等引)에 머물게 되면, 〔사물의 진실을〕 여실하게 알게 된다."라고 설한 까닭에, 그것은

반야와 전적으로 화합하는 것이지 서로를 배척하는 것이 아니다.

그러므로 등인지(等引智, samāhita-prajñāna)[542]로써 관찰하면, 일체의 법들을 가히 보지 못하는바, 이것이 불가견(不可見, anupalambha)〔무소연(無所緣)〕의 진실이다.

유가사들은 사마타의 수습단계에서 이와 같은 모양의 등인지를 자연히 성취한다. 왜냐하면 그 이후에는 〔제법을〕 보는 바가 달리 있지 않기 때문이다. 적멸(寂滅, śānta)은 있고 없음 등의 분별성의 모든 희론들이 식멸하였기 때문이다.

이와 같이 어느 때, 유가사가 반야로써 통찰해서, 사물의 자성을 전혀 보지 않게 되는 그때, 그에게는 사물을 분별함이 발생하지 않으며, 사물이 전무하다는 분별도 또한 그에게는 없다. 만약 한때 사물의 있음을 조금이라도 보게 되어서, 그렇게 〔그것을〕 파척하는 것은 제법이 없다는 분별을 일으키는 것이다. 어느 때 유가사가 반야의 혜안으로 관찰해서 삼세에 걸쳐 사물이 있음을 또한 보지 않게 되는 그때, 다시 무엇을 파척해서 제법이 없다고 분별하겠는가?

이와 같이 여타의 분별들도 또한 그때는 그에게 일어나지 않는 것이다. 왜냐하면 이 유무(有無)의 두 가지 분별이 모든 분별들을 총괄하는 외연(外延, vyāpaka)인 까닭에, 외연이 없음으로 해서 내포(內包, vyāpya)도 〔거기에 종속되는 여타의 분별들도〕 또한 따라서 없기 때문이다. 이것이 진정한 무분별유가(無分別瑜伽, nirvikalpa-yoga)이며, 여기에 안주하는 유가사는 모든 분별들이 소진되어서 번뇌장(煩惱障, kleśā-varaṇa)과 소지장(所知障, jñeyā-varaṇa)을 완전히 제멸하게 된다. 그래서 세존께서는 『이제경(二諦經)』 등에서, "이와 같이 번뇌장은 불생불멸하는 사물들을 실재하는 것으로 〔집착하는〕 전도의 근본이자

---

542) 등인지: 정지(定智), 근본지(根本智)라고도 하며, 선정 속에서 진성(眞性)을 일심으로 비추어 보는 무분별혜(無分別慧)를 말함.

원인이다."라고 설하였다.

유가수행에 의해서 사물에 대한 모든 분별들을 제멸하게 되는 까닭에, 모든 사물에 대한 전도무명의 실질인 번뇌장의 근본을 끊게 되고, 이렇게 근본을 끊음으로써 번뇌장의 근본을 영원히 단멸하게 된다.

이 뜻을 『이제경』(sDe, bka-mdo-ma-253)에서 다음과 같이 설하였다.

문수보살이여! 어떻게 번뇌를 조복하며, 어떻게 번뇌를 통달합니까? 문수보살이 답하되, 승의에 있어서 실로 불생(不生, ajāta)이며, 무생(無生, anutpāda)이며, 비유(非有, abhava)의 모든 법들에 대하여, 세속에서는 〔무지로 인해서〕 그릇된 전도(顚倒, viparyāsa)를 일으키는 것이다.

이 그릇된 전도에서 변계(遍計, samkalpa)와 분별(分別, vikalpa)이 발생하고, 이 변계와 분별에서 〔여실히 사유하지 못하는〕 비리작의(非理作意, ayoniśa-manasikāra)가 발생한다. 이 비리작의에서 자아를 증익하게 되고, 이 자아의 증익에서 〔허망한〕 견해들이 발생한다. 이 〔허망한〕 견해들의 발생에서 번뇌들이 전적으로 일어나는 것이다.

천자여! 승의에 있어서 일체의 법은 실로 불생이며, 무생이며, 비유임을 여실하게 통달하는 그것이, 제일의에 전도되지 않는 것이다. 무릇 제일의에 전도되지 않는 그것이 변계하지 않음이며 분별하지 않는 것이다. 변계와 분별하지 않는 그것이 여실한 도리에 머무르는 것이다. 여실한 도리에 머무는 〔여리행(如理行, yoniśa-prayukta)〕이 자아를 증익하지 않는 것이며, 자아를 증익하지 않는 그것이 〔허망한〕 견해를 일으키지 않는 것이다. 승의에 있어서 열반을 보기까지의 〔허망한〕 견해들의 발생이 또한 일어나지 않는다. 이와 같이 무생에 안주하는 〔유가사는〕 그의 번뇌들이 여지없이 절복됨을 보게 되는바, 그것을 바로 번뇌의 조복이라 부른다.

천자여! 어느 때 불현지(不現智)로써 번뇌들이 승의에 있어서 실로 공적하며, 실로 무상하고, 실로 비유임을 확연히 깨치는 그때, 천자여! 일체의 번뇌를 통달하게 되는 것이다. 천자여! 예를 들면 이와 같으니, 뱀의 독을 훤히 아는 것으로 뱀의 독성을 무력화시키듯이, 천자여! 그와 같이 번뇌의 종류를 통달함으로써 일체의 번뇌를 제멸하는 것이다.

천자가 묻되, 문수보살이여! 번뇌의 종류란 무엇입니까?

문수보살이 답하되, 천자여! 승의에 있어서 실로 불생이며 무생이며 비유인 일체의 법들을 〔허망하게〕 변계(遍計)하는 그 일체가 번뇌의 종류이다.

그러므로 사물 등에 전도되지 않음은 모든 무전도(無顚倒, aviprīta)에 통하는 외연인 까닭에, 그것을 제멸하면 일체의 전도를 소멸하게 되는 것이므로, 소지장도 역시 이것에 의해서 영원히 제멸되는 것이다. 왜냐하면 소지장이란 전도성이기 때문이다.

이 소지장을 제멸하게 되면 가리고 덮음이 없어지는 까닭에, 태양의 빛살이 구름 등의 가림을 벗어난 하늘을 막힘없이 비추는 것과 같이, 〔유가(瑜伽)를 증득하는 무분별의〕 지혜광명이 활연히 발생하는 것이다.

이와 같이 의식이 사물의 본성임을 깨달으면, 또한 사물을 대할지라도 저애(沮礙, pratibandha)가 있음을 보지 못한다. 만약 저애가 없으면 불가사의한 신력을 성취한 것이니, 어찌 일체사가 여실히 드러나지 않음이 있겠는가? 그러므로 세속과 승의의 도리에 의해서 일체의 사물을 여실하게 앎으로써 일체지를 얻게 되는 것이다. 또 이것은 일체의 장애를 소멸하고 일체지를 얻게 하는 정도이다.

성문(聲聞, śrāvaka) 등의 도에 의해서는 일체의 전도를 끊지 못하는 까닭에 〔번뇌와 소지의〕 두 장애를 완전히 제멸하지 못한다. 이 뜻을 『능가경』(sDe, bka-mdo-ca-80)에서는 다음과 같이 설하였다.

> 타인들은 일체의 법이 연(緣, pratyaya)에 의뢰함을 보고서 〔열반이 아닌 것에〕 열반의 생각을 일으킨다. 법무아(法無我, dharma nairātmya)를 〔그들은〕 보지 못하는 까닭에, 대혜(大慧)보살이여! 그들에게는 해탈이 없다.
>
> 대혜보살이여! 성문승(聲聞乘)을 증득한 종성(種姓)은, 염리가 아닌 법에 염리의 생각[543]을 일으킨다. 대혜보살이여! 여기서 이 악견(惡見)을 퇴치하기 위해서 정진토록 하라.

그러므로 여타의 도에 의해서는 해탈하지 못하는 것이므로, "오직 일승(一乘, ekayāna)만이 있다."라고 세존께서 설하였다.

이것은 성문 등의 도를 열어 보이시고 거기에 머물 것을 은밀히 사유한 뒤, 어린애가 어린아이를 건져내듯이 설시한 것에 지나지 않는다. 이와 같이 이들의 도는 단지 온(蘊, skandha) 등의 법에 지나지 않는다.

성문은 자아가 없음을 닦아서 인무아(人無我, pudgala-nairātmya)에 들어가고, 유식사(唯識師, vijñānavādin)는 삼계가 오직 의식임을 닦아서 외경무아(外境無我, bāhyārtha-nairātmya)에 들어간다. 이 도리에 의해서 이 무이지(無二智, advya-jñāna)도 또한 무아에 들어가서 진정한 무아의 진실 〔구경의(究竟義, paramatattva)〕에 안주하는 것이다. 단지 유식(唯識)에 들어가는 것은 진실에 들어가는 것이 아니니, 이것은 앞에서 말한 바와 같다.

---

543) 『중론』에서 또한 설하되, "만일 무상한 것에 대해 〔꺼꾸로〕 항상되다고 하는 집착이 전도라면 무상하다고 하는 집착도 공(의 입장)에서 〔보면〕 어떻게 전도가 아니겠는가?"라고 하였다. 『중론』, p. 393.

또한「출세간품(出世間品)」(sDe, bka-phal chen-ga-leḥu 44-178)에서 설하되, "보살들이여! 또한 삼계는 오직 마음일 뿐임을 깨달으며, 그 마음 또한 가운데와 가장자리가 없음을 깨닫는다."라고 하였다. 이것은 생하고 멸하는 모양의 두 가장자리와 머무르는 모양의 가운데가 없는 까닭에 그 마음은 가운데와 가장자리가 없는 것이다. 그러므로 무이지(無二智)에 들어감은 곧 구경의 진실에 들어가는 것이다.

또 유가사들이 이 단계를 무엇에 의해서 청정케 하는가 하면, "서원(誓願, praṇidhāna)에 의해서 청정케 한다."라고 경에서 설하였다. 즉 대비로써 일체 중생의 이익과 안락을 위하여 보살의 서원을 세운 바의 그 원력에 의해서, 한층 더 열심히 보시 등의 선업을 닦음으로써 그 단계가 청정해지는 것이다. 이것에 의해서 일체법이 자성이 없음을 또한 잘 알지라도, 모든 유정들이 윤회의 과환을 입지 않을 때까지 윤회가 다하도록 머무르는 것이다.

"어떻게 자연성취하며
적멸이란 무엇인가?
무아의 진지(眞智)를
불현(不現)으로서 본다."

라고 여기서 그 원인을 설하였다.

이와 같이 무이론자(無二論者, advyavādin)들이 말하는 무이상(無二相, advya-lakṣaṇa)의 청정한 지혜도 역시 무아이다. 이 무자성(無自性)을 유가사는 무이불현지(無二不現智, advya-nirābhāsa-jñāna)[544]로서 보는 것이다. 이후에는 자성을 보는 바가 없음으로 해서 자연 성취하는 것

544) 무이불현지는 심경불이(心境不二)를 보는 무이지(無二智)마저 실사가 아님을 아는 궁극적인 지혜를 말함.

이며, 온갖 분별들의 일체를 여읨으로 해서 적멸이다.

만약 그때 일체를 그와 같이 관조하는 유가사가 무엇이 있다고 말하는 것은 진실이다. 그러나 승의에 있어서 자아 등의 독립적 실체가 있다고 말하는 유가사는 하나도 없으며, 그것을 봄도 또한 전혀 없는 것이다.

비록 그와 같을지라도 세속의 분상에서, 그와 같이 색(色) 등의 외경의 모양에 대한 인식이 단지 생김에 의해서, 의식상에 그저 그와 같이 세간에서 천수(天授, Deva-datta) 또는 공시(供施, Yajña-datta)〔그들의 모습〕의 인식을 통해서 본다는 명칭을 세우는 것이지 〔거기에 그러한〕 자아 등이 있는 것이 아니다.

그와 같이 여기서도 단지 무이불현지가 발생해서 "불현지(不現智)로서 본다."라고 그와 같이 명칭을 세우는 것이다. 비록 일체의 법들이 승의에 있어서 자성이 없는 것일지라도, 세속의 분상에서는 유가사의 의식이든 또는 범부의 의식이든 〔그것이 없다고〕 말하지 않는다.

이 뜻을 『이제경』(sDe, bka-mdo-ma-25)에서 설하되, "〔제법이〕 승의에 있어서는 실로 있지 않을지라도, 세속의 분상에는 또한 그것을 수행의 도로 삼는다."라고 하였다.

만약 그렇지 않다면, 성문과 연각, 보살과 부처, 일반범부 등의 차별을 어찌 나눌 수 있겠는가? 이와 같이 속제의 분상에서 또한 〔일체에〕 원인이 없다고 하는 것은, 마치 토끼의 뿔과 같이 세속에서는 발생하지 않는 것이다. 또한 일체에 원인이 있다고 하는 것이 승의 분상에는 비록 허망한 것일지라도, 〔속제에서는〕 전적으로 발생하는 것이니 마치 곡두와 그림자와 메아리와 같은 것이다. 이 환상(幻相, māyā) 등이 세속에서 연기(緣起)로 발생할지라도 또한, 그들은 분석의 필요가 없이 승의 상에서 실사가 되지 못하는 것이다. 그러한 까닭에 "일체 중생이 단지 환(幻, māyā)과 같다."라고 설한 것이다.

그러므로 번뇌와 업의 환의 힘에 의해서 중생이 환과 같이 발생하는 것이다. 이와 같이 유가사의 복혜자량의 환력(幻力, māyāvaśā)에 의해서 유가사의 여환지(如幻智, jñāna-māyā)도 그렇게 발생하는 것이다.

이 뜻을 『반야바라밀다경』에서 설하되, "수보리여! 이와 같이 일체의 법은 변화이다. 일부는 성문의 변화이며, 일부는 연각의 변화이며, 일부는 보살의 변화이며, 일부는 여래의 변화이며, 일부는 번뇌의 변화이며, 일부는 업의 변화이다. 수보리여! 이 차별들에 의해서 모든 법은 변화와 같은 것이다."라고 하였다.

여기서 유가사와 범부의 차이는, 유가사는 환술사와 같이 그 환상을 여실히 알아서 실재로 집착하지 않는다. 그러므로 그들을 유가행자라고 부르는 것이다. 만약 어떤 이가 어린아이처럼 마술을 실재로 애집하는 것처럼 전도되게 집착하는 까닭에 범부라고 부르는 것이니, 이들 모두는 어떠한 모순도 없다.

이 뜻을 『법집경』(sDe, bka-mdo-sha-43)에서 설하되,

"비유하면 뛰어난 마술사가
환상에서 해탈하려 정근해서,
이미 그는 그 실체를 알기에
환상에 탐착함이 전혀 없다.

삼유도 환상과 같은 것임을
보리를 통달한 자는 알기에,
중생을 위해 대비의 갑옷을 입어도
중생도 그와 같음을 이미 안다."

라고 하였다.

이와 같이 닦는 이 수습차제에 의거해서 제법의 진실을 닦는 것이다.

만약 마음의 침몰과 들뜸 등이 발생하면 앞에서 말한 바와 같이 그것을 제멸하도록 한다. 어느 때 제법의 자성이 없음을 보며, 마음의 침몰과 들뜸 등을 여의고, 공용을 씀이 없이 저절로 선정에 들게 되면 그때가 지관쌍운(止觀雙運)의 도가 완성된 것이다.

그때에는 힘이 닿는 데까지 신해(信解, adhimukti)의 힘에 의지해서 신해행지(信解行地)545)에 안주하면서 닦도록 한다.

그 뒤 그와 같이 원하는 대로 머물다가 선정에서 일어나고자 할 때는 가부좌를 풀기 전에 이와 같이 생각한다. "또한 이 모든 법들이 승의에 있어서는 자성이 없는 것일지라도, 속제 상에는 엄연히 실재하는 것이다."라고 사유하는 것이다.

이 뜻을 『보운경(寶雲經)』(sDe, bka-mdo-sha-18)에서 설하되, "어떻게 보살이 무아에 효달하는 것인가? 선남자여! 보살은 반야의 정혜로써 색(色, rūpa)을 분별하고, 수(受, vedanā), 상(想, saṃjñā), 행(行, samskāra)을 분별하고, 식(識, vijñāna)을 분별한다. 보살은 색을 분별해서 색의 생(生, utpāda)을 보지 않으며, 집(集, samudaya)을 보지 않으며, 멸(滅, nirodha)을 보지 않는다. 이와 같이 수, 상, 행들과 식의 생김을 보지 않으며, 〔집(集)을 보지 않으며, 멸(滅)을 보지 않는다.〕 이 또한 승의의 무생(無生, anutpāda)에 안주하는 반야의 〔본성에 의한〕 것이며, 세속의 〔무지의〕 본성에 의한 것이 아니다."라고 하였다.

그러나 범부들은 자성이 실재하지 않는 제법을 〔전도되게〕 애집하는 탓에 생사 속에 유전하면서 온갖 고통을 받는 것이라고 사유한 뒤, 대비를 일으켜서 이와 같이 생각하는 것이니, "전심으로 나는 일체지를 얻

545) 신해행지: 가행도(加行道)를 말하며, 이 지위에서는 단지 법성을, 진실을 오로지 신해에 의지해서 닦게 되므로 그와 같이 부른다.

은 뒤에 그들이 법성을 통달토록 하게 하리라! 그와 같이 되어 지이다!" 라고 사유하는 것이다.

그 다음 자리에서 일어나 시방의 제불보살님들께 공양과 찬탄을 행하고, 보현행원 등의 광대한 서원을 세우고, 공성과 대비의 정화인 보시 등의 복혜의 모든 자량들을 닦아 얻도록 한다.

이 뜻을 『법집경』(sDe, bka-mdo-sha-52)에서 설하되, "〔제법의 진실을〕 여실히 관조하는 보살들은 유정들을 위하여 대비를 생기토록 하라. 또한 이렇게 생각하라, '나 자신은 제법의 진실을 여실히 관조하는 이 삼마지의 문을 일체 중생들을 위해서 수증하리라.'고 사유하는 것이다.

그는 그 대비에 고무되어서 증상계학과 증상정학과 증상혜학의 삼학(三學)[546]을 원만히 수습해서 무상정등각을 이루게 된다."라고 하였다.

이 방편과 반야를 쌍운하는 것이 보살의 길이며, 이와 같이 제일의를 견득할지라도 또한 세속을 버리지 않는다. 이렇게 세속을 버리지 않음으로서 대비가 선도해서 전도됨이 없는 중생의 요익행을 행하는 것이다.

이 뜻을 『보운경』(sDe, bka-mdo-wa-27)에서 설하되, "어떻게 보살이 대승에 효달하는 것인가? 보살의 모든 학처(學處, śikṣā)들을 수학할지라도 그 학처를 또한 보지 않으며, 그 학처의 길을 또한 보지 않으며, 그 학처의 수학을 또한 보지 않는다. 그러나 그 인(因, hetu)과 연(緣, pratyaya)과 소의(所依, 根本, nidāna)에 의해서 〔보살은〕 단견(斷見)에 떨어지지 않는다."라고 하였다.

또한 『법집경』(sDe, bka-mdo-sha-74)에서 설하되, "보살들의 수행

---

546) 성문의 삼학에 비하여 대승의 삼학이 수승하기 때문에 증상계학(增上戒學, adhi-śila-śikśā)과 증상정학(增上定學, adhi-chitta-śikśā)과 증상혜학(增上慧學, adhi-prajñā-śikśā)으로 구별해서 부른다.

이란 어떠한 것인가? 하면, 세존이시여! 보살들의 신업의 일체와 구업의 일체와 의업의 일체들 그 모두는 일체의 유정들을 애민함으로써 행하는 것입니다. 대비가 선도하는 것입니다. 대비의 섭화인 것입니다. 일체의 유정들을 이롭게 하고, 안락하게 하려는 숭고한 마음(增上意樂, adhi-citta)에서 생겨납니다. 그와 같이 〔유정들을〕 성숙시키고자 하는 숭고한 마음을 지닌 보살들은 이와 같이 생각합니다. '일체의 유정들을 위하여 그 모든 요익행과 안락행들을 나 자신이 수행하리라.'고 사유하는 것입니다.

보살은 온(蘊, skandha)을 환상과 같이 사유하고 또한 수습할지라도 온을 또한 버리지 않으며, 계(界, dhātu)를 독사와 같이 사유하고 또한 수습할지라도 계를 또한 버리지 않으며, 처(處, āyatana)를 빈집과 같이 사유하고 또한 수습할지라도 처를 또한 버리지 않습니다. 색(色)을 거품과 같이 사유하고 또한 수습할지라도 여래의 색신(色身)을 수득함을 또한 버리지 않으며, 수(受)를 수포와 같이 사유하고 또한 수습할지라도 여래의 선정과 삼매에 머무르는 선열(禪悅)의 수습을 또한 가행정진하지 않음이 없으며, 상(想)을 아지랑이와 같이 사유하고 또한 수습할지라도 여래지(如來智, tathāgata-jñāna)의 성취를 또한 수습하지 않음이 없으며, 행(行)을 파초와 같이 사유하고 또한 수습할지라도 불법을 가행해서 또한 수습하지 않음이 없으며, 식(識)을 환영과 같이 사유하고 또한 수습할지라도 지혜가 제일 먼저 중생의 신·구·의 삼업(三業)의 실현을 또한 수습하지 않음이 없습니다."라고 널리 설하였다.

이와 같이 계경(契經)들에서 설해진 방편과 반야의 무변한 수습도리를 여실하게 체달토록 하라. 비록 출세간반야(出世間般若, lokottara-prajñā)의 〔수습의〕 단계에서는 방편에 의지하지 않을지라도, 방편을 수습할 때에는 보살은 환술사와 같이 전도됨이 없는 까닭에, 출세간지(出世間智, lokottara-jñāna)를 가행〔수습〕하고, 지혜의 가행해서 발생하는 제법의 진실한 도리를 여실하게 깨치는 반야가 있게 되는 그것이, 방편과 반야를 쌍운하는 유일한 도인 것이다.

그러므로 『무진혜경』에서 설하되, "선정(禪定)이 다함이 없는 단계에서부터 방편과 반야의 쌍운의 도가 발생하는 것임을 요지토록 하라."고 하였다.

이와 같은 이 차제에 의해서 보살이 방편과 지혜를 항시 존중해서 오랫동안 닦아 나아감에는 12단계의 구분이 있다. 이 단계들은 더욱더 높은 공덕들을 있게 하는 까닭에 지(地, bhūmis)로서 시설한 것이니, 신해행지(信解行地, adhimukticaryā-bhūmi)에서 불지(佛地, buddha-bhūmi)에 이르기까지다.

신해행지에서는 비록 인무아와 법무아의 진실을 현증하지 못하여도 신해의 힘이 극히 견고함을 이루어서 마군 등이 결코 파괴하지 못한다. 어느 때 신해력(信解力)으로서 〔법의 진실을〕 수습하는 그때, 견고한 신해의 문에 의지하여 닦음으로써 신해행지로 시설한 것이다. 이 지(地)에 안주하는 보살들은 비록 범부일지라도 범부들의 〔무지 등의〕 모든 과실들을 영원히 초탈해서, 삼마지와 다라니와 해탈과 신통 등의 무량한 공덕들을 갖추게 된다고 『보운경』에서 설하였다.

이 지(地)〔가행도(加行道)〕는 상중하와 최상의 네 단계 구분에 맞추어서, 〔각자의 증분(證分)에 의거해서〕 사종순결택분(四種順決擇分)을 시설한다.

어느 때 외경이 붕괴돼서 하품의 지광(智光, jñānaloka)이 발생하는 그때가 순결택분의 난위(暖位, ūṣmgata)이다. 이것을 대승에서는 또한 명득삼마지(明得三摩地)라고 부른다.

어느 때 중품의 지광이 발생하는 그때가 순결택분의 정위(頂位, mūrdhana)이다. 이것을 또한 명증삼마지(明增三摩地)라고 부른다.

어느 때 상품의 지광이 발생해서 가히 외경을 보지 않는 그것이 발생하는 그때, 단지 의식에 안주하는 까닭에 순결택분의 인위(忍位, kśānti)라고 한다. 또한 입진실일분삼마지(入眞實一分三摩地)라고 부르는 것이니, 외경을 가히 보지 않고 머물기 때문이다.

어느 때 능취와 소취의 두 상(相)을 여의고 무이지(無二智)마저 붕괴되는 그때가 순결택분의 세제일법(世第一法)이다. 또한 이것을 무간삼마지(無間三摩地i)라고 부르니, 한 순간의 단절도 없이 〔제법의〕 진실 속에 들어가기 때문이다. 여기까지가 신해행지의 전체 모습이다.

또 여타의 지위들은 간략히 말하면, 열한 가지의 지분들을 갖추는 것에 의해서 시설한 것이다.

보살의 초지(初地, pramuditā-bhūmi)는 처음으로 인법무아(人法無我)의 진실을 증득하는 지분들을 온전히 갖춤으로써 시설한 것이다. 어느 때 세제일법의 최후 찰나에서, 일체법의 무자성을 증득하는 일체의 희론을 여읜 출세간의 밝은 지혜가 처음으로 발생하는 그때, 보살은 과실이 없는 정성(正性, samyaktvanyāma)에 증입해서 바야흐로 견도(見道, darśana-mārga)를 생기하는 까닭에 초지에 들어가는 것이다.

법의 진실을 통달하지 못하다가 이 지위에서 처음 증입하게 되는 까닭에 크게 환희하게 된다. 그래서 환희지(歡喜地, pramuditā-bhumi)라 부르는 것이다. 초지를 증득함으로써 〔견도(見道)의〕 소단(所斷)인 112가지 번뇌[547]들을 끊는 것이다.

또 나머지의 지위들은 수도(修道, bhāvana-mārga)의 계위이며, 그것〔증득한 진여〕을 수행함으로써 삼계(三界)의 16가지 번뇌[548]들을 끊는 것이다.

---

547) 이것은 『대승아비달마집론(大乘阿毗達磨集論)』의 설로서 욕계의 번뇌 40종류와 색계와 무색계의 번뇌 각각 36종류를 말함.

548) 『대승아비달마집론』에 의하면, 욕계의 수단(修斷)인 6가지 번뇌와 색계의 수단인 5가지와 무색계의 수단인 5가지를 말한다.

초지의 보살은 편만한 법계의 〔성품을〕 증득함으로써 자리와 동등하게 이타를 행하기 위하여 보시바라밀을 위주로 닦는다. 이 지위의 보살은 법의 진실을 여실하게 통달하였을지라도 미세한 훼범(毁犯)들을 감찰하는 정지(正知, samprajñaya)에 가히 머물지 못함으로서 초지(初地)[549]인 것이다.

어느 때 그것에 능히 안주하게 되는 그때, 그 지분들을 다 갖춤으로써 이지(二地, dvitīya-bhūmi)를 시설한다. 그러므로 이 지위에서는 미세한 훼범들의 현행을 전혀 범하지 않음으로써 지계바라밀을 위주로 닦는다. 또한 훼범의 더러움들을 모두 여읨으로써 이구지(離垢地, vimalā-bhumi)라 부른다. 이는 미세한 훼범들을 감찰하는 정지(正知)에 또한 안주하는 것이다. 그러나 일체의 세간삼마지(世間三摩地)에 들어감과, 또 그와 같이 들은 바의 법의(法義)들을 온전히 호지하지 못하는 까닭에 이지(二地)[550]인 것이다.

어느 때 능히 그것을 호지하게 되는 그때, 그 지분들을 다 갖춤으로써 삼지(三地, tṛatīya-bhūmi)를 시설한다. 이 지위의 보살은 들음(śuta)의 지님(dharaṇa)〔문지다라니(聞持陀羅尼, śutadhariṇī)〕과 모든 세간삼마지(世間三摩地)들을 얻기 위해서 일체의 고통을 능히 감내함으로써 인욕바라밀을 위주로 닦는다. 또 그 삼마지들을 성취함으로써 이 지위는 출세간의 무량한 지혜광명을 일으키므로 발광지(發光地, prabhā

549) 『람림타르갠(解脫道莊嚴論)』에 의거해서 초지를 요약하면, 본행(本行)은 삼종의 보시바라밀을 닦고, 소단사(所斷事)는 범부의 번뇌성과 오포외(五怖畏)를 끊고, 소증(所證)은 편행진여(遍行眞如)를 증득하고, 수생(受生)은 전륜왕의 몸을 받으며, 소득(所得)은 찰나지간에 백 가지 삼매를 얻어 들어가며, 동시에 일백 화신을 현시하고, 그 한 몸마다 일백의 보살들이 위요하는 상을 보이는 등이다.

550) 이지를 요약하면 본행은 지계바라밀을 닦고, 소단사는 사행장(邪行障)을 끊고, 소증은 최승진여(最勝眞如)를 증득하고, 수생은 전륜왕의 몸을 받으며, 소득은 찰나지간에 일천의 삼매를 얻어서 들어가는 것 등이다.

kari-bhumi)라고 부른다. 이 지위의 보살이 모든 세간삼마지들을 성취하였을지라도, 그와 같이 청문한 보리분법(菩提分法, bodhipakśa-dharma)들을 잘 머물게 함과, 또 법과 모든 싸마빳띠(samāpatti, 等至)의 마음이 〔중정을 지키는〕 평사(平捨)를 능히 행하지 못함으로써 삼지(三地)551)인 것이다.

어느 때 능히 그것을 행하게 되는 그때, 그 지분들을 다 갖춤으로써 사지(四地, caturtha-bhūmi)를 시설한다. 이 지위의 보살은 단절됨이 없이 몸과 말과 뜻의 언설(言說, jalpa)552)에서 영원히 초탈하기 위해서 보리분법들 가운데 잘 머무름으로써 정진바라밀을 위주로 닦는다. 이 지위는 모든 번뇌의 섶을 능히 태우는 보리분법의 광명이 크게 발산하므로 염혜지(焰慧地, archiṣmati-bhumi)라고 부른다. 이 지위의 보살은 보리분법의 흐름 속에 단절됨이 없이 머무른다. 나아가 성제(聖諦, ārya-satya)〔사제(四諦)〕를 수습함으로써 윤회에도 들어가지 않으며, 〔성문 등의〕 열반을 실현코자 하는 마음을 역시 차단하되, 방편으로 섭수하는 보리분법을 능히 닦지 못함으로서 사지(四地)553)이다.

어느 때 그것을 능히 닦게 되는 그때, 그 지분들을 다 갖춤으로써 오

---

551) 삼지는 본행은 인욕바라밀을 닦고, 소단사는 우치장(愚癡障)을 끊고, 소증은 승류진여(勝流眞如)를 증득하고, 수생은 제석천의 몸을 받으며, 소득은 찰나지간에 십만의 삼매를 얻어서 들어가는 것 등이다.

552) 언설: 티베트 원어는 "죄빠(brjod pa)"로 재잘거림의 뜻으로 마음의 분별을 말함. 『람림첸모』에서, "『반야바라밀다교수론』에서도, '여러 갈래 모양의 마음을 거두어 법성(法性)을 소연해서 의언(意言, yid kyi brjod pa)을 여의고 사마타를 수습토록 하라.'고 설하였다. 이 의언(意言)이란 '이것은 이것이다.'라는 등의 분별을 말한다."라고 하였다. 『람림첸모』, p. 549.

553) 사지를 요약하면, 본행은 정진바라밀을 닦고, 소단사는 미세한 번뇌의 현행(現行)을 끊고, 소증은 무섭수진여(無攝受眞如)를 증득하고, 수생은 야마천왕의 몸을 받으며, 소득은 찰나지간에 천만의 삼매를 얻어서 들어가는 것 등이다.

지(五地, pañcamī-bhūmi)를 시설한다. 이 지위에서는 방편으로 섭수하는 보리분법의 수행을 원성하기가 지극히 어려운 까닭에 난승지(難勝地, sudurjayā-bhumi)라고 부른다. 이 지위는 성제(聖諦)의 행상들을 허다히 수습함으로써 선정바라밀을 위주로 닦는다. 이 지위의 보살은 방편으로 섭수하는 보리분법들이 항시로 머문다. 나아가 생사의 유전을 사유함으로써 염리의 마음이 있게 되어서, 마음의 흐름이 무상(無相)에 온전히 안주하는 삼마지를 능히 일으키지 못함으로써 오지(五地)554)이다.

어느 때 능히 그것에 머물게 되는 그때, 그 지분들을 다 갖춤으로써 육지(六地, ṣavṭhī-bhūmi)를 시설한다. 이 지위의 보살은 연기를 수습해서 안주함으로써 반야바라밀을 전적으로 닦는다. 그러므로 반야바라밀을 전적으로 닦는 까닭에 이 지위에서 일체의 불법이 나타나므로 현전지(現前地, abhimukhi-bhumi)라고 부른다. 이것은 또한 무상에 온전히 머무름을 성취한 것이나, 간단없이 무상의 머무름에 안주하지 못함으로서 육지(六地)555)이다.

어느 때 거기에 능히 머물게 되는 그때, 그 지분들을 다 갖춤으로써 칠지(七地, sapta-bhūmi)를 시설한다. 이 지위의 보살은 제상(諸相, sabhī-nimitta)이 무상(無相)임을 체달하여도 상(相)을 보는 명언(名言)〔세속〕을 또한 파괴하지 않는다. 그러므로 이 지위에서는 방편바라밀을 위주로 닦는다. 이 지위는 무공용(無功用, anābhoga)의 도와 상

554) 오지를 요약하면, 본행은 선정바라밀을 닦고, 소단사는 소승의 열반장(涅槃障)을 끊고, 소증은 속무별진여(續無別眞如)를 증득하고, 수생은 도솔천왕의 몸을 받으며, 소득은 찰나지간에 일천 천만의 삼매를 얻어서 들어가는 것 등이다.

555) 육지를 요약하면, 본행은 반야바라밀을 닦고, 소단사는 거친 소지의 현행을 끊고, 소증은 무염정진여(無染淨眞如)를 증득하고, 수생은 낙화천왕의 몸을 받으며, 소득은 찰나지간에 십만 천만의 삼매를 얻어서 들어가는 것 등이다.

응하는 까닭에 〔불지(佛地)를 향해서〕 멀리 나아가므로 원행지(遠行地, dūraṅgamā-bhumi)라고 부른다. 이 지위의 보살은 무간단(無間斷)과 무상(無相)에 또한 머물지라도, 무공용으로 들어가는 무상의 머묾에 안주하지 못함으로서 칠지(七地)556)이다.

어느 때 거기에 능히 들어가게 되는 그때, 그 지분들을 다 갖춤으로써 팔지(八地, aṣṭhama-bhūmi)를 시설한다. 이 지위에서는 자연성취로 선품(善品)들을 근수함으로써 원(願)바라밀을 위주로 닦는다. 또 무상에 매진해서 동요함이 없는 까닭에 부동지(不動地, achala-bhūmi)라고 부른다. 이 지위의 보살은 공용을 씀이 없이 무상(無相)에 또한 머물지라도, 〔제법의〕 이문(異門, 同義)과 석의(釋義) 등의 간택을 일체의 때와 장소에서 열어 보임에 능히 자재하지 못함으로서 팔지(八地)557)인 것이다.

어느 때 그것에 능히 자재함을 얻게 되는 그때, 그 지분들을 다 갖춤으로써 구지(九地, navamī-bhūmi)를 시설한다. 이 지위의 보살은 수승한 무애해(無碍解)를 얻어서 뛰어난 반야의 혜력을 갖춤으로써 역(力)바라밀을 위주로 닦는다. 일체의 때와 장소에서 법을 열어 보임에 능통한 까닭에 무류혜(無謬慧)를 특별히 성취함으로써 선혜지(善慧地, sādhumati-bhumi)라고 부른다. 이 지위의 보살은 또한 사무애해(四無碍解)558)을 얻을지라도, 불토와 권속과 변화 등의 현시와 원만한 불

---

556) 칠지를 요약하면, 본행은 방편바라밀을 닦고, 소단사는 미세한 소지의 현행을 끊고, 소증은 법무별진여(法無別眞如)를 증득하고, 수생은 타화자재천왕의 몸을 받으며, 소득은 찰나지간에 십만 나유타의 삼매를 얻어서 들어가는 것 등이다.

557) 팔지를 요약하면, 본행은 원바라밀을 닦고, 소단사는 무상(無相) 중의 가행장(加行障)을 끊고, 소증은 부증불감진여(不增不減眞如)를 증득하며, 보살의 십자재(十自在)를 얻고, 수생은 소천세계의 범천왕의 몸을 받으며, 소득은 찰나지간에 삼천 십만의 미진수의 삼매를 얻어서 들어가는 것 등이다.

법의 수용과 일체 중생의 성숙을 능히 행하지 못함으로서 구지(九地)[559]인 것이다.

어느 때 그것을 능히 성취하게 되는 그때, 그 지분들을 다 갖춤으로 인해서 십지(十地, daśa-bhūmi)를 시설한다. 이 지위에서는 변화(變化) 등을 통해서 중생을 성숙시키는 사업에 극히 빼어나서 지(智)바라밀을 위주로 닦는다. 이 지위는 설법의 구름이 무변한 세계에 법우(法雨)를 내림으로써 법운지(法雲地, dharma-meghā-bhumi)라고 부른다.

또 이러한 지위는 온청정(蘊淸淨, skandha-pariśudhi) 등의 행상에 의해서 달리 시설하는 법이 있으나, 그것은 글이 번다해짐을 우려해서 여기서는 기록하지 않는다.

이 지위의 보살은 변화(變化) 등에 자재함을 성취하였을지라도, 일체의 소지계(所知界)〔현상계〕에 대하여 한결같이 무착무애(無着無碍)의 지혜를 일으키지 못하므로 십지(十地)[560]인 것이다.

어느 때 능히 그것을 일으키는 그때, 그 지분들을 다 갖춤으로써 불지(佛地, buddha-bhumi)[561]을 시설한다. 이 지위의 행상은 『해심밀

558) 사무애해: 갖가지 법상(法相)에 대하여 바르게 이해하는 보살의 지혜로, 법무애해(法無碍解)·의무애해(義無碍解)·사무애해(詞無碍解)·변재무애해(辯才無碍解)의 네 가지를 말함.

559) 구지를 요약하면, 본행은 역바라밀을 닦고, 소단사는 이타행 중의 불욕행(不欲行)을 끊고, 소증은 지자재소의진여(智自在所依眞如)를 증득하며, 수생은 중천세계의 범천왕의 몸을 받으며, 소득은 찰나지간에 십만 무량 불토의 미진수의 삼매를 얻어서 들어가는 것 등이다.

560) 십지를 요약하면, 본행은 지(智)바라밀을 닦고, 소단사는 일체법 가운데 자재하지 못한 장애를 끊고, 소증은 업자재소의진여(業自在所依眞如)를 증득하며, 수생은 대자재천왕의 몸을 받으며, 소득은 찰나지간에 십만 천만 나유타 불가설불토의 미진수의 삼매를 얻어서 들어가는 것 등이다.

561) 불지에 도달하는 데까지 삼대겁(三大劫)이 걸린다. 『보살지(菩薩地)』에서, "그들 모두는 삼무수대겁(三無數大劫)에 의해서 바르게 성취하는 것이니, 첫 무수겁(無數劫)에서는 승해지(勝解地)를 경과해서 초지(初地)

경』에서 설시한 것이다. 불지는 온갖 일체 종류의 〔공덕들의〕 원만함이 전부 구극에 당도한 까닭에 이 지위 위에는 다른 행상이 없다. 그러므로 여기서부터는 지위를 시설하지 않는다.

이 불지(佛地)의 공덕의 품류들을 열거하면 무량무변해서 그 전체상을 설하고자 하면 제불(諸佛)들조차도 가히 설하지 못하는 것이다. 그러니 나와 같은 자는 더 말할 필요가 없는 것이다.

즉 『화엄경』(sDe, bka-phal chen-ga-299)에서,

"설령 깊이 체관할지라도
법계[562]의 무량한 공덕들의,
단 일면조차 헤아리지 못하니
제불과 법들은 불가사의하다."

라고 설함과 같다.

요약하면, 단지 이 정도만을 설할 수 있는 것이니, 자리이타의 원만한 의리가 구경에 도달하고, 모든 죄장의 정화를 구경성취한 뒤에, 제불여래들은 법신에 안주하면서 보신과 화신을 현시해서, 모든 유정들의 이익과 행복을 자연성취하는 도리로 행하면서, 윤회계가 다할 때까지 〔세간에〕 머무는 것이다. 그러므로 지자들은 일체 공덕의 원천인 제불세존께

에 머무름을 성취하며, 그 또한 항시 근수해서 얻는 것으로 노력하지 않으면 얻지 못하는 것이다. 두 번째 무수겁에서는 초지의 환희지에서 칠지의 원행지를 경과해서 팔지의 부동지를 성취하는 것이다. 그것은 결정적 사실로서 그와 같이 의요(意樂)가 청정한 보살은 반드시 근수하기 때문이다. 세 번째 무수겁에서는 팔지와 구지의 〔선혜지(善慧地)〕를 경과해서, 십지의 법운지(法雲地)를 성취하는 것이다."라고 하였다. 『람림타르갠(解脫道莊嚴論)』, p.240.

562) 법계(法界, svayambhu): 티베트 원어는 "raṅ byuṅ"으로 자생(自生)의 뜻임.

큰 믿음을 일으켜서, 불세존의 공덕을 원만히 수증하기 위해서 언제 어디서나 전심으로 정진토록 하라.

그리고 삼신(三身) 등의 차별상은 글이 번다해지는 것을 우려해서 여기서는 적지 않는다.

대승의 규범과 도리가 일치하는
보살이 가는 길을 잘 해설해서,
얻게 되는 적지 않은 복덕으로
중생들이 대지를 속히 얻어 지이다.

티베트왕의 명을 받아서 아사리 까말라씰라(Kamalaśīla, 蓮華戒)가 이 수습차제(修習次第)의 약설을 지어서 『수습차제초편(修習次第初篇)』을 완결하다.

또 인도의 친교사 쁘라즈냐와르마(Prajñāvarma, 智鎧)와 책임역경사인 비구 예시데(Ye śes sdes, 智軍) 등이 번역하고 교정해서 완결하다.

대승의 깨달음을 바로 여는 길

중관수습차제(中觀修習次第) 중편

싼스끄리뜨의 바와나끄라마(bhāvanākrama)는 티베트어로 수습차제(修習次第, sGom paḥi rim pa)라고 한다.

성문수사리동진보살님께 정례합니다.

대승의 길에 들어오고 있는 보살들을 위해서 수습의 차제를 간략히 설하고자 한다.

일체지(一切智)를 신속하게 얻기를 바라는 지자들은, 그것을 얻게 하는 인(因, hetu)과 연(緣, pratyaya)을 반드시 근수해야 한다.

이와 같이 이 일체지는 인이 없이 발생하지 않는 것이니, 〔만약 그렇지 않다면〕 누구나 또한 언제라도 일체지를 이루게 되는 모순이 발생하기 때문이다. 만약 〔일체지가〕 의뢰함이 없이 발생한다면, 일체를 또한 가히 의지하지 못해서 누구라도 또한 일체지를 얻지 못한다. 그러므로 이 일체지는 소수에게 어느 한 때 드물게 발생하는 것이어서 일체사가 오로지 인에 의존하는 것이다.

이 일체지는 오직 소수만이 어느 한 때 드물게 이루는 것이며, 언제나 발생하는 것이 아니며, 어디서나 발생하는 것이 아니며, 누구에게나 발생하는 것이 아니다. 그러므로 이 일체지는 반드시 인과 연에 의뢰하는 것이다.

또한 인과 연 가운데서도 잘못됨이 없고 빠짐이 없는 인과 연을 수습해야 한다. 잘못된 인은 비록 장시간 절실히 닦을지라도 원하는 결과를 낳지 못하는 것이니, 비유하면 소뿔을 당겨서 젖을 짜는 것과 같다.

또한 일체의 인을 닦지 않고서는 원하는 결과가 발생하지 않는 것이니, 종자 등의 연(緣)이 하나라도 결여되면 싹의 결과가 발생하지 않는 것과 같다. 그러므로 불과를 바라는 자는 반드시 잘못됨이 없는 인과 연의 그 일체를 수습해야 하는 것이다.

이 과위의 일체지의 인과 연이란 어떠한 것인가? 답하되, 나처럼 장님과 같은 자가 그것을 감히 설하지는 못하는 것이다. 그렇지만 세존 자신께서 몸소 성불하신 뒤에 교화받을 중생들에게 그 같이 말씀하신 것처럼, 나 역시 세존의 그 말씀을 그대로 말하고자 한다.

〔『비로자나현증보리경(毘盧遮那現證菩提經)』(sDe, bka-rgyud-tha-153)〕에서 세존께서 설하되, "비밀주〔금강수보살〕여! 이 일체지지(一切智智)는 대비의 근본에서 발생하며, 보리심의 인에서 발생하며, 방편에 의해서 구경에 달한다."563)라고 하였다.

그러므로 일체지를 얻고자 하는 자는 마땅히 대비(大悲)와 보리심(菩提心)과 방편(方便)의 세 가지를 수습해야 한다.

대비(大悲, mahā-karuṇā)가 발생하게 되면 보살들은 일체의 유정들을 구제하기 위해 반드시 서원을 세우게 된다. 그래서 자신을 돌아봄을 버린 채 지극히 행하기 어렵고, 장구한 세월 동안 끊임없이 수득해야 하는 복덕과 지혜의 자량을 존중하며, 또 거기에 머물면서 복덕과 지혜의 자량을 원만히 갖추게 되는 것이다.

이 복혜의 자량을 원만하게 갖추게 되면, 일체지는 마치 수중에 넣은

---

563) 이 뜻을 『약론석』에서, "일체종지(一切種智)란 부처의 의공덕(意功德)으로 그 근본은 대비이며, 그 인은 보리심이며, 구경의 원만한 불위(佛位)에 도달케 하는 방편이 육바라밀이다. 육바라밀이 복과 혜를 원성케 하고, 이 복혜를 구족하는 것이 방편이 되어서, 나중에 구경의 원만한 불위에 도달하게 된다."라고 하였다. 『약론석』 下冊, p. 720.

것과 같다. 그러므로 일체지의 근본은 오로지 대비이므로 대비를 제일 먼저 수습하는 것이다.

이 뜻을 『법집경』(sDe, bka- mdo-sha-84)에서 설하되, "세존이시여! 보살은 무수히 많은 법들을 배우고자 하지 않습니다. 세존이시여! 보살이 만약 하나의 법을 잘 지니고서 온전히 깨닫게 되면 일체의 불법이 그의 수중에 있게 됩니다. 그 하나의 법이란 무엇인가 하면, 이와 같으니, 바로 대비입니다."라고 하였다.

대비로서 〔일체를〕 섭수함으로써 제불세존은 일체의 자리를 원만히 성취하였을지라도 중생계가 다할 때까지 세간에 머물게 되는 것이다. 대저 성문들과 같이 열반성(涅槃城)의 적멸의 기쁨 속에 또한 들어가지 않고, 모든 유정들을 두루 살펴서 그 열반성의 적멸을 마치 불타는 철옥처럼 여겨서 방기하는, 제불세존의 무주처열반(無住處涅槃, apratiṣṭhita-nirvāṇa)의 정인도 오로지 이 대비인 것이다.

이 대비(大悲)의 수습차제를 처음부터 닦는 법을 말하고자 한다.

우선 먼저 〔친소를 여의는〕 평사(平捨)를 수습해서 모든 중생들에 대하여 애집하고 미워하는 〔분별의 마음을〕 끊어버리고, 평등한 마음(平等心)을 닦아서 얻도록 한다.

그리하여, "모든 중생들은 한결같이 행복을 원할 뿐 고통을 원치 않으며, 또한 무시이래의 윤회 속에서 나와 모든 중생들은 백 번도 넘게 가족의 인연을 맺지 않은 이가 하나도 없다."라고 사유하는 것이다.

또한, "만약 여기서 어떠한 차별의 마음이 있게 되면, 일부에게는 애염을 일으키고, 일부에게는 분한을 품게 되는 것이다. 그러므로 나 자신은 일체 중생들에 대해서 평등한 마음을 가지리라."고 사유하며, 그와 같이 작의(作意)하되 먼저 제삼자들로부터 시작해서 친우와 적방에 대하여 〔친소를 여읜〕 평등한 마음을 또한 수습토록 한다.

그 다음 모든 중생들에 대하여 〔친소를 여읜〕 평등한 마음을 얻고 나서는 대자(大慈, mahā-maitri)를 수습한다.

자애의 법수(法水)로 마음의 흐름을 적셔서 윤택한 황금의 대지처럼 만들고, 그 다음 대비의 씨앗을 심는다면 어려움 없이 그것이 풍성하게 자라나게 된다. 그러므로 마음의 흐름을 자애로서 잘 훈습하고 나서 대비를 수습한다.

이 대비란 모든 고통 받는 중생들이 그 고통을 영원히 여의기를 바라는 마음가짐이다. 삼계의 모든 유정들은 삼고(三苦)[564]에 의해서, 각자의 분수에 따라 온갖 고통을 받는다. 그러므로 모든 유정들을 위해서 대비를 수습한다.

"지옥계의 중생들은 한 순간의 틈도 없이 장구한 세월 동안 춥고 더움 등의, 형언할 수 없는 온갖 고통의 바다 속에 오로지 빠져 있다."라고 세존께서 설하였다.

또한 "아귀도의 중생들도 역시 정녕 참고 견디기 힘든 배고픔과 갈증의 불길로 바싹 마른 육신을 불태우는 가없는 고통을 받는다."라고 세존께서 설하였다.

짐승으로 태어난 중생들도 역시 큰 놈이 작은 놈을 잡아먹고 분노에 차서 으르렁거리고, 서로를 물어뜯고 해치고 죽이는 등의 온갖 고통들을 받을 뿐이다.

인간들도 역시 온갖 욕심을 추구하다가 패가망신해서 서로 원수가 되어 서로를 해치고, 사랑하고 좋아하는 것과 헤어지고, 원수와 싫은 것과 만나며, 빈궁함에 떨어지는 등의 온갖 무량한 고통을 맛본다. 어떤 자들은 탐욕 등의 번뇌에 의해서 온갖 얽매임으로 마음을 붙들어 매고, 또 어떤 자들은 갖가지 사견들이 치성하는바, 그것들 모두는 괴

564) 삼고: 삼계육도의 일체 고통을 총괄한 것으로 고고(苦苦, duḥkha-duḥkhatā)와 괴고(壞苦, vipariṇāma-duḥkhatā)와 행고(行苦, saṃskāra-duḥkhatā)의 세 가지를 말함.

로움의 원천이어서 마치 벼랑 끝에 매달려 있는 것과 같이 단지 괴롭고 괴로울 뿐이다.

또한 천신들도 역시 모두 괴고(壞苦)565)에 의해서 고통을 받는다. 욕계의 천인들 모두는 항상 죽음과 하계로 떨어지는 등의 두려움의 고통으로 마음이 핍박당하는 것이니 어찌 안락함이 있겠는가?

또한 행고(行苦)566)는 업과 번뇌의 성상(性相, lakṣaṇa)이자 원인에 의존하여 발생하는 의타기성(依他起性)〔삼업(三業)의 조중(粗重)에 수반해서〕이자, 찰나 찰나에 변멸하는 성상으로 모든 중생들에게 통용되는 고통이다.

그러므로 중생들 모두가 고통의 불구덩이 속에 빠져 있음을 관찰해서 그와 같이 나 자신이 고통을 바라지 않듯이, 타인도 역시 그와 같다고 사유하는 것이다.

아! 슬프도다! 나에게 소중한 유정들이 괴로움에 빠지면 이들을 그 고통에서 어떻게 구출해 내야하는가? 라고, 마치 나 자신의 고통처럼 여기며, 또 그것에서 벗어나길 바라는 마음가짐의 그 대비로써, 삼마지에 안주할지라도 또한 좋으며, 일체의 행위를 행할지라도 또한 좋으니, 언제라도 항시 일체의 유정들을 위하여 대비를 수습토록 한다.

처음에는 친구들의 아방에 대하여, 그와 같이 설한 갖가지 고통들을 받고 있음을 관찰해서 대비를 수습토록 한다. 다음은 모든 유정들을 평등한 마음으로 차별 없이 바라본 뒤, 모든 유정들이 전부 나의 가족이

---

565) 괴고: 일시적인 즐거움을 주는 낙수(樂受)를 뜻하며, 시간이 경과하면서 몸과 마음에 새로운 고통을 일으키므로 괴고라고 한다. 예를 들면 추울 때 태양을 쬐는 것과 같이 처음은 좋으나 나중에는 두통을 야기하는 것과 같다.

566) 행고: 유루(有漏)의 비고비락(非苦非樂)의 평등한 느낌을 말하며, 이것을 일으키는 대상과 함께 신구의(身口意)의 부정함에 의지해서 육도중생에게 균등하게 고통을 야기하므로 편행고(遍行苦)라고도 함.

라고 깊이 사유해서, 제삼자의 일반 중생들에 대하여 대비를 수습토록 한다. 어느 때 그들에 대해서도, 친구들의 아방과 같이 그 대비가 평등하게 일어나면, 그때는 시방의 모든 유정들을 향해서 대비를 수습토록 한다.

어느 때 귀여운 어린 자식의 아픔을 보는 어머니처럼, 자기의 사랑하는 자식을 고통에서 구해 내길 열망하는 연민이 스스로 솟아나는 그 대비가, 모든 유정들에 대해서도 등등하게 일어나게 되면, 그때 대비가 완성된 것이자 대비라는 이름을 또한 얻는 것이다.

대자(大慈)의 수습도 처음에는 친구들의 아방을 대상으로 한다. 이것은 〔모든 유정들이〕 안락을 누리기를 바라는 마음가짐으로 점차로 일반 중생들과 적방에 대해서도 또한 그렇게 수습토록 한다.

이와 같이 대비를 닦아 익힘으로써 점차 모든 유정들을 진실로 건지고자 하는 염원이 스스로 일어나게 된다.

그러므로 〔일체의〕 근본인 대비를 먼저 닦아 익힌 뒤에 보리심을 수습하는 것이다. 이 보리심에는 두 가지가 있으니, 세속보리심과 승의보리심이다.

세속보리심(世俗菩提心, samvṛti-bodhi-citta)은 대비로써 일체 중생을 진실로 구제하길 서원한 뒤, '중생의 이익과 안락을 위해서 부처가 되어 지이다!'라고 사유해서, 무상정등각을 희구하는 마음을 처음으로 일으킴이다.

이 또한 『계품(戒品)』에서 설하는 의궤대로 보살의 율의(律儀, samvara)에 정통하고 거기에 잘 머무르는 다른 선지식에게서 발심(發心)을 하도록 한다.

이 세속보리심을 일으킨 뒤에는 승의보리심을 생기하기 위해서 정진토록 한다. 이 승의보리심(勝義菩提心, paramārtha-bodhi-citta)567)

567) 승의보리심: 『약론석』에서, "곧 이것은 가명(假名)에 의거해서 시설한 것

은 출세간(出世間, lokottara)이며, 모든 희론(戱論, prapañca)의 여읨이며, 명징(明澄, aphuṭa)함이며, 제일의(第一義, paramārtha)의 경계이며, 무구(無垢, vimala)이며, 부동(不動, achala)이니, 무풍 속의 등불처럼 적요(寂寥, niṣkampa)함이다.

이 승의보리심의 성취는 항시 이것을 존중해서 오랫동안 사마타와 위빠사나의 유가를 수습함으로써 얻게 된다. 즉 『해심밀경』(sDe, bka-mdo-ca-34)에서, "미륵보살이여! 또한 모든 성문들과 보살들과 또는 제불여래의 세간과 출세간의 선법들 전부가 역시 사마타와 위빠사나의 선과임을 알도록 하라."고 설한 바와 같다.

이 지관(止觀)의 두 가지가 모든 삼마지들을 총괄하는 것이니, 모든 유가사들은 이 사마타와 위빠사나를 항시 근수해야 한다. 즉 『해심밀경』(sDe, bka-mdo-ca-34)에서, "이와 같이 세존께서 나 여래는 말하길, 모든 성문과 보살과 제불여래가 열어 보인 온갖 유형의 삼마지들 그 전부가 사마타와 위빠사나에 거두어지는 것임을 알라."고 한 바와 같다.

단지 사마타 하나만을 닦는 것으로는 유가사가 장애를 근원적으로 제멸하지 못하고, 번뇌의 〔현행(現行)만을〕 잠시 제압하게 될 뿐이다. 참으로 반야의 광명이 발생함이 없이는 잠복된 번뇌의 수면들을 완전히 파괴하지 못하는 것이다. 그러므로 『해심밀경』(sDe, bka-mdo-ca-43)에서 설하되, "선정은 번뇌의 현행을 제압하고, 반야는 잠복된 번뇌의 수면을 섬멸한다."라고 하였다.

또한 『삼마지왕경』(sDe, bka-mdo-da-27)에서도,

으로, 초지 이상에 속한다. 초지 이상의 보살들이 일심으로 공성을 전주(專注)해서 심신과 공성이 마치 일백의 강물이 바다에 들어가 한맛을 이루듯이, 능견(能見)과 소견(所見)의 상이 하나가 되어서 나누지 못하는, 이와 같은 심상(心相)을 승의보리심이라고 가설한 것이다. 만약 이것을 잘못 이해하면 공성을 닦는 것을 가지고서 보리심을 수습하는 것으로 오인하게 된다."라고 하였다. 『약론석』 下冊, p. 719.

"비록 이 삼마지를 닦을지라도
아상(我想)을 파괴하지 않으면,
번뇌는 다시 치성하게 되는바,
이는 학쬐(增上行)의 수선과 같다.

만일 제법의 무아를 사유하고
또한 관찰하고 만약 닦는다면,
그것은 해탈과를 낳는 정인이며,
다른 인으로는 적멸을 얻지 못한다."

라고 설하였다.

『보살장경』에서도 설하되, "만약 보살장(菩薩藏, bodhisattva-piṭaka)의 이 〔동류의〕 법문(法門)들을 듣지 못하고, 성스러운 비나야(毗奈耶, vinaya)의 법들을 들음이 없이 오로지 삼마지에 만족해하는 것은 교만의 탓으로 증상만에 떨어진다. 그는 생로병사와 고뇌와 비탄과 괴로움과 우수와 분노 등에서 온전히 벗어나지 못하며, 육도의 윤회에서 온전히 벗어나지 못하며, 온갖 고통의 쌓임에서 온전히 벗어나지 못하는 것이다. 이것을 고려해서 여래께서는 설하시되, '타인을 수순하여 법을 청문하는 자는 늙고 죽음을 벗어나게 된다.'라고 설하였다."라고 하였다. 그러므로 일체의 장애를 제멸해서 청정한 지혜의 발현을 원하는 자는 반드시 사마타에 안주하여 반야를 수습해야 한다.

이 뜻을 『보적경』(sDe, bka-dkon brtsegs-cha-146)에서 설하되,

"율의에 안주해서 삼마지를 얻으며,
삼매를 얻고서 또한 반야를 닦는다.
반야로써 청정한 지혜를 얻으며,

청정한 지혜로써 율의를 원성한다."

라고 하였다.

또한 『수신대승경(修信大乘經)』(sDe, bka-mdo-ba-21)에서도 설하되, "선남자여! 반야에 온전히 안주하지 못하면, 보살들의 대승의 믿음이 대승에서 그와 같이 또한 출생한다고 나는 말하지 않는다. 선남자여! 이 동류의 법문들에 의해서, 또한 그와 같이 보살들의 대승의 믿음이 대승에서 전적으로 출생하는 것이다. 그 일체는 산란이 없는 마음으로 의취(義趣)와 법(法)을 여실히 사유함으로써 출생하는 것임을 알라."고 하였다.

또한 사마타를 여읜 위빠사나만으로는 유가사의 마음이 바깥의 대경으로 달아나게 되어서, 마치 바람 속의 등불처럼 흔들린다. 그래서 지혜의 광명이 크게 발현하지 못하니, 이러한 까닭에 이 둘을 평등하게 수습해야 한다.

그러므로 『대열반경』에서 설하되, "성문들은 여래의 경계(境界, gotra)[568]를 가히 보지 못하니, 정력(定力)이 강성하고 혜력(慧力)이 부족하기 때문이다. 보살들은 그것을 가히 볼지라도 투명하지 못하니, 혜력이 강성하고 정력이 부족하기 때문이다. 여래는 일체를 통견하나니 사마타와 위빠사나가 평등한 까닭이다."라고 하였다.

사마타의 힘에 의해서 등불이 바람에 흔들리지 않듯이 분별의 바람이 마음을 흔들지 못하며, 위빠사나의 힘에 의해서 모든 악견(惡見)의 더러움을 끊음으로써 여타의 〔견해〕들이 마음을 흔들지 못하는 것이다.

이 뜻을 『월등경(月燈經)』(sDe, bka-mdo-da-20)에서 설하되, "사마타의 힘에 의해서 동요하지 않으며, 위빠사나에 의해서 산과 같이 머

---

568) 여래의 경계: 범어 'gotra'는 일반적으로 종성(種姓)으로 번역되나, 여기서는 'class'의 뜻을 취하여 부처의 경지를 뜻하는 경계로 번역함.

무른다."라고 함과 같다. 그러므로 지관(止觀)을 함께 닦는 유가를 마땅히 수습해야 한다.

먼저 유가사는 어려움 없이 빨리 지관을 얻게 하는, 지관의 자량들을 힘써 수습해야 한다. 이 사마타의 자량이란 무엇인가? 적절한 처소에 머물며, 욕심이 적고 만족을 알며, 잡사를 버리고 청정한 율의를 지니며, 탐욕 등의 생각을 버리는 등 여섯 가지이다.

첫째, 적절한 처소란 다섯 가지의 장점을 갖춘 장소임을 알도록 하라. 즉 의복과 식량 등의 조달에 어려움이 없는 곳, 불량한 무리들과 원적 등이 없는 평온한 곳, 질병 등을 일으키지 않는 양명한 곳, 율의가 청정하고 견해가 상통하는 도반이 이웃하는 곳, 낮에는 인적이 드물고 밤에는 잡소리가 적은 한적한 곳 등이다.

둘째, 욕심이 적음이란 의복 등의 좋고 많음에 크게 집착하지 않는 것이다.

셋째, 만족을 앎이란 하품의 의복 등을 얻었을지라도 항시 만족하는 것이다.

넷째, 잡사를 버림이란 장사 등의 속된 행위를 버림과 속인과 출가자가 구분 없이 섞이는 일과 약을 짓는 일과 점성 등의 행위를 버리는 것이다.

다섯째, 청정한 율의를 가짐이란 별해탈계(別解脫戒)[569]와 보살계(菩薩戒)[570]의 두 가지 성죄(性罪, prakriti-jñāpti-sāvaṭṭa)를[571] 포

---

569) 별해탈계(prātimokṣa-samvara): 사문의 출리심(出離心)에 의해서 일으킨 타인을 해치는 해악심을 버린 마음과 상응하는 계율로서, 욕계(欲界)에 소속되고 현생에 국한되는 계율이다. 여기에는 일곱 가지가 있다. 우바새와 우바니의 계율과 정학녀(正學女)와 사미와 사미니의 계율과 비구와 비구니의 계율이 있다.

570) 보살계(bodhisattva-samvara): 보살이 수지하는 계율로서 십중대계(十中大戒)와 48경계(輕戒) 등이 있으며, 이것은 현생에 국한되지 않고 세세생생토록 유지되는 심계(心戒)에 속한다.

함하는 학처들을 여의지 않음과 방일해서 범하게 되면 즉시 뉘우쳐서 여법하게 바로잡는 것이다. 또 성문계(聲聞戒)에서 설한 범해서는 안 되는 바라이죄(他勝罪, pārājika)[572]들에 대하여 또한 후회의 마음을 지님과 후일 재범하지 않는 마음을 가짐과 마음으로 업을 지어도 그 마음에는 자성이 없음을 사유한 까닭과 또 제법의 자성이 없음을 수습한 까닭에 그의 율의가 전적으로 청정하게 됨을 말하는 것이다. 이것은 『미생원멸회경(未生冤滅悔經)』을 통해서 잘 이해하도록 하라. 그러므로 마땅히 악작(惡作, 後悔, kaukritya)[573]을 없애고 나서 수도에 힘써 정진토록 해야 하는 것이다.

여섯째, 탐욕 등의 생각을 버림이란 탐욕들에 대하여 또한 금생과 내생에서 온갖 과환을 낳는 것임을 깊이 사유해서, 그것을 추구하는 망상들을 버리도록 하는 것이다.

윤회 속의 일들이란 즐거운 것이든 또한 즐겁지 않은 것이든 변하여 없어지는 생멸법(生滅法, vināśa-dharma)이자 덧없는 것이어서, 의심할 바 없이 오래지 않아 결별해야 하는 것이다. 그러니 내가 어찌 그것들을 크게 탐착해야 하는 것인가라고 절실히 생각하고 수습해서, 모든 망상들을 버리도록 하는 것이다.

또 위빠사나의 자량이란 무엇인가? 선지식을 친근하고, 다문(多聞)을 널리 구하고, 〔여실히 사유하는〕 여리작의(如理作意, yoniśa-manasikāra)의 세 가지이다.

〔첫째〕 어떠한 선지식을 섬기는 것인가? 하면, 다문이 광대하고, 경

---

571) 성죄: 살생(殺生), 투도(偸盜), 사음(邪淫), 망어(妄語) 등과 같이 행하지 않는 그 자체가 선과 복덕이 되는 계율을 말함.

572) 바라이죄: 성문계(聲聞戒)와 보살계(菩薩戒)에서 규정하는 근본적 중죄로서 네 가지 바라이죄와 여덟 가지 바라이죄 등이 있다.

573) 악작: 사이전(四異轉)의 하나로, 과거의 소작(所作)을 기꺼워하지 않는 마음으로 마음의 안주를 방해하는 심소(心所)를 말함.

문에 밝고, 자비를 갖추고, 〔법의 강설 등에〕 싫증과 피곤을 잘 감내하는 이 네 가지 덕을 지닌 스승을 의지하는 것이다.

〔둘째〕 다문을 널리 구함이란, 무릇 세존의 십이분교(十二分教, dvadaśānga-dharma-pravacana)의 요의와 불요의의 뜻을 존중하고 널리 청문하는 것이다. 『해심밀경』(sDe, bka-mdo-ca-35)에서, "성언(聖言)을 원하는 만큼 청문하지 않는 것이 위빠사나의 장애이다."라고 설한 바와 같다. 또 같은 경(sDe, bka-mdo-ca-34)에서, "위빠사나는 청문과 사유에서 생긴 청정한 견해의 인(因)에서 발생한다."라고 설하였다. 또한 『나라연청문경(那羅延請問經)』(sDe, bka-mdo-na-92)에서, "다문에서 반야가 출생하며 반야가 있어 번뇌를 멸한다."라고 설하였다.

〔셋째〕〔여실히 사유하는〕 여리작의란 무엇인가? 하면, 무릇 요의의 계경과 미요의의 계경 등을 바르게 결택하는 것이니, 이와 같이 보살이 법에 의심이 없으면, 수행에 일향으로 나아가게 된다. 만약 이와 같지 않으면 의심의 수레를 타고 갈림길에 도착한 길손과 같아서 갈 곳을 정하지 못하고 방황하는 것이다.

또 유가사는 항상 어육 등을 멀리하고, 음식에 평등하지 않음이 없으며, 자기의 식사의 양에 맞게 음식을 먹도록 한다.

이와 같이 보살이 지관(止觀)의 자량들 모두를 수집함으로써 수행에 들어갈 수 있는 것이다. 유가사가 수습에 들어갈 때는 먼저 행하는 모든 일들을 끝내고, 대소변 등도 마치고 소음이 없는 안락한 곳에 편안히 좌정한다. 그리고 "나는 모든 중생들을 부처의 묘보리(妙菩提, bodhimaṇḍa)로 인도하리라."고 사유해서 모든 중생들을 건지려는 염원의 대비의 마음을 일으킨다. 그 뒤 시방의 모든 제불보살님들께 오체투지로서 예배하고, 제불보살들의 존상이나 성화 등을 정면이나 또는 적절한 곳에 모시고, 힘닿는 대로 공양하고 찬탄하며, 자신의 죄업을 참회하고, 모든 유정들의 선업과 복덕을 따라서 기뻐하도록 한다.

그 뒤 편안한 방석 위에 성비로자나(聖毘盧遮那)의 좌법(坐法)574)에 따라서 앉는다. 결가부좌575)나 반가부좌 어느 것이나 괜찮으며, 눈은 크게 뜨지도 감지도 말고 반만 열어서 코끝을 바라보며, 몸은 뒤로 젖히거나 앞으로 숙이지 말고 곧게 펴서 세우고, 의념(意念, smṛti)은 안으로 거두어서 지키도록 한다. 두 어깨는 나란히 해서 기울지 않도록 하며, 머리는 숙이거나 젖히지 말고 옆으로도 기울지 않게 반듯이 하고, 코끝과 배꼽이 수직이 되게 하고, 이와 입술은 평시처럼 다물되 혀끝은 윗니 뒤에 가볍게 붙이도록 한다. 호흡은 편안히 하되 숨소리가 크고 막히고 거침이 없게 해서 전혀 숨소리를 느끼지 못하도록 서서히 자연스럽게 내쉬고 들이쉬도록 한다.

먼저 사마타를 닦아 얻는 것이니, 바깥의 대경으로 달아나는 마음의 산란을 쉬게 한 뒤, 안으로 소연의 대상에 연속해서 그 마음이 스스로 들어가며, 희열(喜悅)과 경안(輕安)이 함께 하는 마음에 머무는 것을 사마타라고 한다. 이 사마타에 안주할 때 법의 진실을 관찰하는 것이 위빠사나인 것이다. 즉 『보운경』(sDe, bka-mdo-wa-92)에서, "사마타는 〔마음을 한곳에 모으는〕 심일경성(心一境性)이며, 위빠사나는 〔법의를〕 여실히 분별하는 것이다."라고 한 바와 같다.

---

574) 비로자나 좌법: 비로자나칠법(毘盧遮那七法)을 말하는 것으로, 비로자나 부처의 원만하고 청정한 불신(佛身)을 표준으로 삼는 좌법이다. 두 발은 가부좌를 맺으며, 양손은 법계정인을 맺는다. 척추는 곧게 펴서 세우며, 목은 바르게 하고, 어깨는 바로 펴서 기울지 않게 하며, 눈은 코끝을 바라보며, 혀는 윗니에 가볍게 붙이는 좌법을 말함.

575) 가부좌의 다섯 가지 장점: 첫째는 심신의 경안을 빨리 얻으며, 둘째는 장시간 앉아 있을 수 있으며, 셋째는 외도와 더불어 상이함을 표시하며, 넷째는 타인으로 하여금 존경과 믿음을 일으키게 하며, 다섯째는 부처와 그 제자가 함께 서로를 인정하는 법으로, 양손의 법계정인은 방편과 지혜가 원만함을 표시한다.

또한 『해심밀경』(sDe, bka-mdo-ca-26)에서 설하되, "세존이시여! 어떻게 사마타를 온전히 추구하며, 어떻게 위빠사나에 효달합니까?

답하시되, 미륵보살이여! 나 여래가 법을 시설하여 건립함이 이와 같다. 계경(契經, sūtra)과 응송(應頌, geya), 기별(記別, vyākaraṇa), 풍송(諷誦, gāthā), 자설(自說, udāna), 인연(因緣, nidāna), 비유(譬喩, avadāna), 본사(本事, iti-vṛttaka), 본생(本生, jātaka), 방광(方廣, vaipulya), 희유(稀有, adbuta-dharma), 논의(論議, upadeśa-varga)의 십이분교(十二分教)를 보살들에게 설하였다. 보살은 그것을 잘 듣고, 잘 기억해 가지며, 구송해서 잘 익히며, 마음으로 잘 분별하고, 잘 관조해서 활연히 통달한 뒤, 보살이 홀로 고요한 곳에 머물면서, 〔그것을〕 마음속에 잘 간직하고, 그와 같이 잘 사유한 그 법들을 작의하며, 작의를 행하는 그 내심에서 그 마음이 연속해서 작의를 행함으로써 작의라고 한다.

그와 같이 행하고 그것을 닦아 익히는 거기에서, 몸과 마음의 경안이 발생하는 그것을 사마타라고 한다. 그와 같다면 보살이 사마타를 온전히 추구하는 것이다.

또 보살이 몸과 마음의 경안을 얻은 다음 거기에 머물면서, 마음의 산란을 제멸한 뒤, 그와 같이 사유한 그 법들 안에서 삼마지의 〔행하는 바의〕 경계인 〔그 법들의〕 영상(影像)들을 여실히 관찰하고 승해(勝解, adhimokśa)하는 것이다.

그와 같이 삼마지의 경계인 그 영상들의 소지의(所知義, jñeyārtha)[576]를 사택(思擇, vivecanā)[577]하고, 최극사택(最極思擇, para-vivecanā)[578]하고, 주편심사(周偏尋思, parikalpanā)[579]하고, 주편사

576) 소지의: 일체 사물의 실의(實義)를 말함.

577) 사택: 제법의 진소유성(盡所有性)을 분변하는 것으로서, 속제(俗諦)의 관찰함을 뜻함.

찰(周偏伺察, paryavekśaṇā)[580]하고, 감내(堪耐, kśānti)하고, 애락(愛樂, chanda)하고, 분변(分辨, pravibhaga)하고, 관조(觀照, darśana)하고, 식별(識別, adhigama)하는 그 일체가 위빠사나이다. 그와 같다면 보살이 위빠사나에 효달하는 것이다."라고 하였다.

이 사마타를 진실로 수득하길 원하는 유가사는 이와 같이 행한다.

먼저, "계경과 응송 등의 경교(經敎)〔십이분교〕의 일체가 진여로 향하며, 진여로 들어가며, 진여에 도달함이다."라고 그 일체를 거두어서 그것에다 마음을 안치하는 것이다.

〔두 번째는〕 일향으로 그러한 모양으로 제법을 수렴하는 그 온(蘊) 등에 마음을 안치하는 것이다.

〔세 번째는〕 일향으로 그와 같이 보고 들은 바의, 여래의 색신에 마음을 안치하는 것이다. 이 뜻을 『삼마지왕경』(sDe, bka-mdo-da-13)에서

"황금빛 색신의 아름다운
여래의 상호를 소연하여,
거기에 마음을 안치함이
보살의 근본정의 수습이다."

라고 설하였다.

이와 같이 원하는 바의 그 어떠한 소연의 대상에다 마음을 안치하고

---

578) 최극사택: 제법의 여소유성(如所有性)을 분변하는 것으로서, 승의제(勝義諦)의 관찰을 뜻함.

579) 주편심사: 거친 사유를 뜻하며, 지혜가 있는 작의와 분별로써 상(相)을 취할 때 그것을 주편심사라고 한다.

580) 주편사찰: 미세한 사유를 뜻하며, 제법의 진실의를 분별할 때, 그것을 주편사찰이라고 한다.

나서, 거기에 연속해서 마음을 안주시키는 것이다. 또 소연의 대상에다 마음을 안주시키고 나서는 마음을 이렇게 관찰하는 것이니, "지금 소연의 대상을 잘 잡고 있는 것인지? 아니면, 침몰하였는지? 아니면 마음이 바깥의 대상으로 달아나서 산란하지는 않은지?" 등을 자세히 살피는 것이다.

〔의식이〕 몽롱하고 졸음에 눌려서 마음이 침몰하거나 또는 침몰한 것으로 의심이 갈 때는, 최상의 환희처인 여래의 색신 등과 또는 〔일월과 같이 환한〕 광명상(光明想)을 일으키도록 한다.

그 뒤 마음의 가라앉음을 털어낸 뒤, 전심으로 또한 그 소연의 대상을 마음으로 잡되 그 영상을 명료히 볼 수 있도록 그와 같이 행한다. 유가사가 마치 장님과 같고, 또는 어둠 속에 있는 것과 같고, 또는 눈이 잠긴 것과 같이 되어서 마음이 소연의 대상을 명료하게 보지 못하면, 그때는 마음이 침몰한 것임을 알도록 하라.

어느 때 바깥의 사물 등의 그것들의 미덕을 망상해서 마음이 달아나거나 혹은 다른 것들을 상기함으로써, 혹은 과거의 경험들을 애착함으로써 마음이 들뜨거나 또는 들뜬 것으로 의심이 갈 때는, 세상사가 덧없음과 괴로움 등의 출리의 마음을 낳게 하는 사물들을 마음에 사유토록 한다.

그 뒤 마음의 산란을 쉬게 한 뒤, 정념(正念)과 정지(正知)의 쇠사슬로써 마음의 코끼리(意象, mano-hasti)를 소연(所緣)의 기둥에다 단단히 붙들어 매도록 한다. 어느 때 침몰과 들뜸을 벗어나서, 그 소연의 대상에 마음이 저절로 들어감을 볼 때는, 마음의 공용을 씀을 버리고 〔중정을 지키는〕 평사(平捨)를 행한다. 또한 그때는 원하는 만큼 선정을 수습토록 한다.

이와 같이 사마타를 닦아 익힌 유가사의 몸과 마음이 경안하게 되고, 그와 같이 원하는 대로 소연의 대상에 마음을 안주시키는 자재함을 얻게 되는 그때, 사마타가 성취된 것임을 알도록 하라. 이 사마타를 얻은 다음에는 위빠사나를 수습하되, 이와 같이 사유하는 것이다.

세존의 모든 교설은 잘 설해진 것으로서, 직접 또는 우회해서 법의 진실을 밝게 열어 보여서 법의 진실로 나아가게 한다. 이 진실을 알게 되면 광명이 발생해서 어둠을 없애듯이, 모든 악견의 그물에서 벗어나게 되는 것이다.

단지 사마타만으로는 지혜의 청정함을 이루지 못하며, 장애의 어둠 또한 제멸하지 못한다. 반야의 〔관혜(觀慧)〕로써 법의 진실을 잘 수습함으로써 지혜가 비로소 청정하게 되는 것이다.

오로지 반야에 의해서 법의 진실을 깨달으며, 오로지 반야에 의해서 모든 장애들을 완전히 제멸하게 되는 것이다. 그러므로 나는 사마타에 안주해서 반야로써 법의 진실을 온전히 추구하리라. 단지 사마타만을 만족해하는 어리석음을 범하지 않으리라.

진실이란 무엇인가? 대저 승의에 있어서 모든 사물들은 인법(人法)의 두 자아가 공성이며, 그 또한 반야바라밀다로서 깨달으며, 여타〔선정바라밀다〕에 의해서 깨닫는 것이 아니다. 그러므로 『해심밀경』(sDe, bka- mdo-ca-47)에서 설하되, "세존이시여! 보살은 제법의 자성이 없음을 어떠한 바라밀다에 의해서 인지합니까? 답하되, 관자재보살이여! 반야바라밀다에 의해서 그것을 인지한다."라고 설한 바와 같다. 그러므로 사마타에 안주해서 반야를 수습해야 하는 것이다.

유가사는 이와 같이 〔인무아(人無我, pudgala-nairātmya)를〕 관찰하는 것이니, "뿌드갈라(人)는 온(蘊), 계(界), 처(處)를 〔셋을〕 여의고서 별도로 있음을 보지 못한다. 이 뿌드갈라는 온(蘊) 등의 자성이 또한 아니니, 그 온(蘊) 등은 무상하고 다수의 자성인 까닭과 뿌드갈라는 상주(常住, nitya)와 유일(唯一, ekrupa)의 자성임을 타인〔수론학파(數論學派)〕들에 의해서 정의된 까닭이다. 그러나 사실상 그것〔온(蘊) 등의 실체가 있는 것〕과 별도의 가히 설명하지 못하는 뿌드갈라의 실체가 있다는 것은 정리가 아니니, 그 실재하는 모양이 달리 있지 않기 때문이다. 그러므로 이와 같이 세간에서 말하는 이 나와 나의 것은 단지 착란일 뿐이다."라고 체관하는 것이다.

또한 법무아(法無我, dharma-nairātmya)는 이와 같이 수습하는 것이니, "법이란 요약하면, 오온(五蘊)과 십이처(十二處)와 십팔계(十八界)이다. 이들 온(蘊), 처(處), 계(界)들의 그러한 모양들 전부는 승의에 있어서 마음의 상(相, 作用, cittākāra)을 떠나 달리 없다. 왜냐하면 그것들은 극미들로 분해가 되고, 극미들 역시 그 지분들의 자성을 낱낱이 관찰하면, 그 자성을 전혀 얻지 못하기 때문이다. 그러므로 무시이래로부터 색(色) 등의 진실하지 못한 법들을 집착해 온 탓에, 꿈에서 보게 되는 색 등이 바깥에 실재하는 것처럼 보는 것이며,[581] 승의에 있어서 이 색 등은 마음의 상을 떠나서 별도로 없는 것이다."라고 체관하는 것이다.

유가사는 또 이와 같이, "이 삼계(三界)라는 것도 오직 마음일 뿐이다."라고 사유하는 것이다. 그와 같이 법이라고 시설된 일체가 오직 마음의 현현임을 깨달은 뒤, "그것을 여실히 관찰하면 일체법의 자성을 관찰하는 것이다."라고 사유하는 것이다.

그 다음 마음의 본성을 사유하는 것이다. 그것은 이와 같이 관찰하는 것이니, "제일의에 있어서는 마음도 또한 진실이 아니니, 어느 때 허망한 성품의 색(色) 등의 모양을 인식하는 마음이 갖가지 형상들로 나타나는 그때, 그것이 어찌 진실이 될 수 있겠는가? 그와 같이 색 등이 허

581) 이 구절의 원문은 다음과 같다. "rMi lam na dmigs paḥi gdzugs la sogs pa phyi rol du chad pa bshin de snaṅ gi"

망한 것처럼 마음 또한 그것을 떠나서 별도로 없는 것이어서 역시 허망한 것이다. 이와 같이 색 등이 갖가지 모양인 까닭에 하나와 다수의 자성이 아닌 것과 같이, 마음 또한 그것을 떠나서 별도로 없는 까닭에 하나의 자성도 다수의 자성도 아니다. 그러므로 마음은 단지 환(幻, māyā)의 성품과 같은 것이다. 마음이 그와 같은 것처럼 일체법도 역시 단지 환의 성품과 같다."라고 체관하는 것이다.

유가사가 이와 같이 반야로써 마음의 본성을 여실히 관찰하게 되면, 진실로 마음은 안에서도 또한 얻지 못하며, 밖에서도 또한 얻지 못하며, 이 둘을 떠나서도 또한 얻지 못하며, 과거의 마음도 또한 얻지 못하며, 미래의 마음도 또한 얻지 못하며, 현재의 마음도 또한 얻지 못하는 것이다.

그 마음이 일어날 때 또한 어디로부터 오는 것이 아니며, 마음이 멸할 때 또한 어디로 가는 것이 아니니, 마음이란 가히 잡지 못하고, 가히 드러내 보이지 못하는 색(色)이 아닌 법이다.

이렇게 가히 드러내 보이지 못하며, 가히 잡지 못하는 색(色)을 여읜 그것의 본성이란 무엇과 같은 것인가? 『보적경』(sDe, bka-dkon brt segs-cha-139)에서 설하되, "가섭이여! 마음은 애써 찾을지라도 가히 얻지 못하며, 가히 얻지 못하는 그것은 가히 보지 못하며, 가히 보지 못하는 그것은 과거도 또한 아니며, 미래도 또한 아니며, 현재도 또한 아닌 것이다."라고 함과 같다.

유가사가 이와 같이 관찰하면 마음의 시초도 진실로 보지 못하며, 마음의 끝도 진실로 보지 못하며, 마음의 중간도 진실로 보지 못하는 것이다. 그와 같이 마음에 가장자리와 가운데가 없는 것처럼, 일체의 법들도 또한 가장자리와 가운데가 없는 것임을 통달하라. 유가사가 그와 같이 마음에 가장자리와 가운데가 없음을 체달함으로써 마음의 자성을 전혀 보지 않게 되는 것이다. 또 그 마음이 깨닫는 바 그 역시 공성임을 깨닫는다. 그것을 깨달음으로 해서 마음에 의해서 성립된 실질(實質, svabhāva)[582]들인 색(色) 등의 자성을 또한 가히 보지 않게 되는 것이다.

유가사가 이와 같이 반야로써 일체법의 자성을 진실로 보지 못함으로써, 색은 영원한 것이다, 무상한 것이다, 공한 것이다, 공하지 않은 것이다, 유루이다, 무루이다, 생하는 것이다, 생하지 않는 것이다, 실유다, 실유가 아니라는 〔등의 일체를〕 전혀 분별하지 않는 것이다.

이와 같이 색(色)을 분별하지 않듯이, 수(受)·상(想)·행(行)·식(識) 등에 대해서도 역시 분별을 일으키지 않는다. 만약 그 법들이 성립하지 않으면 그에 예속되는 법들도 따라서 성립하지 않는 것이니, 그것에 대하여 어찌 분별을 일으키겠는가?

유가사가 이와 같이 반야로써 깊이 관찰해서, 어느 때 일체 사물의 자성을 승의에 있어서 전혀 〔실유로〕 미집하지 않는 그때, 비로소 무분별정(無分別定, nirvikalpa-samādhi)에 들어가며, 또한 일체법의 무자성성(無自性性, niḥsvabhāvatā)을 깨닫게 되는 것이다.

만약 반야로서 사물의 자성을 여실히 관찰해서 닦지 않고, 단지 작의의 버림만을 오로지 닦는 것은, 그의 분별도 영원히 제멸하지 못하고, 무자성성의 진실 또한 영원히 깨닫지 못한다. 왜냐하면 지혜의 광명이 없기 때문이다. 그러므로 "이와 같이 여실히 관찰해서 여실히 두루 아는 지혜의 불꽃이 발생하면, 찬목(鑽木)을 비벼서 불을 일으키는 것과 같이 분별의 나무들을 태워 버린다."라고 〔『보적경』「가섭문품」에서〕 세존께서 말씀하였다.

또한 『보운경』(sDe, bka-mdo-wa-92)에서도 설하되, "그와 같이

---

582) 원문은 "마음의 성립된 실질(sem kyi rnam par bsgrubs paḥi ṅo bo)"이나, 『아띠쌰소간백법(阿底峽百法錄, Jo boḥi chos ḥbyuṅ brgya rtsa)』에는 "마음에 의해서 성립된 실질(sem kyis rnam par bsgrubs paḥi ṅo bo)"임.

과환에 효달한 유가사는, 일체의 희론을 여의기 위해서 공성을 수습하는 유가의 관행(觀行)을 닦는다. 그가 공성을 무수히 수습함으로써 어떠어떠한 대경들로 마음이 달아나서, 그 마음이 애착하는 그러그러한 대상들의 본질들을 추찰해서 공한 것임을 깨닫는다. 마음도 또한 관찰해서 공한 것임을 깨닫는다. 마음이 깨닫는 바의 그 또한 자성을 추찰해서 공한 것임을 깨닫는다. 유가사가 그와 같이 깨달음으로 해서 〔희론이 절멸한〕 무상유가(無相瑜伽, animitta-yoga)에 들어간다."고 하였다.

이것은 곧 〔온전히 분별하는〕 주편심사를 먼저 행함으로써 무상성에 깨달아 들어가는 것임을 밝힌 것이다. 단지 작의를 버리거나, 반야로써 사물의 본성을 관찰함이 없이는 무분별성에 깨달아 들어가지 못하는 것임을 극명하게 밝힌 것이다.

이와 같이 유가사가 반야로서 색 등의 사물의 자성을 여실히 관찰하고 나서 선정을 수습하는 것이며, 색 등에 안주해서 선정을 행하지 않으며, 이 세상과 저 세상의 중간에 머물면서 선정을 행하지 않은 것이니, 왜냐하면 색 등의 사물은 가히 얻지 못하기 때문이다. 그러므로 〔그 유가사를 머무르는 바가 없는〕 무주처선정자(無住處禪定者, apratiṣthata-dhyānī)라고 부르는 것이다.

반야로써 모든 사물의 자성을 여실히 관찰한 뒤에 〔일체법의 자성을〕 가히 봄이 없이 선정을 수습하는 까닭에 승혜정려자(勝慧靜慮者, pra jñottara-dhyānī)라고 부르는 것이니, 이것은 『허공고경(虛空庫經)』과 『보정경(寶頂經)』 등에서 설한 바와 같다.

이와 같이 인법무아(人法無我)의 진실에 안주하는 유가사는 심사(尋思)와 분석의 행위가 달리 없으므로 분별과 관찰을 여의고, 언설을 여읜 한 덩이 작의심(作意心)이 스스로 선정에 들어가고, 공용을 씀이 없음으로 해서 법의 진실을 극명하게 수습하며 안주하게 되는 것이다. 여기에 안주하고 나서도 마음의 흐름이 또한 산란하지 못하도록 해야 한다.

어느 때 중간 중간에 탐애 등에 의해서 마음이 바깥으로 달아나면, 그때는 재빨리 산란을 감지해서 부정관(不淨觀) 등을 닦아서 산란을 물리친 뒤, 곧바로 진여 속에 마음을 계속해서 머물게 한다.

어느 때 사마타를 혐오하는 마음이 일어나면, 그때는 삼마지의 공덕583)을 사유해서 즐거워하는 희심을 닦으며, 또 산란의 과실을 사유해서 염오하는 마음을 물리치도록 한다.

만약 어느 때 혼몽과 졸음에 눌려서 의식의 흐름이 불명해서 마음이 침몰하거나 또는 침몰한 것으로 의심이 가면, 그때는 앞서와 같이 최상의 환희로운 대상들을 사유해서 신속하게 가라앉음을 털어낸 뒤, 다시 그 진성을 견고하게 잡도록 한다.

어느 때 과거의 유흥과 놀이 등이 떠올라서 중간에 마음이 흔들리거나 또는 들뜬 것으로 의심이 가면, 그때는 앞서와 같이 무상함 등의 염리의 마음을 낳게 하는 사물들을 사유해서 산란을 쉬게 한 뒤, 다시 그 진성 위에 공용을 씀이 없이 마음이 자연스레 들어가도록 노력한다.

어느 때 마음이 침몰과 들뜸을 여의고 평등하게 안주하되, 진성 속에 마음이 스스로 들어감을 보면 그때는 공용의 씀을 버리고 〔중정을 지키는〕 평사(平捨)를 닦도록 한다. 만약 평등하게 머무르는 중에 공용을 쓰게 되면, 그때 마음이 도리어 산란하게 되는 것이다.

---

583) 삼마지의 공덕: 첫째는 심신이 즐겁고 편안해서 현생에 안락하게 머무르는 것이며, 둘째는 심신의 경안을 얻어서 선소연(善所緣)에 마음이 원하는 대로 안주하는 것이며, 셋째는 전도경(顚倒境)에 멋대로 달아나는 산심을 멸해서 악행이 생기지 않고, 뜻대로 선행을 할 수 있는 강한 힘이 생기는 것이며, 넷째는 사마타에 의지해서 신통변화 등의 공덕을 이루는 것이며, 다섯째는 특별히 그것에 의지해서 진성(眞性)을 통달하는 위빠사나를 닦아서 윤회의 근본을 신속하게 끊는 것 등이다. 『약론석』 하책, p. 866.

만약 마음이 침몰하였는데도 공용을 써서 진작하지 않으면, 그때는 더욱 깊이 가라앉아서 위빠사나가 상실되고, 마음은 장님인 양 어둡게 된다. 그러므로 마음이 침몰하면 공용을 써서 진작토록 하고, 마음이 평등에 머물게 되면 공용을 쓰지 않는다.

어느 때 위빠사나의 수습이 과다해서 혜력이 넘치면, 그때는 사마타의 힘이 달려서 바람 속의 등불처럼 마음이 흔들려서 진성을 밝게 비추어 보지 못하게 된다. 그러므로 그때는 바로 사마타를 수습토록 한다. 또 사마타의 힘이 넘치게 되면 그때는 바로 반야를 수습토록 한다.

어느 때 이 〔지관의〕 둘이 나란히 어울려서 선정에 들어가면, 그때는 심신이 뇌란함을 느끼지 않을 때까지 공용을 씀이 없이 머물도록 한다. 만약 몸 등에 뇌란함이 발생하면 중간 중간에 모든 세상사가 환영과 같고, 아지랑이와 같고, 꿈과 같고, 물속의 달과 같고, 허공 꽃과 같은 것임을 관찰해서 이와 같이 생각하는 것이다. '이들 중생들은 이러한 심오한 묘법을 알지 못한 탓에, 윤회 속에 떨어져 온갖 번뇌를 일으킨다. 나는 반드시 그들로 하여금 이와 같이 심오한 묘법을 깨닫도록 하게 하리라.'고 사유해서 대비와 보리심을 진실로 일으키도록 한다.

그 뒤 고단함을 해소하고 다시 그와 같이 제법을 가히 보지 않는 일체법불가견삼마지(一切法不可見三摩地, sarva-dharma-nirābhasa-samādhi)에 들어가도록 한다. 다시 마음이 크게 뇌란하게 되면 그와 같이 고단함을 해소하도록 한다. 이것이 지관쌍운의 길이며, 유분별영상(有分別影像)과 또는 무분별영상(無分別影像)을 반연해서 닦는 것이다.

이와 같이 유가사가 이 차제를 한 시간 혹은 반좌시(半坐時) 또는 일좌시(一坐時, prahara)[584], 나아가 원하는 만큼 진성을 수습하며 머

584) 일좌시: 선정을 닦을 때 한 차례 입정하는 시간을 말하며, 옛적에 인도에서 일주야를 16시(時)로 나눠서 수행하였다.

물도록 한다. 이것이 법의 의리를 극명하게 결택하는 의리간택정려(義理揀擇靜慮, artha-pravicaya-dhyāna)로서 『능가경(楞伽經)』에서 설시한 바이다.

그 뒤 원하면 삼마지에서 나오되 가부좌를 풀기 전에 이와 같이 생각한다. "이 일체의 법들이 승의에 있어서는 자성이 비록 없는 것일지라도, 세속 분상에서는 엄연히 존재하는 것이다. 그런 것이 아니라면 어찌 업과의 상속 등이 그와 같이 엄연하게 존재할 수 있겠는가? 그러므로 세존께서도 또한 〔『능가경』(sDe, bka-mdo-ca-174)에서〕 설하되, '속제에서는 사물이 생할지라도 승의에서는 자성이 없다.'라고 하였다. 이들 어리석은 범부들은 자성이 없는 사물을 실재하는 등으로 증익함으로써 마음이 전도되어서 한없는 세월을 윤회 속에 생사하는 것이다. 그러므로 나는 전심으로 위없는 복혜의 자량을 원성해서 일체지의 지위를 얻은 뒤에, 그들로 하여금 법성을 통달토록 하게 하리라."고 사유하는 것이다.

그 다음 천천히 가부좌를 풀고 자리에서 일어나, 시방에 계시는 제불보살님들께 예배를 드리고 공양과 찬탄을 행한 다음, 보현행원 등의 광대한 서원을 세우도록 한다.

그 뒤 공성과 대비의 정화인 보시 등의 모든 복혜의 자량들을 성취하기 위해서 전심으로 정진토록 한다. 이와 같이 행하게 되면, 그 선정이 온갖 종류의 모든 최승이 함께 하는 공성을 수증하는 것이다.

이 뜻을 『보계경(寶髻經)』(sDe, bka-dkon brtsegs-cha-220)에서 설하되, "자애의 갑옷을 입고 대비의 자리에 머물면서 온갖 종류의 모든 최승이 함께 하는 공성을 수증하는 선정을 닦으라. 온갖 종류의 모든 최승이 함께 하는 공성이란 무엇인가? 이와 같으니, 보시를 여의지 않음이며, 계율을 여의지 않음이며, 인욕을 여의지 않음이며, 정진을 여의지 않음이며, 선정을 여의지 않음이며, 반야를 여의지 않음이며, 방편을 여의지 않음이다."라고 널리 설한 것과 같다.

보살들은 모든 중생들을 원만히 성숙시키고, 불토와 불신과 광대한 권속 등을 원성하는 방편인 보시 등의 선업을 반드시 닦아야 한다. 만약 그렇지 않다면, 제불여래들이 설한 불토 등의 원만한 성취물들이 과연 무엇의 결과로서 생겨나는 것이겠는가? 그러므로 온갖 종류의 모든 최승이 함께 하는 일체지지(一切智智)는 보시 등의 방편에 의해서 완성되는 것이다. 이러한 까닭에 세존께서는, "일체지지(一切智智)는 방편에 의해서 구경에 달한다."라고 설한 것이다. 그러므로 보살들은 보시 등의 방편을 또한 수습해야 하며, 단지 공성 하나만을 닦는 것이 아니다.

또한 『섭연경(攝硏經)』(sDe, bka-mdo-dza-183)에서 설하되, "미륵보살이여! 모든 보살들이 육바라밀을 청정히 수행하는 것은 정등각을 얻기 위한 것이지만, 어리석은 자들은 이것을 이렇게 말한다. '보살들은 오로지 지혜바라밀만을 수학할 것이며, 무엇하러 여타의 바라밀들을 힘써 배우려 하는가?'라고 말해서 여타의 바라밀들에 대하여 달가워하지 않는 생각을 낸다.

미륵보살이여! 이것을 어떻게 생각하는가? 옛적에 내가 까씨 국의 왕이 되었을 때, 비둘기를 구하기 위해서 내 몸의 살점을 떼어서 매에게 보시를 하였는바, 그것이 어리석은 일인가?

미륵보살이 답하되, 세존이시여! 그건 그렇지 않습니다.

세존께서 말씀하시되, 미륵보살이여! 내가 보살행을 닦고 익혀서 육바라밀을 갖춘 온갖 선근을 쌓고 심었는바, 그러한 선근이 나에게 해악을 끼쳤는가?

미륵보살이 답하되, 세존이시여! 그건 그렇지 않습니다.

세존께서 말씀하시되, 미륵보살이여! 그대 또한 60겁의 세월 동안 보시바라밀을 청정하게 닦았으며, 60겁의 세월 동안 지계바라밀을, 60겁의 세월 동안 인욕바라밀을, 60겁의 세월 동안 정진바라밀을, 60겁의 세월 동안 선정바라밀을, 60겁의 세월 동안 지혜바라밀을 청정하게 수행하여 왔다. 그러나 어리석은 자들은 이것을 '오직 하나의 도리로서 깨달은 것이니, 이와 같이 공성의 도리에 의한 것이다.'라고 말하는바, 그들의 행업들은 모두 청정하지 못하다."라고 하였다.

만약 방편을 여읜다면 보살의 지혜 하나만은 성문들과 〔그것과〕 같아서 여래의 사업을 능히 행하지 못하며, 방편의 도움이 있게 될 때 비로소 가능한 것이다. 즉 『보적경』(sDe, bka-dkon brtsegs-cha-129)에서 설하되, "가섭이여! 예를 들면 이와 같이, 국왕들이 신하들을 통솔해서 일체의 사무를 처리하듯이, 보살의 반야도 선교방편을 섭수해서 또한 여래의 사업 일체를 봉행하는 것이다."라고 함과 같다.

대저 보살들의 도의 견해가 다르고, 외도들과 성문들의 도의 견해가 또한 다른 것이다. 외도들의 도는 자아 등을 〔실재하는 것으로〕 전도하는 까닭에 영원히 반야의 지혜를 벗어난 길이어서 그들은 결코 해탈을 얻지 못한다. 성문들의 도는 대비를 여읨으로 해서 방편을 갖추지 못하는 것이다. 그러한 까닭에 그들은 홀로 열반을 향해서 나아가는 것이다. 보살들의 도는 반야와 방편을 함께 갖추기를 원한다. 그래서 그들은 무주처열반을 향해 나아가는 것이다.

보살들의 도는 반야와 방편의 구족을 원함으로써 무주처열반을 얻는 것이니, 반야의 힘에 의해서 윤회에 떨어지지 않으며, 방편의 힘에 의해서 열반에 떨어지지 않기 때문이다. 그러므로 이 뜻을 『가야경』(sDe, bka-mdo-ca-288)에서 설하되, "보살의 길이란 요약하면 둘이니, 그 둘이란 무엇인가? 이와 같으니, 방편과 반야이다."라고 하였다. 「상승초품(祥勝初品)」에서도, "반야바라밀다는 어머니요, 선교방편은 아버지이다."라고 설하였다. 『무구칭경(無垢稱經)』(sDe, bka-mdo-ma-201)에서도, "보살들의 결박이란 무엇이며, 해탈이란 무엇인가? 방편을 여의고 윤회에 들어감은 보살의 결박이며, 방편을 섭수해서 윤회의 삶 속에 들어감은 보살의 해탈이다. 반야를 여의고 윤회 속에 들어감은 보살의 결박이며, 반야를 섭수해서 윤회의 삶 속에 들어감은 보살의 해탈이다. 방편을 섭수하지 않는 반야는 결박이며, 방편을 섭수하는 반야는 해탈이며, 반야를 섭수하지 않는 방편은 결박이며, 반야를 섭수하는 방편은 해탈이다."라고 널리 설하였다.

보살이 단지 반야만을 수습한다면, 성문들이 지향하는 열반에 떨어져서 마치 결박을 당한 것처럼 되어서 무주처열반에 의한 해탈을 얻지 못하게 된다. 그래서 방편을 여읜 반야는 보살들의 결박이라고 설한 것이다. 찬 바람을 맞아 추우면 불을 쬐는 것과 같이, 보살은 전도의 바람을 막기 위하여 방편이 함께 하는 반야로써 공성을 수습하며, 성문들처럼 〔열반을〕 실현하지 않는 것이다.

그러므로 『십법경(十法經)』(sDe, bka-dkon brtsegs-kha-173)에서 설하되, "선남자여! 비유하면 이와 같으니, 어떤 사람이 불을 크게 섬기게 되서 그가 불을 공경하고 존중할지라도, 그의 생각에, '내가 불을 공경하고 존경할지라도 이것을 두 손으로 받들어야 한다.'라고는 생각하지 않는다. 왜냐하면 그것으로 인해서 몸의 고통과 또는 마음의 아픔이 생긴다고 생각하기 때문이다. 그와 같이 보살도 〔성문의〕 열반의 생각이 또한 있지만 〔성문의〕 열반을 또한 실현하지 않는 것이다. 왜냐하면 그것으로 인해서 내가 보리에서 퇴타하게 된다고 생각하기 때문이다."라고 한 바와 같다.

만약 방편 하나만을 오로지 닦으면 보살이 범부의 지위에서 벗어나지 못함으로써 더욱 크게 결박을 당하게 된다. 그러므로 반야와 함께 방편을 근수해야 하는 것이다. 이와 같이 주력을 불어넣은 독약처럼 보살들의 번뇌도 또한 역시, 반야를 섭수하는 힘에 의해서 닦게 되면 〔번뇌가〕 감로로 바뀌는 것이니, 그 본디의 성품이 증상선과(增上善果, abhyudaya-phal)인 보시 등의 일체는 더 말할 필요가 없다. 그러므로 『보적경』(sDe, bka-dkon brtsegs-cha-130)에서 설하되, "가섭이여! 비유하면 이와 같으니, 주력(呪力)과 해약(解藥)으로 다스려진 독약이 능히 죽게 하지 못하듯이, 그와 같이 반야를 섭수함으로써 보살의 번뇌도 또한 능히 퇴타 시키지 못한다."라고 하였다.

이렇게 보살은 방편의 힘에 의해서 윤회를 버리지 않는 까닭에, 〔성문의〕 열반에도 떨어지지 않으며, 반야의 힘에 의해서 일체의 경계를 단멸한 까닭에 윤회에도 떨어지지 않는다. 그래서 부처의 무주처열반을 증득하게 되는 것이다.

그러므로 『허공고경(虛空庫經)』(sDe, bka-mdo-pa-253)에서 설하되, "반야의 지혜로써 일체의 번뇌를 영원히 버리며, 방편의 지혜로써 일체의 유정을 영원히 버리지 않는다."라고 하였다. 또 『해심밀경』(sDe, bka-mdo-ca-19)에서도, "중생의 요익을 일향으로 외면함과 심행(心行, samskāra)의 소작(所作, 行爲, abhisamskāra)〔선근을 닦는 의도 등〕을 일향으로 외면함은 무상정등각(無上正等覺)을 얻는 것이라고 나는 말하지 않는다."라고 설하였다. 그러므로 부처를 이루고자 하면 반야와 방편의 둘을 반드시 겸수해야 하는 것이다.

출세간의 반야를 수습하는 때이거나 또는 근본정(samāhita, 等引)을 수습하는 때에는, 보시 등의 방편을 가히 닦을 수 없을지라도 그것을 가행해서 닦고, 그로 발생하는 후득지(後得智, pṛṣtalabdha-jñānane-na)585)의 단계에서는 또한 방편의 닦음이 있는 것이다. 이러한 까닭에 반야와 방편의 둘이 동시에 운행되는 것이다. 이것이 보살들의 반야와 방편을 함께 닦는 쌍운의 길로서, 모든 유정들을 두루 살피는 대비를 섭수해서 출세간도를 수습하고, 〔근본정에서 나와〕 방편의 수습을 닦는 때에는 〔환상에 집착함이 없는〕 환술사와 같이 전도됨이 없는 청정한 보시

---

585) 후득지: 근본정을 수습한 힘에 의해서 외계의 일체 사물의 실상을 각찰하는 지혜를 말함.

등을 근수하는 것이다.

즉 『무진혜경』(sDe, bka-mdo-ma-113)에서 설하되, "보살의 방편이란 무엇이며, 반야를 수증함이란 무엇인가? 싸마히타(等引)를 행하지 않는 때[586]에는 중생을 두루 살핌으로써 대비의 소연 위에 마음을 온전히 둠이 보살의 방편이다. 또 적정(寂靜, śānti)과 대적정(大寂靜, praśānti)에 머무르는 그것이 보살의 반야이다."라고 한 것과 같다.

「항마품(降魔品)」(sDe, bstan-dbu ma-ki-202)에서도, "또한 보살들의 진실한 가행은, 반야의 지혜로써 정진만을 또한 행하지 않으며, 방편의 지혜로써 모든 선법의 수집을 또한 가행하며, 반야의 지혜로써 무아(無我, nairātmya), 무유정(無有情, niḥsattva), 무수명(無壽命, nirjīva), 무양(無養, niṣpoṣa)[587], 무인(無人, niṣpudgala)[588]의 〔진실을〕 또한 가행하며, 방편의 지혜로써 일체 유정의 성숙을 또한 가행하는 그 일체인 것이다."라고 하였다.

또한 『법집경』(sDe, bka-mdo-sha-43)에서도 설하되, "비유하면 뛰어난 마술사가, 환상에서 해탈하려 정근해서, 이미 그는 그 실체를 알기에, 환상에 탐착함이 전혀 없다. 삼유도 환상과 같은 것임을, 보리를 통달한 자는 알기에, 중생을 위해 대비의 갑옷을 입어도, 중생도 그와 같음을 이미 안다."라고 하였다. 또한, "오로지 보살들은 반야와 방편의 도리를 닦음을 본행으로 삼기에, 그의 행위는 윤회 속에 또한 머물게 되며, 그의 의요(意樂)는 열반 속에 또한 머물게 된다."라고 설하였다.

---

586) 원문은 "사마히타를 행하는(mñm par bshag pa na)"이며, 데게 판 『수습차제』에서는 "사마히타를 행하지 않는(mñm par ma bshag pa na)"으로 기록되어 있어서, 여기서는 데게 판을 따라서 번역함.

587) 무양: 티베트 원어는 "gSo ba me pa"임. "gSo ba"는 동사로는 양육하다 등의 뜻으로 영원함이 없음을 뜻하는 것으로 사료됨.

588) 무인: 보특가라(補特伽羅, pudgala)는 일반적으로 인(人)을 지칭하나, 엄밀하게는 하나 하나의 개인을 뜻하는 개아(個我)를 말함.

이와 같이 공성과 대비의 정화인 무상정등각으로 온전히 회향하는 보시 등의 방편을 수습하고, 또 승의의 보리심을 생기하기 위해서 이전과 같이 언제나 지관가행(止觀加行)을 전심으로 수습하는 것이다. 그러므로 『소행청정경(所行淸淨經)』에서 설하되, "언제나 중생의 요익을 행하는 보살들의 공덕을 그처럼 설시한 바를, 그와 같이 잘 기억해 가지는 억념(憶念)으로서 항시 방편에 빼어남을 수습토록 하라."고 하였다.

이와 같이 대비(大悲)와 방편(方便)과 보리심(菩提心)을 잘 수습하는 유가사는 금생에서 의심할 바 없이 수승한 징험을 얻게 된다.

그러므로 유가사는 몽중에서 항시 제불보살을 친견하게 되며, 갖가지 상서로운 꿈들을 꾸게 되며, 선신들이 또한 기뻐하여 수호하며, 찰나마다 또한 복덕과 지혜의 자량을 광대하게 쌓게 되며, 번뇌의 장애와 〔몸과 말과 뜻의〕 조중(粗重)[589]을 또한 소멸하게 된다. 또한 심신이 안락하고 기쁨이 무수히 있으며, 뭇사람의 예경을 받게 되며, 몸에는 질병이 침범하지 못하며, 최승의 심감능성(心堪能性)을 얻게 된다. 그래서 신통 등의 수승한 공덕들을 또한 얻게 되고, 그 신통의 힘으로 시방의 무변한 세계에 들어가서 제불세존을 공양하고, 그들로부터 법문을 듣게 되며, 임종시에는 조금도 의심할 바 없이 제불보살을 면견하게 되며, 타생에서도 항상 제불보살을 여의지 않는 곳과 좋은 가문에 탄생하게 된다. 그래서 어려움이 없이 복덕과 지혜의 자량을 원성하게 되며, 광대한 수용과 권속들을 거느리게 되고, 뛰어난 예지로서 많은 범부들을 성숙시키며, 세세생생토록 전생의 삶들을 다 기억해 가지게 되는 것이다. 이와 같은 무량한 공덕들에 대해서는 다른 경전에서 설명한 바를 통해서 알도록 하라.

유가사가 이와 같이 대비와 방편과 보리심을 항상 존중해서 오랫동안 수습하게 되면, 점차 마음의 흐름이 극히 청정해지는 순간들이 문득

---

589) 조중: 몸과 말과 뜻이 순화되지 못해서 도업을 감능하지 못함을 말함.

발생해서 마음의 흐름이 완전히 성숙되는 것이다. 이로 말미암아 마른 나무를 비벼서 불을 일으키듯이 제일의를 닦는 수행이 구경에 도달해서, 출세간의 지혜로써 모든 분별의 그물망을 파괴하고, 무희론(無戱論)의 법계를 극명하게 현증해서, 청정무구하고 적연부동해서 마치 무풍 속의 등불처럼 그 부동함이 끝이 없고, 제법무아의 본성인 진실을 통견하는 견도에 귀속되는 승의보리심의 자성이 발현하게 된다.

이 승의보리심의 자성이 발현함으로써 사변제소연(事邊際所緣)에 들어가게 된다. 이것이 여래종성(如來種姓)에 탄생하는 것이며, 보살의 무과실성(無過失性)에 안주하는 것이며, 세간의 모든 범부들을 〔품성에서〕 초월하는 것이며, 보살이 법성과 법계를 증득해서 안주하는 것이며, 보살의 초지를 또한 얻는 것이다. 이러한 자세한 공덕들은『십지경』등에서 널리 설한바 그 경들을 통해서 알도록 하라.

이것이 진여(眞如)를 소연하는 진여소연정려(眞如所緣靜慮)임을『능가경』에서 설하였다. 또 이것이 보살들이 일체의 희론이 절멸한 무분별성에 들어가는 것이다.

또한 신해행지(信解行地)는 신해의 힘으로써 〔진실에〕 들어가는 것을 논술한 것으로, 심오한 의식의 작용(意行, abhisamskāra)을 통해서 들어가는 것이 아니다. 그 지혜가 발현하게 될 때 비로소 깨달아 들어가는 것이다.

이와 같이 초지에 들어간 보살이 수도의 단계에서 출세간지와 후득지로써 반야와 방편을 수습해서, 수도의 소단(所斷)[590]인 극히 미세한 집적된 장애들을 차례로 제멸하기 위해서, 최승의 공덕들을 얻기 위해서, 상지(上地)[591]들을 온전히 수학한다. 그 뒤 여래의 구경지(究竟

---

590) 『대승아비달마집론』에 의하면, 총 16번뇌를 제멸하는 것이니, 욕계의 수단(修斷)인 6번뇌와 색계의 수단인 5번뇌와 무색계의 수단인 5번뇌를 말한다.

智, paryanta-jñāna)에 들어간 뒤, 일체지의 큰 바다에 들어가서, 소작성취소연(所作成就所緣)을 또한 얻는 것이다.

이와 같이 마음의 흐름을 정화하는 차제는 『능가경』에서 설시한 것이며, 『해심밀경』(sDe, bka-mdo-ca-36)에서도, "차례로 위의 지위들을 황금을 정련하듯이 마음을 정화해서 무상정등각을 현증해서 성불한다." 라고 설하였다.

이 일체지의 바다에 들어감으로써 일체의 유정을 기르는 공덕의 무더기를 여의주와 같이 산출하게 되며, 숙세의 본원이 결실을 맺게 되고, 대비가 천성이 되며, 자연성취하는 온갖 방편들을 갖추게 되며, 무량한 변화신을 현시해서 일체의 유정들을 위한 온갖 사업들을 빠짐없이 행하게 되며, 구경의 원만한 공덕을 남김없이 원성하게 되며, 더러운 죄과와 그 습기들마저 남김없이 제멸하게 된다. 그 뒤 중생계가 다할 때까지 세간에 머무르는 것임을 요지하는 지자는, 모든 공덕의 근원인 불세존에게 큰 믿음을 일으키고, 그 공덕을 완전히 성취하기 위해서 그 자신이 전심으로 정진을 일으키도록 하라.

그러므로 세존께서 설하되, "비밀주〔금강수보살〕여! 일체지지(一切智智)는 대비의 근본에서 발생하며 보리심의 인(因)에서 발생하며 방편에 의해서 구경에 달한다."라고 하였다.

선지식을 질시하는 교만 등을 버리고
현자는 족함을 모르는 큰 바다처럼,
잘 열어서 설해진 정법을 수지하되
백조가 물에서 우유만을 취하듯 하라.

---

591) 『아띠쌰소간백법(阿底峽百法錄, Jo boḥi chos ḥbyuṅ brgya rtsa)』 등에는 "상지(上地, sa goṅ ma rnam)"로 되어 있음.

그러므로 학덕 있는 지자들은
감언이설의 홀림을 벗어나서,
설령 아이가 설한 법일지라도
바른 법이라면 수지토록 하라.

이렇게 중도의 길을 강설해서
얻게 되는 나의 복덕의 힘으로,
모든 범부들이 하나도 빠짐없이
중도의 바른길을 얻게 하소서.

아사리 까말라씰라(Kamalaśīla, 蓮華戒)가 이 『수습차제중편』을 지어서 완결하고, 인도의 친교사 쁘라즈냐와르마(Prajñāvarma, 智鎧)와 책임역경사인 비구 예시데(Ye śes sdes, 智軍) 등이 번역하고 교정해서 완결하다.

대승의 깨달음을 바로 여는 길

중관수습차제(中觀修習次第) 하편

싼스끄리뜨의 바와나끄라마(Bhāvanākrama)는 티베트어로 수습차제(修習次第, sGom paḥi rim pa)라고 한다.

성문수사리동진보살님께 정례합니다.

대승의 길을 가고 있는 보살들의 수습차제를 간략하게 말하고자 한다.

세존께서 보살들의 삼마지의 차별〔종류〕이 무량무변함을 열어 보이고 있을지라도, 사마타(止)와 위빠사나(觀)가 모든 삼마지를 총괄592)하는 것이므로, 지관(止觀)을 함께 닦는 지관쌍운(止觀雙運)의 도를 말하고자 한다.

세존께서 『해심밀경』(sDe, bka-mdo-ca-9)에서 설하되, "중생들이 위빠사나와 사마타를 수습하면, 조중(粗重)593)의 결박과 상(相)의 결

---

592) 『약론석』에서 해설하길, "첫째, 지관(止觀)은 나무의 뿌리와 같고, 여타의 삼마지들은 줄기와 잎과 같다. 그러므로 지관이 모든 삼마지를 거둔다고 말한다. 둘째, 일체의 삼마지들이 모두 지관의 부류에 속함으로 해서, 지관이 모든 삼마지를 거둔다고 말한다. 셋째, 지관이 주(主)가 되고, 여타의 모든 삼마지가 종(從)이 됨으로써 지관이 모든 삼마지들을 거둔다고 말한다. 이 세 가지 설이 모두 일리가 있다."라고 하였다. 『약론석』 下冊, p. 835.

593) 조중: 번뇌의 습기를 말하여, 마음의 흐름 속에 존재하면서 전도심(顚倒心)을 더욱 증장시키는 습기의 세력을 말함.

박[594]에서 해탈한다."[595]라고 하였다.

그러므로 〔성불의〕 모든 장애(障碍, āvaraṇa)를 소멸하길 원하는 유가사는 반드시 사마타와 위빠사나를 수습토록 하라.

사마타의 힘에 의해서 무풍 속의 등불처럼 소연의 대상에서 마음이 흔들리지 않게 되고, 위빠사나에 의해서 어둠 속에 태양이 떠오르듯이 법의 진실(dharma-tattva)을 활연히 깨달음으로써 청정한 반야의 광명이 발생하여 모든 장애들을 영원히 제멸하게 된다.

세존께서는 유가사들의 소연사(所緣事, ālambana-vastu)로 네 가지를 설시하였으니, 무분별영상(無分別影像)과 유분별영상(有分別影像)과 사변제(事邊際)와 소작성취(所作成就)가 그것이다.

사마타는 일체법의 영상과 여래의 상호 등을 신해해서 반연하는 것이니, 이것을 무분별영상(nirvikalpa-pratibimba)이라 한다. 〔제법의〕 진실의(眞實義, bhutārtha)를 분별함이 없음으로 무분별이라고 부른다. 또 그와 같이 듣고 수지하는 제법의 영상(影像, pratibimba)[596]을 신해하여 반연함으로써 영상이라 부른다.

유가사가 〔제법의〕 진실의를 깨닫기 위해서 위빠사나로 영상들을 관찰하는 그때, 위빠사나의 본질인 법의 진실을 사유하는 분별이 있으므로 유분별영상(savikalpa-pratibimba)이라고 부른다. 이것은 유가사

---

594) 상(相)의 결박: 색(色) 등의 제법의 형상을 집착해서 실재하는 것으로 증익함을 말함.

595) 『반야바라밀다교수론(般若波羅蜜多敎授論)』에서, "상에 얽매임은 위빠사나에 의해서 제멸되고, 조중의 얽매임은 사마타에 의해서 제멸된다."라고 하였으며, 또한 『람림타르갠(解脫道莊嚴論)』에서, "심신의 경안이 발생하면 몸과 마음의 모든 조중들을 파괴한다."라고 하였다. 『람림타르갠』, p.195.

596) 영상: 마음속에 해라(海螺)를 관상하면 그 해라의 모습이 곧 영상이 되는 것이다. 이와 같이 온(蘊), 처(處), 계(界)의 영상과 공성영상(空性影像)들이 있으며, 아자(阿字)를 닦는 것도 역시 같은 것이다.

가 영상의 본질을 분별해서 일체법의 자성을 여실하게 통달하는 것이니, 마치 얼굴의 영상이 거울 속에 나타남을 관찰해서 자기 얼굴의 곱고 추함 등을 분명하게 아는 것과 같다.

어느 때 사물의 궁극의 실상인 진여(眞如)를 증득하는 그때, 사물의 구경의 진실〔사변제(事邊際)〕을 체달함으로써 초지(初地)에 〔증입하는〕 사변제소연(事邊際所緣)이라 부른다.

그 뒤 신령한 금단(金丹)을 복용함과 같이, 극히 청정한 순간들이 문득 발생해서 수도위의 나머지 지위들로 차례로 바뀌어 옮겨간 뒤, 어느 때 모든 장애들을 남김없이 소멸한 표상인 일체의 소작(所作, kārya)들을 원성하게 되는 그때, 불지(佛地)에 〔증입하는〕 그 지혜를 소작성취소연(所作成就所緣)이라고 부른다.

이와 같은 것이 뜻하는 바가 무엇인가 하면, 사마타와 위빠사나를 수습함으로써 사변제〔제법의 실상〕를 깨닫게 되고, 이것에 의해서 일체의 장애를 소멸한 표상인 소작성취(所作成就)를 얻게 되는 것이다. 이것이 곧 부처이니, 참으로 부처가 되고자 하면 사마타와 위빠사나를 닦아야 하는 것이다. 요컨대 이 두 가지를 닦지 않는 자들은 사변제를 깨닫지 못하고 소작성취도 얻지 못하는 것임을 밝힌 것이다.

요약하면, "사마타는 〔마음을 한곳에 모으는〕 심일경성(心一境性)이며, 위빠사나는 〔법의를〕 여실히 분별하는 것이다."라고 세존께서는 『보운경』 등에서 지관의 뜻을 밝혔다.

유가사가 지관의 자량들인 청정한 율의 등에 안주하면서, 모든 중생들을 위하여 대비를 일으키고 보리심을 생기한 뒤, 문사수(聞思修)의 〔삼혜(三慧)를〕 수습하는 것이다.

유가사가 수행에 들어갈 때에는 먼저 행하는 모든 일들을 끝내고, 대소변 등도 마치고 나서, 소음이 없는 적정한 곳에 편안히 좌정한 뒤, '나는 일체의 유정들을 〔부처의〕 묘보리(妙菩提)로 인도하리라.'고 간절히 사유해서, 모든 중생들을 건지려는 염원의 대비의 마음을 실현토록 한다. 그 뒤에 시방의 모든 제불보살님께 오체투지로서 예배하고, 제불보살의 존상이나 성화 등을 정면이나 또는 적절한 곳에 모시고, 힘닿는 대로 공양하고 찬양하며, 자신의 죄업을 참회하고, 모든 유정들의 선업과 복덕을 따라서 기뻐하도록 한다.

그 다음 편안한 방석 위에 성비로자나(聖毘盧遮那)의 좌법에 따라서 앉되 결가부좌나 반가부좌 어느 것이나 괜찮으며, 눈은 크게 뜨지도 감지도 말고 반만 열어서 코끝을 바라보며, 몸은 뒤로 젖히거나 앞으로 숙이지 말고 곧게 펴서 세우고, 의념(意念, smṛti)은 안으로 거두어서 잘 지키도록 한다.

두 어깨는 나란히 해서 기울지 않도록 하며, 머리는 숙이거나 젖히지 말고 옆으로도 기울지 않게 반듯이 하고, 코끝과 배꼽이 수직이 되게 하며, 이와 입술은 평시처럼 다물되 혀끝은 윗니 뒤에 가볍게 붙이도록 한다. 호흡은 편안히 하되 숨소리가 크고 거칠고 막힘이 없게 해서 전혀 숨소리를 느끼지 못하도록 서서히 자연스럽게 내쉬고 들이쉬도록 한다. 그 뒤 유가사는 먼저 그와 같이 보고 들은 바의 여래의 색신에 마음을 안치해서 사마타를 수습토록 한다.

여래의 색신은 황금빛이며, 삼십이상(三十二相)과 팔십수형호(八十隨形好)로 아름답게 장엄되고, 사부대중이 에워싼 가운데 좌정하여 계시면서 갖가지 선교방편을 베풀어 중생들을 교화하고 계심을 끊임없이 관상(觀想)하여 여래의 공덕을 얻고자 하는 바람을 일으켜서, 마음의 가라앉음과 들뜸을 털어내고, 나아가 그 색신의 영상이 실제로 앞에 머물고 있는 것처럼 뚜렷하게 볼 때까지 선정을 닦도록 한다.

그 뒤 여래의 색신의 영상의 오고 감을 사유해서 위빠사나를 수습토록 한다. 즉 이와 같이 생각하는 것이니, '이 여래의 색신의 영상은 또한 어디로부터 오는 것이 아니며, 또한 어디로 향해서 가는 것이 아니다. 비록 눈앞에 머물고 있을지라도 또한 자성은 공한 것이어서 나와 나의 것이 없는 것처럼, 일체의 법들도 역시 자성이 공해서 오고 감을 벗어남이 그림자와 같아서 거기에는 있고 없음 등의 자성을 여의었다.' 라고 관찰한 뒤, 사량과 언설이 끊어진 한 덩이 투명한 마음으로 법의 진실을 수습하되 나아가 원하는 만큼 선정에 머물도록 한다.

이 삼마지는 『현재제불현주삼마지경(現在諸佛現住三摩地經)』(sDe, bka-mdo-na-1~20)에서 설하는 것으로, 삼마지의 자세한 공덕은 직접 그 경을 통해서 알도록 하라.

일향으로 이와 같은 모양으로 일체의 법들을 수렴하는 그것에다 〔색신의 영상에〕 마음을 안치해서, 마음의 〔어둡고〕 가라앉음과 들뜸 등을 식별하기 위해서 사마타를 수습토록 한다.

약설하면, 일체의 법은 유색과 무색의 두 가지 법에 귀속되며, 형체가 있는 사물들은 색온(色蘊)에 거두어지고, 〔정신적 요소들인〕 수온(受蘊) 등의 나머지 〔상(想)·행(行)·식(識)의〕 온(蘊)들은 무색법(無色法)의 본질이다.

이것을 범부들은 실재하는 등으로 미혹해서 애집함으로 말미암아 마음이 전도되어서 윤회 속에 유전하는 것이다. 이러한 범부들의 전도를 없애어 주기 위해서 그들을 위하여 대비의 마음을 진실로 일으키며, 사마타를 닦아 얻은 뒤에는, 법의 진실을 현증하기 위해서 위빠사나의 수습에 들어간다.

위빠사나는 제법의 진실을 관찰하는 것이며, 그 진실이란 바로 인무아와 법무아이다. 인무아는 오온에는 나와 나의 것이 없음을 말하고, 법무아는 제법이 환(幻)과 같음을 말한다.

그러므로 유가사는 인무아(人無我)를 이와 같이 사유하여, '뿌드갈라(人)란 색(色) 등을 떠나서 달리 없는 것이니, 그것을 가히 보지 못하기 때문이며, 색 등을 나(我, ātma)라고 여기는 알음알이를 일으키기 때문이다. 뿌드갈라는 색 등의 온(蘊)들의 자성이 또한 아니니 색 등은 무상하고 다수의 자성이기 때문이며, 뿌드갈라는 상주(常住)와 유일(唯一)의 자성임을 타인들이 정의하였기 때문이다. 그러나 실제로 그것〔색 등의 온(蘊)들이 있는 것〕과 별도의 가히 논하지 못하는 그러한 뿌드갈라의 실체가 있음은 정리가 아니니, 왜냐하면 그러한 실체가 있다는 모양이 달리 없기 때문이다.'라고 관찰하는 것이다. 이와 같이 세간에서 말하는 나와 나의 것은 순전히 허망한 것이자 착각임을 분명하게 요지하는 것이다.

다음은 법무아(法無我, dharma-nairātmya)의 진실을 깨닫기 위해서, '〔물질 등의〕 색법들에 대하여 또한 어찌 이것들이 마음을 여의고서 진실로 존재하는 것이겠는가? 단지 마음이 그 형상 등을 보는 것이니 꿈속에서 〔물체들을〕 보는 것과 같은 것이다.'라고 관찰하는 것이다.

유가사가 이 색법들이 단지 극미임을 〔화합에 불과함을〕 깨달으며, 극미들도 또한 그 지분들을 일일이 분석하여 보면 〔자성이 있음을〕 가히 보지 못하는 것이다. 그와 같이 〔자성이 있음을〕 가히 보지 못하는 것에 대하여 그것이 있다 또는 없다고 사량하는 분별들을 제멸하는 것이다.

삼계(三界)도 역시 단지 마음에 불과할 뿐 다른 것이 아님을 깨닫도록 한다. 이 뜻을 『능가경』(sDe, bka-mdo-ca-175)에서 설하되,

"물질은 미진으로 쪼개어지니
색상을 〔실유로〕 분별하지 말라.
오직 마음으로 건립된 것임을
악견자(惡見者)는 깨닫지 못한다."

라고 하였다.

이것은 이렇게 사유하는 것이니, '마음이 무시이래로 색 등의 진실하지 못한 법들을 깊이 애착해 온 탓에, 꿈속에서 보게 되는 물체 등을 봄과 같이, 범부들에게는 물체 등이 바깥에 실재하는 것처럼 보이는 것이다. 그러므로 삼계도 단지 마음일 뿐이다. 유가사가 그와 같이 법이라고 이름 붙여진 그 일체가 단지 마음임을 깨달은 뒤, 그것을 관찰한다면 바로 일체법의 자성을 관찰하는 것이 된다.'라고 생각한 뒤, 마음의 본성을 관찰토록 한다.

또한 마음의 본성을 다음과 같이 사유한다. '승의에 있어서 마음 또한 환(幻)과 같아서 무생이니, 어느 때 허망함의 자체인 색(色) 등의 모양을 인식하기 위해서, 마음이 갖가지 모양으로 나타나는 그때를 제외하고는 〔마음도〕 달리 없는 까닭에, 그 역시 색 등과 같이 어찌 진실한 것이 되겠는가? 색 등이 갖가지 모양이어서 하나의 자성도 다수의 자성도 아닌 것처럼, 마음도 역시 그것을 떠나서 달리 없는 까닭에, 마음도 하나의 자성도 다수의 자성도 아니다. 또 마음이 일어날 때 어디로부터 오는 것도 아니며, 멸할 때도 어디로 향해 가는 것도 아니니, 승의에 있어서 마음은 자생(自生)과 타생(他生)과 자타(自他)의 화합에서 발생하지 않는다. 그러므로 마음도 역시 환과 같으며, 마음이 그와 같은 것처럼 일체의 법들도 또한 환상과 같아서 진실로 생함이 없는 것이다.'라고 관찰한다.

유가사가 마음으로 분별하는 바를 또한 관찰하면, 그것의 자성을 가히 보지 못한다. 그와 같이 유가사가 어떠어떠한 대상들로 그 마음이 달아나는 바의, 그러그러한 대경들의 자성을 온전히 추찰해 보면, 그것의 자성을 또한 가히 보지 못한다. 그가 〔자성이 있음을〕 가히 보지 못하는 그때, 일체의 사물들을 관찰해서 파초의 속처럼 비어서 실질이 없는 것임을 증득해서, 그로 말미암아 분별의 마음을 물리치게 된다. 그 뒤 〔제법의〕 있고 없음 등을 보는 분별이 소멸해서 일체의 희론이 끊어진 무상유가(無相瑜伽, animitta-yoga)를 성취하게 된다.

이 뜻을 또한 『보운경』(sDe, bka-mdo-wa-92)에서 설하되, "그와 같이 과환에 효달한 유가사는 일체의 희론을 여의기 위해서 공성을 수습하는 유가의 관행(觀行)을 닦는다. 그가 공성을 허다히 수습함으로써 어떠어떠한 대경들로 마음이 달아나서, 그 마음이 애착하는 그러그러한 대상들의 본질을 추찰해서 공(空, śunya)한 것임을 깨닫는다. 마음이란 그 또한 관찰해서 공한 것임을 깨닫는다. 그 마음이 깨닫는 바의 그 또한 자성을 추찰해서 공한 것임을 깨닫는다. 유가사가 그와 같이 깨달음으로 해서 〔희론이 절멸한〕 무상유가에 들어간다."라고 하였다.

이것은 여실히 관찰하지 않는 유가사는 무상성에 증입하지 못하는 것임을 밝힌 것이다.

이와 같이 유가사가 제법의 본성을 여실히 관찰해서 〔그 자성을〕 보지 못하게 되는 그때, 그것이 있다고 분별하지 않으며, 없다고도 또한 분별하지 않는다.[597] 왜냐하면 제법이 없다고 분별하는 그 역시 그의 의식 속에는 영원히 발생하지 않기 때문이다.

만약 사물을 보게 되는 그때, 그것을 부정하기 위해서 그냥 '없다'라고 분별하게 되면, 유가사가 반야로써 제법을 관찰해서 삼세에 걸쳐 또한 사물이 있음을 보지 않게 되는 그때, 다시 무엇을 부정하기 위해서 '없다'라는 분별을 일으키겠는가? 〔그러므로 잘 분변해서 알도록 하라.〕

사물에 대한 있고 없음의 두 가지 분별이 모든 분별들을 총괄하는 까닭에, 그때 그와 같이 그것을 깨달으면 여타의 분별들이 또한 생기지 않는다. 왜냐하면 외연(外延, vyāpaka)[598]이 없으면 내포(內包, vyā

---

597) 『청목소(靑目疏)』에서, "그러나 지혜로운 사람은 제법이 생할 때는 그것을 보고 '없다'는 견해를 제거하고, 제법이 멸할 때는 그것을 보고 '있다'는 견해를 제거한다. 그러므로 일체의 법이 비록 보이긴 하지만 허깨비와 같고 꿈과 같은 것이다."라고 하였다. 『중론(中論)』(김성철 역), p. 107.

598) 외연(外延, vyāpaka): 능변(能遍)이라고도 하며, 예들 들면 병(甁)은

pya)[599]도 따라서 없기 때문이다. 이를 깨달으면 무희론의 무분별성에 증입하는 것이며, 색 등에 또한 머물지 않는다. 반야로 관찰해서 일체 사물의 자성을 가히 보지 않는 까닭에, 또한 〔최승의 지혜를 지닌〕 승혜정려자(勝慧靜慮者, prajñottara-dhyānī)인 것이다.

유가사가 이와 같이 인법무아의 진실에 안주함으로써 분석과 관찰의 행위가 달리 없는 까닭에, 분별과 논의가 끊어진 한 덩이 마음이 그 스스로 〔무분별성에〕 들어감으로써 공용의 씀이 없어져서, 유가사는 진성을 극명하게 관조하며 머물게 된다. 또한 거기에 머물지라도 마음의 흐름이 산란하지 않도록 해야 한다.

어느 때 중간 중간에 마음이 바깥으로 달아남을 보게 되는 그때는, 그것의 본질을 관찰해서 산심을 쉬게 한 뒤, 다시 소연의 대상에 마음을 안치토록 한다.

또 〔사마타를〕 염오하는 마음이 일어남을 보게 되는 그때는, 삼마지의 공덕을 사유해서 그것을 좋아하는 희심을 닦도록 하며, 산란의 과실을 사유해서 염오하는 마음을 퇴치토록 한다.

만약 혼몽과 졸음에 눌려서 의식의 흐름이 흐려진 까닭에, 마음이 침몰하거나 또는 그렇게 의심이 가면, 그때는 최상의 환희로운 대상인 여래의 색신 등과, 또는 〔일월의 광명과 같은〕 광명상(光明想)을 사유해서 마음의 침몰을 털어낸 뒤 진성을 견고하게 잡도록 한다.

어느 때 유가사가 마치 장님과 같거나 또는 어둠 속에 있는 사람과 같거나, 또는 눈이 감긴 것과 같이 되어서 진성을 분명하게 잡지 못하게 되면, 그때는 마음이 침몰한 탓에 위빠사나가 상실되었음을 알도록

금병(金甁)이든 유리병이든 모든 병들을 개괄하는 외연(外延)이 됨과 같다.

599) 내포(內包, vyāpya): 소변(所遍)이라고도 하며, 예를 들면 금병(金甁)은 병(甁)에 속하는 내포(內包)가 되는 것이다.

한다.

만약 어느 때 과거사에 집착해서 중간 중간에 마음이 들뜨거나, 또는 그와 같이 의심이 들 때는, 무상을 일깨워 주는 슬픈 대상들을 사유해서 마음의 들뜸을 쉬게 한다. 그 뒤 다시 마음이 공용을 씀이 없이 진성 속에 들어가도록 노력한다.

어느 때 정신이 나간 사람처럼 앞뒤가 없고 또는 원숭이처럼 마음이 안주 못해서 들뜨게 되면, 그때는 사마타가 상실된 것임을 알도록 한다.

만약 어느 때 침몰과 도거를 여윔으로서 마음이 평등하게 머물고, 스스로 선정에 들어감으로써 진성을 관조하는 마음이 지극히 명징하게 되면, 그때는 공용의 씀을 버리고 〔중정을 지키는〕 평사(平捨)를 행하도록 한다. 또한 이때가 지관쌍운의 도가 완성된 것임을 알도록 하라.

어느 때 위빠사나의 수습이 과다해서 혜력이 넘치면, 그때는 사마타의 힘이 달리는 까닭에 바람 속의 등불처럼 마음이 흔들려서 진성을 밝게 비추어 볼 수 없게 된다. 그러므로 그때는 바로 사마타를 수습토록 한다.

또한 사마타의 힘이 넘치게 되어도 잠에 빠진 사람처럼 심지가 흐려져서 진성을 밝게 비추어 보지 못하게 되는 것이니, 그때는 바로 반야를 수습토록 한다.

어느 때 한 쌍의 소가 서로 엉켜서 나란히 머무르는 것처럼 사마타와 위빠사나가 함께 나란히 머물게 되는 그때는, 몸과 마음에 괴로움을 느끼지 않을 때까지 공용을 씀이 없이 선정에 머물도록 한다.

요약하면, 모든 선정의 〔수습에는〕 여섯 가지 과실이 있다. 게으름, 소연유실(所緣遺失), 침몰, 도거(掉擧), 부작행(不作行, 느슨함), 공용(功用, 다그침)이 그것이다.

이 육과실(六過失)을 다스리기 위해서 팔단행(八斷行)을 닦는다. 〔첫째] 믿음, 〔둘째〕 희구(希求), 〔셋째〕 근수(勤修), 〔넷째〕 경안(輕安), 〔다섯째〕 정념(正念), 〔여섯째〕 정지(正知), 〔일곱째〕 작사(作思), 〔여덟째〕 평사(平捨)이다.

〔믿음 등의〕 처음의 네 가지는 게으름을 조복하는 법이다. 삼마지의 공덕을 진실로 신해하는 현득신(現得信)에 의해서 유가사는 희구의 마음을 낳게 되는 것이다. 그렇게 희구함으로써 삼마지를 근수하게 되고, 그렇게 근수한 힘에 의지해서 몸과 마음이 도업을 감능(堪能)하게 되고, 그 뒤 몸과 마음이 경안(輕安)하게 되어서 게으름을 퇴치하게 된다. 그러므로 믿음 등에 의해서 게으름을 퇴치하는 까닭에 그것을 마땅히 닦아야 한다.

정념(正念, 기억해 지님)은 소연의 대상을 잊어버림을 방지하며, 정지(正知, 바르게 살핌)는 마음의 가라앉음과 들뜸을 방지하는 것이니, 그것에 의해서 침몰과 들뜸을 알아차린 뒤 퇴치하기 때문이다.

또 침몰과 들뜸이 전혀 해소되지 않을 때는 마음의 부작행이 과실이 되므로 그것을 물리치는 작사(作思)를 닦도록 한다.

만약 어느 때 침몰과 들뜸이 소멸해서 마음이 평등하게 머물게 되는 그때는, 공용을 씀이 과실이 되므로 그때는 그것의 다스림인 〔중정을 지키는〕 평사(平捨)를 닦도록 한다.

또 마음이 〔선정 속에〕 평등하게 머무르는 그때, 만약 공용을 쓰게 되면 도리어 마음이 흐트러지게 된다. 또 마음이 가라앉을 때 만일 공용을 쓰지 않으면, 그때는 위빠사나가 상실되어서 마치 장님처럼 마음이 가라앉게 되는 것이다. 그러므로 마음이 가라앉음과 들뜸을 여의고, 〔선정 속에〕 평등하게 머물게 되면 〔중정을 지키는〕 평사를 닦도록 한다. 그 뒤 유가사는 선열 속에서 전혀 마음의 공용을 씀이 없이 진성을 관조하며 머물도록 한다.

만약 몸과 마음이 괴로워질 때는 수시로 일체의 세상사를 바라보되 다

환상과 같고, 꿈과 같고, 물속의 달과 같고, 허공 꽃과 같은 것임을 깨닫도록 한다. 『입무분별다라니경(入無分別多羅尼經)』(sDe, bka-mdo-pa-3)에서 또한 설하되, "출세간의 지혜로는 일체법이 허공과 같이 평등한 것임을 보며, 후득지(後得智)로는 〔일체법이〕 환상이자 신기루며 꿈이자 물속의 달과 같은 것으로 본다."라고 하였다.

이와 같이 중생들이 환(幻)과 같은 존재임을 깨달은 뒤, 모든 유정들을 위하여 대비의 마음을 일으킨다. 또한 이렇게 생각하는 것이니, '이들 어리석은 범부들은 이와 같이 심오한 법을 깨닫지 못한 채, 애초부터 적멸의 법들이 또한 실재하는 것 등으로 증집해서 마음이 전도되어 온갖 업들과 번뇌들을 쌓아 왔다. 그리하여 윤회 속에 끝없이 유랑하는 것이니, 나는 백방으로 그들이 이와 같이 심오한 묘법을 통달토록 하게 하리라.'고 사유한다.

그 뒤 심신의 곤고함을 해소하고 그와 같이 제법을 가히 보지 않는 일체법불가견삼마지(一切法不可見三摩地, sarva-dharma-nirābhasa-samādhi)에 들어가도록 한다. 또 다시 심신이 힘겹고 고달파지면 역시 고단함을 위로한 뒤 그와 같이 삼매 속에 들어가도록 한다.

이와 같은 차제에 의해서 한 시간 혹은 반좌시 또는 일좌시, 나아가 힘이 닿는 대로 삼마지를 수습하도록 한다.

그 뒤 선정을 파하고 일어나고자 할 때는 가부좌를 풀기 전에 먼저 다음과 같이 생각한다. '이 일체의 법들이 승의 분상에는 비록 생하지 않는 것일지라도, 또한 환상처럼 갖가지 정해진 인(因)과 연(緣)이 모여서 발생하는 탓에, 그것을 잘 관찰하지 않으면 온갖 애상(愛想)들이 전적으로 일어나게 된다. 그래서 단견(斷見, uccheda-driṣti)[600]도 생기지 않으며, 감변(減邊, apavādānta)[601]도 역시 일어나지 않는 것이

600) 단견: 일체법이 본래부터 없다고 하는 견해를 말함.

601) 감변: 단지 명칭상에 제법이 존재할 뿐 본래부터 없다고 망집하는 견해

다. 그러나 이와 같이 반야로써 심찰하면 〔제법을〕 가히 얻지 못함으로써 상견(常見, śāśvata-driṣti)[602]과 증변(增邊, samāro-pānta)[603]이 또한 일어나지 않는다. 여기서 반야의 혜목(慧目)을 여읨으로 말미암아 제법에 마음이 전도되고, 자아를 애집해서 갖가지 업들을 짓는 그들은 윤회에 떨어져 유전하는 것이다.

만약 윤회 속에 들어감을 전혀 외면하고, 대비의 마음도 여의고, 중생의 이락을 위한 보시 등의 바라밀들도 원만히 닦지 않은 채 오로지 자기의 해탈만을 추구하는 그러한 유정들은, 방편력을 지니지 못한 까닭에 성문 또는 연각의 깨달음에 떨어지게 된다.

비록 중생이 자성이 없음을 〔환과 같은 존재임을〕 여실히 알지라도 대비의 힘으로써 모든 유정들을 건지려는 서원을 세운 뒤에, 뛰어난 마술사처럼 지혜가 전도됨이 없이 무량한 복혜의 자량을 닦는 그러한 유정들은, 여래의 지위를 얻은 뒤에도 중생들의 이락을 위한 갖가지 사업을 청정히 행하면서 〔세간에〕 머무르는 것이다. 또한 그들은 지혜 자량의 힘에 의해서 일체의 번뇌를 소멸한 까닭에 윤회에도 떨어지지 않으며, 일체의 중생들을 연민해서 광대무변한 복덕의 자량을 쌓은 힘에 의해서 〔성문의〕 열반에도 또한 떨어지지 않으며, 일체 중생들을 또한 길러 성숙시키는 것이다.

그러므로 모든 중생들에게 광대한 이락을 베풀길 원해서, 〔여래의〕 무주처열반을 얻고자 하는 나 자신은 무량한 복혜의 자량을 수득하기 위해서, 항상 언제나 부단하게 정진해야 한다.'라고 사유하는 것이다.

를 말함.

602) 상견: 일체법이 각자의 인연에 의지해서 발생하지 않고 그 스스로 생성하는 것으로 주장하는 견해를 말함.

603) 증변: 실재하지 않는 사물을 실재하는 것으로 집착하는 변견(邊見)을 말함.

이 뜻을 『여래비밀경(如來秘密經)』에서 설하되, "지혜의 자량은 일체의 번뇌를 제멸하고, 복덕의 자량은 일체의 유정을 길러 성숙시킨다. 불세존은 그와 같은 것이니 대보살들은 복혜의 자량을 마땅히 근수토록 하라."고 하였다.

또한 『여래출현경(如來出現經)』(sDe, bka-phal chen-ga-80)에서도, "대저 제불여래가 출생하는 것은 하나의 인(因)에 의한 것이 아니다. 왜냐하면 불자들이여! 제불여래는 〔십법(十法) 등의〕 바르게 집성된 백만의 무량한 정인(正因)에 의해서 원성되는 것이다. 그 십법(十法)604)이란 무엇인가? 이와 같으니 무량한 복혜의 자량에 만족하지 않고 닦아 얻은 정인(正因)과" 등등을 널리 설하였다.

또 『무구칭경(無垢稱經)』(sDe, bka-mdo-ma-183)에서도, "선우들이여! 여래의 색신은 백복(百福)에서 출생하며, 일체의 선법(善法)에서 출생하며, 무량한 선업(善業)에서 출생한다." 등을 널리 설하였다.

이와 같이 행한 다음 서서히 가부좌를 풀고 자리에서 일어나, 시방에 계시는 제불보살님들께 예배하고 공양과 찬탄을 행한 뒤에 보현행원 등의 광대한 서원을 발하도록 한다. 그 뒤 공성과 자비의 정화인 무상정등각으로 온전히 회향하는 보시 등의 복덕자량을 수득함을 근수토록 한다.

어떤 자는 〔중국의 마하연 화상은〕 말하길, "마음의 분별로 야기한 선과 불선의 업력에 의해서 모든 유정들이 인천 등의 업과를 받으면서 윤회에 생사한다. 만약 어떤 이들이 〔일체를〕 전혀 사유하지 않고, 〔일체를〕 전혀 행하지 않는다면, 그들은 윤회에서 해탈하게 된다. 그러므로 〔일체를〕 전혀 사유하지 말며, 보시 등의 선행도 행하지 말라. 보시 등

604) 십법: 전행(前行)을 수호하는 마음과, 무량한 보리심의 성취, 의요(意樂)와 증상의요(增上意樂)의 성취, 무량한 대자와 대비의 성취, 무량한 보리행과 서원의 성취, 무량한 복덕과 지혜 자량의 성취 등의 열 가지임. 『보리도차제대론』, p. 60, pp. 73~74.

의 행위는 단지 우둔한 자들을 위해서 설해진 것일 뿐이다."라고 한다.

정녕 이렇게 생각하고 그렇게 말하는 것은 대승 전체를 말살하여 버리는 것이다. 대승은 모든 승(乘)의 근본이므로 만약 이것을 버린다면 일체의 승을 버리는 것이다.605)

그와 같이 "〔일체를〕 전혀 사유하지 말라."고 하는 것은 여실한 관찰(觀察, bhūta-pratyavekṣa)의 본성인 반야의 〔관혜(觀慧)를〕 버리는 것이다. 여실지(如實智, samyag-jñāna)의 근본은 여실한 관찰〔사유〕이므로, 그것을 버린다면 뿌리를 자르는 것이 되어서 출세간의 반야도 역시 버리게 되는 것이다.〔그것을 버림으로써 일체종지(一切種智, sarva-jñātā)도 버리는 것이다.〕

또한 "보시 등의 선행도 역시 행하지 말라."고 하는 것 역시 보시 등의 방편을 아예 저버리는 것이다.

요약하면, 방편과 반야가 바로 대승(大乘, Mahāyāna)인 것이다. 이 뜻을 『가야경(伽耶經)』(sDe, bka-mdo-ma-288)에서 설하되, "보살의 길이란 요약하면 둘이니, 그 둘이란 무엇인가? 이와 같으니, 방편과 반야이다."라고 하였다. 또 『여래비밀경(如來秘密經)』에서도 설하되, "이 방편과 반야의 둘이 일체의 보살도를 총괄한다."라고 하였다.

그러므로 대승을 버리는 것은 바로 큰 업장을 짓는 것이다. 이러한 까닭에 대승을 버리며, 듣고 배움이 천박하며, 자기의 견해만을 제일로 삼으며, 선지식을 받들어 모시지 않으며, 여래의 교의를 옳게 체달하지 못하고, 자신을 망치고 남도 망치는 청정한 교리와 위배되는 사설들을, 스스로를 자중자애(自重自愛)하는 지자들은 독이 든 음식과도 같이 여

---

605) 『대반야경』에서 설하되, "모든 보살들은 성문도(聲聞道)의 전체와 연각도(緣覺道)의 전체와 여래도(如來道)의 전체, 즉 일체도(一切道)를 마땅히 일으키도록 하며, 또 일체도를 마땅히 알도록 하라. 또한 일체도를 원만히 갖추도록 하며, 또한 일체도의 소작사(所作事)를 마땅히 행하도록 하라."고 하였다

겨서 멀리 던져 버리도록 하라.

그와 같이 여실한 관찰〔사유〕를 버린다면, 그것은 〔제법을 간택하는〕 택법각지(擇法覺支, dharma-pravicaya)[606]라고 부르는 청정한 보리분법(菩提分法)을 또한 전적으로 버리는 것이다.

대체 유가사가 여실한 관찰〔사유〕를 행함이 없이 어떠한 방법으로 무시이래로 색(色) 등의 물질에 집착하고 염습된 그 마음을 무분별성(無分別性, nirvikalpatā)에 안치할 수 있겠는가? 만약 일체의 법을 억념하지 않고, 작의하지 않음으로써 〔무분별성에〕 깨달아 들어간다고 하면 그 또한 정리가 아니다. 여실한 관찰〔사유〕이 없이는 일찍이 경험한 법들을 능히 억념하지 않고 능히 작의하지 않을 수 없는 것이다.

만약, '나는 이러이러한 법들을 억념하지도 작의하지도 않는다.'라고 생각해서, 그와 같이 닦고, 또 그것을 가지고서 무념(無念, asmṛti)과 부작의(不作意, amanasikāra)를 닦는 것이라 할 때, 그는 그것들을 더욱 억념하고 작의하게 되는 것이다.

만약 억념과 작의가 단지 없는 것을 무념과 부작의로 말할 것 같으면, 그때 그 둘이 어떠한 식으로 없어졌는지를 마땅히 분석해야 하는 것이다. 실로 〔그것이〕 없다고 하는 것은 인(因)〔정리(正理)〕이 또한 되지 못하는 것이니, 〔그것이 없이〕 무엇이 무상(無相)[607]과 부작의로부터 무분별을 이루겠는가?

단지 그 정도로 무분별을 이루는 것이라면, 혼절도 역시 억념과 작의가 없는 것이므로 무분별성에 들어간다. 그러므로 여실한 관찰〔사유〕이 없이는 별도로 무념과 부작의를 이루는 방법이 없다. 설령 무념과 부작

---

606) 택법각지: 제법을 간택하고 분별해서 일체법의 성상(性相)을 깨닫는 반야의 지혜로써, 칠보리분법(七菩提分法)의 하나임.

607) 티베트 원문은 무상(無相)으로 되어 있으나, 무념(無念)의 오기로 사료된다. 범어본에는 이 구절이 기재되어 있지 않음.

의를 이루었다고 할지라도 여실한 관찰〔사유〕이 없다면 제법의 무자성성에 어떻게 깨달아 들어갈 수 있겠는가? 설령 제법의 자성이 공성의 상태로 존재함을 이해할지라도, 여실한 관찰〔사유〕 그것이 없다면 제법의 공성을 또한 깨닫지 못한다. 이 공성을 증오함이 없이는 장애들을 제멸하지 못하니, 만약 그러한 것이 아니라면 누구나 또한 언제라도 스스로 해탈하게 되는 것이다.

또한 그 유가사가 일체의 법을 기억하지 못하거나 혹은 어리석어서 억념과 작의를 행할 줄을 모른다면, 그것은 실로 우치한 것이니 그러한 자가 어떻게 유가사가 될 수 있겠는가?

〔제법의 진실에 대한〕 여실한 관찰〔사유〕을 진행함이 없이, 그와 같이 무념과 부작의만을 닦아 익히는 것은, 단지 어리석음을 닦아 익히는 것이어서 청정한 지혜의 광명을 멀리 내던져 버리는 것이다.

만약 그가 기억을 상실한 것도 아니고 바보도 아니라면, 그때 여실한 관찰〔사유〕이 없이 어떻게 무념과 부작의를 능히 닦을 수 있겠는가? 만약 기억하고 있음에도 기억하지 않는다고 하거나, 보고 있음에도 또한 보지 않는다고 말하는 것은 바른 도리가 아니다.

또 무념과 부작의를 닦아 익힌다면 어떻게 과거세를 아는 숙명통(宿命通) 등과 여타의 불법들이 발생할 수 있겠는가? 모순일 뿐이니 마치 따뜻함의 반대인 차가움을 접촉할 때 따뜻한 감촉이 생기지 않는 것과 같기 때문이다.

또 유가사가 선정에 안주하되 만약 의식(意識)이 남아 있다면 그때 그는 무언가를 반드시 반연하게 마련이다. 소위 범부들의 의식이란 갑자기 무소연(無所緣)의 상태에 들어가지 못하기 때문이다. 만약 의식이 없다고 한다면 그때 어떻게 제법의 무자성을 깨달을 수 있으며, 또 어떠한 대치법(對治法)으로 번뇌의 장애들을 제멸하겠는가? 실로 제사정려(第四靜慮)를 얻지 못한 범부들의 마음은 멸하여 없앰이 불가능하

다.608)

그러므로 불법에서 말하는 무념과 부작의의 발현도 또한 여실한 관찰〔사유〕이 선행하는 것임을 잘 살펴서 알도록 하라. 왜냐하면 여실한 관찰〔사유〕을 통해서 무념과 부작의를 능히 행할 수 있으며, 그 밖에 다른 방법이 없다.

유가사가 청정한 반야로 관찰해서 승의에 있어서 삼세에 걸쳐 제법의 생김을 전혀 보지 못하는 그때, 어찌 그것을 억념하고 작의하려고 하겠는가? 진실로 삼세도 없는 마당에 일찍이 경험한 바도 없는 그것을 어찌 억념하고 작의하려 할 것인가?

그러므로 유가사는 일체의 희론이 소진함으로 말미암아 무분별지에 들어가며, 거기에 머묾으로써 공성을 증득하게 된다. 공성을 증득함으로써 모든 악견의 그물망을 완전히 파괴하는 것이다.

유가사가 방편이 함께 하는 반야를 근수함으로써 세속과 승의의 진실을 여실히 통달하는 것이다. 그래서 가림이 없는 지혜를 얻게 되는 까닭에 일체의 불법을 또한 성취하는 것이다.

그러므로 여실한 관찰〔사유〕이 없으면609) 청정한 지혜도 또한 발생

608) 이 뜻은 제4선의 여덟 하늘 가운데의 네 번째 하늘인 무상천(無想天)의 천인들이 닦는 상(想)을 멸하는 선정을 얻음을 말함.

609) 이 뜻을 『수능엄경(首楞嚴經)』에서 밝히되, "이 종종지(種種地)는 모두 금강(金剛)으로 열 가지 환과 같은 깊은 비유를 관찰하여 사마타 중에서 여래의 위빠사나로써 청정하게 수증하여 점차로 깊이 들어가는 것이니라." 라고 하였다. 또 그 주석에서, "〔금강으로〕는 초주(初住) 원통(圓通)의 위에서 이미 분증하고, 지위마다 더욱 깊어져서 등각(等覺)에 이르면 구경인 금강심이니, 그러므로 금강은 깊고 깊은 반야의 이름이다. 열 가지 비유란 환인(幻人)·아지랑이·수중월(水中月)·공화(空華)·향(響)·신기루(蜃氣樓)·몽(夢)·영(影)·영상(影像)·변화(變化)한 물건이니, 무수(無修)의 수(修)를 말한다. 〔위빠사나〕는 능견(能見)·정견(正見)·관(觀)이라 번역하니, 자세히 관찰하여 잘못됨이 없게 하는 것이니, 곧 자성정(自性定)을 닦는 뜻이다."라고 하였다. 『수능엄경』 卷第八, 운허 용하

하지 않으며, 번뇌의 장애도 또한 제멸하지 못하는 것이다.

이 뜻을 또한 『만수실리유희경(曼殊室利遊戱經)』(sDe, bka-mdo-kha-231)에서도 설하되, "동녀여! 어떻게 보살들이 〔번뇌의 적들과의〕 싸움에서 승리하는가? 답하여 아뢰되, 문수보살이여! 여실히 관찰해서 일체의 법을 가히 보지 않는 그것입니다."라고 하였다.

그러므로 유가사는 지혜의 눈을 부릅뜨고, 반야의 혜검으로 번뇌의 적들을 베어 버린 뒤, 두려움이 없이 당당히 머물되 겁먹은 사람처럼 눈을 감지 않는다.

또한 『삼마지왕경(三摩地王經)』(sDe, bka-mdo-da-27)에서도, "만일 제법의 무아를 사유하고, 또한 관찰하고 만약 닦는다면, 그것은 해탈과를 낳는 정인이며, 다른 인으로는 적멸을 얻지 못한다."라고 설하였다. 〔용수보살의〕 『집경론(集經論)』(sDe, bstan-dbu ma-ki-164)에서도 또한 설하되, "자신은 위빠사나의 수습에 근행하면서 타인을 그곳으로 인도하지 않음은 마(魔)의 소행이다."라고 하였다. 또한 『보운경』과 『해심밀경』 등에서도 설하되, "위빠사나는 여실한 관찰이 체성이다."라고 하였다. 역시 『보운경』에서 설하되, "위빠사나로 관찰해서 무자성을 깨닫는 것이 무상성(無相性)에 들어가는 것이다."라고 하였다. 『능가경』(sDe, bka-mdo-ca-101)에서도 역시, "대혜보살이여! 왜냐하면 이지(理智)로서 관찰하면 〔제법의〕 자상(自相, svalakśaṇa)[610]과 공상(共相, sāmānya-lakśaṇa)[611]의 〔실질을〕 깨닫지 못한다. 그

번역.

610) 자상: 자기만의 고유한 성질과 모양을 가지고 실재하는 사물로, 분별로서 가립(假立)된 사물이 아님을 뜻함. 예를 들면 병과 기둥 등과 같이 개념 등에 의해서 성립하는 것이 아니라 인식상에 그대로 실재하는 유위(有爲)의 사물을 말한다.

611) 공상: 외경(外境)의 본신이 실재하는 것이 아니며 내심의 분별로 인해서 성립된 사물로, 예를 들면 허공 등과 같이 개념에 의해서 나타나는 무위

러므로 제법은 자성이 없다고 말한다."라고 하였다.

만약 여실한 관찰을 행하지 않는다면 그와 같이 세존께서 여러 계경에서 관찰의 여러 가지 행상(行相)들을 설한 것과도 또한 위배되는 것이다. 그러므로 "나는 지혜가 하열하고 정진력도 부족해서 능히 널리 듣고 배우는 것을 감당하지 못한다."라고 말하는 사람들은, 세존께서 많이 듣고 널리 배움을 크게 칭찬하신 까닭에 어느 때라도 또한 그것을 버려서는 안 된다.

또한 『범문경(梵問經)』(sDe, bka-mdo-ba-32)에서 설하되, "어떤 이가 사의를 초월한 법들을 사의하는 그것은 여리(如理, yoniśa)가 아니다."라고 하였다. 만약 어떤 이가 승의에 있어서 생함이 없는 법들을 생하는 것으로 분별해서, 마치 성문 등과 같이 "제법은 덧없고 괴로운 법이다."라는 식612)으로 사량하는 그들은 증익과 감손의 양변에 생각이 떨어져서 여리(如理)하지 못하는 것이다. 이것을 막기 위해서 〔경에서〕 그렇게 설한 것이며, 여실히 관찰〔사유〕하는 그것을 차단하는 것이 아님을 또한 『집경론』에서 설한 까닭이다.

이 뜻을 또한 『범문경』(sDe, bka-mdo-ba-62)에서 설하되, "지용(志勇, Citta-śura)보살이 답하되, 제법을 마음으로 사유할지라도 거기서 손상되거나 퇴실〔속박당하지〕하지 않으면 그를 보살이라 부른다."라고 하였다. 또 같은 경(sDe, bka-mdo-ba-35)에서 설하되, "정진이 있다 함은 어떠한 것입니까? 답하되, 어느 때 일체지심(一切智心, sarvajñātā-citta)을 관찰해서 〔그것을〕 가히 보지 않는 것이다."라고 하였다. 또 같은 경(sDe, bka-mdo-ba-42)에서 설하되, "여실하게 제법을

법에 속하는 사물을 말한다.

612) 『중론(中論)』의 「관전도품(觀顚倒品)」에서, "무상(無常)을 무상이라고 집착하는 것이 전도(顚倒)가 아니라지만 공(空) 가운데는 무상도 없는데 어떻게 전도 아님이 존재하겠는가?"라고 하였다. 『중론(中論)』, p. 392.

관찰하는 그들은 〔보살들은〕 지혜가 있다."라고 하였으며, "보살들은 제법이 환영과 같고 신기루와 같은 것으로 결택한다."(sDe, bka-mdo-ba-43)라고 하였다.

이와 같이 언제 어디에서든 사의를 초월한 법구(法句)를 듣고서, 그러그러한 것들을 단지 듣고 사유하는 것만으로도 진실을 통달한다고 생각하는 무리들의 증상만을 꺾기 위해서, 제법의 진실은 각자 스스로가 내증해야 하는 것임을 열어 보인 것이다.

이것은 또한 여실하지 못한 비리사유(非理思惟, ayoniśa-citta)를 파척한 것으로서, 여실한 관찰〔사유〕을 차단한 것이 아님을 분명히 알도록 하라. 만약 그러한 것이 아니라면 허다한 언교와 정리에 크게 어긋나는 것임을 이미 앞서 말한 바와 같다.

또한 이것은 문사(聞思)의 두 지혜로 깨달아 얻은 바의 그 법들을, 수혜(修慧)로서 수증해야 한다는 것으로 다른 뜻이 아니다. 마치 말에게 달려갈 길을 보여 주고 달리도록 함과 같다.

그러므로 여실히 관찰〔사유〕토록 하라. 그것이 비록 분별의 체성이 될지라도 또한 여리작의(如理作意)의 본성이 되는 까닭에, 이로 말미암아 무분별지가 발생하는 것이다. 그러므로 이 무분별지를 얻고자 하면 반드시 여실한 관찰〔사유〕에 의지해야 한다. 이 뜻을 또한 『보적경(寶積經)』에서 설하되, "무분별의 청정한 지혜의 불꽃이 타오르면, 마치 두 나무를 비벼서 불씨가 일어나면 두 나무를 태워 버리는 것과 같이, 그 또한 나중에는 그 둘을 태워 버리게 된다."라고 하였다.

또한, "선행 등의 업(業)들을 전혀 행하지 말라."고 하는 것은 "업이 소진해서 해탈한다."라고 말하는 외도 가운데 하나인 사명파(邪命派, Ājīvakavāda)[613]의 주장을 인정하는 것이다.

---

613) 사명파: 석존 당시 육사외도의 하나인 막깔리 고살라에 의해서 성립된 학파로 인과를 부정하고 숙명론을 주장함.

세존의 말씀에는 번뇌가 다해서 해탈한다고 하였지, 업이 다해서 해탈한다고는 설하지 않았다. 무시이래로 쌓아 온 업들을 소멸한다는 것은 불가능한 것이니, 왜냐하면 그 업의 집적이 무량무변하기 때문이다. 또 악도 등에서 과보를 받을 때 새로운 업들을 또한 짓는 것이니, 번뇌가 없어지지 않고 그것이 업을 짓는 원인으로 남아 있는 한, 그 업들을 멸하여 없애는 것은 불가능하다. 마치 등잔의 기름이 마르지 않고서는 등불이 꺼지지 않는 것과 같다.

그러므로 이미 앞에서 말한 바와 같이, 위빠사나를 훼방하는 그들의 번뇌 역시 제멸하는 것이 불가능하다. 만약 번뇌의 소멸을 위해서 위빠사나를 수습해야 한다고 생각하면, 그때는 번뇌의 소멸로 인해서 해탈을 얻게 되어서 업을 소진한다는 주장이 허망해지는 것이다.

또한, "불선을 행하지 말라."고 하는 것이 도리에 맞는 것이라면, 선업을 무슨 이유로 막을 것인가? 만약 그것이 윤회를 낳음으로써 그와 같이 말하는 것이라면, 그 또한 바른 도리가 아니다. 왜냐하면 자아 등을 집착하는 전도된 마음에서 전적으로 행해진, 청정하지 못한 선업들이 윤회를 낳게 하는 것이지, 보살의 선업처럼 자비심에서 전적으로 행해지고, 무상정등각으로 온전히 회향하는 그러한 청정한 선업들은, 윤회를 또한 낳지 않는다.

이 뜻을 또한 『십지경』(sDe, bka-phal chen-kha-189)에서 설하되, "이들 십선(十善)의 업도(業道)는 회향(回向, pariṇāmana) 등의 정화의 차별에 의해서 성문과 연각, 보살과 부처를 산출하는 것이다."라고 하였다. 역시 『보적경』(sDe, bka-dkon brtsegs-cha-129)에서도, "모든 강물들이 바다로 흘러들어 물의 보고를 이루듯이, 보살들의 갖가지 방편으로 쌓아 모은 선업의 더미들 역시 〔일체지로 온전히 회향되어서〕 일체지로 〔융화되어〕 하나의 법미(法味)를 이룬다."라고 설하였다.

또한 모든 불보살들의 색신과 청정한 불토와 몸의 광명과 권속과 광대한 수용 등의 그 모든 원만상(圓滿相)들이 보시 등을 행한 복덕자량의 결과인 것이라고, 그러한 계경들에서 설하신 세존의 말씀과 역시 어긋나는 것이다. 또한 선행을 막는 것은 별해탈계 등을 막는 것이 되어서 머리털을 자르고 수염을 깎고 황색의 가사를 걸치는 것들 역시 무의미하게 되는 것이다. 진실로 선업의 근행에 나서지 않는 것은 윤회를 외면하고, 중생을 위한 이락을 외면하는 그 모두를 행하는 것이 되어서, 결국은 자신의 깨달음마저도 영원히 저버리게 되는 것이다.

그러므로 『해심밀경』(sDe, bka-mdo-ca-19)에서 설하되, "중생의 요익을 일향으로 외면함과 심행(心行)의 소작(所作, 行爲)〔선근을 닦는 의도 등〕을 일향으로 외면함은 무상정등각(無上正等覺)을 얻는 것이라고 나는 말하지 않는다."라고 하였다.

또한 『우파리청문경(優婆離請問經)』에서도, "윤회에 들어감을 외면함은 보살의 제일가는 〔요익유정계(饒益有情戒)의〕 범계이다."라고 하였으며, 또 "윤회를 감수함은 제일가는 지계이다."라고 설하였다. 또한 『무구칭경』(sDe, bka-mdo-ma-201)에서도, "방편을 잡고 윤회에 들어감은 보살의 해탈이며, 방편을 여읜 지혜는 속박이며, 지혜를 여읜 방편 역시 속박이다. 지혜를 갖춘 방편은 해탈이요, 방편을 갖춘 지혜는 또한 해탈이다."라고 설하였다. 『허공고경(虛空庫經)』(sDe, bka-mdo-pa-277)에서도 또한, "윤회를 염오함은 보살들의 마업(魔業)이다."라고 설하였다. 『집경론』(sDe, bstan-dbu ma-ki-164)에서도, "무위(無爲, asamskṛta)의 묘법은 또한 즐겨 사유하면서, 유위(有爲, sam skṛta)의 선법을 염오함은 마(魔)의 소행이다. 보리의 도를 또한 잘 알면서, 바라밀다의 도를 또한 온전히 추구하지 않는 것은 마의 소행이다."라고 설하였다. 역시 같은 경(sDe, bstan-dbu ma-ki-163)에서 설하되, "보시 등에 애집하고 나아가 지혜바라밀다에 이르기까지 애집함은 마업이다."라고 하였다.

이 뜻은 보시 등의 바라밀들을 닦는 것을 막는 것이 아니며, 단지 나와 나의 것을 집착하는 마음과, 외경과 내심을 집착하는 마음과, 상(相)이 있는 보시 따위를 전도되게 집착하는 것을 저지한 것이다. 이렇게 전도된 집착에서 전적으로 행한 보시 등이 청정하지 못하게 됨으로써 그것을 마업(魔業)[614]이라고 한 것이다.

만약 그러한 것이 아니라면 선정 또한 닦지 아니해야 되는 것이니, 만일 그렇게 되면 해탈 등이 또한 어떻게 있을 수 있겠는가? 그러므로 갖가지 상(相)에 걸린 생각으로 행하는 보시 등의 그 일체가 청정하지 못한 것임을 가르쳐 보인 것이다.

이 뜻을 『허공고경』(sDe, bka-mdo-pa-277)에서 설하되, "중생들이 갖가지 전도된 업 등의 생각에서 행하는 보시 등은 마업이다."라고 하였다. 또한 『삼온경(三蘊經)』(sDe, bka-mdo-ya-72)에서도 설하되, "무릇 내가 보시, 지계, 인욕, 정진, 선정, 반야의 평등성(平等性)[615]을 알지 못하고, 상(相)에 떨어져 보시를 행하고, 계금취(戒禁取)에 걸려서 계율을 지키고, 자타를 분별하는 생각에서 인욕을 닦는 등의 그 일체를 낱낱이 참회합니다."라고 하였다.

---

614) 『약론석』에서, "이아(二我)를 집착하는 번뇌를 일으켜서 행하는 육바라밀은 마치 음식과 독을 함께 먹는 것과 같아서 단지 성불을 하지 못하는 것만이 아니라 도리어 성불을 장애하는 까닭에 마업이라 부른다."라고 하였다. 『약론석』 下冊, p. 732.

615) 평등성: 제법은 열 가지 평등성에 의해서 평등하다. 무성(無性)의 평등성이며, 무상(無相)의 평등성이며, 사변무생(四邊無生)의 평등성이며, 미생(未生)의 평등성이며, 적멸(寂滅)의 평등성이며, 본정(本靜)의 평등성이며, 이희론(離戱論)의 평등성이며, 무취무사(無取無捨)의 평등성이며, 제법(諸法)은 몽환(夢幻), 광영(光影), 곡성(谷聲), 수월(水月), 경상(鏡像), 변화(變化)의 평등성이며, 유비유(有非有)의 평등성인 것이다. 『장한대사전(藏漢大辭典)』 上冊, p. 988.

이 또한 갖가지 상에 걸린 생각을 전도되게 집착해서 전적으로 행한 까닭에, 보시 등이 청정하지 못함을 말한 것이지 영원히 보시 등을 행하지 못하게 제지한 것이 아니다. 만약 그와 같은 것이 아니라면 단지 상(相)에 걸려서 전도된 것만 아닌 보시 등의 일체를 구분 없이 못하게 막는 것이 된다.

또한 『범문경』(sDe, bka-mdo-ba-58)에서, "있는 바 그 모든 행위는 분별이며, 무분별이 곧 보리다."라는 등을 설한 것도, 또한 제법의 발생 등을 분별하는 단계이므로 해서 그것을 분별이라고 설한 것이며, 무상(無相)에 안주하고 무위에 증입해서 머무르는 보살은 〔보리를 이룬다고〕 수기하는 것 외에 다름이 아님을 설시한 것이자, 보시 등의 일체가 승의에 있어서 실로 무생임을 설명한 것이며, 그러한 행위를 닦지 말라고 설한 것이 아니다.

만약 그와 같은 것이 아니라면, 옛적 〔현겁(賢劫)의 세 번째 부처인〕 연등불 때 모든 부처님들을 〔석가〕세존께서 공양하고 받들어 모신바, 그 부처님들의 명호를 〔석가〕세존께서 직접 한 겁의 세월 동안 말하여도 다 말하지 못하는 것을, 그 부처님들 또한 〔석가〕세존께서 보살의 지위에 머물 때의 행위인 까닭에 제지하지 않았으며, 연등 부처님께서도 그때 〔석가〕세존의 행위를 역시 막지 않는 것으로 일관하였다.

어느 때 〔석가〕세존께서 보살의 8지(地)의 〔부동지〕에 들어가 적멸무상(寂滅無相, śānta-nirnimitta)에 머무르는 것을 살펴보시고, 그때 〔연등불께서〕 장차 석가여래가 될 것을 수기하였으며, 거기서도 〔석가〕세존의 행위를 막은 것이 아니다. 단지 8지의 보살들로 수승한 무상〔삼매〕에 안주하는 그들이, "여기서 이대로 대열반(大涅槃, parinirvāna)에 들어가리라."는 생각을 『십지경』에서 제불들께서 제지하였을 뿐이다.

만약 언제 어느 때고 그러한 행위를 하지 않는다면 앞에서 말한 모든 것들과 또한 어긋나게 되는 것이다.

즉 『범문경』(sDe, bka-mdo-ba-89)에서, "보시를 또한 행하되 그것의 과보가 익기를 또한 바라지 않으며, 계율 또한 지키되 또한 증익하지 않는다."라고 하였으며, 또 같은 경에서, "범천왕이여! 네 가지 법이 있는 보살들은 불법에서 퇴실하지 않는다. 그 네 가지란 무엇인가? 무량한 윤회를 기꺼이 감수함이며, 무량한 제불여래들을 받들어 섬김이며, 무변한 공양을 올림이며,……" 등을 설한 바의 이 모든 가르침들과 위배되는 것이다.

또한 "〔선행 등은〕 단지 하근(下根)들의 행할 바이며, 상근들은 행하지 말라."고 하는 것은 정리가 아니다. 이와 같이 "초지(初地)에서 십지에 머무르는 보살들은 보시 등의 덕행을 닦되, 여타의 학처들을 또한 닦지 않는 것이 아니다."라고 설한 까닭이다. 또 보살지에 오른 그들을 〔각유정(覺有情, bodhisattva)들을〕 가리켜서 근기가 하열하다고 말하는 것은 역시 도리가 아니다.

또한 『우파리청문경(優婆離請問經)』에서 설하되, "무생법인(無生法忍, anutpattika-dharma-kśānti)에 안주하는 보살들은 버림(tyāga)과 크게 버림(mahā-tyāga)과 다 버림(ati-tyāga)616) 등을 닦으라."고 하였으며, 또한 『집경론』에서 설하되, "육바라밀 등의 수행을 하는 보살들은 여래의 신력(神力, ṛddhi)에 의해서 나아가는 것이다."라고 찬양하였다.

이와 같이 여래의 신력을 입고서 나아가는 것보다 더 신속한 것은 없다. 그러므로 육바라밀과 십지를 제외하고서 보살들이 가는 더 빠른 길은 달리 없는 것이다. 그러한 까닭에 또한 경에서, "마음의 흐름이 황금을 정련하듯이 점차로 맑아진다."라고 하였다.

---

616) 『톱빠공빠랍쎌(教說明解)』에서 "보시에는 세 가지 있으니 버림과 크게 버림과 다 버림이다. 먼저 버림이란 국정을 버림이요, 둘째 크게 버림이란 처자와 권속 등을 배품이요, 셋째 다 버림이란 머리와 수족 등의 자기의 신체를 보시하는 것이다."라고 하였다. 『툽빠공빠랍쎌』, p. 38.

또한 『능가경』과 『십지경』 등에서도, "보살이 어느 때 진여에 머물게 되는 그때, 보살의 초지에 들어가며 그 뒤 위의 지위들을 차례로 닦아서 여래지(如來地, tathāgata-bhūmi)에 들어간다."라고 설하였다.

그러므로 십지와 육바라밀을 떠나서 여래의 열반성에 단박에 들어가는 문은 달리 없으며, 세존께서도 계경 등의 어디에서도 또한 그것을 말씀하지 않았다.

만약에 선정(禪定) 속에 육바라밀이 거두어짐으로써 선정을 닦는 것은 모든 바라밀들을 닦는 것이 된다. 그러므로 보시 등의 다른 바라밀들을 각각 닦을 필요가 없다고 말한다면 그 또한 도리가 아닌 것이다. 진실로 그러한 것이라면, 여래에게 소똥으로 빚어서 공양한 만다라(曼茶羅)617) 안에도 또한 육바라밀들이 거두어짐으로써, 오로지 만다라만을 만들어 받치면 되는 것이어서 선정 등을 자연히 닦지 않게 되는 것이다. 또한 성문들이 멸진정(滅盡定, nirodha-samādhi)618)에 들어가도 역시 상(相)을 보는 등의 분별이 전혀 일어나지 않는 까닭에, 그와 같이 육바라밀들이 전부 갖추어지게 되어서 결국에는 성문과 보살들이 아무런 차별이 없게 되는 것이다.

이것은 보살들이 언제라도 육바라밀들을 원성해야 하는 것임을 교시하기 위해서 세존께서 하나하나의 바라밀마다 모든 바라밀들이 거두어짐을 설한 것이며, 단지 하나의 바라밀만을 닦는 것을 설하지 않았다.

---

617) 만다라: 밀교의 본존과 성중들이 회집한 도량으로, 본지(本智)는 본존을, 도과(道果)의 공덕은 권속을 표시하며, 권속들이 본존을 위요한 모양의 도량을 말한다.

618) 멸진정(滅盡定): 조분(粗分)의 수(受)와 상(想)을 멸한 성문들의 최고의 선정이다. 즉 무소유처(無所有處)의 탐분(貪分)을 소멸해서 유정천(有頂天)을 초월하여 적멸에 안주하려는 상념(想念)을 선행하는 작의(作意)에 의해서, 제심(諸心)과 심소(心所)의 소생인 비항(非恒)과 항주(恒住)의 일분의 법들을 적멸케 하는 것이다. 팔식(八識)의 아뢰야식(阿賴耶識)을 제외한 칠식(七識)을 제멸한 구차제정(九次第定)의 최후정(最後定)이다.

이 뜻을 또한 『섭연경(攝研經)』(sDe, bka-mdo-dza-183)에서 설하되, “미륵보살이여! 모든 보살들이 육바라밀을 청정히 수행하는 것은 정등각을 얻기 위한 것이지만, 어리석은 자들은 이것을 이렇게 말한다. ‘보살들은 오로지 지혜바라밀만을 수학할 것이며, 무엇하러 여타의 바라밀들을 힘써 배우려 하는가?’라고 말해서 여타의 바라밀들에 대하여 달가워하지 않는 생각을 낸다.

미륵보살이여! 이것을 어떻게 생각하는가? 옛적에 내가 까씨 국의 왕이 되었을 때, 비둘기를 구하기 위해서 내 몸의 살점을 떼어서 매에게 보시를 하였는바, 그것이 어리석음은 일인 것인가?

미륵보살이 답하되, 세존이시여! 그건 그렇지 않습니다.

세존께서 말씀하시되, 미륵보살이여! 내가 보살행을 닦고 익혀서 육바라밀을 갖춘 온갖 선근들을 쌓고 심었는바, 그러한 선근들이 나에게 해악을 끼쳤는가?

미륵보살이 답하되, 세존이시여! 그건 그렇지 않습니다.

세존께서 말씀하시되, 미륵보살이여! 그대 또한 60겁의 세월 동안 보시바라밀을 청정하게 닦았으며, 그와 같이 60겁의 세월 동안 지혜바라밀에 이르기까지를 청정하게 수행하여 왔다. 그러나 어리석은 자들은 이것을 이렇게 말한다. ‘오직 하나의 도리로서 깨달은 것이니, 이와 같이 공성의 도리에 의한 것이다.’라고 하는 바, 그들의 행업들은 모두 청정하지 못한 것이다.”라고 하였다.

만약 공성 하나만을 닦는다면 성문들과 같이 열반의 변에 떨어지게 된다. 그러므로 방편이 함께 하는 반야를 반드시 닦아야 하는 것이다. 그러므로 용수보살이 『집경론』(sDe, bstan-dbu ma-ki-164)에서 직접 설하되, “선교방편을 여읜 보살은 심오한 법성을 근수하려 들지 않는다.”라고 하였다. 이 또한 용수보살이 직접 설한 것이 아니며, 『무구칭경(無垢稱經)』 등을 근거로 해서 말씀한 것이다.

그러므로 언교와 정리가 잘 구족된 여래의 말씀을 무시하는 교만한 자들의 이설을 배움이 있는 지자들이 받드는 것은 도리가 아니다.

또한 『보계경(寶髻經)』에서 설하되, "보시 등의 일체의 선행을 구족한 자는 온갖 종류의 모든 최승이 함께 하는 공성을 닦도록 하라."고 하였는바, 여기서도 단지 공성 하나만을 닦는 것이 아니다. 『보적경』(sDe, bka-dkon brtsegs-cha-129)에서도 역시, "가섭이여! 예를 들면 이와 같이, 국왕이 신하들을 통솔해서 일체의 사무를 처리하듯이, 보살의 반야도 선교방편을 섭수해서 또한 여래의 사업 일체를 봉행하는 것이다."라고 설하였다.

그러므로 "오로지 공성만을 닦게 되면 열반에 들어가게 된다."[619]라는 생각에 대하여, 세존께서 『여래비밀경』에서 설하되, "일향으로 무소연(無所緣)의 마음만을 닦지 말며, 선교방편을 또한 닦도록 하라."고 하였다.

다시 이 뜻을 명확히 열어 보이기 위해서, "선남자여! 예를 들면 이와 같으니, 불은 섶으로 인해서 타오르고, 섶이 없으면 사위는 것이다. 그와 같이 소연(所緣)으로 인하여 마음은 불타오르고 소연이 없으면 마음은 쉬어 멸한다. 방편에 빼어난 보살은 반야바라밀이 청정한 까닭에 소연을 멸하여 없앰을 또한 잘 알지라도, 선근을 반연함은 또한 멸하여 없애지 않는다. 번뇌를 소연함은 또한 일어나지 않게 할지라도, 바라밀다를 반연함은 또한 잘 확립하며, 공성을 소연하되 또한 잘 분별하며, 일체의 중생을 대비로써 반연하되 또한 잘 살펴본다. 선남자여! 이와 같이 보살이 방편에 빼어나고 반야바라밀다가 청정한 까닭에 소연에 자재함을 얻는다."라고 설하였다.

---

619) 『구금강상속경(九金剛相續經)』에서, "설령 공성을 이미 증득하여도 단지 그것만으로는 성불하지 못한다. 인과가 무여(無餘)한 까닭이며, 방편은 공성이 아니기 때문이다."라고 설하였다. 『약론석(略論釋)』 下冊, p.729.

또 같은 경에서 설하되, "그와 같이 보살에게는 일체가 소연의 대상이 되지 않음이 없다. 그 전부가 일체지지(一切智智)의 수증을 위해서 존재하지 않음이 없는 것이다. 보살이 일체의 소연을 보리로 회향하는 그것은 보살의 선교방편이며, 일체법이 보리에 수순하는 것임을 통견하는 것이다. 선남자여! 예를 들면 이와 같으니, 삼천대천세계에서 일체가 중생의 수용물이 되지 않는 것이 없듯이, 선남자여! 그와 같이 방편에 빼어난 보살에게는 일체가 또한 소연이 되지 않음이 없으니, 보리에 무익하다고 보지 않는 것이다."라고 하였다.

이와 같이 무변한 계경들에서 보살들의 방편과 반야를 닦는 도리를 열어 보였다. 그러므로 비록 자신은 보시 등의 복덕자량을 근수하지 못하고 있을지라도, 타인에게 그와 같이 말하는 것은 옳지 않은 것이며, 그와 같이 말한다면 자신과 남에게 원한을 사게 되는 것이다.

이와 같이 보살들은 전심으로 또한 〔법의 진실을〕 여실히 관찰〔사유〕하며, 아울러 보시 등의 복덕자량의 일체를 수득해야 하는 것임을 청정한 언교와 정리로서 자세히 열어 보인 것이다.

그러므로 배움이 있는 지자들은 들음과 배움이 천박한 증상만의 무리들이 말하는 이설들을 독(毒)과 같이 여겨서 버리도록 하라. 아사리 용수보살과 같은 진정한 선지식들의 말씀을 감로처럼 여기고 따라 배워서 모든 유정들을 위하여 대비를 일으킨 뒤, 뛰어난 마술사와 같이 마음이 전도됨이 없이 무상정등각으로 온전히 회향하는 보시 등의 모든 선행들을 닦으며, 일체의 유정들을 윤회로부터 남김없이 구제하기 위해서 정진해야 하는 것이다.

그러므로 『법집경』(sDe, bka-mdo-sha-13)에서 설하되,

"비유하면 뛰어난 마술사가
환상에서 해탈하려 정근해서,

이미 그는 그 실체를 알기에
환상에 탐착함이 전혀 없다.

삼유도 환상과 같은 것임을
보리를 통달한 자는 알기에,
중생을 위해 대비의 갑옷을 입어도
중생도 그와 같음을 이미 안다."

라고 함과 같다.

이와 같이 유가사가 방편과 반야를 항시 존중하고 닦아 익혀서, 마음의 흐름이 점차로 성숙해지면, 더욱더 맑고 투명한 순간들이 문득 일어나게 된다. 그래서 법의 진실을 닦음이 구경에 도달하게 되면, 온갖 망상의 그물망을 벗어나서, 법계의 참 모습을 환히 깨치고, 번뇌의 더러움을 여의고, 무풍 속의 등불처럼 영원히 부동하는 그 출세간의 지혜가 밝아오는 그때, 사변제소연(事邊際所緣)을 성취하게 되고, 보살의 초지를 증득하고, 또한 견도에 들어가는 것이다.

그 뒤 유가사는 위의 지위들을 차례로 수학해서 마치 황금을 정련하듯이, 누적된 장애들을 남김없이 소멸해서 무착무애의 큰 지혜를 얻은 뒤에, 모든 공덕의 산실인 불지를 성취하게 된다. 이것이 또한 소작성취소연(所作成就所緣)을 증득하는 것이다.

그러므로 부처가 되고자 하면 중도의 바른길을 마땅히 근수해야 하는 것이다.

이렇게 중도의 길을 강설해서
얻게 되는 나의 복덕의 힘으로,
모든 범부들이 하나도 빠짐없이

중도의 바른길을 얻게 하소서.

선지식을 질시하는 교만 등을 버리고
현자는 족함을 모르는 큰 바다처럼,
잘 열어서 설해진 정법을 수지하되
백조가 물에서 우유만을 취하듯 하라.

그러므로 학덕 있는 지자들은
감언이설의 홀림을 벗어나서,
설령 아이가 설한 법일지라도
바른 법이라면 수지토록 하라.

아사리 까말라씰라(Kamalaśīla, 蓮華戒)가 이 『수습차제중편』을 지어서 완결하고, 인도의 친교사 쁘라즈냐와르마(Prajñāvarma, 智鎧)와 책임역경사인 비구 예시데(Ye śes sdes, 智軍) 등이 번역하고 교정해서 완결하다.

Ⅰ. 까말라씰라의 입유가행법

싼스끄리뜨의 바와나요가아바따라(Bāvanāyogabatāra)는 티베트어로 『입유가행법(入瑜伽行法, rNal ḥbyor bsgom pa la ḥjug pa)』이라고 한다.

성문수사리동진보살님께 정례합니다.

만약 일체의 장애들을 남김없이 소멸한 뒤 법신(法身)을 얻고자 하는 이는, 이와 같이 보리심을 일으켜서 사마타와 위빠사나를 근수해야 한다. 왜냐하면 인(因) 등의 〔닦음이〕 없이는 과위의 법신을 얻지 못하는 것이니 반드시 수습해야 하는 것이다.

제일 먼저 일체의 불법을 얻게 하는 근본인 보리심을 일으키는 것이니, 그 발심의 공덕이 광대무변하기 때문이다. 〔『용시청문경(勇施請問經)』에서 설하되,〕 "보리심의 복덕이란 여하한가? 만약 그것에 형체가 있다 하면, 허공계를 다 덮고도 남아서, 가없는 허공보다 크고도 넓다."라고 하였다.

그러므로 유가사는 반드시 보리심을 일으켜야 한다. 그 보리심에는 두 가지가 있으니, 세속보리심(世俗菩提心)과 승의보리심(勝義菩提心)이 그것이다. 세속보리심이란 〔사〕무량심(四無量心) 등으로 모든 유정들을 고통에서 구제하길 서원하고, 그들에게 행복과 이익을 안겨 주기 위해서, "자신이 부처가 되어 지이다!"라고 사유해서, 처음으로 마음을 일으키는 것이다. 그 또한 의궤에서 설한 대로 다른 선지식으로부터 발심의식을 갖도록 한다. 승의보리심이란, 이언절려(離言絶慮)이며, 청정무구(淸淨無垢)이며, 무변무진(無邊無盡)이며, 무희론(無戲論)이며, 적연부동(寂然不動)이며, 이현불현(離現不現)이다.

그 다음 모든 삼마지들의 체성이 되는 사마타를 수습토록 한다. 이와 같이 〔『삼마지왕경(三摩地王經)』에서〕 "황금빛 색신의 아름다운, 여래의 상호를 소연하여, 거기에 마음을 안치함이, 보살의 근본정의 수습이다."라고 설함과 같이 닦는다. 즉 여래의 색신은 황금색이며, 미묘한 상호로서 아름답게 장엄되고, 후광으로 몸을 감싸고 계신 그 색신을 애락(愛樂)하는 것이다. 탐애와 악심을 버린 뒤 몸을 바르게 세우고, 그와 같은 불상과 또는 성화를 전면에 안치한 다음, 끊어짐이 없이 계속해서 작의(作意)하게 되면, 그 불신과 또 지분 등에서부터 완전하게 실제처럼 보게 되는 것이다. 어느 날 사실처럼 그 영상을 보게 되는 때는 낮과 밤을 이어서 마음이 산란함이 없이 닦도록 한다.

만약 마음이 가라앉거나 또는 들뜨게 되거나 혹은 그렇게 의심이 가면, 그때는 여래의 공덕을 희구해서 그것을 털어버린 뒤, 그와 같이 견고하게 닦도록 한다. 그렇게 닦아 가면 사마타를 얻게 되는 것이다.

그 다음 모든 반야의 체성이 되는 위빠사나를 수습토록 한다. 그 또한 널리 듣고 배우는 것이다. 어떻게 행하는 것인가 하면 〔『해심밀경』에서〕 "위빠사나는 들음과 사유에서 생겨난 청정한 견해의 인(因)에서 발생한다."라고 설함과 같이 닦는다. 즉 불법의 요의와 미요의의 가르침들을 존중해서 널리 듣고 배우며, 사혜(思慧)로써 요의를 신해해서 법의 의심을 끊어 없애는 것이다. 만약 그와 같이 하지 않으면 의심의 그물에 얽매여서 두 갈래 길을 만난 나그네와 같이 갈 곳을 또한 정하지 못하게 되는 것이다. 그러므로 반드시 널리 듣고 배워야 한다.

다음 삼보를 예찬하고 공양을 올리며, 자기의 식사의 양을 지키고 적합한 음식을 먹은 뒤, 대소변을 마치고 가래와 침 등을 뱉어낸 뒤, 대비로써 '모든 중생들을 빠짐없이 깨달음으로 인도하리라!'라고 사유해서 시방삼세의 제불보살님들께 신구의(身口意)의 삼문(三門)으로 정성껏 예배한 뒤, 부드러운 방석 위에 편안히 앉는다. 호흡은 자연스럽게 하며, 옷은 느슨하게 하고, 몸은 숙이지도 젖히지도 말며, 눈은 반개하고, 이와 입술과 혀는 평시대로 한다. 위의를 어떻게 할지라도 무방하며, 자신의 면전에 제불보살들이 실제로 머물고 있는 것으로 관상해서 그들에게 공양과 찬탄을 행하도록 한다.

다음에 위의 불신을 매우 명료하게 억념하여 마음속에 안치해서 그것을 소연토록 한다. 그 영상이 선명하게 떠오르면, 그 영상이 어디로부터 왔으며, 어디로 향해 가며, 누가 머무르는 것이며, 어떻게 머물고 있는지 등을 깊이 사유토록 한다. 그렇게 여실히 관찰해서 어디로부터도 오지 않는 것 등을 체관토록 한다. 영상은 자성이 공이며, 있고 없음을 벗어났으며, 모든 희론을 여읜 것이다. 그와 같이 제법도 자기의 이지(理智)의 관찰을 벗어나서 달리 존재하지 않음을 체관토록 한다.

그러므로 일체의 법들은 승의에 있어서 자성이 없음을 체달토록 하라. 또 자성이 없다고 하는 그 생각 역시, 여실한 반야의 지혜로써 멸하여 버리도록 하라. 있고 없음을 초월한 그와 같은 경계를 있고 없음을 초월한 그와 같은 지혜로써 또한 소연함이 없이 닦도록 하라.

중간 중간에 마음으로 마음을 관찰해서 소연에 마음이 들어가 머물게 되면, 또한 그와 같이 스스로 들어가서 마음의 공용을 씀이 없이 진성 가운데 극도로 명징하게 머물도록 하라. 또한 그러할지라도 마음의 흐름이 산란하지 않도록 하라. 만약 마음이 산란하게 되면 이와 같이 사유하는 것이니, 일체의 사물이란 외경과 내심의 둘이며, 외경의 사물들은 이지로서 극미로 분해가 되며, 극미들도 또한 낱낱이 분해하면 역시 실체가 없는 것이다. 또 〔그것을 보는〕 내심도 역시 그것을 떠나서는 달리 없는 것이니, 왜냐하면 〔내심이〕 그 형상을 보기 때문이다. 그렇게 산란을 제멸한 다음에 다시 그 진성 가운데 안주토록 한다.

마음이 삼마지를 기꺼워하지 않게 되면, 삼마지의 수승한 공덕을 기억해서 그것을 즐거워함을 닦도록 하며, 산란의 과실을 사유해서 싫어하는 마음을 다스리도록 하라.

혼몽과 졸음에 의해서 마음이 침몰하거나 혹은 들뜬 것으로 의심이 가면, 그때는 환희로운 대상인 여래의 색신과 또는 팔상성도(八相成道) 등을 사유해서 마음의 가라앉음을 씻어내도록 하라.

또한 과거에 경험했던 경계로 마음이 들뜨거나 혹은 그렇게 의심이 가면, 그때는 세상사가 덧없음과 자기 육신의 부정함과, 타인과 머지않아서 헤어지는 등등을 깊이 사유해서 마음의 들뜸을 멸한 다음, 그 진성 가운데 중정을 지키면서 머물도록 한다.

그 후 그것들로 인해서 마음이 크게 뇌란하게 되면 선정에서 일어나도록 한다. 그리고 가부좌를 풀기 전에, "모든 법들이 승의에 있어서 그와 같이 또한 가히 얻지 못할 지라도, 속제에서는 인연에 의해서 발생함이 환상(幻相) 등이 생겨남과 같다."라고 사유한 뒤 가부좌를 푼다. 그리고 시방의 제불보살님들을 면전에 앙청한 뒤 청정칠지(淸淨七支)[620]를 수습토록 한다. 이 같은 차제에 의해서 항상 주야육시로 닦도록 하라.

그 후 마음이 등지(等持, samādadhāti)를 이루게 되고, 또 등지를 얻게 되면 처소를 뜻에 맞게 장엄해서 마음을 크게 즐겁게 하며, 육바라밀로서 마음을 크게 고양시키도록 하라.

또 일체의 위의가 환상 등에 억매여 훼손당하지 않도록 하라. 그것을 막는 방법과 믿음을 주는 법들이 있으나 글이 번거로워짐을 우려해서 여기서는 적지 않으니 다른 곳에서 알도록 하라.

---

620) 청정칠지: 참회, 수희, 승의보리심, 귀의, 원보리심(願菩提心), 행보리심(行菩提心), 회향의 일곱 가지를 말함.

이 여래의 오묘한 마음은 가히 설명할 수 없을지라도 자타의 이익을 위해서 굳이 설하니, 이렇게 생겨난 공덕에 의해서 모든 중생들이 여래와 같이 되어 지이다!

법의 뜻은 심오하고 자신의 지력은 하열한 까닭에 비록 깨닫기가 어려울지라도, 또한 과문과 우치를 좋아함을 멀리 내친 뒤에 법을 체달하기 위해서 크게 인고하며 정진토록 하라.

무분별의 지혜를 얻지 못하면 문자로는 부처를 이루지 못하는 것이나, 그럴지라도 중생을 건지기 위해서 지자들이 법을 설함은 옳은 것이다.

이 『입유가행법(入瑜伽行法)』을 아사리 까말라씰라(Kamalaśīla, 蓮華戒)가 직접 지어서 완결하고, 인도의 친교사 쁘라즈냐와르마(Prajñā-varma, 智鎧)와 책임역경사인 비구 예시데(Ye śes sdes, 智軍) 등이 번역하고 교정해서 완결하다.

* 이것은 북경민족출판사의 『아띠쌰소간백법(阿底峽百法錄)』 가운데 실려 있는 『입유가행법』을 대본으로 한 것임.

Ⅱ. 사마타와 경안의 변석

1. 수순사마타와 정사마타의 차이

두 사마타의 차이를 『람림충와(菩提道次第略論)』에서 변석하여 다음과 같이 설하였다.621)

만약 앞에서 설한 제구주심(第九住心)〔등지(等持, samādadhāti)〕를 얻어서 미세한 침몰과 도거를 소멸해서 여의고, 능히 장시간 닦을 수 있으며, 다시 정념(正念, 기억해 지님)과 정지(正知, 바르게 앎)를 의지할 필요가 없으며, 크게 공용을 씀이 없이 선정에 임의로 들어간다면 이것이 바로 이미 삼마지를 얻은 것이 아닙니까?

답하되, 이 삼마지에는 경안(輕安)을 얻음과 얻지 못한 두 가지가 있다. 만일 경안을 얻지 못하였으면 그것은 수순사마타(隨順奢摩他)이지 진사마타(眞奢摩他)가 아니다.

『해심밀경』에서 설하되, "세존이시여! 만약 그 보살이 마음을 소연해서 내심으로 작의를 하고, 내지는 심신의 경안을 얻지 못한, 그 중간에 있는 작의를 무엇이라 합니까? 미륵보살이여! 그것은 〔정(正)〕사마타가 아니며 승해와 상응하는 수순사마타라고 한다."라고 하였다.

또한 『장엄경론(莊嚴經論)』에서 설하되, "그것을 숙습(熟習)함으로써 작행(作行)을 씀이 없으며, 그 후 심신의 원만하고 미묘한 경안을 얻고 나서 작의가 있다고 한다."라고 하였다. 그 작의가 있다고 함이 여기서 설하는 〔정〕사마타이다.

『수차중편(修次中篇)』에서 설하되, "이와 같이 사마타를 닦아 익힌 유

621) 『약론석(略論釋)』 下冊, pp. 942~943.

가사의 몸과 마음이 경안하게 되고, 그와 같이 원하는 대로 소연의 대상에 마음을 안주시키는 자재함을 얻게 되는 그때가 사마타가 성취된 것임을 알도록 하라."고 하였다.

또한 『람림첸모(菩提道次第廣論)』에서 다음과 같이 변석하였다.[622]

만약 그렇다면, 경안이 발생하기 이전의 그 삼마지는 어떠한 계위에 속하는 것인가? 답하되, 이 삼마지는 욕계지(欲界地)에 속한다. 비록 삼계구지(三界九地)[623]의 어느 하나에 거두어질지라도 〔색계의〕 초선근분정(初禪近分定)[624] 이상을 넘지 못하기 때문이다. 이 근분정을 얻고자 하면, 반드시 이 사마타를 먼저 얻어야 하기 때문이다.

비록 욕계지 중에 그와 같은 삼마지가 있을지라도, 그것은 싸마히타(samāhita, 等引)의 경지가 아니며, 또 그것을 싸마히타의 경지로 부르지 않는 이유는 무회(無悔), 희락(喜樂), 경안(輕安)을 얻지 못하였기 때문이다.

『본지분(本地分)』에서 설하되, "어째서 유독 그것을 싸마히타의 경지라고 하는가 하면, 단지 욕계의 심일경성(心一境性)만이 아닌, 이와 같이 이 싸마디는 무회, 희열, 경안, 안락을 반드시 성취하는 것이며, 욕계의 〔삼마지는〕 그와 같은 것이 아니다. 그러나 욕계의 삼마지에서도 묘법을 심찰함이 없는 것은 또한 아니다."라고 하였다.

그러므로 그와 같이 경안을 얻지 못하면, 비록 정념(正念)을 항시 의지

---

622) 『람림첸모』, pp. 538~539.

623) 삼계구지: 욕계의 욕계정(欲界定)과 색계의 사선(四禪)과 무색계의 사정(四定)의 아홉 가지를 말함.

624) 초선근분정: 초선미도정(初禪未到定)이라고 하며, 무회・희락・경안의 세 가지 요소를 갖춘다.

하지 않고서도 또한 마음이 스스로 무분별에 들어가고, 그 또한 행주좌와(行住坐臥)의 모든 행동거지와 능히 융합할지라도, 그것은 유사 삼마지이며 욕계의 심일경성(心一境性)이라 부를 뿐 정사마타가 아님을 또한 알아야 한다.

무회와 희락과 경안의 셋을 갖추는 정사마타에 대하여 『약론석』에서는 다음과 같이 변석하였다.[625]

무회(無悔)란 작악(作惡)[626]을 행하지 않아서 후회가 없음이니, 곧 피곤하고 싫어함이 없음을 말한다. 욕심정(欲心定)[627]은 이 등인(等引)에도 오히려 미치지 못해서 능히 피곤하고 싫어함을 없애지 못한다. 그러므로 반드시 『수차중편』에서 설하듯이 마음이 원하는 바대로 소연에 자재함을 성취해야만 비로소 무회라고 부르는 것이다.

희락(喜樂)이란 마음의 희열과 몸의 안락을 말한다. 제구주심의 등지(等持)에서도 또한 갖추지 못하는 것이다. 진실로 수승한 경안의 사마타를 얻을 때, 비로소 극도로 견고한 주분(住分)[628]이 있게 되며(희락과 경안은 같지 않음), 심신의 희락에도 또한 두 가지가 있다. 단지 제구주심은 이와 같지 못한 까닭이다.

그러므로 실로 수승한 경안을 얻기 이전에는 비록 정념을 상시로 의지

625) 『약론석』 下冊, pp. 946~947.

626) 작악(作惡, 後悔): 사이전(四異轉)의 하나로, 과거의 소작(所作)을 기꺼워하지 않는 마음으로 마음의 휴지(休止)를 방해하는 심소(心所)를 말함.

627) 욕심정: 욕심으로 전주일취(專注一趣)하는 삼마지를 뜻하며 욕삼마지(欲三摩地)라고 함.

628) 주분: 안주분(安住分)이라고 하며, 사마디의 특성 가운데서 마음의 명징성(明澄性)을 명분(明分), 부동성(不動性)을 주분(住分)이라고 한다.

하지 않고, 그 마음이 또한 소연을 이탈해서 밖으로 흩어지지 않고, 임의로 들고남으로 해서 마치 행주좌와의 모든 행동거지와 상합해서 항상 삼마지 안에 있게 되는, 이와 같은 삼마지를 얻게 될지라도 이것은 단지 욕계의 심일경성일 뿐이며 정사마타가 아니다.

이 경지에서는 행주좌와의 모든 행동거지와 융합해서 항시 선정 가운데에 머무름으로써 정사마타와 흡사이다. 그래서 혹자는 쉽게 〔삼마지 가운데의〕 정수(正修)와 〔파정 후의〕 후득(後得)이 타성일편(打成一片)이 된 것으로 오인해서 문득 부처와 더불어 동등하게 되었다고 말한다.

이러한 까닭에 쫑카빠 대사는 특별히 이 점을 지적해서 밝히되, "이것은 단지 욕계의 심일경성이다. 그 뜻이 정삼마지도 오히려 얻지 못함을 말함이니, 하물며 부처를 이룰 수 있겠는가?"라고 하였다.

2. 정사마타의 척도인 경안

1) 경안의 뜻과 작용

『람림첸모』에서 경안을 변석하여 다음과 같이 설하였다.[629)]

여기서 경안(輕安, prasrabdhi)이란 어떠한 것인가? 〔용수보살의〕 『집경론』에서, "경안이란 무엇인가? 심신의 조중(粗重)의 흐름을 끊음으로써 심신의 감능이 일체의 장애를 제멸하는 작용이다."라고 설하였는바, 그와 같이 알도록 하라.

심신의 조중이란, 몸과 마음이 선업의 닦음을 원하는 바대로 감당하지 못함이다. 또 이것의 다스림인 심신의 경안이란, 몸과 마음의 조중의 둘

629) 『람림첸모(菩提道次第廣論)』, pp. 539~540.

을 벗어남으로써 신심이 선업의 닦음을 감당하는 것이다.

또한 번뇌의 끊음을 즐거워함을 가로막으며, 번뇌의 품류가 된 것이 몸의 조중이다. 만약 번뇌의 소멸을 힘껏 닦아서 몸의 무거움 등의 무능함을 벗어나서 몸이 경쾌하게 되는 것이 몸의 감능이다.

번뇌의 끊음을 즐거워함을 가로막고, 번뇌의 품류가 된 것이 마음의 조중이며, 만약 번뇌의 소멸을 힘껏 닦아서 선한 소연을 반연함을 즐거워하지 않는 습속을 벗어나서, 마음이 소연에 막힘없이 들어가는 것이 마음의 감능이다.

또한 아사리 쓰티라마띠(Sthiramati, 安慧)의 〔『유식삼십송소(唯識三十頌疏)』〕에서 설하되, "여기서 몸의 감능이란, 몸의 행할 바의 업들에 대하여 경쾌함이 일어나는 것이며, 마음의 감능이란 ,여실하게 작의를 행하는 마음에 기쁨과 경쾌함을 일으키는 요인인 심소의 전이법(轉移法)[630]이다. 이것이 있게 되면 소연에 막힘없이 들어가게 됨으로써 마음의 감능이라 한다."라고 하였다.

요약컨대, 경안을 얻으면 번뇌의 박멸에 매진하길 원할지라도 마치 어려운 일을 만난 듯이, 심신이 겁약하여 행하지 못하는 몸과 마음의 무능을 물리친 뒤, 심신을 조복시켜서 안락이 있게 한다.

2) 경안의 발생 과정

『람림첸모』에서는 다음과 같이 해설하였다.[631]

---

630) 전이법(轉移法): 각각의 심소(心所)가 지닌 고유의 작용력(作用力)을 말한다. 예를 들면, 경안각지(輕安覺支)는 몸과 마음을 조련해서 번뇌가 없는 마음으로 변화시키는 작용을 하는 것과 같다.

631) 『람림첸모』, p. 540.

그와 같은 심신의 원만한 감능도 또한 처음 삼마지의 성취로부터 미량이 발생해서 점차로 커져서 마침내는 경안과 심일경성의 사마타(止)를 이루는 것이다. 그러나 처음에는 매우 미미해서 알기가 어려우며 나중에는 쉽게 알 수 있다.

〔무착보살의〕『성문지(聲聞地)』에서, "최초로 〔싸마디의〕 정가행(正加行)을 일으킬 때에는 마음의 경안과 몸의 경안과 심신의 감능이 발생해도 매우 미미한 탓에 알기가 어렵다."고 하였으며, 또 설하길, "그의 심일경성과 심신의 경안이 점차로 자라나면, 이와 같이 인과가 전전하여 성장하는 도리로써 거칠고 감지하기 쉬운 심일경성과 심신의 경안을 발생시킨다."고 하였다.

이 뜻을『약론석』에서는 다음과 같이 해설하였다.632)

이와 같이 몸과 마음의 원만한 감능은 비유하면, 보름날의 만월과 같이 초하루와 초이틀에서 점점 커지기 시작해서 둥글게 되나, 초하루와 초이틀에서는 보기 어렵듯이, 초주(初住)〔내주(內住)〕와 이주(二住)〔속주(續住)〕에서부터 이미 경안이 발생하는 것이나 감지하기가 어렵다.

나아가 제구주(第九住)〔등지(等持)〕에 이르게 되면, 몸과 마음의 경쾌함이 마치 도라면(兜羅棉)633)가운데 머무르는 것과 같을지라도 오히려 원만한 경안을 얻지 못한 것이다. 그러므로 반드시 구주〔등지〕에서 더욱더 증장시켜서 마침내 원만한 경안을 얻는 것이다. 마치 보름달과 같아서 털끝만큼도 차지 않음이 없다.

경문에서 밝힌 바로는, 오주〔조복주(調伏住)〕와 육주〔적정주(寂靜住)〕

---

632)『약론석』下冊, pp. 950~952.

633) 도라면: 면(綿)의 일종으로 가늘고 부드럽고 향기롭고 정결해서 부처님 손에 비유함.

에서도 경안의 이름이 전혀 없으며, 구주〔등지〕에서야 비로소 있게 되는 것이다.

헤아리건대, 초주와 이주에서도 경안의 이름이 없다. 그러나 비록 구주〔등지〕의 경안은 아닐지라도 경안의 지분은 있으니, 마치 초하루와 초이틀의 달과 같이 비록 보름달은 아닐지라도 보름달의 일분이 되는 것과 같다.

3) 경안의 모양과 효과

『람림첸모』에서 다음과 같이 해설하였다.[634]

경안의 모양을 원만히 갖추고 감지하기 쉬운 경안이 발생하는 전조는, 싸마디를 근수하는 그 뿌드갈라(人)의 정수리에 무거운 물체가 놓여 있는 것과 같은 생각이 드나, 그 기분은 불쾌한 육중함이 아니다. 이것이 생기자마자 번뇌의 끊음을 즐거워하는 마음을 장애하는 마음의 조중이 즉시로 사라지고, 그것의 다스림인 마음의 경안이 먼저 발생한다.

즉 〔무착보살의〕 『성문지』에서, "얼마 지나지 않아서 그의 거칠고 감지하기 쉬운 심일경성과 심신의 경안이 발생하는 전조로, 그의 정수리가 무겁다는 감각이 생기지만 그 또한 해가 되는 무거움이 아니다. 그것이 생기자마자 번뇌의 끊음을 즐거워하는 마음을 가로막는 번뇌들의 품류가 되는 마음의 조중이 사라지고, 그것을 퇴치하는 심신의 경안이 발생한다."라고 하였다.

그 뒤 마음의 감능인 경안이 생기고, 그 힘에 의지해서 몸의 경안을 일으키는 요인인 풍(風, vāyu)[635]이 몸 안을 도는 것이다. 다시 그 풍이

---

634) 『람림첸모』, pp. 541~542.

635) 풍: 인체 내에 존재하는 기(氣)를 의미하며, 여기에는 근본오풍(根本五

전신에 퍼지면 몸의 조중을 벗어나게 되고, 몸의 조중을 퇴치하는 몸의 경안도 발생한다. 그 또한 전신에 퍼진 뒤에 감능성의 풍의 기운이 몸에 충만한 것과 같은 상태가 되는 것이다.

『성문지』에서, "그것이 생김으로 해서 몸의 경안의 생김과 함께 발생하는 풍대들이 몸속을 돌게 된다. 풍들이 전신을 흐르는 그때, 〔번뇌의〕 끊음을 즐거워하는 마음을 가로막는 번뇌의 품류가 된 몸의 조중을 여의게 되고, 그의 다스림인 몸의 경안이 전신에 퍼져서 충만한 것과 같은 상태가 된다."라고 하였다.

몸의 경안이란, 몸 안의 느낌으로 커다란 희열감이며 심소법(心所法)은 아니다. 그래서 아사리 쓰티라마띠(安慧)의 〔『유식삼십송소』〕에서, "몸의 감촉인 미묘한 희열감을 얻게 되면, 그것이 몸의 경안임을 알도록 하라. 또 마음이 희열하게 되면 몸도 경안하게 된다고 계경에서 설한 까닭이다."라고 설하였다.

이와 같이 몸의 경안이 처음 발생하는 때에는, 풍의 힘에 의해서 몸에 커다란 안락감이 생기고, 이것에 의지해서 마음에도 극도의 희열감이 일어나게 된다. 그 뒤 경안을 일으켰던 최초의 힘이 점차로 줄어들게 되나, 그 경안이 소멸하는 것은 또한 아니다. 이것은 그 〔풍의〕 격렬함에 의해서 격동하던 마음이 퇴실해서 그림자처럼 엷어지고, 견고한 경안이 부동의 싸마디와 화합하는 것이다.

또한 격동하던 희열심도 점차로 가라앉고 나면, 그 뒤에 그 마음이 소연에 견고하게 머물면서, 희열감에 의해 동요하던 적정하지 못한 상태를 벗어나서 〔정〕사마타를 성취하게 되는 것이다.

또 같은 논에서 다음과 같이 해설하였다.636)

風)과 지분오풍(支分五風) 등의 무수한 종류가 있음.

636) 위의 책, pp. 542~543.

이와 같은 것이 발생하고 나서야, "사마타의 성취 또는 작의(作意)가 있다고 한다."라고 함과 같이, 비로소, "작의의 성취"라는 수언(數言)에 들어가는 것이다. 이것은 초선근분정에 속하는 사마타를 성취함으로써 싸마히타(samāhita, 等引)의 지위의 최하의 작의를 얻기 때문이다. 『성문지』에서, "그 뒤 초학의 유가사에게 작의가 있는 것이니, 비로소 작의가 있다고 하는 수언에 들어가는 것이다. 왜냐하면 그가 처음으로 색계 정려 지위의 최하의 작의를 얻기 때문이다. 그러므로 작의가 있다고 하는 것이다."라고 하였다. 싸마히타의 지위는 색계와 무색계의 두 지(地)를 달리 부르는 것이다.

다시 이것을 『약론석(略論釋)』에서 다음과 같이 해설하였다.637)

그것〔경안〕이 발생하는 조짐은 어떠한 것인가? 답하되, 싸마디를 〔제팔구주(第八九住)를 수선(修禪)에 정진한다고 부른다〕 근수하는 수선자의 정수리에 생기는 일종의 감각으로서, 마치 머리털을 칼로 밀 때 손으로 머리를 만지면 느껴지는 불쾌하지 않는 무거움과 같은 현상이다.

그러면 어째서 이와 같은 현상이 두뇌에서 발생하는 것인가? 답하되, 제구주(第九住)의 등지(等持)에서 심일경성이 임의로 운용됨으로써, 심신의 양면에 걸친 불감능성의 풍들이 미세한 침몰과 도거를 여읜 정력에 의해서, 점차로 수축되어 정수리에 모여서 장차 흩어지려고 하는 까닭에 머리에 무거움을 느끼는 것이다. 이 풍이 흩어지고 나면 심신의 양쪽에 걸쳐서 번뇌의 끊음을 즐거워하는 의요가 일어나는 것이다.

또 묻되, 이러한 전조가 발생할 때 몸과 마음의 경안이 동시에 일어나는 겁니까? 답하되, 이때는 마음의 경안이 먼저 발생하는 것이니, 마음에 남아 있던 과거의 불감능성이 즉시로 소실되어서 마음과 소연이 무애

637) 『약론석』 下冊, pp. 951~952.

하게 됨이 마치 밀가루 반죽처럼 섞이는 것이다. 그래서 어떠한 모양을 만들고자 하면 그 즉시 만들 수 있는 것처럼, 극도로 〔그 마음이〕 유화하고 청령하게 된다. 청령(聽令)이란, 이때 마음이 소연에 머물고자 하면 그 즉시 거기에 안주하며, 또 나오고자 하면 그것을 떠남이 자재해서 걸림이 없는 것이다. 이 마음은 정정(正定)을 얻기 전의 여의하지 못한 마음과는 크게 상반되는 것이다.

또 감능(堪能)에는 여러 뜻이 있다. 유화함과 청령함과 유력함 등이다. 그래서 참회하고자 하면 바로 참회하는 힘이 생기며, 복을 쌓고자 하면 즉시 복을 쌓는 힘이 생기는 것이다. 비록 번뇌를 끊지는 못하였으나 번뇌를 끊는 힘이 존재하는 것이니 평소와 비교해 특별히 신속하다.

만약 이러한 감능과 경안을 얻게 되면, 이 마음을 공성과 공견을 닦는 데로 돌리고자 하면, 곧바로 상응하고 상합해서 마음으로 하여금 공성과 화합케 하되 마치 아교풀과 같이 섞이게 만드는 것이다. 만약 이러한 감능과 경안이 없다면, 비록 공성을 수습할지라도 마음이 또한 안주하지 못해서, 참된 공성의 깨달음이 아닌 단지 일종의 해오(解悟)를 얻게 되는 것에 지나지 않는다.

또 같은 논에서 다음과 같이 해설하였다.638)

마음의 경안이 발생하는 힘에 의지해서 몸의 경안을 일으키는 요인인 풍대가 몸 안을 돈다고 하는 것은 또한 무슨 까닭입니까? 답하되, 대저 사람의 몸과 마음은 서로 연관되어서 마음이 조중하면 몸도 따라서 조중하게 되는 것이다. 이제 마음에 경안이 생김으로써 몸도 따라서 경안을 낳게 된다. 능히 이러한 몸의 경안을 일으키는 풍이 피부와 살 사이에 있으며, 이것이 감능성의 풍이다. 이 풍이 한 차례 일어나서 몸속을 돌며

---

638) 위의 책, p. 952.

전신을 관통함으로써, 몸의 조중이 즉시로 소멸됨과 동시에 그 다스림인 경안이 발생하는 것이다. 또한 다시 전신에 퍼짐으로써 마치 이 감능성의 풍이 전신에 충만한 것처럼 느껴지는 것이다.

같은 논에서 다음과 같이 해설하였다.[639]

마음의 경안으로 말미암아 몸의 경안을 낳고, 몸의 경안으로 말미암아 몸의 안락을 낳게 되며, 몸의 안락으로 말미암아 마음의 안락을 낳는다. 이 심신의 안락의 모양을 말하면 다음과 같다. 처음 몸의 안락이 발생하게 되는 것은 배꼽 아래에서 따뜻한 열기가 발생하기 때문이다. 이 따뜻한 열기가 발생하면 몸 안에 곧바로 안락이 발생하게 되니, 이것이 몸의 경안의 즐거움이다. 이 몸의 경안이 발생한 뒤에 마음에도 역시 희락이 발생하니 이것이 마음의 경안의 즐거움이다.

그렇다면, 이 심신의 경안의 즐거움이 발생할 때 이것이 정정(正定)을 얻은 것입니까? 답하되, 얻지 못한 것이다. 이것은 제구주심〔등지〕에서 일어나는 현상으로 수승한 경안의 즐거움이 아니다. 반드시 여기에 연속해서 경안의 힘이 점차 약화되는 것을 깨닫게 된다. 이것은 경안의 즐거움의 힘이 쇠퇴하는 현상이 아니며, 그 힘이 평온하게 안정화되는 현상이다. 즉 처음의 격렬한 경안의 즐거움의 힘이 지나치게 강성해서 그 마음을 크게 동요하게 만들었으나 그 힘이 점차로 약화되어 마치 그림자처럼 엷어지듯이, 동요가 없는 경안의 싸마디가 발생해서 그 마음의 용약도 역시 가라앉는 것이다.

이것은 마음이 소연에 견고하게 머무름을 얻게 되서 환희로 동요하고 적정하지 못하던 사마타를 벗어나게 되는 것이다. 이 싸마디를 얻어서 비로소 상계(上界)〔초선근분정〕의 공덕[640]에 들어가는 것이며, 앞의 일찰

---

639) 위의 책, p. 953.

나는 오히려 욕계의 심일경성이며, 뒤의 일찰나가 곧 상계의 공덕이다.

같은 논에서 다음과 같이 해설하였다.641)

만일 이와 같음이 발생하면 곧 〔상계의 공덕의〕 작의와 초정려미도정(初靜慮未到定)642)에 속하는 사마타를 얻는 것이다. 그러므로 사마히타의 지위의 소분의 작의를 얻는 것이다.

3. 정사마타의 작의상(作意相)

『람림첸모』에서 다음과 같이 변석하였다.643)

작의(作意)644)를 얻음이란 무엇을 갖추는 것입니까? 답하되, 자타가 함께 그것을 알 수 있는 표징이란 이와 같다. 즉 〔첫째〕 색계지(色界地)에 소속되는 마음과, 몸과 마음의 경안과, 심일경성의 하품 네 가지를 얻음과, 〔둘째〕 조정상도(粗靜相道)645)와 체상도(諦相道)646)에 의해서 번

---

640) 상계의 공덕: 색계의 초선근분정이 소유하는 여섯 가지 법을 말한다. 첫째 명지작의(明知作意), 둘째 승해작의(勝解作意), 셋째 극정작의(極靜作意), 넷째 섭희작의(攝喜作意), 다섯째 분변작의(分辨作意), 여섯째 가행변제작의(加行邊際作意).

641) 위의 책, pp. 953~954.

642) 초정려미도정: 근분정(近分定) 또는 초정려장선(初靜慮將禪)이라고도 하며, 초선(初禪)에 속하는 장선(將禪), 조분정선(粗分正禪), 수승정선(殊勝正禪) 중의 하나임.

643) 『람림첸모』, p. 543.

644) 여기서의 작의는 『성문지』에서 정(定)의 뜻이라 하였다.

뇌를 끊는 힘을 얻음과, 〔셋째〕 입정하게 되면 곧바로 심신의 경안이 일어남과, 〔넷째〕 탐욕 등의 오개(五蓋)647)가 대체로 일어나지 않음과, 〔다섯째〕 출정한 뒤에도 적잖은 심신의 경안이 잔존하는 것 등이다.

『성문지』에서, "초학자가 작의를 갖추는 표상은 이러한 것들이다. 초학자가 색계의 소분의 정심(定心)을 얻음과, 소분의 몸의 경안과, 소분의 마음의 경안과, 소분의 심일경성을 얻음과, 정혹소연(淨惑所緣)을 닦는 연분과 더불어 힘을 얻음과, 그의 마음의 흐름이 유순하게 됨과, 사마타(止)에 의해서 잘 감싸여짐과…"라고 설하였으며, 또 설하되, "내심에 잘 들어가 머물면서 마음을 전주하게 되면, 그 즉시로 마음과 몸이 경안하게 됨과, 몸의 조중에 의해서 뇌란함이 생기지 않음과, 장애들이 크게 움직이지 않음과…"라고 하였으며, 또 설하되, "비록 출정한 뒤 경행을 할지라도 또한 소분의 몸과 마음의 경안이 함께 함과 이와 같은 동류의 현상들이 청정한 작의상(作意相)임을 알도록 하라."고 하였다.

4. 정사마타와 오도

『람림충와(菩提道次第略論)』에서 다음과 같이 변석하였다.648)

만약 그와 같이 앞에서 설한 싸마디(定)를 얻었다면, 그것은 오도(五

645) 조정상도: 조(粗)란 욕계의 조악한 공덕을 말하며, 정(靜)이란 상계의 세정(細淨)한 공덕을 말함.

646) 제상도: 사제(四諦)의 십육상(十六相) 가운데 임의의 하나를 말함.

647) 오개: 도회개(掉悔蓋), 진개(瞋蓋), 혼수개(昏睡蓋), 탐욕개(貪欲蓋), 의법개(疑法蓋)로 진성을 가리고 덮어서 보지 못하게 하는 번뇌를 말함.

648) 『약론석』 下冊, p. 961.

道)[649] 가운데서 어느 도에 속하게 되는 것인가?

답하되, 앞서 말한 바의 정(定)이 만약 무아를 전도됨이 없이 이해하고, 그 견해 위에 머물면서 닦는 삼마지인 경우는 범부위 가운데의 수순해탈에 속한다.

만약 그렇지 않은 경우 『성문지』의 설처럼, "제일정려의 근본정을 닦는 〔욕계와 색계의〕 조정상을 관찰하는 모든 세간도로서 반드시 이 싸마디를 의지해서 닦는 것이다."라고 한 바와 같다. 즉 외도의 선인들이 세간도로서 〔무색계의〕 무소유처(無所有處) 이하의 하계의 탐착을 벗어나고자 하는 그들도 이 사마디에 의지해서 반드시 상계로 나아간다. 그러므로 이것은 외도와 내도에 공통되는 〔욕계의〕 삼마지인 것이다.

만약 여기서 무아를 전도됨이 없이 통달하는 무아의 정견과, 삼유의 과환을 여실히 보고서 윤회에서 벗어나고자, 해탈을 희구하는 출리심을 가진다면 해탈도가 되는 것이다. 만약 여기에다 보리심을 함께 가지면 이것은 대승도가 되는 것이다. 예를 들면 한 주먹의 먹이를 짐승에게 주고, 한 가지 계율이라도 지킴을 보리심으로 섭수하는 것은 그 같은 차제에 의해서 해탈도와 더불어 일체종지의 자량도(資糧道)를 성취하는 것이다.

그러나 여기서는 다른 도를 집지하면서 해탈과 일체지의 도에 나아가고 나아가지 못함을 따지는 것이 아니다. 사마디 자체의 본질에 의해서 어떠한 도로 나가는가를 관찰하는 것이다.

5. 정사마타를 깨달음으로 오인함

『람림첸모』에서 다음과 같이 변석하였다.[650]

---

649) 오도: 자량도(資糧道), 가행도(加行道), 견도(見道), 수도(修道), 무학(無學)의 다섯을 말함.

앞서의 구주심〔등지〕 때에 설한 바와 같이, 항시 정념(正念)과 정지(正知)를 근수하지 않을지라도 마음이 삼마지에 저절로 들어가는 무분별과 또 미세한 침몰마저 소멸해서 명분(明分)651)의 힘이 있음과, 또 앞에서 몸의 경안의 단계에서 말한 것처럼, 감능성의 풍의 힘에 의해서 몸과 마음에 수승한 안락을 낳게 하는 삼마지와, 또 앞서의 그 표징에서 말한 바와 같이 탐욕 등의 수번뇌들 역시 거의 일어나지 않음과, 또 출정한 뒤에도 역시 경안을 여의지 않는 등의 공덕이 있는 이와 같은 싸마디가 생긴다면, 이것은 오도(五道) 가운데 어디에 속하게 되는 것인가?

답하되, 만약 이와 같은 삼마지가 발생하면 그것은 통상 대승의 도에 들어갈 뿐 아니라, 특별히 경안의 발생과 그에 수반하는 풍에 의해서 전신이 안락으로 차서 넘치는 현상에 연계해서, 심신에 커다란 희열감이 생김과 또 무분별과 극도의 명징함이 있음을 보고 나서, 이것이 무상유가(無相瑜伽)의 원만차제의 표상을 성취한 것이라고, 과거에도 그랬고 현재에도 대부분의 사람들이 그렇게 주장하고 있다. 그러나 미륵자존과 아사리 무착보살 등의 논전들과 『중관수습차제』 등의 삼마지의 차제를 명백히 제시한 논전들에 의거해서 판석하면, 이 같은 삼마지는 대승은 말할 것도 없고 소승의 도에도 오히려 들지 못하는 것이다.

왜냐하면 『성문지』에서, "색계의 제일정려의 근본정을 닦는 〔욕계와 색계의〕 조정상을 관찰하는 모든 세간도들도 역시 이 싸마디를 의지해서 닦는 것이다."라고 설하였기 때문이다.

---

650) 『람림첸모(菩提道次第廣論)』, p. 545.

651) 명분(明分): 삼마지의 두 가지 특성인 마음의 명징성(明澄性)을 명분(明分)이라 하고, 부동성(不動性)을 주분(住分)이라고 한다.

6. 정사마타의 무분별성

『람림첸모』에서 정사마타의 무분별과 위빠사나의 수습을 통해서 성취하는 무분별은 다른 것임을 다음과 같이 변석하였다.652)

만약 『성문지』에서 설하는, 그 싸마디 〔구주심의 등지〕에 비록 안락과 명분이 있다고 인정할지라도, 거기에는 심오한 무분별이 없음으로써 단지 사마타에 불과한 것이다. 만약 무분별이 있으면 공삼마지(空三摩地)653)이라고 할 것 같으면 심오한 무분별에서의 그 심오함이란 무엇을 뜻함인가?

먼저 반야의 분별지로써 정견을 결택하고 나서, 그 위에 무분별을 안치하는 것을 말하는 것인가? 아니면 일체를 전혀 분별하지도 관찰하지도 않고 단지 안주하는 것을 말하는 것인가?

만약 처음과 같은 것이라면 나 역시 그것이 공삼마지임을 인정하며, 두 번째와 같이 그대가 인정하면, 거기에는 실상〔공성〕의 지견이 있고 없음의 두 가지가 있게 된다. 즉 공성의 지견이 있는 뿌드갈라(人)가 그 공성의 견해 위에 마음을 안치해서 무분별을 닦는 것은 심오한 공삼마지의 수습이 되며, 그렇지 않고 공성의 이해가 없는 뿌드갈라가 단지 전혀 분별하지 않음을 닦는 무분별의 수습은 심오한 공삼마지의 수습이 아니라고 마땅히 구분한 뒤에 말하는 것이 도리이다.

그러므로 무념무사를 닦는 그 전체가 무소연(無所緣)과 무상(無相)과 공성을 닦는 수선자라고 해서는 안 되는 것이다. 설령 공성을 요해하는

---

652) 『람림첸모』, pp. 547~548.

653) 공삼마지: 공해탈문(空解脫門) 또는 공삼매(空三昧)라고 하며, 삼해탈문(三解脫門)의 하나로 변계소집성(遍計所執性)이 아닌 공성의 수습을 말한다.

정견의 있고 없음은 제쳐 놓더라도 단지 마음이 전혀 분별하지 않고 전혀 관찰하지 않는 족곰(住修)들 전부가 공삼마지라고 주장하면, 앞서의 『성문지』에서 설하는 사마타품(奢摩他品)에 속하는 이들 싸마디들도 역시 공삼마지임을 인정하는 것이다.

왜냐하면 그들도 또한 선정의 상태에서는 정념과 정지의 힘이 쇠퇴해서 그것을 돌이키는 등의 짧은 순간을 제외하고 나면 "이것이다. 이것이 아니다."라고 하는 털끝만큼의 분별도 일으키지 않기 때문이다. 그러므로 사마타를 수득하는 싸마디들은 무분별 영상을 소연하라고 『해심밀경』에서 설한 것이다.

또한 『성문지』에서도, "그때 분별함이 없이 그 영상을 소연하도록 하며, 그 소연에다 오로지 의념을 일향으로 전주토록 하며, 다시는 〔그것을〕 관찰하지 않으며, 사택(思擇)[654]하지 않으며, 최극사택(最極思擇)[655]하지 않으며, 주편심사(周偏尋思)[656]하지 않으며, 주편사찰(周偏伺察)[657]하지 않는다."라고 사마타와 위빠사나 가운데서 사마타를 그와 같이 설한 까닭이다.

또 같은 논에서 다음과 같이 해설하였다.[658]

---

654) 사택(rnam par ḥbyed par byed pa): 제법의 진소유성(盡所有性)을 분변하는 것으로, 속제(俗諦)의 관찰을 뜻함.

655) 최극사택(rab tu rnam par ḥbyed par byed pa): 제법의 여소유성(如所有性)을 분변하는 것으로 승의제(勝義諦)의 관찰을 말함.

656) 주편심사(yoṅs su rtog pa): 거친 사유를 뜻하며, 지혜가 있는 작의와 분별로서 상(相)을 취할 때 그것을 주편심사라고 함.

657) 주편사찰(周偏伺察, yoṅs su dpyod pa): 미세한 사유를 뜻하며, 제법의 진실의(眞實義)를 분별할 때, 그것을 주편사찰(周偏伺察)이라고 함.

658) 『람림첸모』, p. 548.

사마타를 닦는 때에는 관수(觀修)를 행하지 않고 주수(住修)만을 행하는 것이라고 준거가 되는 논전들에서 설하고 있는바, 그러므로 일체를 분별하지 않는 무분별의 수습이 전부가 공성의 수행이라고 주장하는 것은 지자의 웃음거리이다. 특별히 무념과 부작의를 닦는 것 모두가 공성을 닦는 것이라고 주장할지라도 『성문지』의 논설이 그것을 잘 논파하였다.

또 같은 논에서 다음과 같이 해설하였다.659)

그러므로 공성을 닦는 무분별과 공성을 전혀 이해하지 못하는 무분별의 두 가지가 있음으로서, 안락과 명징과 무분별이 있다고 해서 그 전부가 공성을 닦는 것이라고 인정해서는 안 된다.

이와 같이 이것들 또한 단지 편린을 드러내 보인 것에 불과하니, 힘써 노력해서 미륵자존과 무착보살 등에 의해서 잘 해설된 사마타와 위빠사나의 수행법을 바르게 이해하도록 하라.

만약 그렇지 않으면 정사마타에도 오히려 못 미치는 일분의 무분별정을 가지고서, 도리어 삼유의 근본을 잘라 없애는 위빠사나로 오인하여 소연조차 없다고는 법만을 일으켜서 헛되이 세월을 보내고 자신을 속이게 되는 것은 필연지사이다.

불법의 나침반이 되는 여러 선현들의 논전들에서, 사마타를 처음 수습하는 때에는 오직 무분별에 들어가는 주수(住修)만을 닦으며, 위빠사나를 처음 닦는 때에는 반야의 분별지로서 여실히 분변해서 닦는 관수(觀修)를 닦도록 설한 것이다.

일체의 분별들을 실유로 오인해서 그 전부를 버리고, 준거가 되는 경론들의 교설을 오해해서는 무아의 전도됨이 없는 정견을 얻지 못할지라도 전혀 분별하지 않는 것이 심오한 도리를 닦는 위빠사나(觀)라고 말하

659) 위의 책, pp. 549~550.

는 것은, 전적으로 중국의 마하연 화상의 수행법과 다를 바가 없는 것이다. 그러므로 『수차삼편(修次三篇)』을 자세히 읽어서 그것을 바로 알도록 하라.

7. 정사마타와 위빠사나

『람림첸모(菩提道次第廣論)』에서 정사마타와 위빠사나의 관계를 다음과 변석하였다.660)

> 이와 같은 싸마디를 마음의 흐름에 일으키는 것은 번뇌를 제멸하는 위빠사나를 일으키기 위한 것이다. 이것을 의지해서 위빠사나를 일으키지 못하면, 설령 그것을 그와 같이 닦아 익힐지라도, 욕계의 번뇌들도 또한 가히 멸하지 못하는 것이니, 일체의 번뇌들을 제멸하지 못함은 더 말할 필요가 없다. 그러므로 위빠사나를 닦아야 한다. 여기에는 또한 번뇌의 현행만을 소멸하는 세간도로 나아가는 위빠사나와 번뇌의 종자마저 제멸하는 출세간도로 나아가는 위빠사나 두 가지가 있다. 이 둘을 떠나서 별도로 위로 나아가는 길이 없다.

또 같은 논에서 다음과 같이 해설하였다.661)

> 여기서 세간의 위빠사나는 하계의 조상(粗相)과 상계의 정상(靜相)을 관찰하는 조정상을 닦는 것이다. 출세간의 위빠사나는 『성문지』에서 설하는 사제(四諦) 가운데 무상(無常) 등의 십육행상(十六行相)662)을 관

660) 위의 책, p. 550.

661) 위의 책, pp. 551~552.

수(觀修)하는 것이며, 그 핵심은 인무아를 깨닫는 무아의 정견이다.

만약 그와 같이 앞에서 말한 사마타의 작의를 얻을 때 출세간의 도로 나가지 않고, 세간도로 들어가는 뿌드갈라는 어떠한 부류가 있는가?

답하되, 이것을 『성문지』에서 설하되, "만약 여기서 어느 때, 오로지 세간도로 들어가며 출세간도로 나가지 않는 뿌드갈라는 어떤 이들이 있습니까? 답하되, 네 부류가 있다. 모든 외도와 내도일지라도 이미 사마타의 행을 닦는 하근기와, 그와 같이 근성은 예리하나 선근이 익지 않는 미숙자와, 후생에서 보리를 성취하기 바라며 금생에는 원치 않는 보살들이다.'라고 한 바와 같다."라고 하였다.

같은 논에서 다음과 같이 해설하였다.663)

이와 같이 외도의 조정상도(粗靜相道)를 닦아서 번뇌의 현행을 끊음과 불자가 무아의 도리를 닦아서 번뇌의 근본을 끊는 그 모두는, 먼저 앞에서 설한 사마타정(奢摩他定)을 반드시 얻어야 하는 것이다. 그러므로 앞에서 설한 사마타는 내외 두 도의 유가사들이 번뇌를 끊는 근본이 된다. 그뿐만 아니라 대소승의 유가사들도 역시 이 사마디를 반드시 닦아야 하며, 또 대승의 바라밀다승과 밀종의 모든 유가사들도 역시 이 사마타를 닦아야 하는 것이므로, 이 〔정〕사마타는 모든 유가사들이 도에 나아가는 근본이 되는 매우 중요한 것이다. 밀종의 경궤들에서 설하는 사마타도 역시, 본존의 상호를 소연하거나 또는 수인(手印)과 종자진언(種子眞言) 등을 반연해서 닦는 등의 소연의 차별과 사마타를 생기하는 방편의 작은 차이를 제외하고서는 차별이 없는 것이다.

---

662) 사제십육행상: 고제의 사행상(四行相)과 집제의 사행상과 멸제의 사행상과 도제의 사행상을 말함.

663) 위의 책, p. 553.

또 같은 논에서 다음과 같이 해설하였다.664)

그와 같은 싸마디와 그 사마타의 작의를 일으켜야 하는 소이연이 비록 많을지라도 가장 중요한 이유는 위빠사나의 깨달음을 산출하기 위한 것이다. 이 위빠사나에도 또한 번뇌의 현행만을 끊는 조정상을 관찰하는 내외도의 공통되는 위빠사나와, 또 내도 역시 대소승에 공통되는 위빠사나와, 또 오직 내도의 별법이 되는 번뇌의 종자를 근원적으로 멸하는 무아의 진실상을 닦는 위빠사나의 두 가지가 있다. 전자는 원만한 지분들이 결여되어도 무방하나 후자는 결여되어서는 결코 안 되는 지분들이다. 그러므로 해탈을 추구하는 자는 무아의 진실을 통달하는 위빠사나를 반드시 생기해야 한다.

그 또한 이와 같이 앞에서 설한 바의 사마타인 초정려근분정에 거두어지는 싸마디를 얻는다면, 그 이상의 색계선과 무색정을 얻지 않을지라도 그것에 의지해서 위빠사나를 닦음으로써 모든 윤회의 결박에서 벗어나는 해탈을 능히 얻는다. 만약 무아의 진실성을 깨닫지도 못하고 또 닦지도 않는다면, 설령 앞에서 설한 사마타와 또 그것에 의지하는 세간의 위빠사나에 의해서 〔무색계의〕 무소유처 이하의 모든 번뇌의 현행들을 멸하여 없앤, 〔색계의 최상층의〕 유정천의 정심(定心)을 비록 얻을지라도 윤회로부터는 해탈하지 못하기 때문이다.

또 같은 논에서 다음과 같이 해설하였다.665)

이러한 까닭에 〔성문의〕 예류(預流)와 일래(一來)의 모든 현자들의 성도를 증득하는 위빠사나의 의지처가 되는 사마타는 앞에서 설한 바의 제

---

664) 위의 책, pp. 553~554.

665) 위의 책, pp. 554~555.

일정려근분(第一靜慮近分)에 소속되는 바로 〔정〕사마타인 것이다. 그와 같이 몰록 깨치는 모든 아라한들도 역시 앞에서 설한 바의 사마타에 의지해서 위빠사나를 수습함으로써 아라한과를 오로지 얻는 것임을 알도록 하라.

사마타정(奢摩他定)을 마음의 흐름 위에 먼저 얻지 못하면, 〔일체법의〕 여소유성(如所有性) 또는 진소유상(盡所有相)을 소연하는 위빠사나의 참된 깨달음이 발생하지 못함을 아래에서 밝히고자 한다. 그러므로 무상유가(無上瑜伽)를 닦는 유가사들도 역시 〔제법의〕 진소유상인 조정(粗靜)의 두 상(相)을 소연하는 위빠사나와, 또 그것을 성취하는 사마타는 비록 일으키지 못할지라도 이 〔정〕사마타만은 반드시 생기해야 하는 것이다. 그 또한 처음 생기하는 시기는 생기와 원만의 두 차제 중에서 처음의 생기차제 때이다.

요약하면 먼저 〔정〕사마타를 생기하고, 그 다음 그것에 의지해서 〔제법의〕 조정상을 닦는 위빠사나에 의해서 유정천에 이르기까지의 도에 순차적으로 나아감과, 무아의 진실상을 닦는 위빠사나에 의해서 해탈 또는 일체종지의 오도(五道)에 나아가는 것은, 불법의 총인(總印)으로 인(印)을 친 것이므로 어떠한 유가사도 이것을 벗어나지 못한다.

8. 정사마타와 초선근분정

『람림첸모』에서 이 둘의 관계를 다음과 같이 변석하였다.666)

그 또한 제구주심〔등지〕에서 내지 작의를 얻지 못한 그 사이가 작의초수자(作意初修者)이며, 그 작의를 얻고 나서 번뇌의 정화를 희구해서 〔조

---

666) 위의 책, p. 556.

정상을 분변하는〕 요상작의(了相作意)를 수습함을 정혹초수자(淨惑初修者)라고 하였다. 그러므로 요상(了相)을 닦는 것은 이미 작의를 얻었음을 말한다. 그러므로 『성문지』에서 설하는 이 뜻을 확실히 이해하지 못하면 색계선과 무색정의 최하의 도가 초선근분정(初禪近分定)이며, 여기에 육종작의(六種作意)667)가 있음을 설한 바 그 처음이 요상작의인 것이다. 그러므로 초선근분에 속하는 마음을 처음 생하는 것이 이 요상작의라고 오해하는 것이다. 그와 같이 알면 그것은 큰 잘못이다.

『약론석』에서 다시 다음과 같이 해설하였다.668)

이러한 까닭에, 초선미도정(初禪未到定)의 육종작의의 처음인 〔요상작의는〕, 곧 초선미도정에 귀속되는 위빠사나를 최초로 닦는 머리가 되는 것으로 처음의 초선미도정이 아니다. 그래서 이 위빠사나를 처음 닦기 이전에 반드시 초선미도정에 귀속되는 사마타가 있어야 한다.

그러므로 초선미도정에 귀속되는 사마디(定) 이전의 모든 싸마디는 전체가 욕계의 심일경성이다. 이러한 까닭에 〔『해심밀경』 등의〕 제대경론에서의 설과 부합하는 싸마디는 참으로 드물다. 모두 풀이하면, 먼저 제구주심〔등지〕를 얻고, 둘째 수승한 경안을 일으키는 사마타를 얻으며, 셋째 그 사마타의 힘을 견고하게 하고, 넷째 그것을 위빠사나로 전환해서 조정의 행상을 관찰하는 것이다. 바로 이때가 처음의 요상작의(了相作意)인 것이다. 〔요상작의란 바로 위빠사나인 것이다.〕

그 뒤 때로는 관수(觀修)를 행하고, 때로는 주수(住修)를 행하면서 하

---

667) 육종작의: 첫째 요상작의(了相作意), 둘째 승해작의(勝解作意), 셋째 적정작의(寂靜作意), 넷째 환희작의(歡喜作意), 다섯째 심사작의(尋伺作意), 여섯째 가행구경작의(加行究竟作意)을 말함.

668) 『약론석』 下冊, pp. 970~971.

계의 조분상(粗分相)을 닦고, 상계의 세정상(細靜相)을 닦는 것이다. 그래서 상하 양계의 공덕과 과실로 좇아서 분명한 확지를 일으키는 것이다. 다시 또 주수에 들어가서 하계를 염오하고 상계의 공덕을 흠앙하는 마음을 일으켜서 일심으로 안주해서, 즉 마음을 전주해서 닦는 것이다. 그러므로 이때가 둘째의 승해작의(勝解作意)이다.

또 이로 인해 전전증장하고 지관(止觀)을 번갈아 닦아서 조분번뇌(粗分煩惱)의 현행을 끊는다. 〔상품번뇌(上品煩惱)를 멸하는 것이다.〕 그러므로 이때가 셋째의 적정작의(寂靜作意)이다.

또 이로 증장하고 지관을 번갈아 닦아서 상계의 공덕을 얻고자 하는 애락을 일으켜서 중품번뇌(中品煩惱)를 끊는다. 이때가 넷째의 환희작의(歡喜作意)이다.

또 중품번뇌의 현행이 발생하지 않음으로 해서 수행자가 과연 번뇌가 소멸되었는지의 여부를 관찰하기 위해서, 미려한 색(色) 등을 추구해서 〔탐욕의 일어남을〕 관찰하게 된다. 이때가 다섯째의 심사작의(尋伺作意)이다.

또 아직 번뇌가 단절되지 않았음을 안 뒤 증상만을 꺾고 마음을 다스려서 정력을 닦고 길러서 하품번뇌(下品煩惱)의 현행을 멸한다. 이때가 여섯째의 가행구경작의(加行究竟作意)이다. 이때 초선근본정(初禪根本定)을 증득하는 것이다.

이것을 다시 『람림첸모』에 의하여 정리하면 다음과 같다.669)

『성문지』에서, "여기서 욕계의 탐욕을 여의기 위해서 크게 정진하는 유가사는 칠종작의(七種作意)에 의해서 욕계의 탐욕의 버림을 얻는다. 칠종작의란 무엇인가? 답하되, 요상(了相)・승해(勝解)・적정(寂靜 또는

669) 『람림첸모(菩提道次第廣論)』, p. 558.

遠離)·환희(歡喜 또는 攝樂)·심사(尋伺)·가행구경(加行究竟)·가행구경과작의(加行究竟果作意)가 그것이다."라고 한 바와 같다.

마지막의 가행구경과작의가 욕계의 탐욕을 여의고 초선근본정에 들어가는 때의 작의이다. 곧 이것이 닦아 얻은 선과(善果)이며, 나머지 여섯은 그것을 낳는 생인(生因)이다.

또 같은 논에서 다음과 같이 해설하였다.670)

현재는 이러한 정려(靜慮) 등의 근본정을 닦는 법이 있지 않음으로 해서 그것에 의해서 착오를 가려서 인도해 줄 필요가 없지만, 이것을 단지 이름만이 아니고 실제로 잘 이해하게 되면 여타 싸마디들의 착오처를 바로 잡는 데 있어서 매우 유용하다.

이와 같은 사정려(四靜慮)와 사무색정(四無色定)과 오신통(五神通)은 외도와 공통된 것이므로, 그와 같은 수승한 싸마디를 얻을지라도 단지 그것으로는 윤회에서 해탈하지 못한다. 그뿐만 아니라 그들 역시 윤회에 결박되어 있으므로, 단지 사마타에 만족하지 말고 무아의 정견을 결택하는 위빠사나를 추구토록 하라.

670) 위의 책, p. 561.

Ⅲ. 사마타의 완성도

삼승의 모든 공덕들이 사마타(止)와 위빠사나(觀)를 직접 수습하거나, 또는 그것과 일치하는 수행들의 선과라고 설하였다. 사마타를 얻은 뒤에는 어떠한 선행들을 행할지라도 〔일념으로 집중하는〕 큰 힘이 있게 되는 효과와 필요성이 매우 크므로 해탈을 추구하는 유가사들이 사마타를 수습하는 것은 매우 중요하다.

사마타의 육자량(六資糧)에 안주하는 유가사가 미륵보살의 『변중변론(辨中邊論)』에서 설하듯이, 해태・소연유실・침몰과 도거・부작행・작행 등의 사마타의 오장(五障)을 알고 난 뒤, 첫째 해태의 다스림인 믿음・희구・근수・경안 네 가지와, 둘째 소연유실의 다스림인 정념(正念)과, 셋째 침몰과 도거의 다스림인 정지(正知)와, 넷째 부작행의 다스림인 작사(作思)와, 다섯째 작행(作行)의 다스림인 평사(平捨) 등의 팔단행(八斷行)을 닦아야 하는 것이다.

그것을 또한 구주심(九住心)으로 구분함과 그것을 육력(六力)을 통해서 이루는 법과 사종작의(四種作意)에 거두어지는 도리 등을 잘 알게 되면 잘못됨이 없는 싸마디를 쉽게 얻는다고 설하였다.

『중관심론(中觀心論)』에서, "광란하는 마음의 코끼리를 튼튼한 소연의 기둥에다 정념의 쇠사슬로 견고히 묶은 뒤, 반야의 채찍으로 점차로 길들인다."라고 한 바와 같이, 거친 마음의 코끼리가 점차로 다스려지는 그림과 연계해서, 아래에 실은 사마타의 완성도를 간략히 설명하면 다음과 같다.

사마타의 구주심은 내주(內住)・속주(續住)・안주(安住)・근주(近住)・조복주(調伏住)・적정주(寂靜住)・최극적정주(最極寂靜住)・전주일경주(專注一境住)・등지주(等持住)의 아홉이다. 이것을 사마타의 육력으로 성취하는 법은 다음과 같다.

먼저 스승의 가르침을 청문한 힘에 의해서 처음의 내주를 얻으며, 사유의 힘에 의해서 2번째의 속주를 얻는다. 정념의 힘에 의해서 3번째와 4번째의 안주와 근주를 얻으며, 정지의 힘에 의해서 5번째와 6번째의 조복주와 적정주를 얻는다. 정진력에 의해서 7번째와 8번째의 최극적정주와 전주일경주를 얻으며, 숙습력(熟習力)에 의해서 마지막의 등지주를 얻는 것이다.

또 이것을 네 가지 작의(作意)로 거두어서 닦는 법은 다음과 같다. 처음의 내주와 두 번째의 속주에서는 용력운전작의(用力運轉作意)를 닦으며, 중간의 안주·근주·조복주·적정주·최극적정주의 다섯 단계에서는 유간격운전작의(有間隔運轉作意)를 닦는다. 여덟 번째의 전주일경주에서는 무간격운전작의(無間隔運轉作意)를, 아홉 번째의 등지주에서는 무공용운전작의(無功用運轉作意)를 닦는다.

이렇게 구주심(九住心)을 차례로 성취한 끝에 경안과 부동함을 얻음과 동시에 초선근분정에 속하는 〔정〕사마타를 얻는 것이다. 〔정〕사마타를 얻은 뒤에는 심오한 중도의 정견 위에 일념으로 전주해서 주수(住修)와 관수(觀修)를 평등하게 수습해서, 단지 관수의 힘만으로도 수승한 경안의 발생을 얻게 되면 〔정〕위빠사나를 얻은 것이다.

이와 같이 여실하게 닦게 될 때, 지관쌍운의 싸마디에 머물면서 반야의 이검으로 번뇌와 소지의 이장(二障)의 적을 차례로 섬멸해서 사신불(四身佛)의 지금강불(持金剛佛)을 증득하게 된다. 그 뒤 허공계가 다할 때까지 모든 중생들의 심원을 채워 주는 여래의 사업을 자연성취의 도리로서 영원히 행하는 것이다.

사마타(止) 완성도

* 이 완성도는 14대 달라이 라마의 스승인 티장린뽀체(Khri byaṅ rin po cho, 1901~1981)가 후학들을 위해서 그림과 함께 해설을 붙인 것임.

참고도서목록

가. 수습차제(修習次第)에 인용된 경전들

1. 『가야경(伽耶經)』(sDe, bka-mdo-ca-286)
(티) ḥPhags pa gayā mgoḥi rḥi mdo
(범) Ārya-gayā-śirṣa-sūtra
2. 『결정의경(決定義經)』(sDe, bka-mdo-dza-222)
(티) ḥPhags pa saṅs rgyas bgro baḥi mdo
(범) Ārya-samgīti-sūtra
3. 『계품(戒品)』
(티) tshul khims kyi leḥu
(범) Śila-parivarta
4. 『교수승광대왕경(教授勝光大王經)』
(티) ḥPhags pa rgal po la gdams paḥi mdo
(범) Ārya-rajāvavādaka-sūtra
5. 『나라연청문경(那羅延請問經)』(sDe, bka-mdo-na-92)
(티) ḥPhags pa sred med kyi bus shus paḥi mdo
(범) Ārya-nārāyana-pariprichhā-sūtra
6. 『능가경(楞伽經)』(sDe, bka-mdo-ca-83)
(티) ḥPhags pa laṅ kar gśegs paḥi mdo
(범) Ārya-lankāvatāra-sūtra
7. 『대열반경(大涅槃經)』
(티) ḥPhags pa yoṅs su mya ṅan las ḥdas pa chen paḥi mdo
(범) Ārya-mahāparinirvāṇa-sūtras

8. 『도간경(稻稈經)』
(티) Sālu ljaṅ paḥi mdo
(범) Śālistamba-sūtra
9. 『만수실리유희경(曼殊室利遊戱經)』(sDe, bka-mdo-kha-231)
(티) ḥPhags pa ḥjam dpal rnam par rol paḥi mdo
(범) Ārya-manjuśri-vikurvata-nirdeśa-sūtra
10. 『무구칭경(無垢稱經)』(sDe, bka-mdo-ma-201)
(티) ḥPhags pa dri ma med par grags pas bstan paḥi mdo
(범) Ārya-vimalakīrt-nirdeśa-sūtra
11. 『무진혜경(無盡慧經)』(sDe, bka-mdo-ma-113)
(티) ḥPhags pa blo gros mi zad paḥi mdo
(범) Ārya-akśaya-mati-nirdeśa-sūtra
12. 『범문경(梵問經)』(sDe, bka-mdo-pa-65)
(티) Tshaṅ pas shus paḥi mdo
(범) Brahma-pariprichhā-sūtra
13. 『미륵해탈경(彌勒解脫經)』
(티) Byam paḥi rnam par thar paḥi mdo
(범) Maitreya-vimokśa-sūtra
14. 『미생원멸회경(未生冤滅悔經)』
(티) ḥPhags pa ma skyes dgraḥi ḥgyod pa bsal baḥi mdo
(범) Ārya-ajāta-śatru-kaukritya-vinodin-sūtra
15. 『반야바라밀다경(般若波羅密多經)』
(티) Śe rab kyi pha rol tu phyin paḥi mdo
(범) Prajñā-pāramita-sūtra
16. 『발생신력경(發生信力經)』(sDe, bka-mdo-tsha-15)
(티) ḥPhags pa dad paḥi stobs skyed paḥi mdo

(범) Ārya-śraddhābalādhāna-sūtra
17. 『법집경(法集經)』(sDe, bka-mdo-sha-18)
(티) ḥPhags pa cos yaṅ dag par sdud paḥi mdo
(범) Ārya-dharma-sangeeti-sūtra
18. 『보계경(寶髻經)』 또는 『보정경(寶頂經)』(sDe, bka-dkon brtsegs-cha-220)
(티) ḥPhags pa gTsug na rin po chos sdud paḥi mdo
(범) Ārya-ratna-chūḍa-sūtra
19. 『보살장경(菩薩藏經)』
(티) Byaṅ chub sems paḥi tde snod mdo
(범) Bodhisattva-pitaka-sūtra
20. 『보운경(寶雲經)』(sDe, bka-mdo-wa-25)
(티) ḥPhags pa dkon mchog sprin paḥi mdo
(범) Ārya-ratna-megha-sūtra
21. 『보적경(寶積經)』(sDe, bka-dkon brtsegs-cha-147)
(티) ḥPhags pa dkon brtsegs paḥi mdo
(범) Ārya-ratna-kūta-sūtra
22. 『부자합집경(父子合集經)』(sDe, bka-dkon brtsegs-ṅa-162)
(티) Yab sras mjal baḥi mdo
(범) Pitā-putra-samāgama-sūtra
23. 『분별이제경(分別二諦經)』(sDe, bka-mdo-ma-249)
(티) ḥPhags pa bden pa gñis rnam par ḥbyed paḥi mdo
(범) Ārya-satya-dvya-vibhāga-sūtra
24. 『비로자나현증보리경(毘盧遮那現證菩提經)』(sDe, bka-rgyud-tha-153)
(티) rNam par snaṅ mdzad mṅon par byaṅ chub paḥi mdo
(범) Vairochanabhi-sambodhi-sūtra

25. 『삼마지왕경(三摩地王經)』(sDe, bka-mdo-da-28)
(티) ḥPhags pa tiṅ ṅe ḥdzin rgyal paḥi mdo
(범) Ārya-samādhi-rāja-sūtra
26. 『삼온경(三蘊經)』(sDe, bka-mdo-ya-72)
(티) Phuṅ po gsum paḥi yoṅs su bsṅo baḥi mdo
(범) Tri-skandha-parṇāmanā-sūtra
27. 『상력경(象力經)』(sDe, bka-mdo-tsha-105)
(티) gLaṅ poḥi rtsal mdo
(범) Hastika-kśya-sūtra
28. 「상승초품(祥勝初品)」
(티) ḥPhags pa dpal mchog daṅ poḥi mdo
(범) Ārya-paramādya-sūtra
29. 『섭연경(攝硏經)』(sDe, bka-mdo-dza-183)
(티) ḥPhags pa cos tham cad śin tu rgyas par bsdud paḥi mdo
(범) Ārya-sarva-dharma-samgrah-vaipulya-sūtra
30. 『수신대승경(修信大乘經)』(sDe, bka-mdo-ba-21)
(티) ḥPhags pa theg pa chen po la dad pa bsgoms paḥi mdo
(범) Ārya-mahāyāna-śradhā-bhāvanā-sūtra
31. 『소행청정경(所行淸淨經)』
(티) ḥPhags pa spyod yul yoṅs su dag paḥi mdo
(범) Ārya-gochar-pariśudhi-sūtra
32. 『십법경(十法經)』(sDe, bka-dkon brtsegs-ṅa-162)
(티) ḥPhags pa cos bcu paḥi mdo
(범) Ārya-daśa-dharma-sūtra
33. 『십지경(十地經)』(sDe, bka-phal chen-kha-leḥu 31-182)
(티) ḥPhags pa sa bcu paḥi mdo

(범) Ārya-daśadhūmika-sūtra
34. 『아비달마경(阿毘達磨經)』
(티) Cos mṅon paḥi mdo
(범) Ābhidharma-sūtra
35. 『여래비밀경(如來秘密經)』
(티) ḥPhags pa de bshin gśegs paḥi gsaṅ baḥi mdo
(범) Ārya-tathāgata-guhya-sūtra
36. 『여래출현경(如來出現經)』(sDe, bka-phal chen-ga-80)
(티) ḥPhags pa de bshin gśegs pa skye ba ḥbyuṅ baḥi mdo
(범) Ārya-tathāgatotpatti-sambhava-sūtra
37. 『용시청문경(勇施請問經)』
(티) ḥPhags pa dpaḥ sbyin gyis shus paḥi mdo
(범) Ārya-veerdatta-pariprichhā-sūtra
38. 『우파리청문경(優婆離請問經)』
(티) ḥPhags pa ñe bar ḥkhor gyis shus paḥi mdo
(범) Ārya-upali-pariprichhā-sūtra
39. 『월등경(月燈經)』(sDe, bka-mdo-da-20)
(티) ḥPhags pa zla ba sgron meḥi mdo
(범) Ārya-chandra-pradeepa-sūtra
40. 『이제경(二諦經)』(sDe, bka-mdo-ma-253)
(티) ḥPhags pa bden pa gñis bstan paḥi mdo
(범) Ārya-satya-dvaya-nirdeśa-sūtra
41. 『입무분별다라니경(入無分別多羅尼經)』(sDe, bka-mdo-pa-3)
(티) ḥPhags pa mi rtog pa la ḥjug paḥi gzuṅs
(범) Avikalpa-praveśa-dhārani-sūtra
42. 『지인삼매경(智印三昧經)』

(티) ḥPhags pa de bshin gśegs paḥi ye śes kyi phyag rgyaḥi tiṅ ṅe ḥdzin mdo

(범) Ārya-tāthāgata-jñāna-mudrā-samādhi-sūtra

43. 『집경론(集經論)』(sDe, bstan-dbu ma-ki-164)

(티) mDo kun las btus pa

(범) Sūtra-sammuchaya

44. 「출세간품(出世間品)」(sDe, bka-phal chen-ga-leḥu 44-178)

(티) ḥPhags pa ḥjig rten las ḥdas paḥi leḥu

(범) Ārya-lokottara-parva

45. 「항마품(降魔品)」(sDe, bstan-dbu ma-ki-202)

(티) bDud btul baḥi leḥu

(범) Māradamana-parichheda

46. 『해심밀경(解深密經)』(sDe, bka-mdo-ca-34)

(티) ḥPhags pa dgoṅs pa ṅes par ḥgrel paḥi mdo

(범) Ārya-sandhi-nimochana-sūtra

47. 『허공고경(虛空庫經)』(sDe, bka-mdo-pa-253)

(티) ḥPhags pa nam mkha mdzod mdo

(범) Ārya-gaganaganja-sūtra

48. 『현재제불현주삼마지경(現在諸佛現住三摩地經)』(sDe, bka-mdo-na-1~20)

(티) Da ltar gyi saṅs rgyas mṅon sum du bshugs pa shes bya baḥi tiṅ ṅe ḥdzin mdo

(범) Prayutpanna-buddha-sammukhābasthita-samādhī-sūtra

49. 『화엄경(華嚴經)』(sDe, bka-phal chen-ṅa-308)

(티) ḥPhags pa sdoṅ po bkod paḥi mdo

(범) Ārya-gandavyūha-sūtra

나. 여타의 인용서적

1) 경전류

『겐뒨니쓔(二十種僧伽) 등의 대의』(dGe ḥdun ñi śu, rTen ḥbrel bcas kyi spyi don), 제쭌 최끼갤챈(rJe btsun Chos kyi rgyal tshan), Sera Je Library, 1998, Mysore, India.

『교파종견변석(教派宗見辨析), 변론문선편(辯論文選編, dGag lan phyog bsgrigs)』, 캐둡 겔렉뺄쌍뽀(mKhas grub. dGe legs dpal bzaṅ) 외 4인. 사천민족출판사, 1997, 성도, China.

『꾼뛰남쌔니외(阿毘達磨集論明解), 藏族十明文化傳世經典叢書: 噶擧系列 第12券』(Chos mṅon pa kun btus kyi ṭī ka rnam bśad ñi maḥi ḥod zer), 부뙨 린체둡(Bu ston. Rin chen grub), 청해민족출판사, 2001, 서녕, China.

『대인월광석(大印月光釋), 藏族十明文化傳世經典叢書:噶擧系列 第20券』(Ṅes don phyag rgya chen poḥi sgom rim gsal bar byed paḥi legs bśad zla baḥi ḥod zer), 따시남갤(bKra śis rnam rgyal), 청해민족출판사, 2001.12, 서녕, China.

『대인원문석(大印願文釋), 藏族十明文化傳世經典叢書: 噶擧系列 第20券』(Ṅes don phyag chen smon lam ḥgrel pa), 씨뚜뻰첸 최끼중내(Si tu pan chen. Chos kyi ḥbyuṅ gnas), 청해민족출판사, 2001.12, 서녕, China.

『람림첸모(菩提道次第廣論, Lam rim chen mo)』, 쫑카빠(Tsoṅ kha pa), 청해 민족출판사, 1985, 서녕, China.

『람림타르갠(解脫道莊嚴論), 藏族十明文化傳世經典叢書:噶擧系列 第8券』(Dam chos yid bshin nor bu thar pa rin po cheḥi rgyan), 감뽀빠(sGam po pa), 청해 민족출판사, 2001.12, 서녕, China.

MADHAYAMAKĀLOKA(中觀光明論) *of Ācārya Kamalaśila*, Restored and critically edited by Dr. Penpa Dorjee, 2001, Central Institute of Higher Tibetan Studies, Sarnath, Varanasi, India.

BHĀVANĀKRAMAḤ OF ĀCĀRYA KAMALAŚĪLA, Restored, translated & edited by Ācārya Gyaltsen Namdol, 1997, Central Institute of Higher Tibetan Studies, Sarnath, Varanasi, India.

BODHIPATHAPRADĪPAḤ(菩提道燈論), Restored, translated & edited by Losang Norbu Shastri, 1994, Central Institute of Higher Tibetan Studies, Sarnath, Varanasi, India.

『보리도차제대론(菩提道次第大論. 典據探)』(Lam rim chen moḥi luṅ khuṅs gsal byed ñi ma), 백관계운(白館戒雲), 일장불교문화총서(日藏佛教文化叢書) Ⅵ, 서장불교문화협회(西藏佛教文化協會), 2001.3, Japan.

『보리도차제광론의난명해(菩提道次第廣論疑難明解)』, 차리 깰쌍톡메(Cha ris. sKal bzaṅ thogs med), 감숙민족출판사, 2005, 난주, China.

『보성론주(寶性論註)』(Theg pa chen po rgyud bla maḥi bstan bcos kyi ḥgrel bśad de kho na ñid rab tu gsal baḥi me loṅ), 괴로짜와 쉰누뻴(ḥGos lo tsā ba gshon nu dpal), edited by Klaus-Dieter Mathes, 2003, Publications of the Nepal Research Centre, kathmandu, Nepal.

『쎄자꾼캽(知識總彙, Śe bya kun khyab)』, 꽁뚤 왼땐갸초(Koṅ sprul. Yon tan rgya mtsho), 북경: 민족출판사, 2002.3,

China.
『우마갠남쌔(中觀莊嚴論注)』(dBu ma rgyan gyi gnam bśad ḥjam dbyaṅs bla ma dgyes paḥi shal luṅ), 주 미팜 잠양남갤갸초(ḥJu Mi pham ḥjam dbyaṅs rnam rgyal rgya mtsho), 청해 민족출판사, 2005, 서녕, China.
『응악림첸모(密宗道次第廣論, sṄgs rim chen mo)』, 쫑카빠(Tsoṅ kha pa), The Corporate Body of the Buddha Educational Foundation, 2001, Taipei, Taiwan.
『입이제론(入二諦論), 아띠쌰소간백법(阿底峽百法錄)』(Jo boḥi chos ḥbyuṅ brgya rtsa), 아띠쌰(Atīśa), 북경 민족출판사, 2002.7, 북경, China.
『입중론석(入中論釋, dBu ma la ḥjug paḥi kar ṭīk)』, 까르마 미꾀 도제(Karma Mi bskyod rdo rje), Nitartha international. 1996, Seattle, U.S.A.

2) 티베트 문헌

『답밀승적쟁론(答密乘的爭論)』(dGag lan ṅes don ḥbrug sgra), 쏙독빠 로되갤챈(Sog slog pa. Blo gros rgyal mtshan), 사천민족출판사, 1998, 성도, China.
『갤랍쌜왜메롱(王朝明鑑)』(rGyal rab gsal baḥi me loṅ), 싸꺄 쐬남 갤챈(Sa skya. bSod nams rgyal mtshan), 민족출판사, 1996, 북경, China.
『갸가르최중(印度佛教史)』(Dam paḥi chos rin po che ḥphags paḥi yul du ji ltar dar baḥi tshul gsal bar ston pa dgos ḥdod kun ḥbyuṅ), 따라나타(Tāranathā), Sherig Parkhang,

2001, Delhi, India.

『갸가르기람익(印度聖地案內), 格敦群培著作 第三冊』(dGe ḥdun chos ḥphel gyi gsuṅ rtsom, deb gsum pa), 갠뒤최펠(dGe ḥdun chos ḥphel), 서장 장문고서출판사, 1990.4, 서장, China.

『고장문사전(古藏文辭典, brDa dkrol gser gyi me loṅ)』, 짼하응아왕출팀(bTsan lha ṅag dbaṅ tshul khrim), 북경: 민족출판사, 1996.4, 북경, China.

『교파광론(教派廣論, Grub mthaḥi rnam bśad kun bzaṅ shiṅ gi ñi ma)』, 잠양새빼도제(ḥJam dbyaṅs bshad paḥi rdo rje), 감숙 민족출판사, 1994, 난주, China.

『기현자서(寄賢者書), 싸뻰 꾼가갤챈기쑹붐(薩班.袞噶堅贊全集) 第三冊』(sKyes bu dam pa rnams la spriṅ baḥi yi ge), 싸뻰 꾼가갤챈(Sa pan. Kun dgaḥ rgal mtshan), 서장 장문고서출판사, 1992.12, 서장, China.

『까담쩨뛰(噶当派大師箴言集, bKaḥ gdams gces btus)』, 칸도체링(mKhaḥ ḥgro tshe riṅ) 편집, 청해 민족출판사, 1996.6, 서녕, China.

『까탕데응아(五部遺教, bKaḥ thaṅ sde lṅa)』, 구루 오갠링빠(Guru. Urgyan gliṅ pa)의 발굴, 북경: 민족출판사, 1997. 북경, China.

『낭빼따쬐꾼뛰(佛教見行集論, Naṅ paḥi lta spyod kun btus)』, 달라이 라마, Institute of Buddhist Dialectics, 1996, Dharamsala, H.P. India.

『뎁테르까르뽀(白史, Deb ther dkar po)』, 갠뒤최펠(dGe ḥdun chos ḥphel), 북경: 민족출판사, 2000.10, 북경, China.

『뎁테르응왼뽀(青史, Deb ther sṅon po) 상권』, 괴로짜와 쇤누뻴(ḥGos lo tsā ba gshon nu dpal), Vajra Vidya Library,

2003, Varanasi, India.

『돈황본토번역사문서(敦煌本吐蕃歷史文書)』(增訂本), 왕걜(dBaṅ rgyal), 쐬남(bZod nam)외 二人譯解, 민족출판사, 1992, 북경, China.

『돔쑴랍예(三律儀論, sDom gsum rab dbye), 싸뺀 꾼가걜챈기쑹붐(薩班 袞噶堅贊全集) 第三冊』, 싸뺀 꾼가걜챈(Sa pan Kun dgaḥ rgal mtshan), 서장 장문고서출판사, 1992.12, 서장, China.

『둡타툽땐휜뾔제걘(宗敎流派論)』(Grub mthaḥ thub bstan lhun poḥi mdzes rgyan), 짱꺄 롤빼도제(lCaṅ skya Rol paḥi rdo rje), 중국장학출판사, 1989, 청해, China.

『둥까르칙죄첸모(東噶藏學大事典, Duṅ dkar tshig mdzod chen mo)』, 둥까르 로쌍틴래(Duṅ dkar Blo bzaṅ ḥphrin las), 2002, 중국장학출판사, 북경, China.

『뒤좀최중(杜鈞敎史, bDud ḥjoms chos ḥbyuṅ)』, 뒤좀 예시도제(bDud ḥjoms Ye śe rdo rje), 사천 민족출판사, 1996.11, 성도, China.

『땐빠응라다르기최중(古代티베트 佛敎史)』(bsTan pa sṅa dar gyi chos ḥbyuṅ ḥbrel yod daṅ bcas paḥi dus rabs kyi mthaḥ dpyod ḥphrul gyi me loṅ), 아짜랴 캉까르 출팀껠쌍(白館戒雲), Published the Western Tibetan Cultural Association, 1985, New Delhi, India.

『땐찌쎌왜닌제(佛曆年鑑及五明論略述)』(bsTan rtsis gsal baḥi ñin byed Tha sñad rig gnas lṅaḥi byuṅ tshul), 망퇴 루둡갸초(Mṅ thos Klu sgrub rgya mtsho), 서장 장문고서출판사, 1988, 서장, China.

『바섀샵딱마(sBa bshed shab btags ma)』, Sherig Parkhang, 1999, Delhi, India.

『빠마까탕(蓮花遺敎, Padma bkaḥ thaṅ)』, 떼르첸 우갠링빠(gTer chen Urgyan gliṅ pa)의 발굴, 사천 민족출판사, 1993.10, 성도, China.
『부뙨최중(布敦佛敎史, Bu ston chos ḥbyuṅ)』, 부뙨 린체둡(Bu ston Rin chen grub), 중국장학출판사, 1988, 청해, China.
『뵈끼최씨쑹델꼬르쌔빠(論西藏政敎合一制度)』(Bod kyi chos srid zuṅ ḥbrel skor bśad pa), 둥까르 로쌍틴래(Duṅ dkar Blo bzaṅ ḥphrin las), 1983, 민족출판사, 북경, China.
『뵈쏙최중(藏蒙佛敎史, Bod sog chos ḥbyuṅ), (藏文文選 十八)』, 씽싸 깰쌍최끼갤챈(Śiṅ bzaḥ. sKal bzaṅ chos kyi rgyal tshan), 민족출판사, 1992, 북경, China.
『뵌기땐중(笨敎歷史) (Bon gyi bstan ḥbyuṅ leg bśad skal ba bzaṅ poḥi mgrin rgyan)』, 서장인민출판사, 1988, 서장, China.
『샹뵈끼로귀띠쎄외(古代象雄与吐藩史, Shaṅ bod lo rgyus ti seḥi ḥod)』, 남캐노르부(Nam mkhaḥi nor bu), 북경: 중국장학출판사, 1996.5, 북경, China.
『서장역사년표(西藏歷史年表)』(Bod kyi lo rgyus don chen reḥu mig), 퓐촉체링(Phun tshogs tshe riṅ), 민족출판사, 1991.7, 북경, China.
『쌈예사간지(桑耶寺簡志, bSam yas dkar chag)』, 응아왕갤뽀(Ṅag dbaṅ rgyal po) 외, 민족출판사, 2003.5, 북경, China.
『쑹랜루둡공갠(gSuṅ lan klu sgrub dgoṅs rgyan)』, 제쭌 최끼갤챈(rJe btsun Chos kyi rgysl tshan), Sera Je Library, 2003, Mysore, India.
『역대장족학자소전1(歷代藏族學者小傳.一)』(Gaṅs can mkhas dbaṅ rim byon gyi gnam thar mdor bsdus), 미냑괸뽀(Mi ña mgon

po), 북경: 중국장학출판사, 1996.5, 북경, China.
『연화생행적약설(蓮花生行蹟略說), 최쬐랍쎌된메(讚經如意甘露庫)』(Chos spyod phyogs bsgrigs lam bzaṅ gsal baḥi sgron me), 羅藏達杰 편집, 서장 인민출판사, 1999.2, 서장, China.
『우매땐칙끼고된(中觀辨證選輯新探)』(dBu maḥi gtan tshigs kyi go don rin chen phreṅ ba), 까괸(bKaḥ mgon), 북경: 민족출판사, 1998.4, 북경, China.
『자룽카쑈르탑의 연기(緣起)』, 복장대사(伏藏大師) 하왕 갸초로되(lHa dbaṅ rGya mtsho blo gros) 발굴.
『장족역사인물연대수책(藏族歷史人物年代手冊)』(bsTan rtsis ka phrin lag deb), 쏘남갸초(bSod gnam rga mtsho) 외, 북경: 민족출판사, 1996.8, 북경, China.
『장한대사전(藏漢大辭典)』(Bod rgya tshig mdzod chen mo), 민족출판사, 1996.5, 북경, China.
『중외역사연표(中外歷史年表)』(rGyal rabs lo tshigs śe bya maṅ ḥdus mkhas paḥi spyi nor), 괸뽀 왕갤(dGon po. dBaṅ rgyal), 북경: 민족출판사, 2000.11, 북경, China.
『쫑카빠남타르(宗喀巴伝)』(ḥJam mgon chos kyi rgyal po Tsoṅ kha pa chen poḥi rnam thar), 최제 둑갤왕(Chos rje. ḥbBrug rgyal dbaṅ), 청해 민족출판사, 1981, 서녕, China.
『최중캐빼가뙨(智者喜宴, Chos ḥbyuṅ mkhas paḥi dgaḥ ston)』, 빠오쭉락텡와(dPaḥ bo gtsug lag phreṅ ba), Vajra Vidya Library, 2003, Varanasi, India.
『최중빡쌈죈쌍(松巴佛敎史)』(Chos ḥbyuṅ dpag bsam ljon bzaṅ), 쑴빠 예시뻴조르(Sum pa. Ye śes dpal ḥbyor), 감숙 민족출판사, 1992, 난주, China.

『파담빠당마찍랍된(傳記)』(Pha dam pa daṅ Ma cig lab sgron gyi rnam thar), 최기쎙게(Chos kyi seṅ ge) 편집, 청해 민족출판사, 1992, 청해, China.
『투깬둡타(宗教源流史, Thuḥu kwan grub mthaḥ)』, 투우깬 로쌍최끼니마(Thuḥu kwan. bLo bzaṅ chos ki ñi ma), 1984.4, 감숙 민족출판사, 난주, China.
『툽빼공빠랍쎌(教說明解, Thub paḥi dgoṅs pa rab tu gsal ba)』, 싸꺄 빤디따 꾼가갤챈(Sa skya. paṇḍita. Kun dgaḥ rgal mtshan), Sakya Students' Union, 2000, Central Institute Of Higher Tibetan Studies, Sarnath, Varanasi, India.

3) 기타의 문헌들

『금강경 역해』, 각묵, 불광출판부, 2001, 서울. Korea.
『법화경강의(法華經講義)』, 小林一郎 저, 이법화(李法華) 번역, 영산법화사출판부, 1983.4, 서울, Korea.
『보리도차제광론(菩提道次第廣論)』, 宗喀巴大師 箸, 法尊法師 譯, 福智之聲出版社, 民國 八十四年三月, 臺北市, 臺灣.
『보리도차제약론석(菩提道次第略論釋)』, 昴旺朗吉, 복지지성출판사, 민국 八十八年 十月, Taipei, Taiwan.
『西藏地方是中國不可分割的一部分(史料選輯)』, 서장인민출판사, 1986. 8, 서장, China.
『수능엄경(首楞嚴經) 卷第四』, 운허용하, 서울. Korea.
『중국서장(中國西藏)』(藏文『大藏經』知識, 多爾吉 / 文), 중국서장잡지사, 2003년 3월호, 북경, China.
『중론(中論)』, 김성철 번역, 경서원, 1996 개정판, 서울, Korea.

『티벳의 문화』, R. A. 슈타인 지음, 안성두 옮김, 도서출판 無憂樹, 2005, 서울, Korea.

『한장번역이론여실천(漢藏飜譯理論与實踐)』, 主編 凌立, 사천 민족출판사, 1998, 성도, China.

『현대서장불교(現代西藏佛教)』, 정금덕(鄭金德), 불광출판사, 1995.7, 대북, Taiwan.

A Study of Svātantrika, Donald S. Lopez, Jr. Snow Lion Publications, 1987, Ithaca, New York, USA.

The Life of MARPA, 짱뇐 헤루까(gTsaṅ smyon. Heruka), Nālandā Translation Committee 번역, Shambala, 1999, New Delhi, India.

The Ornament of the Middle Way, James Blumentha, Snow Lion Publications, 2004, Ithaca, New York, USA.

찾아보기

ㄱ

ㄴ

ㄷ

ㄹ

ㅁ

ㅅ

ㅇ

ㅊ

ㅋ

ㅌ

ㅎ

후기

옴 아 훔! 목마른 자가 샘을 판다는 격언처럼 가슴의 답답함을 풀어 보려고, 몇 해에 걸쳐서 자료들을 모으고 연구한 결과가 이제 한 권의 책으로 정리되어서 세상에 나오게 된 것이다.

그러나 엄밀히 말해서, 본인은 이와 같이 심오한 교리를 다루는 논문을 저술하기에 적합하지 않음을 스스로 잘 알고 있지만, 지금 우리의 현실에서 누구에게 기대할 형편도 못됨을 또한 잘 알기에, 감히 부족함을 무릅쓰고 세상에 내놓게 된 것이다.

예전에 풍문으로만 전해 들었던, 천년 전에 티베트 땅에서 발생하였던 중국 선종과 인도불교와의 논쟁에 대한 궁금증을 국내에서는 풀길이 없었는데, 인도에 건너와서 티베트불교를 공부하면서 조금씩 그 전말을 알게 된 것이다. 그리고 일본의 학자들이 연구해서 발표한 신라의 김무상(金無相) 스님이 티베트불교의 건립에 대하여 공헌한 사실도, 그것을 연구하는 과정에서 덩달아 소상히 알게 되었다.

그러나 한편, 이 책이 시중에 발간되면 역사의 사실을 그대로 밝히려는 본인의 의도와는 달리, 부정적인 반응들이 일어나지 않을까 우려가 들기도 한다. 왜냐하면 이 책의 내용들이 중국 선종의 교리적인 체계의 불완전성을 그대로 논파하고 있기 때문이다.

그렇지만 상대의 비판에 대하여 반감을 가지기 전에 먼저 자신을 냉철하게 되돌아 볼 필요도 또한 있는 것이다. 왜 그러한 결과가 발생하게 되었는가를 스스로 점검할 필요가 있다는 말이다.

왜냐하면 이렇게 중국 선종의 교설을 비판하고 나선 이들이 한낱 평범한 인물들이 아닌 학문과 수행의 산실인 인도의 나란다의 대석학인 까말라씰라와 후기 밀교를 대표하는 비끄라마씰라의 장로인 아띠쌰와 티베트불교를 대표하는 쫑카빠와 싸꺄 빤디따 등으로서, 그들은 인도와 티베트의 불교사에서 모두 수행과 학문의 정점에 오른 모범적인 인물들인 까닭이다. 그러므로 그들이 이해하는 대승이란 어떠한 것인가를 아는 것도 대단히 가치 있는 일이라고 할 수 있다.

또 이것을 계기로 해서 티베트불교를 연구하는 학자들이 많이 나타나길 바라는 마음 간절하다. 왜냐하면 지금 인도의 불교가 멸망하고 없는 상태에서 인도의 불교를 조금도 변형시키지 않고 원형 그대로 보존하고 있는 티베트불교는 우리들에게 너무나도 중요한 위치에 있기 때문이다.

비록 외형적으로는 환생제도와 정교일치제와 강신(降神)제도와 같은 요소들이 정책적인 필요성에 의해서 도입된 것이 사실이나, 교리적인 면에 있어서는 현존하고 있는 모든 종파들이 거의 이설을 첨가시키거나 변질시키지 않고 인도불교의 원형을 그대로 순수하게 지켜오고 있기 때문이다.

그렇기 때문에 우리들에게 제대로 전해지지 않았던 대승불교와 밀교의 가르침을 재수용해서 한국불교의 안목을 새롭게 열어갈 수 있는 유일한 원천인 셈이다. 이러한 기대들이 또한 이 부족한 책을 통해서 이루어지길 바라면서 이만 줄인다.

끝으로 이 책을 저술하는 데 많은 도움을 준 기시 룽릭(lungrig)과 육신의 형제들과 진리의 형제들에게 감사의 뜻을 전한다.

옴 마니 빠드메 훔!

불기 2550년 9월
저자 씀